AFRICAN ETHNOGRAPHIC STUDIES OF THE 20TH CENTURY

Volume 2

MODERN MIGRATIONS IN WESTERN AFRICA

MODERN MIGRATIONS IN WESTERN AFRICA

Edited by
SAMIR AMIN

LONDON AND NEW YORK

First published in 1974 by Oxford University Press for the International African Institute

This edition first published in 2018
by Routledge
2 Park Square, Milton Park, Abingdon, Oxon OX14 4RN

and by Routledge
711 Third Avenue, New York, NY 10017

Routledge is an imprint of the Taylor & Francis Group, an informa business

© 1974 International African Institute

All rights reserved. No part of this book may be reprinted or reproduced or utilised in any form or by any electronic, mechanical, or other means, now known or hereafter invented, including photocopying and recording, or in any information storage or retrieval system, without permission in writing from the publishers.

Trademark notice: Product or corporate names may be trademarks or registered trademarks, and are used only for identification and explanation without intent to infringe.

British Library Cataloguing in Publication Data
A catalogue record for this book is available from the British Library

ISBN: 978-0-8153-8713-8 (Set)
ISBN: 978-0-429-48813-9 (Set) (ebk)
ISBN: 978-1-138-48674-4 (Volume 2) (hbk)
ISBN: 978-1-351-04407-3 (Volume 2) (ebk)

Publisher's Note
The publisher has gone to great lengths to ensure the quality of this reprint but points out that some imperfections in the original copies may be apparent.

Disclaimer
The publisher has made every effort to trace copyright holders and would welcome correspondence from those they have been unable to trace.

MODERN MIGRATIONS IN WESTERN AFRICA

Studies presented and discussed at the Eleventh International African Seminar, Dakar, April 1972

Edited with an Introduction by
SAMIR AMIN

Foreword by
DARYLL FORDE

Published for the
INTERNATIONAL AFRICAN INSTITUTE
by
OXFORD UNIVERSITY PRESS
1974

Oxford University Press, Ely House, London W.1

GLASGOW NEW YORK TORONTO MELBOURNE WELLINGTON
CAPE TOWN IBADAN NAIROBI DAR ES SALAAM LUSAKA ADDIS ABABA
DELHI BOMBAY CALCUTTA MADRAS KARACHI LAHORE DACCA
KUALA LUMPUR SINGAPORE HONG KONG TOKYO

ISBN 0 19 724193 X

© International African Institute 1974

All rights reserved. No part of this publication may be reproduced, stored in a retrieval system, or transmitted, in any form or by any means, electronic, mechanical, photocopying, recording or otherwise, without the prior permission of Oxford University Press

*Printed in Great Britain by Richard Clay (The Chaucer Press) Ltd.
Bungay, Suffolk*

Contents

FOREWORD by Professor Daryll Forde ix

LIST OF PARTICIPANTS, OBSERVERS, AND CONTRIBUTORS OF PAPERS xiii

PART I. INTRODUCTION
SAMIR AMIN. *IDEP*

I Le phénomène migratoire dans l'Afrique de l'Ouest contemporaine: nature et définition 3
II L'ampleur du phénomène migratoire en Afrique de l'Ouest: quelques indications 9
III Le mécanisme de la migration: la méthodologie 23
IV Le phénomène migratoire, élément du processus de prolétarisation 33
V Les 'effets' des migrations, critique de l'analyse en termes de 'coûts-bénéfices' 39
VI Autres types de migrations 52
VII Les migrations et le problème national 57
VIII Les résultats du colloque 61

English version

I The migratory phenomenon in contemporary West Africa: nature and definition 65
II The magnitude of the migratory phenomenon in West Africa: some indications 70
III The mechanism of migration: methodology 84
IV The migratory phenomenon, element of the process of proletarization 93
V The 'effects' of migration, criticism of 'cost-benefits' analysis 98

VI	Other types of migration	111
VII	Migration and the national problem	115
VIII	The results of the seminar	119
	REFERENCES	121

PART II. SPECIAL STUDIES

I	ADERANTI ADEPOJU. *University of Ife* Rural-urban socio-economic links: the example of migrants in South-west Nigeria	127
II	J. ADOMAKO-SARFOH. *UST, Kumasi* The effects of the expulsion of migrant workers on Ghana's economy, with particular reference to the cocoa industry	138
III	A. AHIANYO-AKAKPO. *INRS, Lome* L'impact de la migration sur la société villageoise: approche sociologique (exemple Togo–Ghana)	156
IV	KRISHNA AHOOJA-PATEL. *ILO, Geneva* Regulations governing the employment of non-nationals in West Africa	170
V	J. BUGNICOURT. *IDEP* La migration contribue-t-elle au développement des zones 'retardées'?	191
VI	RAYMOND DENIEL. *INADES, Abidjan* Mesures gouvernementales et/ou intérêts divergents des pays exportateurs de main d'œuvre et des pays hôtes: Haute-Volta et Côte d'Ivoire	215
VII	FATOUMATA AGNES DIARRA. *IDEP* Les relations entre les hommes et les femmes et les migrations des Zarma	226
VIII	ELIZABETH DUSSAUZE-INGRAND. *IDEP* L'émigration sarakollaise du Guidimaka vers la France	239
IX	A. D. GODDARD. *University of Liverpool* Population movements and land shortages in the Sokoto close-settled zone, Nigeria	258

X	LESLIE GREEN. *University of Witwatersrand* Migration, urbanization, and national development in Nigeria	281
XI	JOEL W. GREGORY. *Cornell University* Development and in-migration in Upper Volta	305
XII	J. K. HART. *University of Manchester* Migration and the opportunity structure: a Ghanaian case-study	321
XIII	S. O. IMOAGENE. *University of Ibadan* Some sociological aspects of modern migration in Western Africa	343
XIV	TOM K. KUMEKPOR, *University of Ghana*, and SYLVERE ISSIFOU LOOKY, *Direction de la Statistique, Lomé* External migration in Togo	358
XV	ELISABETH N'DOYE. *IDEP* Migration des pionniers mourid wolof vers les terres neuves: role de l'économique et du religieux	371
XVI	AMBROISE SONGRE, JEAN-MARIE SAWADOGO, *Service de la Main d'Oeuvre, Ouagadougou* et GEORGE SANOGOH, *Direction de la Statistique, Ouagadougou* Réalités et effets de l'émigration massive des Voltaïques dans le contexte de l'Afrique occidentale	384
	INDEX	407

Foreword

This volume presents a selection of the considerable number of research papers which were submitted for consideration in connection with the Eleventh International African seminar. The subject of this seminar arose out of discussions during the previous one held at Fourah Bay College, Freetown, in December 1969 (see *The Development of Indigenous Trade and Markets in West Africa*, ed. by Claude Meillassoux. London: OUP for IAI, 1971). Professor Samir Amin, who participated in that seminar and had recently undertaken the direction of the Institut Africain de Développement et Planification (IDEP), established by the United Nations as a centre for research on Africa in this field, agreed that problems relating to modern migratory movements in West Africa which were frequently referred to at the Fourah Bay meeting, would be a very timely subject for a further seminar and offered the collaboration of IDEP in organizing it at Dakar, where it was held over the period from 27 March to 6 April 1972.

The themes prepared for discussion at the seminar, worked out in consultation with IDEP, were as follows:

1. Demographic studies of migration from census and other data. Further categories of economic data needed for economic and social studies of migratory movements, e.g. occupational categories; age and sex structure.

2. Variations in scale, distance, duration, etc. of migration of various types (rural–urban, rural–rural, and urban–urban) and their variable combination and significance in relation to specific conditions of development.

3. Social relations of migrant populations (*a*) with their home areas; conditions and degrees of continued integration; modes of inter-communication and influence, economic, and political problems in the home areas; and (*b*) with their host communities; cultural, economic, and political factors influencing relations between migrants and hosts.

4. Valuations and expectations concerning rural and urban environments on the part of migrants; the modification of attitudes and objectives over the life-cycle.

5. Inter-relations between levels of migration, labour supply, wage rates, unemployment, etc. in urban centres.

6. The impact of different types of migration on the national economy and economic planning.

7. Government measures and conflicting interests of sending and receiving countries.

As for the previous seminars, a number of scholars, who were engaged in research relating to one or more of these themes, were invited to participate and to provide for advance circulation short papers relating to one or more of them. The subject of the seminar aroused considerable interest, especially in West Africa, and a number of further requests for attendance were received. IDEP was fortunately in a position to provide supplementary funds for travel and accommodation to assist these and the meeting, which also included several members of the research staff of IDEP and also of the Dakar centre of the Office de la Recherche Scientifique et Technique Outre-Mer (ORSTOM), was a considerably larger gathering than for previous seminars. A list of those who attended is given below. Thanks, however, to the excellent simultaneous translation facilities generously provided by IDEP and to the tactful but firm chairmanship of Professor Samir Amin, the series of topics arranged for discussion over the twelve three-hour sessions of the seminar were fairly thoroughly reviewed and sometimes warmly debated. A good deal of further discussion also went on 'after hours'.

This book cannot claim to be a systematic report of all the research material or of all the information and points of view presented to the seminar. That would have called for a more detailed record and a much larger book than it was practicable to provide for. The Chairman has therefore selected a number of papers which he considered representative of the range of research and of problems which would be of interest and value to a wider audience. He has also provided an Introduction which offers his own analysis of the main economic and political factors and of the socio-economic consequences and problems of the still accelerating intra- and inter-territorial population movements in West Africa. Both historically and scientifically these present a number of complex phenomena and problems which cannot be fully grasped within the methodology of one discipline. Here the exchange of information, conceptional framework, and assumptions among participants with varying academic backgrounds in history, economics, ethnography and sociology was probably one of the most useful results of the seminar. But the large-scale modern migrations of workers in West Africa are, as the Chairman emphasizes in his Introduction, one element in a still wider transformation of the economic, political, and community life of the peoples of West Africa—a transformation which has been stimulated from without and which has also led to their increasing involvement with external economic and cultural forces. The new opportunities and demands, together with the stresses and incompatibilities to which the far-reaching technical, economic and political changes have given rise, extend into every field, presenting urgent problems of internal and external policy, of administration and of education with which the governments of the countries of West Africa are having to grapple. Thus, as will be seen from the studies in this volume, the phenomena and problems of migration are interlocked with others that are equally important. They can be fully understood and intelligently resolved only in a wider context and several of the papers have attempted to contribute towards this.

Our thanks are due to Professor Samir Amin, Director of IDEP, for acting as Chairman of the Seminar, selecting the papers for publication and writing the Introduction, and for his good offices in securing a grant from IDEP towards the printing costs of this volume. We are also grateful to Dr. Hector Silva-Michelena and to the staff of IDEP for their assistance during the seminar and in the preparation of this book.

We are happy to take this opportunity of again expressing our gratitude to the Ford Foundation for its generous financial support which has made possible the holding of the seminar and the publication of this selection of the papers presented and discussed at it.

DARYLL FORDE

List of Participants, Observers, and Contributors of Papers

Addo, Dr. N. O. University of Ghana
Adepoju, Mr. J. A. University of Ife
Adomako Sarfoh, Mr. J. University College of Science and Technology (UST), Kumasi
Ahianyo Akakpo, Dr. A. Institut National de la Recherche Scientifique (INRS), Lomé
Ahooja-Patel, Mrs. K. International Labour Office (ILO), Geneva
Amin, Prof. Samir. Director, Institut Africain de Développement Economique et de Planification (IDEP), Dakar
Amoa, Dr. R. IDEP
Andrade, Mme E. P. IDEP
Baldé, M. M. Université de Paris (Sorbonne)
Boutillier, M. J.-L. Office de la Recherche Scientifique et Technique Outre-Mer (ORSTOM), Petit Bassam, Côte d'Ivoire
Bugnicourt, M. J. IDEP.
Cornelisse, Mr. P. A. Nederlandse Economische Hogeschool, Rotterdam
Deniel, M. R. Director, Institut Africain pour le Développement Economique et Social (INADES), Abidjan
Diallo, M. I. IDEP
Diarra, Mme F. A. IDEP
Diop, Dr. A. Institut Fondamental d'Afrique Noire (IFAN), Dakar
Dussauze-Ingrand, Mme E. IDEP
Etienne, M. P. ORSTOM, Abidjan
Fadoyami, Mr. T. O. University of Ife
Finnegan, Mr. G. Brandeis University
Fofana, M. B. S., IDEP
Forde, Prof. D. Director, International African Institute
Fougeyrollas, M. P. Université de Paris, VII.

Goddard, Dr. A. D. University of Liverpool
Green, Dr. L. University of the Witwatersrand
Gregory, Mr. J. W. Cornell University
Gugler, Dr. J. University of Connecticut
Haeringer, M. P. ORSTOM, Abidjan
Hart, Dr. J. K. University of Manchester
Hasselman, Mr. K. H. University of Liberia
Imoagene, Dr. S. O. University of Ibadan
Kumekpor, Mr. T. K. University of Ghana
Laya, M. D. Director, Centre Nigérien de Recherches en Sciences Humaines (CNRSH), Niamey
Looky, M. S. I. Direction de Statisque, Lomé
Mabogunje, Prof. A. L. University of Ibadan
N'Doye, Mme E. IDEP
Okali, Mrs. C. University of Ghana
Oloko, Dr. O. University of Lagos
Olusanya, Mr. P. O. University of Ife
Piault, Dr. M. Centre National de la Recherche Scientifique (CNRS), Paris
Pontié, M. G. ORSTOM, Yaoundé
Sabot, Dr. R. H. University of Dar es Salaam
Sanogoh, M. G. H. Direction de la Statistique, Ouagadougou
Sawadogo, M. G., Service de la Main d'Œuvre, Ouagadougou
Schwartz, M. A. ORSTOM, Abidjan
Silva Michelena, Dr. H. IDEP
Songré, M. A. Chef du Service de la Main d'Œuvre, Ouagadougou
Udo, Dr. R. K. University of Ibadan

PART I
INTRODUCTION

Les Migrations Contemporaines en Afrique de l'Ouest[1]

INTRODUCTION

I. LE PHÉNOMÈNE MIGRATOIRE DANS L'AFRIQUE DE L'OUEST CONTEMPORAINE : NATURE ET DÉFINITION

Le déplacement des peuples et des hommes n'est certainement pas particulier à l'Afrique de l'Ouest moderne. L'histoire et les légendes d'origine nous rappellent que tous les peuples de l'Afrique de l'Ouest contemporaine viennent de régions parfois très éloignées de celles qu'ils occupent aujourd'hui. C'est pourquoi est-il sans doute difficile de définir le phénomène migratoire, d'en préciser les frontières. Nous distinguerons donc *les mouvements de peuples des migrations proprement dites.*

Les migrations de peuples conduisent à la constitution dans les zones de *colonisation nouvelles*, de sociétés organisées, structurées, totales. Ces sociétés sont souvent analogues à celles d'origine des 'migrants', et dans ce cas, la migration se solde par une extension géographique de l'aire de la société d'origine. Mais cela n'est pas toujours le cas. Parfois les peuples d'origine de la zone conquise sont intégrés soit en qualité de minorité refoulée et soumise, soit en qualité d'associé organisé en symbiose par exemple. Dans ce cas la société nouvelle acquiert des caractères particuliers. Mais d'une manière plus fondamentale et générale, en l'absence même d'une population d'origine (qui est alors repoussée ou, assimilée), l'installation nouvelle permet à la société d'échapper à des contraintes

[1] Nous voulons exprimer ici tous nos remerciements à l'équipe de l'IDEP qui a participé à la préparation et au déroulement du colloque, particulièrement à Hector Silva Michelena qui a assumé l'essentiel des responsabilités de cette équipe, et avec lequel nous avons discuté de ce texte. Inutile de préciser que les erreurs et insuffisances doivent cependant n'être attribuées qu'à nous seuls. Enfin, selon la formule, les idées exprimées ici sont celles de l'auteur et n'engagent en rien l'IDEP dont il assume la direction, encore moins les Nations Unies.

héritées, plus difficiles à surmonter dans l'aire de provenance des migrants. Il en a été ainsi par exemple, dans les 'terres nouvelles' du croissant central oriental colonisé par les Mourides venus du vieux pays arachidier, ou dans les régions peu peuplées à l'origine du Middle Belt nigérian; il en est de même dans certaines régions presque inhabitées à l'origine en Côte d'Ivoire à l'ouest du Bandama. Ce cas n'est pas particular à l'Afrique de l'Ouest. On sait qu'en Amérique du Nord la société capitaliste nouvelle, créée par les migrants, s'est développée plus rapidement et d'une manière plus radicale que dans son milieu d'origine en Europe, parce qu'elle ne s'est pas heurtée à l'obstacle de l'héritage féodal.

Les migrations proprement dites sont des *migrations de main d'œuvre*, non de peuples. C'est-à-dire que les migrants s'insèrent dans une société d'accueil, organisée et structurée. Ils y acquièrent très généralement un statut *inférieur*, selon les cas, celui de prolétaires salariés ou de métayers etc.

Cette distinction correspond aussi, en gros, à une coupure temporelle. Avant la colonisation européenne, l'Afrique est principalement le théâtre de mouvements de peuples. Depuis, elle est surtout marquée par des migrations de main d'œuvre, encore que certains mouvements de peuples s'y poursuivent sous nos yeux.

Si l'on veut mesurer l'importance des migrations de main d'œuvre dans l'Afrique de l'Ouest contemporaine, de 1900 à 1970 pour fixer les idées, on se heurte à des difficultés qui ne proviennent pas seulement, ni même *principalement*, de la pauvreté des sources statistiques. La difficulté réelle vient de ce que le migrant cesse de l'être à partir d'un certain moment. Comment définir cette coupure? Par l'assimilation juridique? Celle-ci, marquée aujourd'hui par l'acquisition de la nationalité, a son importance, puisque, en général, elle met à l'abri d'une menace réelle qui pèse sur les immigrés—l'expulsion—et leur donne des droits qui accélèrent leur assimilation réelle. L'assimilation réelle, culturelle et sociale, est toujours progressive, sectorielle et inégale, donc difficile à situer, même par un questionnaire bien établi auprès des immigrés et des autres. L'intention de ne plus rentrer dans son pays d'origine, renforcée par l'établissement d'une famille (créée par immigration des épouses, ou mariage local entre immigrés ou mixte) et l'arrêt des envois d'argent à la parenté au pays d'origine, peut traduire cette assimilation, ou tout au moins en établir l'intention possible de la part de l'immigré. Faute de précision suffisamment explicite concernant la frontière retenue, l'estimation de la proportion des immigrants dans une population donnée risque de varier entre des limites extrêmes et perdre de ce fait toute signification. Par exemple, on pourra considérer que toute la population urbaine d'Afrique de l'Ouest est constituée d'immigrants, puisque les origines rurales de cette population sont encore des réalités vivantes dans la conscience des citadins.

Il est moins hasardeux de tenter de mesurer l'apport de l'immigration dans la croissance de la population d'une région entre 2 dates précises. On se proposera de répondre à la question : que serait la population de la région aujourd'hui si, depuis telle année, elle n'avait pas reçu l'apport de l'immigration ; ou encore, s'il s'agit d'une région d'émigration : que serait sa population aujourd'hui si, depuis telle année, elle n'avait pas fourni d'émigrants. La mesure de l'apport (ou de la perte) ainsi définie reste difficile, car elle suppose : (1) que l'on connaisse les comportements démographiques (fécondité, longévité etc.) dans les populations d'origine et de migrants et dans celles qui en sont issues par mélange, ainsi que l'évolution de ces comportements et (2) que les comportements de la population d'origine auraient été identiques sans immigration ou émigration. On peut supposer que ces faits démographiques peuvent être connus et ces hypothèses peuvent être considérées comme acceptable si la période étudiée est relativement courte (30 ans au maximum), parce que les comportements démographiques varient peu au cours d'une génération. Au delà les hypothèses de stabilité perdent de leur réalisme et il faudrait tenir compte de l'évolution comparative des comportements dans la nouvelle population d'une part et la nouvelle génération d'immigrants ou d'émigrants d'autre part. Cela n'est toutefois pas impossible. Et c'est dans ce cadre que nous tenterons de situer l'ampleur du phénomène migratoire (réduit aux migrations de main-d'œuvre) dans l'Afrique de l'Ouest contemporaine (entre 1920 et 1970).

Les migrations de main d'œuvre peuvent être classées de plusieurs manières. Nous en retiendrons quatre principales.

La première classification possible repose sur le lieu d'origine et celui de destination: migrations rurales-rurales, rurales-urbaines, urbaines-urbaines, urbaines-rurales. Le quatrième type paraît être théorique, le troisième être le plus souvent un chaînon dans une migration qui conduit de la campagne à la grande ville par l'intermédiaire de la petite agglomération, lieu de passage. Il reste que certains déplacements des bourgs régionaux et des villes moyennes vers les grandes agglomérations mériteraient d'être étudiés comme tels. Dans certaines régions du monde déja fortement urbanisées, les flux urbains-urbains peuvent représenter l'essentiel du phénomène migratoire (dans l'Europe contemporaine par exemple). En Afrique de l'Ouest le phénomène migratoire est encore pour l'essentiel un flux de certaines campagnes vers d'autres ou vers les villes.

La durée de la migration constitue un second critère de classement. Ici encore il faut définir des frontières significatives. S'agissant de migrations d'origine rurale pour l'essentiel, le critère de la participation ou non au travaux de la saison des cultures est essentiel. Le paysan qui quitte son village pour une durée inférieure à 6 à 8 mois mérite seul d'être qualifé de migrant temporaire, car il participe à la production agricole chez lui. Par ailleurs en général son absence n'aura pas d'effets démographiques importants. S'il s'absente davantage, il ne participe plus aux travaux agricoles; et par ailleurs son absence (et sa présence ailleurs) se ressent sur le plan des comportements démographiques. Peu importe de ce point de vue qu'il soit absent 12 mois, 2 ans ou 15 ans. Ce critère ainsi défini permet de nous rendre compte *qu'aujourd'hui une proportion importante (et grandissante)* des migrants en Afrique de l'Ouest ne sont plus des migrants temporaires, même si c'était le cas il y a encore quelques décennies et que cela l'est encore pour quelques régions de départ.

Le critère de la distance, mesurée en termes géographiques, n'a guère d'importance. Aujourd'hui la distance prend de l'importance lorsqu'elle implique le passage d'une frontière d'Etat, par ce que le statut juridique de national ou d'étranger est *devenu* un fait important. Certes, par ailleurs, les politiques économiques, comme les politiques tout court, sont élaborées dans le cadre des Etats et, pour cette raison, une migration internationale n'a pas le même sens qu'une migration interne, puisque la première se solde au bénéfice ou au désavantage de nations différentes. Cependant, comme on constate que les flux de redistribution de moyens financiers et autres allant des régions riches aux régions démunies à l'intérieur des Etats sont particulièrement négligeables dans le Tiers monde en général, et en Afrique de l'Ouest en particulier, il y a de ce fait, moins de différences entre les migrations internationales et les migrations internes qu'on ne pourrait le croire. La 'distance ethnique' est sans doute un élément à prendre en considération, qui d'ailleurs ne peut être confondue avec le statut juridique de national et d'étranger. Il est sans doute utile de savoir que les immigrants ici appartiennent à la même ethnie que la population du lieu d'accueil, là à des ethnies proches, ailleurs à des ethnies éloignées. Mais cette connaissance ne peut être valorisée que si on situe le fait ethnique par rapport aux stratégies politiques des migrants et de la société d'accueil, ces stratégies pouvant être si différentes qu'ici la distance ethnique sera un fait social important, là sans importance.

Le quatrième critère de classification qui s'impose est fondé sur la qualification de la main-d'œuvre migrante. De ce point de vue nous distinguons les migrations de main-d'œuvre banale, non qualifiée, qui constituent la très grande masse des flux migratoires, des migrations spécifiques de commerçants, d'employés et d'agents subalternes d'exécution de l'administration et des maisons de commerce, d'ouvriers qualifiés, enfin de cadres supérieurs (exode des cerveaux). Ces migrations ont des origines très différentes de celles de paysans non qualifiés; et s'inscrivent dans des cadres particuliers qui impliquent des méthodes spécifiques d'analyse et d'appréciation de leur signification globale.

Comment se présente le phénomène migratoire en Afrique de l'Ouest aujourd'hui, les définitions et critères de classement qui précèdent étant retenus? Il s'agit tout d'abord d'un ensemble de flux quantitatifs tout à fait considérable, qui ont accompagné et rempli une fonction décisive dans la mise en valeur coloniale extravertie de cette région du continent. Nous donnerons plus loin un ordre de grandeur de l'ampleur du phénomène. Ce flux débute avec la colonisation à la fin du siècle dernier, mais jusqu'en 1920 il demeure exceptionnel et relativement lent, sauf sans doute en ce qui concerne la ceinture cacaoyère de Gold Coast. Au cours des années 1920 et 1930 il s'accélère lentement, pour prendre à partir de 1945–50 des rythmes qui *n'ont pas cessé de s'accélérer*. Le phénomène migratoire est donc encore actuellement dans sa phase d'épanouissement ; par ailleurs il tend à se *généraliser* à l'ensemble de la région qui se partage de plus en plus clairement en zones d'immigration et zones d'émigration, tandis que les régions 'neutres', hors du circuit, se rétrécissent rapidement. Il s'agit d'un flux dont la source est encore presqu' uniquement constituée par cetaines *zones rurales*, la migration urbaine-urbaine étant encore pour l'essentiel un relai dans la chaîne rurale-urbaine. Il s'agit d'un flux qui se destine encore autant à des zones rurales de mise en valeur fondée sur l'exportation qu'aux zones urbaines, situées également, principalement, au cœur des régions où se font cette mise en valeur *agricole* extravertie. Il s'agit de migrations qui sont déjà très largement en voie de passer de la phase première, caractérisée par la prépondérance des migrations courtes (inférieures à l'année), à la phase de maturité, caractérisée par le caractère permanent de la migration. Aussi, bien que le mouvement des migrants qui partent chaque année d'une zone d'émigration, soit constitué largement de jeunes hommes de 18 à 30 ans, cette proportion décroît parce que l'émigration de femmes des mêmes classes d'âge tend à suivre, avec un décalage dans le temps, accompagnée bien entendu des enfants de ces femmes. Le caractère ascendant du flux migratoire se traduit par un contraste *grandissant* entre la pyramide des âges dans les régions d'émigration, dont la population vieillit, et celle des régions d'immigration, dont, à l'opposé, la population *ne cesse de rajeunir*. Malgré la balkanisation de la région, il s'agit encore de migrations qui ne sont pas gênées outre mesure par les frontières d'Etat et qui gardent de ce fait un caractère largement international. Enfin il s'agit, pour l'essentiel, de *migrations de main d'œuvre banale* non qualifiée. Par rapport à ce flux dominant, les migrations de commerçants, d'employés et ouvriers qualifiés, enfin de cadres, passent au second rang, de même d'ailleurs que les mouvements de peuples, qui subsistent çà et là, mais n'ont plus, en termes relatifs, l'importance qu'ils avaient avant la colonisation. Ces migrations de peuples sont aujourd'hui tout à fait marginales par rapport aux migrations de main-d'œuvre.

Enfin, on le verra tout au long de cette étude, le modèle des

Les Migrations Contemporaines en Afrique de l'Ouest

migrations est *radicalement différent* au Nigéria de ce qu'il est à l'Ouest de ce pays. Cette différence tient à ce que chacune des 3 grandes régions du pays (Nord, Ouest, et Est) forme une unité consistante, entre autre grâce au fait de son peuplement dense. Pour cette raison aucune de ces régions n'est devenue la 'réserve' de main-d'œuvre des autres, comme c'est le cas à l'ouest de la Nigéria dans les rapports intérieur-littoral; par contre au Nigéria chacune de ces 3 grandes régions dispose de ses propres 'réserves' intérieures.

II. L'AMPLEUR DU PHÉNOMÈNE MIGRATOIRE EN AFRIQUE DE L'OUEST: QUELQUES INDICATIONS

Il est difficile de sous-estimer l'ampleur du phénomène migratoire en Afrique de l'Ouest. Malheureusement aucune étude scientifique systématique n'a été faite jusqu'à ce jour qui permettrait de chiffrer d'une manière à peu près sûre les transformations dans la carte de la région au cours du XXè siècle. Pourtant cela est possible, si l'on veut bien se donner la peine de dépouiller aussi systématiquement que possible les archives. Nous nous proposions pour le colloque de dresser une telle carte, ne serait-ce qu'à titre provisoire. Cela n'a malheureusement pas été possible, faute, croyons-nous, de témérité suffisante de la part des géographes, que l'on doit regretter vivement.

Les mouvements migratoires en Afrique de l'Ouest sont cependant bien connus. Nous proposons d'en distinguer les suivants:

1—Les mouvements de migrations de main-d'œuvre en dehors de la Nigéria: (*a*) le flux de migrations des régions de l'intérieur (Haute Volta, Mali, Niger, parties intérieures de la Guinée, Côte d'Ivoire et Ghana) vers le littoral, principalement ghanéo-ivoirien, en direction tant des zones de plantations que des villes. Il s'agit là du principal flux de migration de main-d'œuvre non qualifiée dans la région; (*b*) le flux de migration de certaines régions du Mali et de Guinée vers le bassin arachidier sénégalo-gambien et les villes du Sénégal. La composante rurale de ce flux (les navétanes) a disparu, mais par contre, la composante urbaine s'accentue; (*c*) les flux associés à l'urbanisation à partir des campagnes avoisinantes, dans les régions du littoral et de l'intérieur.

2—Les mouvements de migration de colonisation en dehors de la Nigéria, soit: (a) les flux associés à la mise en valeur de zones de plantations extraverties, particulèrement celui de la mise en valeur des 'terres neuves' du Sénégal et le déplacement d'est en ouest des Togolais dans la ceinture cacaoyère du Ghana; (b) les flux de colonisation fondés sur l'extension de l'agriculture vivrière, très nombreux, dont quelques cas sont plus marqués (les migrations Lobi par exemple).

3—Les mouvements de migration propres au Nigéria: (a) les migrations de main d'œuvre qualifiée du Sud (principalement Ibo) vers le nord qui constituent le flux principal quantitativement; (b) la colonisation des terres du Middle Belt à partir du nord et du sud, celle de la ceinture cacaoyère, du Delta et de la région de Calabar à partir de l'Est Ibo, celle du Kanuri et de l'Adamawa à partir du nord; (c) les fleux associés à l'urbanisation dans chacune des 3 grandes régions du pays et (d) les flux de main-d'œuvre saisonnière, également répartis entre les 3 grandes régions, renforcées par un afflux du nord et de l'est vers la ceinture cacaoyère et accessoirement par un exode d'Ibo vers Fernado-Po et le Cameroun Occidental.

4—Les mouvements de migrations de main-d'œuvre qualifiée (Dahoméens, Cap Verdiens, etc.) et celles des commerçants (Dioula, Hausa, Maures et Yoruba principalement).

5—L'exode hors d'Afrique (vers l'Europe) de main-d'œuvre non qualifiée, qui a commencé à une grande échelle à partir des années 60 pour quelques régions (le pays Sarakollé), et celui des intellectuels (exode des cerveaux) qui commence actuellement à se faire sentir et ira certainement en grandissant.

Les migrations à l'Ouest de la Nigéria: le flux des régions intérieures vers le littoral

Sans avoir la prétention de combler ici le vide signalé plus haut, nous avons tenté de reprendre les résultats de nos travaux, qui intéressent les pays francophones et le Ghana. Les chiffres retracés dans le tableau joint sont seulement indicatifs des tendances, et peuvent comporter de nombreuses erreurs. Néanmoins nous avons le sentiment qu'ils indiquent des ordres de grandeur des changements significatifs. Tout d'abord on doit signaler le changement des proportions entre le littoral et l'intérieur, tout à fait considérable: le littoral rassemblait un tiers de la population des pays concernés à l'issue de la première guerre mondiale, près de la moitié aujourd'hui.

Si l'on acceptait l'hypothèse que les populations migrantes ont une démographie en moyenne analogue à celle des autres, l'apport de l'intérieur au littoral serait de l'ordre de 4,8 millions d'âmes qui représente la différence entre la population de l'intérieur telle qu'elle est en 1970 (23,0 millions) et telle qu'elle aurait été sans l'émigration depuis 1920 (27,8 millions). Cet apport représente 21% de la population actuelle du littoral, 26% de celle de l'intérieur. Il n'y a donc aucun doute que ce transfert massif a joué un rôle décisif dans le développement inégal côte-intérieur. On tentera plus loin d'estimer l'ordre de grandeur du transfert de valeur de l'intérieur vers le littoral que couvre le phénomène migratoire.

Il est nécessaire de préciser ici que ce chiffre de 4,8 millions d'âmes représente *l'apport démographique* probable de l'intérieur au littoral au terme de 50 ans de migrations. Il ne représente pas le nombre des 'étrangers', d'origine intérieure, résidant dans les zones du littoral, parce que les immigrants sont assimilés après un temps plus ou moins long. Cet apport démographique est le résultat d'une émigration permanente, au sens large, c'est-à-dire non saisonnière au sens où nous l'avons défini (inférieure à 6–8 mois). Les migrants saisonniers n'ont en effet aucun impact perceptible sur la démographie. Les recensements d'ailleurs ne saisissent d'une manière pércise que la population présente à un moment donné, le jour du recensement, et généralement les seuls résidents permanents. Par contre les enquêtes de mouvements, si elles sont établies sur une période suffisamment longue, permettent de saisir l'ensemble des migrations, saisonnières ou non.

Le flux annuel des migrations non saisonnières qui a donné le résultat enregistré, c'est-à-dire l'évolution des proportions entre la population de l'intérieur et celle du littoral de 2/3—1/3 vers 1920 à 1/2—1/2 vers 1970, est évidemment croissant tout au long du demi-siècle. Si l'on admettait la régularité de cette croissance, ce flux de départs définitifs annuels, serait passé progressivement de 40.000 autour de 1920 à 60 vers 1940, 80 vers 1960 et 90.000 personnes en 1970, ce qui a réduit la croissance de la population de l'intérieur de 0,4% l'an, augmenté corrélativement celle du littoral de 0,5% l'an.

De 1920 à 1970 l'intérieur aurait donc envoyé vers le littoral environ 3 millions d'individus, soit, en moyenne arithmétique 60.000 migrants annuels.

Le flux des migrants saisonniers *s'ajoute* à celui des départs 'définitifs' évalué ci-dessus. L'enquête de 1960–1[1] révèle que 17,9% de la population de la Haute Volta (alors 4.460.000 habitants) était absente de leur résidence dont 7,1% partis pour l'étranger. Sur les 798.000 Voltaïques absents de leur domicile, dont 317.000 partis pour l'étranger, plus de la moitié, émigrent pour des périodes inférieures à un an, un tiers pour des durées de 1 à 11 mois et un quart pour des durées inférieures à un mois. Si l'on admet que la plus forte proportion des absents pour des durées très courtes (dont d'ailleurs une majorité est féminine) traduit non un phénomène migratoire mais seulement des voyages (pour obligations familiales, etc.), principalement à l'intérieur du pays, le flux annuel des migrants saisonniers serait de l'ordre de 120.000 personnes. Ce chiffre parait raisonnable, puisque les seuls recrutements opérés par le SIAMO à destination de la Côte d'Ivoire entre 1951 et 1959 fluctuaient selon les années entre 20 et 50.000 individus. Or déjà, dans les années 1920 et 1930, Sanogoh nous rappelle que les autorités de Gold Coast évaluaient à 60 ou 80.000 les migrants en provenance de Haute Volta certaines années. Les Voltaïques fournissant 60% environ du flux migratoire total dans la région, le chiffre annuel du flux des migrants saisonniers pourrait être de l'ordre de 200.000 individus.

Il faut compter par ailleurs avec le flux des navétanes en provenance du Mali et de la Guinée, et à destination du bassin arachidier Sénégalais et Gambien. La meilleure étude portant sur ce problème, celle de Vanhaverbaeke,[2] estime que le nombre des saisonniers a régulièrement diminué, de 60.000 par an entre 1935 et 1940 à 40.000 entre 1940 et 1958 pour tomber onsuite à 11.000 (1958–61) et disparaître pratiquement au cours des années 60.

Le chiffre total de 200.000 migrants cité plus haut comprend en principe celui des migrants togolais à destination du Ghana. Ces migrations sont très importantes puisque l'enquête togolaise de 1960[3] révèle que pour 5 togolais résidant dans leurs pays, un

---

[1] Voir Sawadogo, Songré et Sanogoh, *infra*, p. 384.
[2] Vanhaverbaeke, 1970.
[3] Kumekpor et Looky, *infra*, p. 358.

Les Migrations Contemporaines en Afrique de l'Ouest 13

est au Ghana. Mais le flux comporte ici aussi des migrants saisonniers au sens où nous les avons défini et des migrants 'définitifs'. Par ailleurs ce flux en provenance de l'ensemble du pays, nord et sud, n'interesse qu'en partie notre analyse des mouvements de l'intérieur vers le littoral, puisqu'il s'agit d'un mouvement interne du littoral. Le flux annuel peut-être ici de l'ordre de 40.000 personnes dont la moitié de saisonniers.

Au total donc on pourrait évaluer à 300.00 le flux annuel total actuel des mouvements, composé à concurrence de deux tiers de migrants saisonniers et d'un tiers de migrants qui abandonnent, par la durée de leur absence, toute participation à la saison des travaux agricoles dans leur pays d'origine. Ce chiffre global est à rapprocher de celui auquel sont parvenus les auteurs de la grande enquête régionale de 1958-9,[1] qui est de 4 à 500.000 migrants pour l'ensemble Niger, Haute Volta, Mali, Ghana, Côte d'Ivoire, dont 60% de Voltaïques, 13% de Mande, et 10% de Hausa et Zarma, répartis entre 80% de saisonniers (moins d'un an) et 20% de migrants pour des durées supérieures à un an. Ce chiffre nous paraît un peu élevé, et comprend certainement de très nombreux 'voyageurs', notamment pour des raisons de famille ou de commerce. Les commerçants itinérants, très nombreux, franchissent plusieurs fois par an les frontières, et gonflent le chiffre global des 'migrants'.

Il est possible—et même probable—que la proportion des saisonniers ait été plus forte dans le passé. C'est par la migration saisonnière que s'amorce le mouvement. Au fur et à mesure que l'exode se dirige vers les villes, la migration perd son caractère saisonnier pour devenir définitive. Qu'on nouse permette donc d'avancer des moyennes annuelles qui nous paraissent acceptables: pour la période d'avant guerre (1920-40) environ 180.000 migrants par an dont 75% de saisonniers, pour la décennie 1950-60 environ 250.000 dont 70% de saisonniers, pour la décennie 1960-70 environ 300.000 dont deux tiers saisonniers.

Il faut s'arrêter un instant sur le rythme, relativement modeste, de la croissance des migrations saisonnières: 140.000 travailleurs par an avant guerre, 175.000 au cours de la décennie 1950-60, 200.000 au terme de la dernière décennie. Pourtant l'évolution du phénomène des navétanes nous rappelle que le recours à des étrangers pour l'effort saisonnier nécessaire

[1] Rouch, 1956.

disparaît lorsque la densité d'occupation du terroir devient suffisante, c'est-à-dire qu'il existe sur place des réserves de force de travail qui peuvent être mobilisées à la saison des travaux. Ce que Vanhaverbaeke a observé et mesuré pour les 'terres neuves' du Sénégal est également vrai dans les plantations du Ghana et de Côte d'Ivoire. Le flux des migrants définitifs a engendré, par sa propre croissance démographique, un peuplement dense, au Ghana dès avant la guerre, en Côte d'Ivoire à l'heure actuelle et un ralentissement de la croissance de la production des plantations, c'est-à-dire un ralentissement des défrichages, qui absorbent une main d'œuvre nombreuse. Les migrants installés et leurs descendents, définitivement prolétarisés ou établis comme fermiers également sur une base définitive, réduisent le besoin de migrants saisonniers. Ceux-ci viennent d'ailleurs en général maintenant de moins loin, au fur et à mesure que la région se peuple et se différencie en classes plus nettement distinctes. Aussi, lorsqu'en 1970, le gouvernement ghanéen a procédé à l'expulsion de plus de 200.000 étrangers, pour un grand nombre des migrants saisonniers, les pertubations occasionnées par cette mesure, bien que non négligeables, n'ont pas été catastrophiques, comme elles l'auraient été il y a 50 ans ou comme elles le seraient encore en Côte d'Ivoire.[1]

On connaît les régions bénéficiaires de l'apport des migrations définitives. C'est en premier lieu le Ghana méridional pour lequel l'apport de l'immigration, calculé par nous, est de l'ordre de 3,3 millions d'âmes. Il s'agit là bien entendu de l'apport étranger (environ un tiers Togolais, un tiers Voltaïques, et un tiers divers dont principalement Nigérians et Nigériens), et de l'apport du Ghana septentrional, soit respectivement 2,3 et 1,0 millions d'âmes.[2] Cet apport est bien entendu plus important que ne le fait ressortir la statistique des citoyens de nationalité étrangère, étant donné le processus d'assimilation. Mais les chiffres sont tout à fait réconciliables. Le recensement de 1960 nous apprend qu'il y avait 830.000 étrangers établis dans le pays, dont 280.000 nés au Ghana. On voit donc que le nombre des étrangers représente environ 55% de l'apport démographique étranger (qui, selon nos calculs était de

---

[1] Adamako-Sarfoh, *infra*, p. 138.
[2] Amin, 1971: 68, 94.

1,5 million en 1960) ce qui signifie que l'on est généralement assimilé juridiquement à la seconde génération. L'apport extérieur (étranger et nordiste) fournit environ 40 % de la force de travail du Ghana méridional, trois quarts de celle des zones de plantations et de la ville d'Accra.

La seconde région bénéficiaire a été la Côte d'Ivoire, dont les régions méridionales contiennent 1,3 million d'êtres qui représentent l'apport de l'immigration depuis 1920. Ici encore on se reportera à nos travaux:[1] la main-d'œuvre d'origine immigrée fournissait déjà en 1965 au moins un tiers de la force de travail totale dans l'ensemble des zones rurales et des villes de la basse côte, sans doute de deux tiers à trois quarts de la force de travail des zones de plantations et d'Abidjan.

Pratiquement l'économie de plantation et l'économie urbaine de la Côte d'Ivoire et du Ghana méridional n'existeraient pas sans l'apport de main d'œuvre de l'intérieur.

Il resterait, par solde, environ 0,2 million d'âmes qui représenteraient l'apport de l'intérieur aux autres régions du littoral, principalement le Cap-Vert, accessoirement le sud Togo et Dahomey. Ce chiffre est très certainement sous-estimé, le seul apport de la migration de provenance extérieure au bassin arachidier à Dakar étant de cet ordre de grandeur (néanmoins le principal apport à Dakar provient du bassin arachidier).

Quant aux zones d'émigration principales elles sont également connues. L'application de l'hypothèse des comportements démographiques aux différents pays et régions de l'intérieur met en relief l'apport essentiel de la Haute Volta, qui aura fourni 3,0 millions d'âmes; c'est-à-dire que sans émigration sa population serait aujourd'hui de 8 millions d'habitants. Les autres régions, principalement le nord du Ghana et la Côte d'Ivoire septentrionale, accessoirement le Fouta Djallon, le nord Togo, le Mali et le Niger, ont fourni 1,8 million d'âmes.

Un rapprochement entre le chiffre du transfert global (4,8 millions) de l'intérieur vers le littoral et celui de l'urbanisation doit être fait. Les villes de la côte sont passées de 0,2 million d'habitants en 1920 à 4,5 millions en 1970, absorbant, si l'on admet un taux de croissance naturel de l'ordre de 2,5 % l'an (contre 2,0 % pour la moyenne générale de la population entre

[1] Amin, 1967: ch. I.

1920 et 1970) et 5% en moyenne pour les rythmes de l'urbanisation, environ 50% de l'apport démographique de l'intérieur au littoral (soit 2,4 millions d'âmes sur 4,8). Si tous les migrants urbains étaient venus de l'intérieur, les campagnes du littoral auraient bénéficié du solde, soit 2,4 millions d'êtres, représentant 16% de leur population actuelle. En fait les choses ne se sont pas passées ainsi, puisque les villes du littoral ont attiré également des ruraux des régions côtières. L'apport de l'intérieur pourrait sans doute être ventilé entre les zones urbaines du littoral et les zones rurales de celui-ci dans des proportions que nous avancerons de l'ordre de un tiers—deux tiers (sur la base de nos calculs concernant la Côte d'Ivoire et le Sénégal).

Bien qu'elles soient beaucoup moins urbanisées, les zones de l'intérieur ont fourni également un lot de migrants à leurs propres villes, qui, négligeables en 1920, rassemblent en 1970 environ 2,4 millions d'habitants. Ici aussi, en admettant que l'immigration ait contribué pour 50% à l'urbanisation, cet apport (1,2 million) doit s'ajouter aux 4,8 millions calculés plus haut pour représenter l'apport total des zones rurales de l'intérieur à leurs propres villes d'une part et aux zones du littoral (villes et campagnes) d'autre part.

On peut aussi comparer utilement l'évolution des densités rurales comparatives de l'intérieur et du littoral. La population rurale des régions intérieures est passée de 10,0 à 20,6 millions, tandis que celles du littoral est passée de 4,9 à 14,2 millions. En gros, tandis que les densités rurales étaient doublées dans l'intérieur, elles ont triplé dans les régions du littoral.

Enfin on doit signaler le retard des pays francophones par rapport au Ghana. C pays a déjà 8% d'urbains en 1920 et 75% de sa population dans ses régions méridionales. Il faudra attendre 1950 pour que l'A.O.F. rejoigne le Ghana de 1920 en matière d'urbanisation. En 1970, seul le Sénégal parmi l'ensemble des pays francophones, avec une population urbaine qui représente 32% de sa population globale, a une structure voisine de celle du Ghana. La Côte d'Ivoire, avec 20% d'urbains soulement, vient donc entre encore assez loin derrière en seconde position. Aussi, si les flux migratoires ne commencent guère en A.O.F. avant 1920, et ne prennent des rythmes rapides qu'après la seconde guerre mondiale, il n'en est pas de même au Ghana, où le mouvement de mise en valeur commence réellement en 1890.[1] A cette date la population urbaine représente déjà 4% de la population totale du pays et en 1920 l'apport des migrants de la première période de 1890–1920 n'est pas négligeable, puisqu'il atteint déjà 7 à 10% de la population du Ghana méridional, Togoland, nouvellement annexé, exclu (Tableau 1).

Les migrations en Nigéria: un modèle différent

Nous n'avons malheureusement aucune donnée comparable permettant de faire le bilan des migrations au Nigéria. Il faut néanmoins reconnaître que Mabogunje[2] a su tirer avec talent le maximum du seul recensement disponible, celui de 1952–3. A l'époque le Nigéria avait 30,4 millions d'habitants et, au niveau de désagrégations que permettait le recensement (25 provinces et 9 ethnies principales), Mabogunje repère 1.378.000 habitants 'non originaires' soit 4,5% de la population. Ce chiffre n'inclut:

(1) ni les migrants intérieurs aux provinces;
(2) ni nécessairement tous les migrants saisonniers (de moins d'un an), puisque le recensement saisit les hommes en leur lieu de résidence effective au jour où il est effectué.

D'autre part Mabogunje repère, par une analyse de corrélation multiple, 2 flux de migrations. Le premier flux, de loin principal, qui explique 70% des mouvements, traduit une émigration (a) du Sud vers le Nord et (b) du pays Ibo vers la région de Calabar. Le second ensemble de flux, qui sont internes aux 3 grandes régions du pays, explique 30% des mouvements. Dans le Nord des migrations se font du centre Nord à population dense vers: (a) l'Est et le Nord est à densité faible (pays Kanuri et Adamawa), et (b) le Middle Belt également à densité plus faible. Dans l'Est les migrants vont du pays Ibo vers: (a) le Delta du Niger; (b) les ceintures de plantations de cacao et de palmiers de l'Ouest et du Middle West, et (c) le Middle Belt oriental. Dans l'Ouest les migrants se dirigent: (a) vers Lagos, Ibadan et la ceinture cacaoyère à population dense et (b) vers le Middle Belt occidental.

[1] Szereszewski, 1965.
[2] Mabogunje, 1970.

Tableau 1
Populations: Urbains, Littoral, et Intérieur; 1920, 1970

	1920				1970				Taux annuels de croissance
	Urbains (000)	Littoral (millions)	Intérieur (millions)	Total	Urbains (000)	Littoral (millions)	Intérieur (millions)	Total	
Sénégal	130	0,8	0,5	1,3	1.250	2,7	1,2	3,9	2,2
Côte d'Ivoire	20	1,0	0,5	1,5	970	4,0	1,0	5,0	2,4
Haute Volta	20	—	3,0	3,0	360	—	5,0	5,0	1,0
Togo	20	0,4	0,3	0,7	310	1,3	0,5	1,8	1,9
Dahomey	60	0,6	0,3	0,9	310	2,0	0,7	2,7	2,2
Niger	15	—	1,3	1,3	160	—	3,9	3,9	2,2
Guinée	15	0,2	1,1	1,3	360	1,0	2,8	3,8	2,2
Mali	20	—	1,7	1,7	380	—	5,2	5,2	2,2
Mauritanie	10	—	0,7	0,7	90	—	1,2	1,2	1,0
Ensemble pays francophones	310	3,0	9,4	12,4	4.190	11,4	21,5	32,5	1,9
Ghana	220	2,1	0,7	2,8	2.700	7,7	1,5	9,2	2,4
Total général	530	5,1	10,1	15,2	6.890	18,7	23,0	41,7	2,0
% de la population totale,									
Pays francophones	2,5	24	76	100	13	34	66	100	—
Ghana	8	75	25	100	29	83	17	100	—
Ensemble	3,5	33	67	100	17	45	55	100	—

Notes relative au tableau

Le tableau distingue une région du littoral qui comprend:

(1) au Sénégal le Cap-Vert et le vieux bassin arachidier (approximativement les régions administratives de Thiès, Diourbel, et du Sine Saloum); (2) en Côte d'Ivoire les régions méridionales définies dans notre ouvrage sur ce pays, approximativement les régions au sud du 8ème parallèle; (3) au Togo les régions maritimes et des plateaux; (4) au Dahomey les départements de l'Atlantique, de l'Ouémé, du Mono, et du Zou; (5) la Guinée maritime géographique (en de çà du Fouta Djallon); (6) au Ghana les anciens territoires de la Colony et de l'Ashanti.

Let chiffres ont été calculés dans les frontières actuelles des Etats, c'est-à-dire compte tenu du Togo anglais pour le Ghana, des modifications de frontière Mali–Mauritanie (Hodh), et bien entendu de la Haute Volta (supprimée de 1932 à 1947). Les populations du littoral et de l'intérieur ainsi définies comprennent celles des zones urbaines, reprises dans la première colonne. Ces dernières s'entendent pour les agglomérations de plus de 5.000 habitants.[1]

[1] Les sources de nos calculs peuvent etre retrouvées dans: Amin, 1967 et 1971; *OCAM 1968*, Secrétariat Général de l'OCAM, Yaoundé, 1970. Enfin diverses sources statistiques dont on trouvera les références dans les ouvrages cités.

Les Migrations Contemporaines en Afrique de l'Ouest

A cet ensemble de faits mesurés il serait sans doute bon d'ajouter ceux concernant les migrations internes aux provinces et ceux relatifs aux migrants saisonniers non repérés par le recensement. A l'intérieur des provinces les flux qui rendent compte de l'urbanisation sont sans doute décisifs. L'apport principal aux grandes villes, Lagos, Ibadan, Enugu, Kano, etc. vient en effet des régions mêmes où ces villes sont situées, même si, pour Lagos au moins l'apport plus lointain n'est pas négligeable (en 1952: 16% de la population de la Colony viennent d'autres provinces, principalement toutefois de l'Ouest Yoruba). Quant aux migrants saisonniers, Prothero[1] en recense 259.000 pour la seule province de Sokoto, partis en direction su Sud et Mabogunje[2] estime ce flux pour l'ensemble de la Nigéria à un million d'hommes.

Certes, depuis 1952, de nombreuses modifications ont eu lieu. Si l'on admet que le taux de croissance démographique a été de 2,6% l'an et si l'on admet que la guerre civile a fait disparaître 800.000 personnes, la population de la Nigéria serait en 1972 de l'ordre de 50 millions.

Entre 1952 et 1972 le mouvement d'urbanisation s'est accéléré. Selon Green et Mabogunje[3] le rythme de la croissance urbaine est passé de 2,1% l'an entre 1920 et 1950 (à peine supérieur au rythme de la croissance générale de la population du pays, qui est de 1,8% l'an) à 5,5% pour la décennie 1950–60. En 20 ans, de 1950 à 1970, les villes qui jusqu'alors s'étaient développées presqu' exclusivement par leur propre démographie, sans absorber d'immigrants, ont absorbé plus de 2 millions de nouveaux immigrants. Cependant cette urbanisation accélérée touche également toutes les régions du pays, sud et nord, et pour cette raison n'a pas modifié les rapports globaux nord–sud comme dans le reste de l'Afrique de l'Ouest.

D'autre part la guerre civile et les évènements qui l'ont précédé ont entraîné des migrations massives, notamment le repli des originaires du sud est (particulièrement Ibo) vers leur pays.

Malgré l'ignorance dans laquelle on se trouve pour tout ce qui concerne la population du pays, et l'impossibilité d'exploiter

---

[1] Prothero, 1959.
[2] Mabogunje, n.d. 57.
[3] Green, *infra*, p. 281.

le recensement de 1963 qui a été, comme on le sait, outrageusement falsifié, on ne peut s'empêcher d'avancer une conclusion très importante, qui, à notre avis, n'a jamais été faite jusqu'ici: le modèle das migrations au Nigéria est *totalement* différent de celui qui caractérise l'ensemble des autres pays situés à l'Ouest de sa frontière (notamment le groupe Haute Volta–Ghana–Côte d'Ivoire).

Les différences se situent au moins sur deux plans. D'abord le flux des migrations nigérianes est beaucoup *plus faible* que celui caractérise le reste de l'Afrique de l'Ouest. Les provinces nigérianes en 1952 constituent des unités plus petites en moyenne que les Etats du reste de l'Afrique Occidentale: et nous avons repéré pour ceux-ci un peuplement 'non originaire' de l'ordre de 20% contre 5% pour la Nigéria. La différence est trop grande pour ne pas être significative.

Cette première différence est étroitement liée à une seconde: le Nigéria intérieur n'est pas une réserve de main d'œuvre pour le sud, comme l'est l'intérieur vis à vis du littoral dans le reste de l'Afrique de l'Ouest. Les provinces dont le peuplement non originaire est proportionnellement le plus élevé au Nigéria sont, d'après les résultats de Mabogunje, non pas celles de la côte (sauf Lagos), mais celles du Middle Belt, du Nord est et du Sud est: le Plateau (20%), le Niger (18%), Kabba (10%), la Benué, les Rivers et Ilorin (respectivement 9% chacune), Zaria, le Bornou, l'Adamawa et Calabar (7% chacune).

Mabogunje remarque donc qu'il s'agit principalement d'une *migration de colonisation*, des régions à niveau de revenu plus élevé, généralement aussi à croissance plus forte et à densité plus marquée, vers les régions à niveau moins élevé et peuplement plus faible (sauf la région cacaoyère de l'Ouest).

Cette migration de colonisation revêt 2 formes essentielles: une migration de main d'œuvre qualifiée du sud (notamment du pays Ibo) vers les villes et petites agglomérations du nord (et accessoirement vers la région de Calabar), et une colonisation agricole, principalement du Middle Belt.

Le flux de la migration du sud vers le nord intéresse quelque 35.000 individus qui partent chaque année (vers 1950) et trouvent des emplois dans l'administration, les maisons de commerce et les industries (vers 1960 la majorité des ouvriers dans les usines du nord sont des sudistes, notamment Ibo, selon

Peter Kilby).[1] Fondée sur l'avance en matière d'éducation du pays Ibo, cette migration dominante (70% des départs définitifs), est exactement inverse de la migration dominante à l'Ouest de la Nigéria, qui va du Nord vers le Sud et qui porte sur de la main d'œuvre banale, non qualifiée. D'ailleurs dans les pays francophones les écarts en matière d'éducation entre le littoral et l'intérieur étaient moins marqués, jusqu'à une époque très récente tout au moins. Pendant longtemps par exemple la Haute-Volta sera autant scolarisée que la Côte d'Ivoire, sinon mieux, et disposera d'un nombre plus élevé de cadres (moyens, les seuls existants à cette époque).

Quant à la colonisation agricole, elle intéresse environ 15.000 départs définitifs (vers 1950), à destination principalement du Middle Belt, et en provenance tant du Nord que du Sud. Ici encore le modèle de la migration nigériane est radicalement différent de celui des régions situées à l'Ouest de ce pays.

Ces deux types de migration se sont poursuivis au cours des années 50 et 60, au moins jusqu'à la guerre civile.

Cet ensemble de faits est extrêmement important, sans doute même essentiel si l'on veut comprendre la différence de *nature* entre le phénomène migratoire nigérian et celui des pays situés à l'Ouest du Nigéria. Les faits eux-mêmes sont connus et ont été relevés par Mabogunje; mais personne à notre connaissance n'en a tiré véritablement la portée et signalé qu'ils indiquent 2 modèles de migration radicalement différents. Car ils indiquent d'abord que les raisonnements très généraux dont on abuse lorsque l'on parle des migrations en Afrique (en général) ou en Afrique de l'Ouest (encore en général), et dont encore une fois le modèle de Todaro (ou l'article de Berg sur lequel nous reviendrons) constitue un bel exemple, n'ont guère de sens. Ici en tout cas, pour ce qui est du Nigéria, l'effet 'd'attraction' des régions riches ne rend pas compte du phénomène principal.

Dans ce domaine comme dans bien d'autres le Nigéria présente une figure très différente de celle du reste de l'Afrique de l'Ouest. Ce pays apparaît ici comme infiniment plus consistant, mieux équilibré *potentiellement*, que les autres. Non seulement son avantage de taille—il s'agit de l'un des rares Etats viables sur le continent—le différencie des autres, mais encore les 3 grands pôles que constituent le sud-ouest, le sud-est

[1] Kilby, 1969: 205.

et *le nord*, pourraient s'equilibrer dans un développement autocentré *d'ensemble* non inégal. Il n'y a pas de doute que les peuplements forts et denses des groupes Yoruba, Ibo et Hausa-Fulani, n'ont pas permis à une région du pays de devenir un appendice amorphe d'une autre, comme c'est le cas dans le reste de l'Afrique de l'Ouest. C'est pourquoi la colonisation est parvenue ici à développer une économie d'exportation aussi bien à l'intérieur que dans le sud comme en témoigne le bassin arachidier et cotonier du nord de la Nigéria. Ce bassin en effet, constitue la seule région intérieure de l'Afrique de l'Ouest de ce type puisque le bassin arachidier Sénégalais, plus dense, est situé dans la région du littoral, et que la mise en valeur pour l'exportation fondée sur l'arachide et le coton dans les pays francophones de l'intérieur est un échec. Cet équilibre a aussi joué en faveur du maintien d'un grand Etat, s'opposant à des forces centrifuges réelles encore qu'il soit assez évident que les politiques coloniales (en l'occurence ici celle de la Grande Bretagne, qui héritait peut-être de la sympathie de Lord Lugard envers l'aristocratie Hausa-Fulani, versus celle de la France) aient aussi été différentes.

Certes le modèle de l'ancienne migration (antérieure à 1950)—migration de colonisation—a fait place au Nigéria après 1950 à un modèle nouveau—migration d'urbanisation à titre principal—comme l'a fait remarquer très justement Green.[1] Mais la nouvelle migration, comme l'ancienne, ne modifie pas radicalement les rapports régionaux internes (notamment entre le Nord, l'Ouest, et l'Est). En cela elle est fondamentalement différente de celle qui, ailleurs en Afrique de l'Ouest, vide systématiouement l'intérieur au profit du littoral. Au contraire même le déséquilibre favorable au Sud en ce qui concerne la main d'œuvre qualifiée tend peut-être à se réduire depuis la fin de la guerre civile. Comme on le sait le pouvoir politique défunt issu de l'indépendance, dit 'libéral', superposait à un étonnant laiser-faire économique (ouverture extrême aux capitaux des sociétés multinationales etc. . . .)—qui ne pouvait que conduire à l'aggravation des inégalités régionales et sociales—un recours permanent aux manipulations à court terme fondées sur l'appel à l'ethnicité. Cette politique s'est soldée par l'atroce massacre des sudistes émigrés dans le nord,

[1] Green, op. cit.

particulièrement Ibo, prélude à la guerre civile. Celle-ci cependant aura peut-être, à terme, engagé le pays dans une politique de réduction des écarts économiques et sociaux, notamment en matière d'éducation. Les renseignements chiffrés sont actuellement encore beaucoup trop insuffisants pour dire s'il en est ainsi. Mais il *semble* que l'émigration sudiste vers le nord n'ait pas repris et que, par contre, l'urbanisation du nord continue au même rythme, à partir de ruraux nordistes. Par contre, si le mouvement sud-nord a presque disparu depuis la guerre civile, celui de la colonisation agricole du Middle Belt à partir du nord et du sud semble se poursuivre.

Pour récapituler les résultats concernant le Nigéria, les flux des migrations définitives intérieures de 1920 à 1950, tant pour la colonisation agricole de terres neuves (Middle Belt et régions méridionales), que pour l'urbanisation, aurait été de l'ordre de 2 millions d'individus, à raison de 40.000 par an en moyenne (30.000 par an entre les 2 guerres, 50.000 vers 1950). Pour les deux dernières décennies le flux de migration s'est fortement accéléré, au bénéfice principalement de l'urbanisation, la population urbaine ayant augmenté de 8 millions dont la moitié provient de l'apport de la migration, et porterait en moyenne sur 200 à 250.000 personnes. Quant au flux des migrants saisonniers il reste inconnu, peut-être de l'ordre de 500.000 individus par an. Après 1950 comme avant les flux de migration dans leur ensemble demeurent toutefois tels que les proportions entre les diverses grandes régions du pays (nord, ouest, est) demeurent relativement stables, le mouvement de colonisation comme l'urbanisation affectant également toutes ces régions.

III. LE MÉCANISME DE LA MIGRATION: LA MÉTHODOLOGIE

Peut-on d'une part analyser les 'causes' des migrations, et d'autre part en évaluer les 'conséquences'? L'observation de faits objectifs supposés significatifs (come les différences de revenus d'une région à l'autre ou d'une activité à l'autre), consacrés comme tels par une enquête classique de motivations individuelles auprès des migrants, permet-elle de repérer les 'causes' du phénomène? L'analyse en terme de 'coûts' et 'bénéfices' économiques tant pour le migrant lui-même, que pour l'économie des régions affectées (la région d'accueil et celle de départ), qui tente de mesurer et de comparer les effets de la migration sur la production, l'emploi et le revenu, permet-elle d'évaluer les 'conséquences' du fait migratoire, de conclure si, l'un dans l'autre, le mouvement est positif (et pour qui il l'est), ou si ayant dépassé la mesure, il devient négatif (et pour qui également)? Cette analyse—et les conclusions auxquelles elle conduit—permet-elle donc de fonder une politique rationnelle de la migration? de préconiser un ensemble cohérent de mesures souhaitables (limitation du flux, politiques des salaires, politiques de développement, politiques sociales etc....) dans les régions affectées?

Nous affirmons qu'il n'en est rien, c'est-à-dire que nous mettons en question la méthodologie même de l'approche conventionnelle du phénomène migratoire. Ce débat méthodologique fondamental a d'ailleurs occupé une place essentielle au cours du colloque lui-même.

L'approche conventionnelle du phénomène migratoire s'incrit d'abord dans un cadre théorique fondé sur l'hypothèse que les 'facteurs' de la production (travail, capital, ressources naturelles et notamment terre) sont donnés a priori et distribués géographiquement d'une manière inégale, également a priori. C'est là d'ailleurs le fondement même de la théorie économique marginaliste conventionnelle. L'inégale distribution géographique des disponibilités en 'facteurs' détermine des rémunérations de chacun de ceux-ci également inégales. Dans certaines régions la main d'œuvre est relativement plus abondante, le capital plus rare; dans d'autres c'est le contraire. La main d'œuvre se déplace pour aller là où sa rémunération est meilleure: tel est le fond de l'explication conventionnelle qui ne sort jamais de ce cadre élémentaire.

Or il est bien évident que le déplacement de la main d'œuvre n'est pas la seule solution théorique possible au rétablissement d'un 'équilibre' entre les différents 'facteurs'. Le capital est encore plus mobile que le travail. Pourquoi les capitaux n'iraient-ils pas là où le travail serait meilleur marché? Certes la 'fonction de production' de la théorie conventionnelle met en relation trois facteurs (capital, travail et nature) et non deux seulement, et il n'est pas possible de régler la question du déséquilibre géographique dans la distribution des deux facteurs mobiles (travail et capital) sans prendre en considération le troisième (la terre), qui ne l'est pas. Dans le domaine de l'agriculture, il est possible que la même combinaison de travail et de capital donne des résultats très différents d'un lieu à l'autre, selon la qualité des terres. Mais dans le domaine des industries de transformation le facteur 'nature' n'occupe généralement qu'une place extrêmement modeste dans la fonction de production.

Si l'on accepte la théorie conventionnelle, il faudrait, pour qu'elle rende compte des migrations en Afrique de l'ouest, expliquer: (1) pour quelles raisons la mise en valeur du potentiel agricole a porté et porte encore presqu'exclusivement sur des produits d'exportation, notamment localisés dans certaines régions côtières; pour quelles raisons, corrélativement, le développement des cultures vivrières destinées à la consommation intérieure, et notamment la mise en valeur dans cette perspective du potentiel agricole de certaines régions de l'intérieur, est plus difficile, presqu'impossible; en résumé pour quelles raisons les capitaux—mobiles par excellence—sont disponibles pour permettre certains types de développement agricoles, localisés dans certaines régions, et non d'autres; et (2) pour quelles raisons les industries de transformation ne vont pas là où la main d'œuvre est particulièrement 'abondante'; pour quelles raisons o'est le travail qui se déplace pour aller là où les capitaux décident de s'installer et non l'inverse.

Un petit effort de libération des préjugés courants conduit à remettre en cause les fondements de l'approche conventionnelle du phénomène migratoire. Considérons à titre d'exemple le cas de l'agriculture au Sénégal. Les alternatives théoriques ici sont: (1) l'extension de la zone arachidière vers l'est, par la mise en valeur des terres nouvelles peu peuplées; ou (2) le développement d'une agriculture intensive irriguée (riz, cultures maraîchères etc. . . . .) dans la région du Fleuve, les Niayes, et en Casamance. Un calcul comparatif du coût de chacune des alternatives peut être fait. La mise en valeur d'un million d'hectares dans les terres neuves permettrait de produire un demi-million de tonnes d'arachides et quelques centaines de milliers de tonnes de mil de subsistance supplémentaires (soit en valeur 10 à 15 milliards de Frs CFA); et coûterait au minimum 85 milliards d'investissements (à raison de 250.000

Frs CFA par exploitation de 3,3 hectares). Un volume d'investissement double (175 milliards) permettrait de construire le barrage de Manantali sur le haut Sénégal et de mettre en valeur 300.000 hectares irrigués. Ces superficies fourniraient, à raison de 8 tonnes de riz à l'hectare, un produit 5 à 7 fois supérieur. A celui-ci s'ajouteraient d'ailleurs : (1) une production possible de produits maraîchers de très haute valeur ainsi qu'un élevage également intensif fournissant 250.000 carcasses par an et du lait ; (2) une production électrique et industrielle possible, ce qui n'est pas le cas dans l'alternative arachidière, qui mettrait en valeur le moyen de transport exceptionnel que représente une voie d'eau aménagée.

Il n'y a aucun doute que l'alternative de la mise en valeur du Fleuve est, de tous les points de vue, supérieure à celle du choix arachidier. La mise en valeur du Fleuve permettrait un véritable développement intégré agro-industriel, auto-centré et indépendant. L'alternative arachidière ne permet qu'une croissance lente, partielle et déséquilibrée, dépendante, dont d'ailleurs les 'gains' seront largement factices car la détérioration prévisible des termes de l'échange de l'arachide transférera le bénéfice de l'augmentation éventuelle de la production et de la productivité dans ce type d'agriculture du pays producteur aux pays consommateurs, à travers le mystérieux 'marché mondial'.

Pourtant le capital étranger a choisi d'imposer l'arachide au Sénégal, contre toute rationalité économique définie du point de vue développement réel de ce pays. On sait que l''aide' extérieure continue aujourd'hui à exercer cette même fonction dans l'orientation des pays africains : ce qui naguère était imposé directement par l'administration coloniale (et ici on retrouve le rôle décisif de l'Etat que l'idéologie du laisser faire masque), est aujourd'hui 'suggéré' par les préférences de l'aide extérieure. On sait que plusieurs institutions internationales ont accepté de financer l'extension arachidière, mais renâclent à en envisager autant pour le barrage de Manantali.

C'est qu'il n'y a pas de 'rationalité économique' en soi, indépendante du point de vue duquel on se place. Ce qui est rationnel du point de vue du Sénégal—la mise en valeur du Fleuve—ne l'est pas de celui du système mondial, car l'économie autocentrée fondée sur cette alternative aurait des difficultés à 'rembourser' un capital qui apparaitrait alors comme une aide véritable. Par contre ce qui est irrationnel du point de vue sénégalais—l'extension arachidière—est parfaitement rationnel du point de vue du système mondial. Car la détérioration des termes de l'échange, à laquelle le Sénégal ne pourra échapper puisque son économie sera extravertie (l'arachide devra être exportée), qui est un 'malheur' pour ce pays, sera un 'bénéfice' pour le système mondial et c'est la perspective de ce bénéfice qui lui fait opérer ce choix.

Or le choix de l'alternative arachidière commande un type de distribution de la population qui implique une migration vers les terres neuves, tandis que celui de l'alternative irrigation en commanderait un autre, impliquant des mouvements de populations différents.

Il est bien évident que le choix de la stratégie d'ensemble du développement n'a jamais été, dans les faits historiques réels, la résultante d'une 'rationalité économique pure' reflètant des conditions naturelles. Ce choix s'est inscrit dans la stratégie d'ensemble de la mise en valeur coloniale. Et c'est pourquoi, contre des 'vocations' naturelles évidentes, la colonisation a préféré ici l'arachide, là le café d'exportation aux cultures vivrières intensives d'irrigation.

Dans une perspective réellement ouest africaine de développement intégré, il est bien évident que les grandes vallées fluviales (Niger, Bénoué et Sénégal, bassin du Lac Tchad, notamment) permettaient un autre type de mise en valeur agricole et de développement industriel, qui aurait commandé une autre distribution de la population. Il y a longtemps que les géographes connaissent l'importance des voies d'eau dans l'organisation territoriale de l'économie. Mais que l'on regarde la carte de l'Afrique de l'Ouest et l'on constate que ces potentialités n'ont pas été exploitées et que les bassins fluviaux ne sont pas devenus les axes d'un développement agro-industriel intégré continental. Ce développement, extraverti et désintégré, est tout entier localisé sur la côte. Pourtant à l'époque précoloniale le fleuve Sénégal par exemple avait été le lieu d'un développement relativement plus avancé. Bien que les moyens de maîtrise de l'eau dont disposaient les peuples de la région aient été fort rudimentaires, sinon inexistants, l'inondation naturelle du Walo, comme les ressources de la pêche et la facilité des transports, avaient permis une densité de population et une unité politique plus marquées qu'en d'autres régions, aujourd'hui moins misérables.

L'approche conventionnelle part donc d'une idée radicalement erronée: que la distribution des 'facteurs' est donnée a priori, et non la résultante de la stratégie du développement. Il est certain qu'un grand nombre des sociologues qui ont étudié les migrations en Afrique sont en retard sur ce point essentiel par rapport aux meilleurs économistes du développement. On lira, à cet effet, avec le plus grand intérêt et plus particulièrement l'autocritique de Hans Singer,[1] parce qu'il fait directement allusion au problème des migrations de main d'œuvre comme élément de redistribution des 'facteurs' de la production, qui reconnait que le concept même de facteur de la production n'a pas de valeur scientifique, parce que la distribution des facteurs en question n'est pas une donnée 'naturelle' de départ, mais la résultante du développement choisi.

Le choix économique dit 'rationnel', et notamment le choix du migrant de quitter sa région d'origine, est donc tout entier *prédéterminé* par la stratégie d'ensemble qui détermine les 'dotations en facteurs'. Le problème est donc de connaître les raisons du choix de base: celui de la stratégie d'ensemble; car les migrations trouvent là leur raison ultime véritable. Le choix rationnel du migrant n'est que la cause immédiate, apparente, une platitude qui ne nous avance nullement.

Certes une fois le cadre stratégique donné, c'est à dire les dotations en facteurs déterminées, l'émigration n'est pas fatale dans tous les cas. Sanogoh, Savadogo et Songré, comme Elliott Skinner[2] d'ailleurs, nous expliquent que dans les conditions de la Haute Volta, il n'y a pas alors d'alternative à l'émigration: l'échec des tentatives de développement du coton, dès les années 20–30, et après la 2ème guerre et même l'indépendance, en témoigne. La très belle analyse des stratégies microéconomiques des paysans du Sokoto, par laquelles Goddard[3] démontre comment on sait *s'adapter* à un cadre déterminé par la stratégie d'ensemble, vaut ici la peine d'être rappelée. Autour de Kano, malgré une plus forte densité rurale, l'émigration est plus faible,

[1] Singer, 1971.
[2] Skinner, 1965.
[3] Goddard, *infra*, p. 258.

parce qu'ici le marché que représente la métropole Hausa permet une intensification de la production agricole.

Le second pilier sur lequel repose l'édifice de l'approche conventionnelle ne vaut guère plus que le précédant. On découvre, à lire nombre de travaux concernant les migrations, une approche curieusement 'individualiste'. Les migrants sont des individus qui émigrent parce qu'ils sont attirés par la perspective d'une meilleure rémunération de leur travail ailleurs que chez eux. La société d'origine qu'ils quittent n'est pas étudiée; elle est supposée être un conglomérat d'individus qui ont devant eux le choix entre rester et partir; en conséquence on ne se pose pas la question de savoir quels individus de la société d'origine émigrent.

Cette approche individualistic procède directement de l'idéologie du marginalisme, qui ignore les modes de production, pour les remplacer par la juxtaposition du concept (faux d'ailleurs comme on l'a vu) des 'facteurs de la production' et de la 'population'. Cette base de départ, singulièrement pauvre, a pour fonction même d'éliminer la discussion des modes de production et d'organisation des sociétés. Le souci d'établir une 'théorie' économique qui parte de Robinson dans son île témoigne de la volonté d'analyser les problèmes économiques en termes de rapport entre l'individu et la nature, non en termes de rapport entre des hommes organisés dans une société structurée, à l'occasion de leur lutte centre la nature. Ce souci est avant tout idéologique. Il est plus curieux que des sociologues, qui, sur ce plan, ont rarement rejoint les économistes 'purs' dans leur fabulation concernant l'Homo Œconomicus, s'intéressent si peu à la question essentielle de savoir *qui*, dans la société d'origine, émigre et pourquoi, c'est-à-dire en relation avec quelles modifications dans l'organisation socio-économique (le mode de production).

La théorie conventionnelle de la migration, dans ces conditions, ne nous apprend rigoureusement rien, car elle est pure tautologie: elle 'explique' les migrations par l'existence d'individus disposés à émigrer.... Autant parler de vertu dormitive.... Un bel exemple de ce type de tautologie est donné par le modèle de Todaro.[1] Le modèle prétend rendre compte du phénomène migratoire en partant du motif de la migration tel

[1] Todaro, 1969.

qu'il est perçu par le migrant. Il suppose explicitement que la décision (individuelle) de migrer est fonction de deux variables: (1) l'écart des revenus réels entre la ville et la campagne et (2) la probabilité d'être employé à la ville. En supposant que les individus se situent dans un horizon temporel défini qui constitue le cadre de leur calcul comparatif, qu'ils ont un taux de dépréciation du futur qui leur permet de comparer des coûts et des bénéfices situés à des distances temporelles plus ou moins éloignés, Todaro peut croire formaliser le comportement des migrants potentiels. Dans ces conditions le modèle ne nous apprend rien que l'on ne connaisse déjà en fait. Car il est bien évident que les migrants sont des individus rationels qui se dirigent vers les régions où il y a des chances de gagner davantage d'argent. Les faits invoqués par l'auteur du modèle pour être portés au crédit de sa théorie ne sont évidemment pas faux (notamment que la décision prise au Kénya en 1964 d'augmenter immédiatement de 15% l'emploi à Nairobi ait entraîné une augmentation brutale parallèle du flux des migrants); mais une quantité de faits également, non moins significatifs, ne sont pas même examinés, parce qu'ils n'entrent pas dans l'hypothèse du modèle.

Le modèle en effet n'aurait de valeur explicative que: (1) si la cause de la migration qu'il prend en considération, et qu'il tente de quantifier (en l'occurence le pull effect, c'est-à-dire l'attirance du revenu urbain élevé, compte tenu de la probabilité d'accéder à un emploi stable) est véritablement la cause profonde du phénomène migratoire, et (2) si les différences de revenu constatés sont indépendants de la migration elle-même, qu'elles sont données (et trouvent leur cause dans une distribution 'naturelle' des 'facteurs' inégale).

Or on devrait en douter sérieusement, puisque les migrants ne viennent pas indistinctement de toutes les régions rurales 'pauvres', et qu'ils ne se recrutent pas indistinctement parmi tous les 'individus' qui constituent la population de ces régions. Les Bassari du Sénégal oriental sont parmi les paysans les plus démunis de la région; ils n'émigrent pas, alors que les Sérères, dont le revenu (monétaire et réel) est plus élevé, émigrent. Sabot[1] constate de la même manière—mais il n'en tire aucune conclusion—qu'en Tanzanie, les Masaï ('pauvres') n'émigrent

[1] Sabot, 1972.

pas, tandis que les paysans de la région 'riche' du Kilimandjaro fournissent un lot important de migrants.[1] On pourrait multiplier les exemples à l'infini. La prise en compte de ces faits indique qu'il existe un *push effect* (une force d'expulsion) qui: (1) ne peut-être réduite au seul fait que le revenu des régions rurales d'émigration est plus faible que celui des villes; (2) n'a pas la même force d'une région rurale à l'autre (et cette force est indépendante du 'revenu moyen'). On verra plus loin la nature de cette force d'expulsion, qui est en relation étroite avec la nature des *transformations sociales* que le monde rural subit par suite de son intégration au système capitaliste mondial.

Le modèle en question se limite donc à constater la *concomittance* de 3 phénomènes: (1) l'écart revenu urbain-revenu rural; (2) le chômage urbain et (3) la migration rurale urbaine. De cette concomittance on ne peut certainement pas déduire que la migration (3) est la conséquence de l'écart compte tenu du chômage (1 + 2), ce que suppose Todaro; ni davantage que le chômage (2) est la conséquence du niveau des rémunérations urbaines (contenu dans 1). Nous nous occuperons plus loin de ce second problème.

La sophistication mathématique ne pallie donc pas l'extrême faiblesse de la 'théorie' que l'on se propose de tester. Cette extrême faiblesse trouve son origine dans la méthode même de l'approche, la *méthode fonctionnaliste* en sociologie. Car il est bien évident que les fonctions que les hommes remplissent dépendent du système et changent pour s'adapter aux besoins du système. Il faut donc analyser d'abord le système, déterminer ses lois et ses besoins avant d'examiner comment les hommes s'y conforment. Or la méthode fonctionnaliste ne se prête pas à cette analyse objective. En situant son point de départ dans l'observation des *motivations*, elle s'interdit dès le départ de voir les *faits essentiels*, qui se situent hors du cadre de ces motivations individuelles. Elle impose donc de rester dans le cadre du système, puisque les hommes fondent leurs calculs (ici les avantages et les coûts d'une décision de migrer) sur la réalité des alternatives que leur offre le système.

Les motivations individuelles sont connues; leur 'révélation' par une enquête sociologique n'est au fond que platitude. Plus grave, les motivations sont parfois l'apparence qui cache la

[1] Sabot, 1972.

raison réelle. Car le migrant, comme tout individu, rationalise les exigences objectives de sa situation, comme Walter Elkan l'a rappelé à juste titre.[1] Les Zarma partent à Kumasi comme ils partaient naguère à la guerre. Mais ils n'émigrent pas parce qu'ils ont un 'tempérament aventurier'. Ils émigrent parce que le système colonial exige d'eux de l'argent. Comme ce même systeme colonial leur interdit la guerre, la migration nécessaire remplace dans leur idéologie l'aventure militaire. La nécessité devient idéal. Questionnés sur les raisons de leur migration certains Zarma répondront qu'ils vont chercher l'argent de l'impôt, d'autres l'aventure. L'enquête de motivations, par laquelle le sociologue croit qu'il pourra trancher entre la motivation économique et la motivation extra-économique, est en réalité sans intérêt, car la cause économique est réelle dans tous les cas, et son habillement idéologique également général.

Le fonctionnaliste est donc terriblement gêné lorsque les hommes n'appartiennent pas au système à l'intérieur duquel il s'est lui-même enfermé. Leur attitude lui paraît parfaitement irrationnelle. Ainsi en est-on à considérer que si les Bassari ou les Massaï n'émigrent pas, bien qu'ils soient 'pauvres', c'est parce qu'ils sont 'traditionalistes', terme qui cache à peine l'idée qu'ils sont irrationnels. Alors qu'ils n'émigrent pas, parce qu'ils ne sont pas intégrés dans le système, tandis que les Sérères ou les paysans du Kilimandjaro le sont. A la limite on explique les migrations par la 'propension' spécifique de tel ou tel peuple à la ... migration. L'évolution est achevée : l'analogie avec la vertu dormitive qui fait dormir est parfaite.

Le fonctionnalisme est aujourd'hui passé de mode en Occident ; mais, comme toujours, l'Afrique offre un terrain plus facile aux chercheurs attardés. Une comparaison s'impose ici, qui montre l'écart des comportements scientifiques. Qui oserait 'expliquer' les migrations de l'Europe vers l'Amérique du nord au XIXème siècle, en se contentant d'invoquer les motivations des migrants (l'écart des revenus potentiels), sans signaler que les migrants sont des paysans *chassés* de leurs terres par le développement impétueux du capitalisme agraire, s'emparant d'abord de l'Angleterre, dès le XVII et XVIIIème siècles (avec les *enclosure acts*), puis au XIX siècle de l'Europe Centrale et Orientale, sans remarquer que la révolution agraire française,

[1] Elkan, 1959.

en créant une petite paysannerie, a limité l'exode rural dans ce pays (et par là même entravé le développement du capitalisme français)? Qui oserait expliquer ces migrations par la propension migratoire forte des Irlandais, des Allemands, des Polonais et des Italiens, la propension faible des Français! Le fait considéré significatif ici n'est pas l'évidence tautologique des écarts de revenus potentiels, mais la transformation de l'organisation socio-économique du monde rural qui *exige* le départ d'une fraction de sa population.

La controverse n'est donc pas entre ceux qui souhaiteraient être 'empiriques', c'est-à-dire tenir compte des faits, et ceux qui n'hésiteraient pas à se lancer dans les théories 'abstraites' (sous-entendu, qui ignorent les faits). La controverse porte sur la nature des faits significatifs: les motivations seules (qui ne sont que la rationalisation des comportements dans le système), ou les lois du système (qui ne peuvent être découvertes à partir des motivations). L'analogie entre le fonctionnalisme individualiste en sociologie et l'économisme marginaliste est évidente. Là aussi on croit pouvoir découvrir les lois de l'économie à partir de l'observation des comportements de l'Homo Œconomicus, sans se rendre compte que ces comportements sont définis par le système dans le cadre duquel se situe l'*'*individu' qui opère les choix observés.

Les 'causes' de la migration ne peuvent donc pas être séparées de ses conséquences. Car la migration n'est pas seulement la conséquence d'un développement inégal, qui serait dû lui-même à des causes 'naturelles' (les potentialités naturelles des différentes régions). La migration est aussi un élément du dévelopment inégal, dont elle reproduit les conditions et qu'elle contribue ainsi à approfondir.

Et c'est pourquoi la mesure des effets des migrations en termes d'analyse 'coûts-bénéfices' est, comme on le verra, également décevante.

IV. LE PHÉNOMÈNE MIGRATOIRE, ÉLÉMENT DU PROCESSUS DE PROLÉTARISATION

L'image de campagnes africaines 'traditionnelles', chère à certains anthropologues, s'estompe dans le passé avec une vitesse croissante. Aujourd'hui déjà, il est possible de distinguer 3 types de campagnes en Afrique de l'Ouest: (1) celles qui, organisées pour la production d'exportation à grande échelle, sont déjà entrées dans l'ère capitaliste et sont avancées en direction d'un processus de différenciation de type capitaliste, qui implique l'appropriation privée du sol et la disponibilité d'une main d'œuvre salariée; (2) celles qui ont été façonnées par la politique économique coloniale, poursuivie après les indépendances, comme réserves destinées à fournir aux premières précisément cette main d'œuvre salariée, enfin (3) celles qui ne sont pas encore véritablement entrées dans le système, ou plus exactement qui ne le sont que marginalement, et qui sont des réserves de seconde ligne.

Les campagnes du premier type ne sont plus du tout 'traditionnelles'. Celles du second en ont l'apparence, mais elles ne le sont pas véritablement, la 'tradition' étant ici défigurée par la fonction qui leur est imposée de fournir de la main d'œuvre aux premières. Seules les campagnes du 3e type ont encore des caractères qui relèvent véritablement de la tradition.

Le flux migratoire se dirige exclusivement du 2e groupe vers le premier, tandis que le 3e groupe ne fournit pas encore de migrants, bien que 'revenu réel' soit ici particulièrement pauvre.

L'apparition et le développement du capitalisme agraire en Europe qui commence dès avant la révolution industrielle et se poursuit tout au long du XIXème siècle, chasse de la campagne un nombre croissant de ruraux qui perdent l'accès au sol et sont prolétarisés. En Amérique Latine, en Asie et dans le monde arabe il en est de même à notre époque. Mais en Afrique tropicale cela n'est pas toujours le cas, loin de là. Au contraire le développement du capitalisme agraire en Afrique tropicale en général, ou bien *attire* une population migrante supplémentaire, ou *retient* à la campagne une densité grandissante. Dans la première catégorie de régions on trouve le littoral ghanéen-ivoirien, dans la seconde le pays arachidier sénégalais, le littoral togolais-dahoméen, le sud-ouest et le sud-est nigérians, le nord arachidier-cotonnier nigérian. Il est assez évident que cette particularité du modèle de développement du capitaliste agraire en Afrique tient à de nombreuses raisons: (1) la vivacité de la communauté rurale et des droits d'usage de ses membres sur le sol du terroir; (2) les densités de population, relativement faibles et (3) la pauvreté du type même du capitalisme agraire ici qui ne fait qu'un usage très modeste d'équipments 'modernes', au mieux la traction animale, jamais la machine. Nous avons déjà développé ce thème des conditions du capitalisme agraire en Afrique et nous n'y reviendrons pas ici.[1]

Dans ces conditions il *fallait* amorcer le processus de prolétarisation ailleurs que dans les régions destinées à un développement capitaliste. Tel est le rôle dévolue aux régions-réserves. C'est dans ce cadre méthodologique que nous croyons qu'il faut analyser les mécanismes de répulsion-attraction (push-pull effects) qui constituent le contenu même du phénomène migratoire.[2]

L'effet de répulsion (push effect) agit, dans les régions dévolues au rôle de réserves de main d'œuvre, à l'échelle de la population toute entière. Dans les régions de l'intérieur, peu et mal desservies par un réseau de transport tardifs, où l'administration se garde de donner aux paysans les moyens d'intensifier leur agriculture, l'imposition en argent a rempli une fonction historique, celle de chasser les paysans vers la côte. Car il n'existe pas d'alternative pour eux: la production de cultures de rapport (arachides ou coton) ne peut se faire, dans ces conditions—parce que l'administration se garde de donner aux paysans les moyens adéquats—qu'au détriment des cultures vivrières. Il n'y a donc aucun besoin de faire appel au 'pull effect', aux 'bright lights' de la ville, pour expliquer le phénomène migratoire.[3] D'ailleurs là où précisément une agriculture d'exportation peut être créée, comme en Nigéria septentionale, parce que la densité de la population, beaucoup plus forte, permet de rentabiliser un réseau de transports, l'administration coloniale n'envisage pas de transformer la région en une réserve de main d'œuvre, dont, en l'occurence, l'on n'aurait su que faire puisqu'ici—en Nigéria—les densités de population dans le sud également sont fortes et n'exigent pas l'appel à l'immigration pour y créer une économie de plantation.

Que l'effet de répulsion ait été *organisé* par la colonisation, nous n'en avons pas le moindre doute. Evidence que la considération des politiques coloniales mises en œuvre dans les différentes régions du continent démontre.[4] Nous avons montré

[1] Amin, 1968.
[2] Amin, 1972a.
[3] Sawadogo, Songré et Sanogoh, op. cit.
[4] Voir Amin, 1972a; Arrighi, 1966.

ailleurs que, en Afrique du Sud, en Rhodésie, au Kenya la mise en œuvre de moyens de coercition purs et simples avait pour objet—en repoussant les paysans africains dans des réserves insuffisantes—de fournir rapidement un prolétariat migrant que l'on avait besoin ici d'être nombreux, pour alimenter les mines, les plantations des White Settlers et plus tard les industries de transformation. Nous renvoyons donc le lecteur à ce travail.

Parce qu'en Afrique de l'Ouest les besoins en prolétaires étaient beaucoup plus modestes, l'impôt a suffi en général. Certes les conditions locales ont parfois renforcé ce push effect. Par exemple, comme l'a rappelé Dioulde Laya,[1] la 'libération des esclaves' a pu se solder par une accélération de la migration. Les esclaves libérés n'ayant pas le droit d'accès à la terre, il ne leur restait plus qu'à émigrer. Si de surcroît ils pouvaient ramener de leur migration l'argent de l'impôt dû par leurs maîtres, c'était encore mieux. De même la croissance démographique a pu, dans cetains cantons, ajouter un motif supplémentaire de migration. Ici encore il faut poser la question: qui, dans ce cas, émigre? Souvent semble-t-il l'émigration est fort peu volontaire: les migrants sont désignés, parmi les couches les plus déshéritées ou les moins puissantes socialement (individus de caste, jeunes, etc. . . .), pour aller chercher l'impôt dû par les plus puissants (les vieux, les maîtres etc. . . .).[2]

L'école remplit une fonction qui va dans le même sens, et qui devient un élément de plus en plus important dans le processus. Car, comme l'a montré Bugnicourt,[3] l'école, où toutes les valeurs de 'la ville' sont rehaussées de prestige, *fabrique* les motivations dont certains sociologues parlent comme si elles étaient 'naturelles', 'innées' . . .

On voit alors comment certaines régions sont conditionnées plus que d'autres pour remplir cette fonction de fournisseur de prolétaires. Ainsi peut-on s'expliquer que des régions soient 'laissées en paix', au moins pour un certain temps: ni réseau de desserte, ni école, ne viennent accélérer le processus de migration. Dans l'ensemble colonial français des régions intérieures il est assez évident que le rôle principal de fournisseurs de main

---

[1] Dans une intervention orale au colloque.
[2] Voir Sawadogo, Songre and Sanogoh (op. cit.); également, au cours du Colloque, Dioulde Laya, Baldé et Mme Dussauze ont insisté sur ce point.
[3] Bugnicourt, *infra*, p. 191.

d'œuvre a été dévolu à la Haute-Volta, peut être certes parce que cela était plus facile (densité plus forte, Etat mossi bien organisé etc....). Skinner, comme les auteurs voltaïques, nous rappellent le rôle historique de la chefferie et du travail forcé dans le façonnement de ces sociétés transformées en réserves de main d'œuvre à bon marché. C'est pourquoi d'ailleurs la Haute-Volta a été rattaché administrativement à la Côte d'Ivoire pendant un temps important. Certes quelques administrateurs locaux 'provoltaïques' ont protesté contre cette vocation dévolue à leur fief. Ils n'ont pas changé les orientations de la politique coloniale de la main d'œuvre pour autant.

Michelena[1] nous a rappelé ici que les 'disparités' de revenus n'exercent pas un effet mécanique qui déclancherait la migration. Il faut aussi prendre en considération une seconde dimension, qui est le degré de friction interrégional. Or celle-ci est en relation directe avec le degré d'intégration de la région dans le système capitaliste. Les régions délaissées, les 'réserves éthnographiques', bien que pauvres, ne fournissent pas de migrants.

La question de savoir qui émigre ne peut donc être analysée en termes éthno-culturels. Ce ne sont pas les Mossi qui émigrent, alors que les Bassari n'émigrent pas. Ce sont certains Mossi. Et, l'on ne peut savoir qui parmi les Mossi qu'en analysant le mode de production de la région considérée, ses *déformations* par son intégration dans le système capitaliste colonial.

Ainsi peut-on comprendre la nature exacte du 'pull effect' (effet d'attraction) des villes et du littoral, son rôle *spécifique* dans le mécanisme de la migration élément du système de prolétarisation en Afrique de l'Ouest.

Car il va de soi qu'il n'est pas question de nier l'existence du *pull effect*. L'attrait du littoral tient à la fois à des différences *réelles* de potentialités, et à l'idéalisation de ces différences dans l'esprit des populations *façonnées* en fonction de la migration dans laquelle on souhaite les voir s'engager. Décrivant les étapes de l'urbanisation, Imoagene[2] nous signale que dans une première étape les urbains conservent le système de valeurs traditionnel rural, et viennent seulement en ville gagner de

---

[1] Dans une communication orale au colloque.
[2] Imoagene, *infra*, p. 343.

l'argent, que dans une étape ultérieure ils acquièrent un second système de valeurs, celui de la ville 'moderne', qui devient par lui-même un motif de migration, en particulier, à destination de la ville-capitale où se système s'exprime le plus évidemment. Certes, mais encore faut-il rappeler que ce système de valeurs 'modernes' est réservé à certaines régions par la stratégie de mise en valeur extravertie, qui génère l'inégalité régionale. *L'aliénation culturelle* remplit ici des fonctions décisives. Car l'école, en langue étrangère, véhicule dans les campagnes l'idéal dont la réalisation est réservée à l''élite' heureuse des privilégiés du système colonial, l'idéal de l'administration coloniale.

Ainsi peut-on sortir du cercle des questions oiseuses: l'urbanisation est-elle un 'bien' ou un 'mal'? Les uns, optimistes, insisteront sur le rôle 'civilisateur' des villes, la mobilité sociale (fût-elle illusoire en fait: tout cireur de chaussures tient dans sa besace le billet de loterie qui fera de lui un Rockfeller africain!) etc.... Los autres, pessimistes, souligneront la misère réelle dans les villes, la disparition des valeurs traditionnelles; l'acculturation etc....

Le *pull effect* est ici, en Afrique de l'Ouest, spécifique, parce que, dans les conditions historiques de la région, le *push effect* du développement du capitalisme agraire n'agit pas comme il l'a fait en Europe ou ailleurs dans le Tiers-Monde. En ce sens le *pull effect* est voulu, nécessaire, organisé. Qu'il ait dépassé l'objectif qui lui était imparti, que, mu par son propre dynamisme, il soit sorti du cadre dans lequel on voulait enfermer la société, en d'autres mots que 'l'exode rural' soit devenu incontrôlé, incontrôlable et explosif, cela constitue une évidence aussi. Mais telle est la loi du développement des contradictions sociales que, 'fonctionnelles' à un stade, elles deviennent 'disfonctionnelles' à un autre, c'est-à-dire remettent en question l'organisation sociale dent elles procèdent.

Quant au statut social des migrants dans les zones d'accueil, il est, pour la plupart d'entre eux, celui du prolétaire ou du fermier pauvre, payant une rente foncière qui tend à s'élever au fur et à mesure du développement de l'agriculture capitaliste de plantations d'exportation, comme on va le voir.

V. LES 'EFFETS' DES MIGRATIONS, CRITIQUE DE L'ANALYSE EN TERMES DE 'COÛTS-BÉNÉFICES'

L'idéologie apologétique qui tient lieu de science cherche à tout prix à justifier le phénomène migratoire, en prétendant qu'il est de l'intérêt de tous dans les régions d'immigration comme dans celles d'émigration.

Un très bel exemple de cette idéologie est fourni par l'article d'Elliot Berg.[1] Berg considère les migrations saisonnières qui sont, dit-il, une adaptation 'efficace' du marché du travail aux conditions économiques de la région (sousentendu au système de mise en valeur extravertie, que l'auteur considère comme la seule alternative de développement). Le caractère idéologique de l'approche apparaît dès lors que le marché du travail est supposé proche de la 'perfection' par suite de la multiplicité des vendeurs de force de travail (les migrants) et d'acheteurs de celle-ci (les planteurs et les entreprises urbaines). La position de force que représente le monopole social des 'acheteurs', renforcée par la politique économique qui favorise systématiquement l'excédant d'offre de travail, et souvent par la politique tout court, n'est pas prise en considération. Aussi les rémunérations de misère, signalées par Savadogo et Songre[2] (20.000 francs CFA par an!), sont elles considérées comme 'intéressantes'! Que les migrations répondent à un besoin de main d'œuvre, facteur 'rare' (face à une terre 'abondante') dans les zones de mise en valeur extravertie, cela va de soi. Mais cette main d'œuvre apparaitrait tout aussi 'rare' (et la terre 'abondante') dans une alternative de développement agricole différente, mieux distribuée géographiquement.

Il n'est pas vrai que, comme Berg le prétend, les migrations soient bénéfiques aux régions d'émigration. Berg part du principe—tautologique—que si les migrants quittent leur pays, c'est parce qu'ils peuvent accéder à un meilleur *revenu* ailleurs. C'est oublier qu'ils sont obligés de se procurer de l'*argent* dans le cadre d'un *système* qui ne leur offre pas d'alternative. Berg considère donc que l'absence du migrant saisonnier pendant la saison creuse est tout bénéfice pour l'économie villageoise puisqu'il y a un estomac en moins à nourir tandis que les bras

---

[1] Berg, 1965.
[2] Op. cit.

du migrant ont participé à la production agricole. La prise en considération du coût du déplacement, jugé négligeable, atténuerait déjà l'optimisme de l'idéologue du système, car la valeur de la nourriture 'épargnée' (à raison de 700 grammes de céréales à 20 francs CFA le kilogramme, par jour pendant 4 mois soit 1700 francs CFA) n'excède guère sans doute le seul cout du déplacement (souvent à plus de 1000 kilomètres). Si par ailleurs le produit annuel du paysan est de l'ordre de 15.000 francs CFA, obtenus en 4 mois de travail dans sa région d'origine, celui de 8 mois supplémentaires de travail de migrants est de l'ordre de 15.000 francs CFA au maximum (déduction faite des coûts de transports etc. . . .), c'est-à-dire que ce travail est rémunéré à un tarif égal à la moitié de celui, déjà très faible, obtenu dans l'économie de subsistence. Un tel effort de travail supplémentaire, aussi mal rémunéré, n'est pas sans conséquence sur la santé des migrants. Il est certain que la formation de capital dans le village d'origine—défrichage de nouvelles terres, travaux d'aménagement du terroir et de l'habitat etc. . . . se ressent fortement de l'absence des migrants saisonniers et de leur fatigue. En réalité toute alternative de mise en valeur des régions d'émigration (la mise en valeur des vallées fertiles en Haute Volta) qui est fondée sur la mobilisation de la force de travail pendant les mois creux, est éliminée du seul fait de la migration, comme l'ont rappelé sans cesse et à juste titre tous les chercheurs voltaïques.

De plus la migration saisonnière conduit à la migration permanente, remettant en question, cette fois tout à fait ouvertement, l'hypothèse que la mise en valeur des terres au village d'origine ne souffre pas de la migration. Skinner, Mme Dussauze et bien d'autres observateurs[1] ont signalé la dégradation de l'agriculture consécutive au déséquilibre du sex-ratio.

Peut-on considérer, comme Berg, que ces désavantages éventuels sont, en tout cas, plus que compensés par l'apport des migrants (argent et objets)? Ici aussi les études, tant celles des Voltaïques (Songré, Sawadogo, Sanogoh) que celles de Mme Dussauze et d'Ahianyo-Akakpo,[2] donnent une image moins brillante. Les sommes sont le plus souvent *dérisoires* et servent en grande partie à payer l'impôt. Dioulde Laya a posé à cette

---

[1] Op. cit.
[2] Ahianyo-Akakpo, *infra*, p. 156; Dussauze, *infra*, p. 239.

occasion la question malicieuse de savoir si, dans ces conditions, la migration bénéficiait au migrant ou à l'Etat? Quant on sait à quel point comme Bugnicourt l'a montré, les régions 'pauvres' qui sont celles d'émigration, reçoivent peu de l'administration, on peut douter que la migration bénéficie à la région d'origine des migrants. Quant les sommes sont substantielles, ce qui est le cas des régions qui fournissent un grand nombre de migrants à destination de l'Europe, cas étudié en pays sarakollé par Mme Dussauze, elles permettent certes l'amélioration des conditions de vie des familles (vivres achetés, toits de tôle, équipement ménager, etc. . . .). Cette amélioration peut paraître importante; il faut cependant savoir qu'elle est acquise au prix d'un transfert de l'activité économique principale d'une agriculture de subsistance pauvre à un travail industriel à haute productivité pour lequel les migrants fournissent les catégories subalternes les plus mal payées. D'autre part, dans certains cas, ce ne sont pas les migrants qui envoient de l'argent au pays d'origine; ce sont eux qui en reçoivent. Ainsi en est-il notamment des élèves entretenus par leurs familles, beaucoup plus nombreux, qu'on ne le croît souvent.[1]

L'analyse en termes de coûts et bénéfices comparés, conduite à l'échelle micro-économique du migrant, n'a pas de signification. En effet, elle ne fait que donner l'apparence de rationalité objective à un 'choix' (celui du migrant) qui en réalité n'en est pas un, car dans le système celui-ci n'a pas d'autre alternative. Les 2 effets de répulsion et d'attraction (push et pull) sont *réduits* à leur manifestation plate: le revenu qui peut être obtenu dans ce cadre au lieu d'émigration et à celui de l'immigration. Il est bien évident que lorsque le migrant est chassé de son village par l'appropriation privée du sol, le 'revenu' ainsi pris en considération est nul. L'analyse se révèle alors n'être qu'une mise en forme, parfois prétentieuse, d'une tautologie qui ne nous apprend rien.

La sommation des coûts et bénéfices individuels ainsi pris en considération ne donne aucune indication sur le 'coût' et le 'bénéfice' relatif à la Nation ou à région. La sommation des comportements micro-économiques rationnels ne donne pas d'indications relatives à la rationalité macro-économique. Il

---

[1] Comme l'a fait remarqué R. K. Udo dans une communication orale du colloque.

faudrait, pour passer à une analyse coûts-bénéfices en termes macro-économiques, adopter un système de prix relatifs totalement différent de celui des prix réels en vigueur, non seulement pour les 'facteurs', mais également pour les produits. Le système des prix en vigueur, transmis à travers la 'compétition' par le système mondial, conduit à des choix économiques qui accentuent l'inégalité sectorielle et régionale, comme nous l'avons montré[1] parce que ce système ne correspond pas à la distribution des productivités dans l'économie sous-développée en question, mais à celle du monde développée. Il impose, notamment par les rapports entre les prix des produits vivriers et ceux des produits manufacturés, des choix *irrationnels* du point de vue d'un développement autocentré à long terme.

On peut bien sauver le *principe* de la comparaison coûts-bénéfices, qui devient alors une évidence sans intérêts, en disant qu'on peut *inclure* dans les coûts et bénéfices pris en considération à l'échelle globale ce que l'on veut, et le comptabiliser aux 'prix de référence' que l'on veut, dans le cadre de toutes les alternatives que l'on veut. On est alors si éloigné de la tradition de l'analyse coûts-bénéfices qu'il faut le proclamer clairement.

Nous essayerons donc ci-dessous de calculer en termes de croissance économique simple, le coût de l'émigration pour les zones de départ de l'Afrique occidentale et le bénéfice de l'immigration pour celles de réception. Nous considérons d'abord les migrations 'définitives'.

Le coût réel que l'émigration représente pour les régions de l'intérieur peut en effet être calculé grossièrement. L'émigration réduit la croissance démographique de 2,0% à 1,6%, c'est-à-dire de 0,4%; ce qui représente actuellement (en 1970), pour une population globale de 23 millions d'âmes, une exportation de 90.000 individus. Si la moyenne d'âge de la population qui émigre est par exemple de 20 ans, le coût que la constitution de cette population peut avoir représenté, à raison de 50 dollars, par individu et par an, serait de l'ordre de 90 millions de dollars, soit 4% du PIB de l'ensemble des régions de l'intérieur (puisque le PIB per capita est de l'ordre de 100$ et la population de 23 millions d'âmes). Si l'on accepte un taux de dépréciation de 5% l'an (ce qui est un maximum, puisque le taux de la croissance économique lui est inférieur) ce coût, à sa valeur

---
[1] Amin, 1970a: 447 ff.

actualisée, est de 56 millions de dollars, qui représente 2,5 % du PIB de la région.

Ce coût réel est évidemment beaucoup plus élevé si l'on considère la Haute Volta, qui fournit 60 % de l'émigration. Pour la Haute Volta, la perte que représente 50.000 individus exportés, sur une population de 5 millions d'âmes, toujours sur la même base de calcul de 50 dollars par an et par individu conduit de la naissance à l'âge de 20 ans, est de 50 millions de dollars soit 10 % du PIB de ce pays! Actualisé à 5 %, il représente 6,2 % du PIB.

Par contre le gain que représente pour le littoral l'acquisition d'une force de travail ainsi constituée est considérable. Cet apport de 90.000 immigrants représente 0,5 % de sa population. Le coût de formation de cette main d'œuvre, sur la base du même coût unitaire annuel (50 dollars)—soit 90 millions de dollars—représente 2,4 % du PIB de l'ensemble des zones du littoral (et, actualisé à 5 %: 1,5 % du PIB).

Pour les régions méridionales de Côte d'Ivoire et du Ghana, dont la population est en 1970 de 11,7 millions, d'âmes et le PIB de 3.500 millions de dollars (si l'on fait l'hypothèse de 300 dollars par tête), et qui reçoivent 95 % du flux des migrants (85.000 personnes), le bénéfice est de 85 millions de dollars soit plus de 4% de leur PIB (2,5% de celui-ci taux d'actualisation de 5 %).

Le transfert de l'intérieur vers le littoral provenant du flux de la main-d'œuvre saisonnière peut être mesuré de la même manière. Le coût de constitution d'une main-d'œuvre de quelque 200.000 travailleurs saisonniers, fournis par les pays de l'intérieur du littoral représente un transfert de valeur de l'ordre de 200 millions de dollars, ou encore, actualisé au taux de 5 %, de 125 millions.

Au total, le coût du transfert provenant des migrations de l'intérieur vers la côte représente: une *perte* annuelle que l'on peut estimer à plus de 7 % du PIB de l'ensemble des pays de l'intérieur (et 20 % pour celui de la Haute Volta), un *gain* de l'ordre de 5 % de son PIB pour l'ensemble des zones du littoral (et plus de 7 % pour la Côte d'Ivoire et le Ghana).

Les idéologues du système prétendront que les zones de l'intérieur n'auraient pu utiliser cette main-d'œuvre, dont la productivité marginale est nulle, tandis qu'elles gagnent les sommes renvoyées par les migrants. Il faut en réalité une bonne dose de parti pris pour supposer ce que l'on veut démontrer : que les régions intérieures, si elles avaient reçu la dose de capitaux investis dans l'économie côtière extravertie (y compris dans l'infrastructure exigée par celle-ci), n'auraient pas pu, *pour des raisons naturelles*, mobiliser leur potentiel de force de travail. La comparaison rapide que nous avons faite entre le 'bénéfice' pour le Sénégal de l'extension du bassin arachidier et celui, alternatif qu'il pourrait obtenir d'une mise en valeur autocentrée dans les régions où une agriculture irriguée intensive est possible, montre au contraire qu'il existe des possibilités, mais que celles-ci n'intéressent pas le capital étranger. Il n'est pas normal de considérer que la vallée du Niger, de la même manière, ne pourrait pas devenir l'axe d'un développement continental intégré, agro-industriel, autocentré; et que le choix de cette alternative aurait commandé un mouvement de population totalement différent de celui qui a lieu encore actuellement.

Les conséquences de la migration pour les régions qui fournissent à d'autres une main-d'œuvre importante sont tout simplement dramatiques. D'abord et avant tout parce qu'elle bloque toute alternative au développement inégal grandissant. Mme Dussauze et Ahianyo[1] ont montré comment l'argent envoyé par les migrants sert à valoriser l'intéressé dans le statut 'traditionnel' de son village d'origine: dépenses ostentatoires, montant des dots progressivement relevées, etc. . . . renforcent les structures traditionnelles. Ce n'est certes pas parce que les Africains n'auraient pas les mêmes conceptions (de l'argent entre autre) que les Européens, comme le disent trop vite les observateurs superficiels, parce qu'ils seraient 'traditionalistes' irréductibles mais tout simplement parce qu'il n'y a pas d'autre alternative.

Quels sont donc réellement les effets de l'émigration du point de vue de la transformation des structures? On ne peut que regretter ici que la question n'ait jamais été posée de cette manière systématique. Faute de méthodologie appropriée, les sociologues se sont contentés généralement dans ce domaine de faire des *observations* en ordre dispersé. Or, ces observations sont contradictoires en apparence: les unes signalent un *renforcement*

[1] Op. cit., *infra*, p. 156.

des structures traditionnelles, les autres observent des changements, notamment en direction d'un développement de type capitaliste. Il n'y a pas de contradiction nécessaire entre ces observations. Faute de mieux, nous avancerons ici une hypothèse qui les réconcilie. L'émigration appauvrit la région, elle ne permet donc pas d'en bouleverser radicalement les structures dans le sens du progrès; aussi pour se défendre, pour survivre, les sociétés réagissent par un renforcement de certains aspects de leurs structures traditionnelles, celles qui précisément leur permettent de survivre à l'appauvrissement. Mais en même temps, cet appauvrissement renforce l'effet d'expulsion de certains éléments de la population, reproduit donc les conditions de l'émigration. La forme que prend ce développement est celle d'un capitalisme agraire dégradé, pervers et pauvre.

Aussi exceptionnellement, là où c'est possible, les migrants font preuve d'initiative dans la direction de changement. Parfois, comme le signale Baldé,[1] le migrant, d'origine modeste dans la hiérarchie traditionnelle, se fait petit commerçant à son tour. Dans les cas exceptionnels où celà est possible il s'établit comme 'planteur', loue à son tour des salariés (et parfois en fait venir, comme les Bambara en pays sarakollé signalés par Mme Dussauze)[2] et profite de la monétarisation de l'économie, c'est-à-dire de *l'appauvrissement* des autres qui, incapables de produire désormais leur subsistance, faute de main-d'œuvre, lui achète celle-ci avec les sommes renvoyées par ceux des membres de leurs familles émigrés. On peut d'ailleurs se demander si un tel 'progrès' vers l'individualisation est réellement positif, dans les conditions misérables des régions d'émigration. Si le migrant ramène une 'volonté de changement', par l'ouverture d'esprit qu'il a acquis, il se heurte le plus souvent à une impossibilité pratique de réaliser ses projets, parce que, à l'échelle nationale globale, la distorsion dans l'allocation des ressources en défaveur de sa région, le prive du cadre élémentaire qui pourrait lui assurer le succès.

Considérons par exemple les 'qualifications professionnelles' acquises par le migrant. Lorsque, par exception, elles existent, que peut en faire le migrant rentré dans un village condamné à la stagnation? Certes, tout n'est pas noir dans le tableau de la

---

[1] Oralement au cours du colloque.
[2] Op. cit., *infra*, p. 239.

migration. Car le migrant est souvent un déviant non conformiste, qui fuit la tradition, le pouvoir gérontocratique, etc. ... Dans ce sens on pourrait signaler, comme l'ont fait Baldé et Mme Diarra,[1] le rôle de la migration dans la libération des jeunes ou des femmes.

Et comment oublier que les anciens militaires, de retour au village, ont souvent été à l'origine du renouveau national, et ont fourni aux partis politiques, notamment au R.D.A., un grand nombre de leurs militants. Cependent il est nécessaire de comprendre, comme Mme Diarra le montre, que la condamnation des régions d'émigration à la stagnation limite singulièrement ces potentialités.

Peut-on au moins considérer que l'argent renvoyé aux familles constitue une alternative au développement local? Si nous considérons le chiffre global des migrants pour l'ensemble de la région Nigéria exclue—300.000—et si la totalité de ceux-ci envoyaient 15.000 francs par an, cela ne représenterait que 18 millions de dollars, soit 0,8% du PIB de l'intérieur, c'est-à-dire une petite fraction du transfert en sens inverse que représente l'exportation de main-d'œuvre. Pour la Haute Volta ces envois seraient au maximum—à ce compte—de 2,7 milliards de francs cfa, soit 2% du PIB, c'est-à-dire encore une fois une petite fraction du transfert inverse. Encore doit-on dire que notre estimation ici est beaucoup plus élevée que celle des Voltaïques, qui avancent 9,6 milliards pour les 5 années 1956-60.[2]

Par contre, le surplus créé par les émigrants dans les régions d'accueil est considérable. Selon une étude de la BAD,[3] citée par Songré et Savadogo, le manœuvre, rémunéré à 60-80 cents par jour, laisse au planteur un profit de 1,2 à 2,3 dollars. Les quelques 300.000 migrants génèrent ainsi un surplus de l'ordre de 75 millions de dollars, au bénéfice des régions du littoral. Ahianyo Akakpo,[4] nous rappelle aussi qu'au Ghana les migrants togolais ont le statut de métayer au tiers sur les plantations de cacao, aux deux tiers sur les terres allouées pour des

---

[1] Diarra, *infra*, p. 226.
[2] Sawadogo, Songré et Sanogoh, op. cit.
[3] Banque Africaine de Développement, Etude des possibilités de coopération entre le Ghana, la Côte d'Ivoire, la Haute Volta, le Niger, le Dahomey et le Togo, Abidjan 1969, doc. ronéoté.
[4] Op. cit., *infra*, p. 156.

cultures vivrières.[1] Les navétanes travaillent la parcelle qui leur est 'prêtée' 3 jours pour leur compte, 4 pour celui de leur 'hôte'. Non admis aux coopératives ils doivent de surcroît payer des prix plus élevés pour leurs inputs (ou les 'louer', notamment les équipements tractés, à des prix élevés), écouler leur production à des prix plus faibles.

Il est donc normal que les sommes renvoyées au pays d'origine soient dérisoires par rapport au bénéfice que le pays d'accueil tire du travail des migrants. Ceux-ci ont un statut subalterne dans la société d'accueil et leur maigre épargne est dégagée d'une rémunération qui ne représente qu'une petite fraction de leur produit. Par contre le surplus, sur lequel théoriquement au moins une épargne importante pourrait être dégagée, bénéficie intégralement aux classes dominantes dans la région d'accueil.

Ce surplus est d'ailleurs souvent *gaspillé* par leurs bénéficiaires. Ce gaspillage, qui prend des formes diverses, (consommation de prestige, thésaurisation, etc. . . .), ne résulte pas du 'caractère traditionnel' des bénéficiaires, de leur 'psychologie' qui serait aux antipodes de celles de l'entrepreneur Wébérien. Il résulte du fait que le *monopole social*, notamment de l'accès à la terre, leur garantit la reproduction de ce surplus sans qu'ils ne soient contraints à l'investissement d'amélioration foncière et d'intensification.

On comprend alors qu'aucune région d'émigration ne se soit jamais développée, ni en Afrique, ni ailleurs. Le transfert—plus que considérable—que représente le véritable 'cadeau' des zones 'pauvres' d'émigration aux régions riches qui en bénéficient, suffirait à *lui seul* à expliquer la stagnation des régions d'origine des migrants. Ainsi d'ailleurs, par leur stagnation, les conditions de reproduction du modèle de développement inégal se perpétuent, car l'inégalité dans la 'dotation en facteurs', loin d'être 'naturelle', est produite et reproduite socialement.

L'histoire démontre d'ailleurs que le retournement de la situation est possible si un effort de planification volontaire impose, contre les règles du marché et les dotations en facteurs un développement qui alors, et alors seulement, arrête le flux appauvrissant de l'émigration. C'est à partir du moment où l'Italie se développe qu'elle cesse de fournir des émigrants.

[1] Akakpo, *infra*, p. 157.

Dans la région d'accueil la migration a pour fonction de rendre possible la mise en place d'une économie extravertie. Comme nous l'avons montré ailleurs,[1] celle-ci n'a de sens que si les rémunérations du travail sont maintenues à un niveau très bas. C'est là en effet, la condition nécessaire qui permet de dégager—par l'échange inégal—un surplus exportable. C'est pourquoi d'ailleurs le capital étranger n'est pas intéressé à un développement auto-centré, lequel ne permettrait pas ce transfert au bénéfice des métropoles. Le capital étranger, qui se rend dans les régions où un développement extraverti—le seul qui l'intéresse—est possible, commande par là même le flux de migrations. C'est-à-dire que le travail se déplace pour aller là où le capital l'exige et non l'inverse.

C'est dans ce cadre qu'il faut situer la discussion concernant les relations entre l'immigration, le niveau des salaires et le chômage. La théorie conventionnelle, reprise sans esprit critique, fait l'hypothèse que le chômage est fonction des salaires. Le modèle, simple, est alors le suivant: les salaires 'élevés' en ville attirent les migrants et créent le chômage. Les migrants continuent à affluer parce que l'espoir d'être un jour employé dans le secteur 'moderne' qui assure ces rémunérations élevées, constitue une force d'attraction irrésistible.

Il y a certes du vrai dans cette description rapide du phénomène. La ville, malgré la misère et le chômage, offre quelques avantages par rapport à la campagne, encore plus démunie. L'eau filtrée en est un, que l'on aurait tord de sous-estimer, puisqu'à lui seul il a réduit de moitié la mortalité infantile L'espoir, fut-il illusoire, que les enfants pourront moins difficilement accéder à l'école, justifie le calcul d'une intégration possible dans le secteur 'moderne' à emplois relativement stables et correctement rémunérés. Il reste que les choses sont moins simples que ne l'imaginent les partisans de l'explication conventionnelle. Hart[2] a montré que l'éventail des possibilités, tant à la campagne que dans le secteur 'marginal' de la vie urbaine, est très ouvert.

Cependant là n'est pas l'essentiel. Le chômage ne dépend pas du taux des salaires. Il est dû à la conjoncture de la stratégie extravertie du développement, qui limite le type d'industries possibles à celles de substitution d'importation, et du choix de

[1] Amin, 1972b.   [2] Hart, *infra*, p. 321.

technologies modernes, qui sont capital-intensive, et que les règles de la rentabilité et de la compétition dans un système ouvert imposent.[1] Il en est ainsi également dans l'hypothèse d'un contrôle des relations extérieures (inconvertibilité par exemple) qui créerait seulement une rareté plus grande des capitaux. A l'exception de quelques économistes attardés, nul ne le conteste aujourd'hui. Des salaires plus faibles ne réduiraient pas le chômage, au contraire. A moins, évidemment que simultanément on ne modifie la fonction de production et que l'on fasse appel à des techniques artisanales dépassées; mais alors on ne fait que redistribuer la pauvreté. Si l'on ne modifie pas la fonction de production, des salaires plus bas permettraient simplement des profits plus élevés, largement exportés d'ailleurs. Par là même, ils accentueraient l'inégalité dans la distribution sociale du revenu, inégalité qui déja va en s'aggravant constamment, réduiraient le marché local des biens de consommation de masse et, par conséquent, les possibilités même de l'industrialisation par substitution d'importations dans ce secteur. Parallèlement, cette réduction renforcerait le marché de biens de luxe et rendrait l'investissement davantage attractif dans ce secteur. Or ici, la dépendance technologique impose normalement que l'on n'apporte aucune modifications dans ce choix. L'analyse moderne de la domination technologique et de la politique économique réelle des sociétés multinationales qui dominent les villes ouest africaines renvoie les mythes de l'économie conventionnelle au musée des universités.[2]

Les rémunérations dans le secteur 'moderne' sont-elles d'ailleurs si élevées? ont-elles tendance à augmenter? sont-elles 'injustifiées'? Voilà toute une série de questions pour lesquelles les réponses conventionnelles, reproduites *ad nauseum* par certains, méritent plus de nuance. Nous avions montré ailleurs[3] qu'une comparaison brutale entre les salaires urbains et les revenus ruraux n'avait pas beaucoup de sens étant donné au moins: (1) les différences considérables dans les types de con-

[1] Ceci a été démontré par tous les critiques de la politique d'industrialisation par substitution d'importation, notamment les brésiliens Celso Furtado et Maria Conceiçao Tavarès.

[2] L'accent sur la domination technologique et ses effets est rappelé par la CNUCED, dans un document récent (Guidelines for the study of the Transfer of Technology to Developing Countries, Geneva, 1972, doc. ronéoté).

[3] Amin, 1970b.

sommation nécessaires à la survie en ville et à la campagne (loyers chers, même dans les bidonvilles, nourriture de base comptabilisée à des prix très différents de ceux de l'agriculture de subsistance, transports et distractions payantes etc. . . .), et (2) les écarts, parfois considérables entre les quantités de travail fourni respectivement par les travailleurs urbains et les paysans pour obtenir les revenus en question. Mais par ailleurs, il faut signaler que cette comparaison néglige les différenciations dans la distribution tant du revenu rural que des revenus urbains. Or ni l'une ni l'autre ne sont égalitaires. Au contraire—et ici les migrations remplissent une fonction importante—dans les zones de plantation les rémunérations deviennent fortement inégales au fur et à mesure que se développent des modes d'exploitation capitalistes ou semi-capitalistes. Dans l'économie urbaine les différenciations s'accusent encore plus rapidement, et d'une façon encore plus marquée.

C'est pourquoi, avec Christopher Allen[1] et d'autres, nous exprimons des doutes sérieux concernant la thèse d'une différenciation grandissante entre le revenu des agriculteurs et celui des travailleurs urbains *non qualifiés*. Au demeurant le blocage des salaires, très fréquent en Afrique de l'ouest depuis l'indépendance, tendrait plutôt à indiquer le contraire, bien que le blocage (et parfois même la réduction) des prix d'achat des produits agricoles ait réduit également (parfois même davantage) le revenu réel des paysans. Tout indique que, dans l'ensemble, la différenciation la plus significative n'est pas l'écart revenu paysan—rémunération des travailleurs urbains non qualifiés mais celui qui sépare d'une part la paysannerie et les masses urbaines les plus déshéritées et d'autre part les couches sociales nouvelles, qui se sont développées pendant les dernières décennie de la colonisation et après l'indépendance (notamment les bureaucraties administratives). Hors de l'Afrique de l'Ouest, le cas du Zaïre, parfaitement étudié[2] le démontre sans aucun doute.

Or sur ce plan il n'y a pas de doutes à avoir. Les migrants fournissent un prolétariat pauvre. Sur les marchés urbains du travail, comme sur les plantations où ils sont manœuvres, les migrants occupent les fonctions les plus subalternes, sont les

[1] Allen, 1972.
[2] Ryelandt, 1971.

plus mal payés. Au point même que l'on a parfois fait observer qu'ils ne pèsent pas sur le marché du travail des autochtones, parce qu'ils opèrent sur un marché différent. Lorsqu'ils sont fermiers ils paient une rente très élevée. On cite certes le cas des migrants Dioula qui, achetant la terre à 40.000 francs CFA l'hectare à des propriétaires agni 'paresseux', deviennent, par leur esprit d'entreprise, plus riches que les autochtones. Mais il s'agit là d'exceptions parmi les migrants.

D'une manière générale la migration a pour fonction de procurer aux régions d'accueil une main-d'œuvre *bon marché*. Cette évidence, que les idéologues du système tentent de masquer, nous est fortement rappelée par Walter Elkan.[1] Dans l'exemple le plus cruel d'exploitation systématique du système de la main-d'œuvre—migrante—celui de l'Afrigue du Sud et de Rhodésie de *l'apartheid*—le retour au village permet de *réduire* le coût de la main-d'œuvre sur les plantations, dans les mines et les usines. Car le salaire payé n'est pas prévu pour nourrir la famille, les enfants, les vieux et les impotents. Il y a de ce fait un transfert considérable des régions qui fournissent les migrants aux secteurs qui bénéficient de cette main-d'œuvre particulièrement mal payée. Ce fait, reconnu et même invoqué explicitement comme un 'avantage' du système en Afrique du Sud, est tout également vrai ailleurs, notamment dans les zones de plantations et les usines de l'Afrique de l'Ouest.

Quant à l'écart entre les rémunérations moyennes du monde rural et du monde urbain, il trouve son origine dans l'écart réel des productivités, comme nous l'avons déja dit.[2] Il est donc dans la logique du système, et on ne saurait à la fois défendre le choix d'une stratégie extravertie, ouverte à la compétition, aux modèles de consommation étrangers etc.... et s'insurger contre sa conséquence naturelle: l'inégalité des rémunérations qui reflète celle des productivités. Si une réduction de l'écart peut être justifié en termes de politique de développement national c'est seulement à la condition que la stratégie toute entière de l'extraversion soit abandonnée au profit d'une stratégie autocentrée. S'il n'en est pas ainsi la 'réduction' de l'écart, pratiquement la réduction des salaires, ne fera qu'approfondir la dépendance et le caractère extraverti de la croissance,

[1] Op. cit.
[2] Amin, 1970*b*.

donc en définitive aggraver l'inégalité dans la distribution du revenu qu'on prétend combattre et aggraver le chômage, sans pour autant sans doute réduire le flux de l'exode rural.

D'une manière générale, la réduction du salaire, dans ces conditions, permet d'extorquer ici, à la périphérie, une plus value *absolue* plus importante, ce qui rend possible la ponction d'une plus value relative plus grande au centre. Dans ce cadre, la réduction du salaire à la périphérie accentue la caractère pervers de son développement.

La croissance simultanée du PIB et du chômage, de l'exode rural et du sous-emploi urbain, ne constitue nullement un mysthère mais la caractéristique de la prolétarisation dans le cadre du capitalisme périphérique, c'est-à-dire d'une prolétarisation accompagnée de marginalisation.

VI. AUTRES TYPES DE MIGRATIONS

Les migrations de main-d'œuvre, auxquelles nous nous sommes attachés jusqu'ici, ne constituent pas le seul cadre dans lequel s'exprime la mobilité régionale de la population.

Nous avons déja vu que les migrations de peuplement de terres nouvelles ouvertes à la colonisation constituent jusqu'en 1950 la forme principale du phénomène migratoire au Nigéria, auquel presque tous les peuples de cet Etat ont participé, non seulement les trois grands groupes (Hausa, Yoruba et Ibo en direction du Middle Belt, du Delta du Niger, de la région de Calabar et de la ceinture cacaoyère de l'Ouest), mais également d'autres peuples, comme les Tiv par exemple.

A l'Ouest du Nigéria le phénomène est beaucoup plus modeste en termes absolus et relatifs, mais il n'est nullement inexistant. Au Sénégal la mise en valeur des terres nouvelles constitue, avec le peuplement de l'agglomération du Cap Vert, le phénomène migratoire principal. Pélissier et Vanhaverbaeke[1] en ont sans doute donné la meilleure analyse, tant en termes de modes de colonisation et de mise en valeur des terroirs qu'en termes d'analyse économique des relations entre la densité du peuplement dans le vieux bassin arachidier, et, compte tenu du progrès technique, des rendements en quantité et en valeur. Mme N'Doye[2] qui a tenté de chiffrer les flux de 1904 à 1964,

[1] Pélissier, 1965; Vanhaverbaeke, op. cit.
[2] N'Doye, *infra*, p. 371.

a par ailleurs souligné le rôle de l'idéologie et de l'organisation mouride dans cette colonisation. Ce sujet est loin d'être épuisé. Nous avons déjà suggéré que l'Islam avait ici fait une seconde mutation dans l'histoire de son développement en Afrique de l'Ouest.[1] Religion d'un groupe minoritaire exogène de commerçants jusqu'à la traite négrière, il avait déjà opéré une première mutation lorsque, au XVIIIè siècle, il devient, dans la région du Fleuve, la religion des masses paysannes qui tentent de résister à l'oppression de la noblesse intégrée dans le système de la traite. Avec la colonisation et l'introduction de l'arachide il opère sa seconde mutation pour devenir une idéologie très particulière, au service de l'expansion de l'économie arachidière. Car d'une part il exerce une force d'attraction très grande sur les masses paysannes, en permettant la libération des jeunes et des castes inférieures, qui, dans les nouveaux villages de colonisation, échappent au carcan des hiérarchies traditionnelles. Par là-même, l'Islam mouride parachève la désagrégation des anciens royaumes islamiques. Mais en même temps il en assure la résurrection, en recréant une organisation étatique nationale. D'où d'ailleurs les craintes du pouvoir colonial à son endroit. Craintes qui n'étaient pas fondées (et l'administration s'en est vite aperçue), car la nouvelle classe dirigeante—maraboutique—tire sa force et son pouvoir social d'un surplus qu'elle ponctionne désormais dans la forme d'un produit commercialisable, qu'elle pourra donc transformer en objets de consommation et de prestige individuels et collectifs. Par là même elle aura partie liée avec le pouvoir colonial. On voit sur le cas mouride, les relations étroites qui peuvent exister entre le mouvement de colonisation agraire, le mode de production *nouveau* des régions colonisées, l'interpénétration de ce mode de production et du capitalisme colonial dominant, enfin l'idéologie de la société en expansion et en transformation.

D'autres migrations de colonisation sont à signaler, comme celle, bien connue, des Lobi descendant peu à peu de Haute-Volta dans le nord ivoirien, qui, à l'opposé des Mourides, n'innovent pas dans le domaine de l'organisation sociale, très évidemment parce qu'ils ne sont pas intégrés dans la production coloniale d'exportation.[2] Leur migration est donc

[1] Amin, 1972a.
[2] Savonnet, 1962.

typiquement du modèle précolonial, le vestige le plus important des mouvements traditionnels des peuples de l'Afrique de l'Ouest, et, à ce titre, un musée pour les autres anthropologues.

Les migrations de pêcheurs—Sorkawa qui occupent peu à peu tout le cours du Niger de Mopti au Delta au cours du XXè siècle, Anlo Ewe le long de la côte du Bénin—appartiennent aussi aux migrations de colonisation.

Il est parfois difficile de situer la frontière entre les migrations de colonisation et celles de main d'œuvre. Il en est ainsi lorsque les migrants pénètrent dans un territoire qui n'est pas vide ou presque, pour y créer une économie de plantation. Car si le territoire est vide, la migration est du type de colonisation. Si au contraire il est bien peuplé et occupé par un peuple fortement organisé, les migrants sont par la force des choses réduits à fournir la main d'œuvre, soit sous forme de manœuvres salariés, soit sous celle de métayers. Mais lorsque la situation est intermédiaire, la rente foncière peut être faible, parfois symbolique, et la migration se rapprocher de celle de colonisation comme en certaines régions du Ghana il en est avec les Krobo du Togo-Ghana,[1] ou comme en certaines régions de l'ouest ivoirien il en est avec les migrants voltaïques, maliens et nord ivoiriens.[2]

Bien qu'il soit donc difficile de situer la frontière exacte entre les deux types de migration, il semble bien que sur les 300.000 migrants annuels dans les pays situés à l'ouest de la Nigéria 90 % au moins représentent une migration de main d'œuvre non qualifiée, soit à destination rurale, soit à destination urbaine. Par contre au Nigéria la proportion des migrations de colonisation agricole, de l'ordre de 60 % des migrations définitives vers 1950 (qui sont, rappelons-le, de 50.000 personnes à cette date), tombe à 20-30 % vers 1970, si l'on considère que toutes les migrations à destination des villes sont des migrations de main d'œuvre non qualifiée ou qualifiée, et à un pourcentage plus faible encore si l'on considère que les migrations de saisonniers (500.000?) appartiennent aussi à cette dernière catégorie.

Le terme de migration n'est pas toujours approprié lorsqu'il s'agit des mouvements de commerçants. Comme pour les pas-

[1] Field, 1943; Hill, 1961.
[2] Meillassoux, 1965.

teurs, le *nomadisme* est pour certains une exigence du métier. Tel est le cas du commerce à longue distance précolonial. Pratiqué par des groupes—ethnie ou castes—spécialisés, ce commerce joue un rôle parfois décisif dans les formations sociales pré-capitalistes, comme nous l'avons montré ainsi que d'autres, en Afrique tropicale et ailleurs.[1] C'est dans ce cadre que la nature des formations pré-capitalistes mises en contact impose un *monopole* commercial exercé par un groupe particulier (Juifs en Europe, Dioula et autres en Afrique de l'Ouest). Ce type de commerce précolonial a disparu, détruit par le refaçonnement de l'Afrique de l'Ouest en direction de l'Europe: l'économie extravertie ne pouvait pas tolérer le maintien de ces réseaux de commerce intérieur qui, mettant en valeur les complémentarités régionales et les spécificités des productions artisanales, s'opposaient au développement des productions d'exportation et des importations de produits manufacturés.[2] Cependant les commerçants 'traditionnels' ont très souvent été récupérés par les nouveaux circuits commerciaux dominés par le commerce colonial, où ils occupent les positions subalternes soit dans la collecte des produits d'exportation, soit dans l'écoulement des produits importés.

La transformation du commerce précapitaliste en commerce colonial a amené des *migrations* de commerçants, qui, venant des ethnies et groupes ayant développé une spécislisation dans cet art, sont partis s'installer dans les régions nouvelles de mise en valeur extravertie. Même lorsqu'il est resté nomade, le colporteur n'est plus le commerçant à longue distance d'autrefois, car il se situe en aval du commerce colonial.

La part des commerçants, tant dans les mouvements d'hommes et de femmes enregistrés chaque année en Afrique de l'Ouest comme dans la population étrangère fixée dans les diverses régions, est considérable. L'enquête voltaïque comme Mabogunje[3] estiment cette part à 20 % des migrants. Ce pourcentage nous paraît toutefois élevé, et sans doute la chose s'expliquerait par le fait que ceux de ces commerçants qui sont nomades franchissent les frontières plusieurs fois par an. Il reste que la participation de certains groupes au commerce installé

---

[1] Amin, 1972*a*. Voir aussi El Kodsy, 1970; Coquery, 1969.
[2] Meillassoux, 1971.
[3] Sawadogo, Songré, et Sanogoh, op. cit.; Mabogunje, n.d. 56.

est considérable. Un cinquième des étrangers expulsés du Ghana en 1970 étaient des commerçants, principalement nigérians—Hausa et Yoruba.[1] Mabogunje[2] nous rappelle que 56% de la population de la ville Yoruba d'Ejigbo et 13% de celle d'Ogbomosho étaient absents au Ghana et en Côte d'Ivoire, exerçant pour la plupart le métier de commerçants. Deux tiers des commerçants émigrés hors de leur région d'origine appartiennent à 4 groupes: Dioulas-Soninké, Hausa-Fulani, Yoruba et Zarma.

Enfin on ne saurait passer sous silence les migrations de main d'œuvre qualifiée. L'inégal développement de la scolarisation, comme les manipulations politiques de la colonisation sont à l'origine de ces mouvements qui ont parfois porté sur des dizaines de milliers de personnes. Ibo installés dans le nord de la Nigéria, Sénégalais et Dahoméens répartis dans toutes l'administration de l'A.O.F. et dans des emplois subalternes des maisons coloniales françaises constituent les exemples les plus connus de ce type de migrations. C'est également à ce type qu'il faut rattacher certaines migrations spontanées, comme celles des Cap verdiens.[3]

L'exode des cervaux (brain drain) constitue l'étage le plus élevé du phénomène des migrations dues à la qualification. Cet exode s'amorce pour la région considérée sous nos yeux. Okediji[4] recense plusieurs centaines de Nigérians de formation supérieure, notamment technique, s'exilant aux Etats-Unis chaque année. Nous avons découvert que le nombre des diplômés de l'enseignement supérieur togolais et dahoméens installés en France était maintenant un *multiple* de celui des Français qui, au titre du secteur privé et de l''assistance technique', exercent dans les deux pays en question. Là encore il est bien évident que l'exode n'est pas du pour l'essentiel à l'attraction des rémunérations plus élevées dans le monde développé car d'une manière générale les rémunérations, avantages et statut social, sont encore en Afrique tropicale, pour les cadres supérieurs, exceptionnels. On ne peut feindre hypocritiquement d'ignorer les raisons politiques du fait, entre autre

---

[1] Sarfoh, *infra*, p. 140.
[2] Mabogunje, op. cit., 61.
[3] Andrade dans une communication orale.
[4] Okediji, 1971.

le rôle de 'l'assistance technique'. On ne peut non plus ignorer que la stratégie de mise en valeur coloniale extravertie limite considérablement l'extension des secteurs qui, dans les pays développés, sont les moteurs du développement, et qui sont les secteurs qui ont besoin de main d'œuvre hautement qualifiée plus que les autres.

VII. LES MIGRATIONS ET LE PROBLÈME NATIONAL

Il n'est certainement pas possible d'ignorer le fait que les migrations en Afrique de l'Ouest sont, pour une très large part des migrations internationales au sens du droit public contemporain, qu'elles sont aussi, encore plus largement, des migrations interethniques au sens que les sociologues peuvent donner au concept riche et varié d'ethnie en Afrique. Il n'est pas non plus possible d'ignorer que les migrants comme les populations des régions d'accueil constituent des groupes sociaux qui peuvent être des sujets de la vie politique, et/ou des objets de manipulations politiques.

L'accent a été longtemps mis par la recherche sociologique sur les relations interethniques en Afrique, particulièrement dans ces *melting pots* que sont les agglomérations urbaines. Soit dit en passant, nous parlons de relations interethniques et non inter-tribales, le qualificatif de tribu n'étant pas seulement un vestige du préjugé raciste colonial, mais encore à proprement parler totalement inexact au plan scientifique.

Ce n'est pas ici le lieu de définir notre conception de l'*ethnie*, comme phénomène social distinct de celui de la nation.[1] Nous devons néanmoins rappeler que les ethnies sont généralement des groupes relativement importants et conscients de leur réalité, celle-ci transcendant le clan ou la tribu, là où ils existent. L'éventail des relations que les ethnies entretiennent entre elles dans le cadre du phénomène migratoire contemporain comporte tous les cas possibles: l'assimilation, la coexistence pacifique, l'animosité. Il est important de remarquer que la nature de ces relations ne dépend pas principalement de facteurs culturels, par exemple de la tradition historique (d'amitié, d'ignorance ou d'hostilité entre les groupes concernés), ou de la proximité ou de l'éloignement culturel (groupes linguistiques parents ou non, appartenance au même monde religieux,

Amin, 1972c.

notamment l'Islam, ou non etc. . . .). Les relations entre les groupes dépendent en définitive et pour l'essentiel des stratégies collectives, spontanées ou manipulées, des groupes. Ces stratégies sont définies par référence aux problèmes de la société *moderne* dans laquelle sont intégrés ces groupes. Les éléments de la tradition ou de la culture sont invoqués, *dans un sens ou dans l'autre*, selon les circonstances et les exigences des stratégies en question, ce qui montre bien qu'il s'agit là non de la cause, mais du moyen. Enfin inutile de le préciser, la stratégie de la société d'accueil compte autant, et même le plus souvent davantage, que la volonté des migrants, comme nous l'a rappelé Piault.[1] Les relations interethniques en Afrique de l'Ouest ne constituent donc en aucune manière une 'spécificité' africaine; elles n'obéissent pas à des 'lois' particulières, mais relèvent de la problématique de celle des relations internationales en Europe (nationaux et immigrés), ou des relations interethniques et interraciales aux Etats Unis (WASP et Irlandais, Juifs, Polonais ou Noirs). Dans ce sens même il est bon de rappeler que, dans l'ensemble, les relations entre ethnies africaines sont infiniment plus humaines que ne le sont les rapports entre groupes 'différents' dans le monde dit développé.

Ce serait simplifier outrageusement la réalité de parler d'une société interethnique, ou multiethnique, pan africaine, ou ouest africaine, naissante. Néanmoins *des* sociétés interethniques ou multiethniques sont déjà nées.[2] L'assimilation est un fait plus fréquent qu'on ne le croit. A Dakar, où les relations entre les différentes ethnies d'origine ont toujours été particulièrement bonnes, l'immigré—s'il appartient au grand groupe des peuples de la savane islamisé—s'affranchit rapidement de l'appartenance sécurisante exclusive au groupe 'd'originaires' pour participer à la vie sociale globale de la ville. Même lorsque l'intégration ne va pas jusqu'à l'assimilation, et que chaque groupe garde sa personnalité, l'acquisition d'une *lingua franca* de communication est quasi générale. En ce sens les migrations ont rempli une fonction essentielle dans l'extension de ces lingua franca. Aujourd'hui, 10 langues principales (Hausa, Ibo, Yoruba, Ewe, Akan, Malinké Bambara, Ouolof, Moré, Zarma, Peul) sont pratiquées couramment par 90% des quelques

---

[1] Oralement, au course du colloque.
[2] Fougeyrollas, 1971; Wallerstein, 1965.

100 millions d'habitants de l'Afrique de l'Ouest.[1] Pratiquement certaines de ces langues sont devenues des langues nationales. Au Sénégal, où ethniquement les Ouolofs ne constituent que 30 % de la population, la Wolofisation linguistique touche 85 % du pays. Au Ghana l'akan est pratiquement la langue nationale du sud au nord; et il en est de même au Nigéria avec les 3 langues principales.

Fougeyrollas et Wallerstein[2] considèrent ainsi qu'une société multiethnique se constitue, dont la conscience des hommes est à plusieurs étages: celui du village ou du clan, celui de l'ethnie (en voie d'élargissement par inclusion des groupes minoritaires) qui comprend la réalité linguistique et culturelle, celui de l'Etat-nation, enfin celui de l'ensemble régional (sinon pan africain ou même pan ouest africain, du moins correspondant à une sous région comme la savane islamisée, la côte, le Nord, l'Ouest et l'Est nigérians). En partie au moins par réaction à la politique coloniale qui a exploité ici comme ailleurs les différences ethniques, lorsque cela paraissait utile, et par réaction à l'idéologie de la colonisation qui mettait l'accent sur le 'tribalisme', les Etats refusent de reconnaître la réalité ethnique. Mais il y a d'autres raisons, plus graves, à ce refus: les micro-bureaucraties d'Etats dont il faut bien reconnaître qu'ils ont été des créations artificielles de la colonisation, craignent la remise en question des frontières. C n'est pas sans un courage certain que Pascal Lissouba,[3] prenant la défense de la démocratie des masses, affirme qu'il faut reconnaître le *fait* social de l'ethnie, dont l'Afrique n'a pas à être honteuse. La reconnaissance du fait social est toujours la condition de son dépassement. Sa négation bureaucratique et hypocrite conduit à le voir réapparaître, dans la pratique bureaucratique elle-même, sous son aspect négatif. Quant au patriotisme de village, dont la force a été reconnue par tous, il n'est pas non plus contradictoire avec l'acquisition d'une conscience sociale plus large.

La réalité nationale, en entendant par là celle d'une nation en formation dans le cadre actuel des Etats, reste à apprécier. Dans certains pays elle existe incontestablement, pour le meilleur et pour le pire d'ailleurs, puisqu'il s'agit d'Etats non

---

[1] Heine, 1970.
[2] Op. cit., *infra*.
[3] Dans une communication pour un séminaire de l'IDEP (Dakar, Sept. 1972)

viables du point de vue des exigences modernes du développement, qui devront donc *sacrifier* au panafricanisme une partie importante de leur souveraineté jalouse. Dans d'autres Etats on hésite à voir l'embryon même d'une telle réalité. Mais dans tous les cas l'administration d'Etat est une réalité. Mme Patel[1] a insisté à très juste titre sur cet aspect nouveau du problème des migrations. L'importance du caractère international des migrations en Afrique de l'Ouest ne vient pas de ce que ces migrations seraient interethniques, tandis que les migrations internes seraient intraethniques. Les frontières coupent la plupart des ethnies et aucun Etat n'est monoethnique; les migrations—internes et internationales—sont donc également interethniques. L'importance de ce caractère international trouve donc sa cause ailleurs: dans ce fait administratif, marqué de plus en plus, que les 'étrangers' ne sont pas traités comme les nationaux, ni au plan du fait administratif, ni même à celui du droit. Adamako-Sarfoh[2] a donné sur ce point, dans son analyse des réactions à l'expulsion des étrangers du Ghana en 1970, des informations qu'il faut connaître. On comprend alors que les Etats ne soient pas parvenus à 'régler' la question des migrations: le conflit d'intérêt est *réel*. Le projet de convention entre la Haute Volta et la Côte d'Ivoire qui n'a jamais vu le jour en témoigne.[3]

En général les groupes de migrants de main d'œuvre non qualifiée, condamnés à des statuts et fonctions subalternes, qui sont la majorité écrasante, ne sont ni assimilés, ni même acceptés sur pied d'égalité, par suite de l'opposition de la société d'accueil. Celle-ci en effet y perdrait l''avantage' de l'exploitation de la condition inférieure des migrants. Par contre lorsqu'il s'agit de migrants 'privilégiés', par une qualification même relative, comme les Ibo au Nigéria du Nord, les Cap verdiens à Dakar,[4] d'une manière générale les commerçants et les groupes de fonctionnaires et d'employés, c'est en général eux qui refusent l'intégration. Piault[5] nous a donné quelques exemples des manipulations politiques fondées sur l'exploitation du fait migratoire. Manipulations au sein du groupe même

---
[1] Ahooja-Patel, infra, p. 170.
[2] Op. cit.
[3] Deniel, *infra*.
[4] Op. cit.
[5] Oralement, au cours du colloque.

parfois où les 'logeurs', en collaboration avec les employeurs du pays hôte, remplissent la fonction de services de recrutement de la main-d'œuvre. Mabogunje[1] nous a signalé comment la crédulité des migrants a pu être utilisée par quelques entrepreneurs astucieux pour fonder deux banques privées nigérianes. Mais aussi et surtout manipulation par des forces externes au milieu des migrants, sans exclure le pouvoir. Une étude des comportements des syndicats à cet égard est bien instructive: tandis que certains syndicats ont refusé de 'faire le jeu des employeurs' en pratiquant une discrimination à l'encontre des immigrants, notamment étrangers, d'autres s'en sont faits les complices. La série des faits que l'on pourrait invoquer au crédit de l'importance politique du fait migratoire est quasi illimitée. On sait à quel point la migration Ibo au Nigéria du nord, en pays Calabar et dans le Delta, a été, sinon à l'origine des problèmes de l'unité nigériane, tout au moins manipulée par diverses forces politiques avant et pendant la guerre civile. Le vote du Cameroun occidental méridional, préférant rejoindre le Cameroun français, cas unique en son genre, ne se comprendrait pas sans savoir la crainte que les autochtones avaient de l'"invasion" Ibo.

VIII. LES RÉSULTATS DU COLLOQUE

Il n'est jamais facile d'obtenir un dialogue pluridisciplinaire véritable, tant l'importance dûe aux déformations disciplinaires est fréquente. La difficulté du dialogue est aggravée lorsque les approches épistémologiques, transgressant les disciplines, sont radicalement opposées. L'économisme, que nous qualifierons volontiers de borné, ignore les alternatives stratégiques de développement, parce qu'il sait mal en mesurer la portée et les effets. Le fonctionnalisme et—hélas souvent le pointillisme—des sociologues, ne facilite pas non plus le dépassement des platitudes observées. Il serait immodeste de prétendre que les efforts conjugués de l'IDEP et de l'IAI soient parvenus à surmonter ces difficultés. Mais ce premier contact, peut être même de la nature d'un choc, entre chercheurs d'horizons si différents, si peu accoutumés à se rencontrer, et d'hommes de la pratique, parfois responsables de la politique de la main-d'œuvre dans

[1] Oralement, au cours du colloque.

leurs pays respectifs, aura été certainement plus qu'utile: il a invité à un type de réflexion nouveau.

Le colloque ne se proposait nullement de proposer une politique de la main-d'œuvre aux gouvernements de la région. Cela aurait conduit hors du cadre des vocations de l'IDEP et de l'IAI. Cependant toute analyse scientifique d'un phénomène social comporte en filigrane des propositions implicites d'action. A notre sens personnel, celles qui se dégagent du phénomène migratoire, sont *avant tout* qu'il n'y a pas de solution possible dans l'isolement du problème des migrations de la stratégie d'ensemble du développement. Si, comme nous le croyons, les 'facteurs' de la production ne sont pas donnés, mais résultent de la stratégie, si, également, les 'motivations' individuelles traduisent des choix rationnels dans un système, si, finalement, les migrations ne résultent pas seulement du développement inégal mais aussi en sont un élément, il est vain de vouloir agir sur les migrations par des mesures administratives et autres sans remettre en question la stratégie dont elles procèdent.

Les mesures administratives—du type de l'arrêt de l'exode rural par le renvoi des migrants dans leurs villages d'origine respectifs, etc.—sont voués à l'échec. L'experience en témoigne largement. Les mesures 'économiques' proposées par certains—du type réduction des salaires déja misérables, etc.—ne peuvent, comme nous l'avons montré, que créér les conditions d'un développement encore plus inégal! Si donc on estime que le développement inégal ne doit pas être accepté, parce qu'il engendre stagnation à un pôle (dans les zones condamnées au rôle de réserves de main-d'œuvre), richesse et misère à l'autre (dans les villes où grandit le chômage et les salaires de misère parallèlement à la croissance); il reste que la solution est la remise en cause de la stratégie de la dépendance et de l'extraversion.

Au plan qui nous occupe, la stratégie alternative autocentrée et indépendante, exige, comme Grégory l'a esquissé, et comme nous l'avons montré ailleurs,[1] comme aussi d'autres l'ont montré sur bien des exemples, africains et non africains,[2] une allocation des ressources radicalement différente de celle qui découle des lois du marché dans un pays dépendant intégré

[1] Gregory, *infra*; Amin, 1972*b*.
[2] Michelena, 1972.

au système international. La nouvelle allocation des ressources doit permettre un développement des zones condamnées à la stagnation. Certes il n'est pas question de considérer que la distribution géographique des hommes est en soi rationnelle du point de vue de l'avenir: elle résulte d'une histoire. Certes la rationalité dans un cadre géographique étriqué, celle par exemple des Etats de la région, n'est pas équivalent à la rationalité possible dans un cadre plus vaste. Celle-ci est supérieure à celle-là. Mais il serait irréaliste pratiquement et erroné scientifiquement de ne pas considérer le fait national et le fait ethnique. D'autre part, il va de soi presque, aujourd'hui tout au moins, qu'une alternative de développement autocentrée indépendant exige une révision radicale des idées reçues de l'expérience historique de développement du capitalisme et des fonctions assignées, dans ce cadre, à la ville et à la campagne.

Le colloque a concentré sa dernière séance à discuter des priorités dans la recherche à venir dont tout le monde a convenu qu'elle ne saurait être que multidisciplinaire. Les besoins d'une meilleure quantification ne sauraient être sous-estimés. On a vu, hélas, à quel point le chercheur est contraint d'*imaginer*, de confronter et d'extrapoller, faute de recensements, de statistiques des flux, de matériel démographique plus précis, d'analyses de la distribution géographique et sectorielle des emplois, des salaires et des revenus. Mais au-delà de ces observations, un travail immense reste à accomplir dans l'interprétation des phénomènes, qui exige une conceptualisation plus adéquate, l'élaboration d'hypothéses systématiques, la confrontation de celles-ci avec les faits. C'est à cette condition seulement d'ailleurs que l'on pourra définir *quels* faits devraient être observés et comment? On a suggéré ici l'analyse systématique des transformations de systèmes agraires et, dans ce cadre, des rapports sociaux et des rapports tripolaires force travail—superficies agricoles—capitaux investis. On a suggéré également l'analyse systématique de la distribution du revenu, de son évolution et de celle du chômage et de l'emploi. Alors seulement un véritable bilan des 'coûts et bénéfices' pourra être dressé, pour les régions d'émigration comme pour celles d'immigration. Enfin, dépassant l'étape de l'analyse du phénomène, il faudra bien envisager les alternatives possibles, en les intégrant dans les stratégies d'ensemble qui sont leur cadre nécessaire. La question ici—elle est un appel à l'imagination enthousiaste des jeunes générations—est de savoir quelle devrait être (ou pourrait être) la meilleure distribution regionale (et à l'intérieur de la région entre ses sous-régions, les Etats et les régions naturelles) à la fois de la population (c'est-à-dire la force de travail) et des autres ressources 'rares' (capitaux, techniciens, etc. . . .). En d'autres termes quelle allocation géographique des ressources pourrait assurer à l'Afrique de l'Ouest de demain un développement réel, intégré, indépendant, autocentré.

ENGLISH VERSION

Modern Migrations in Western Africa[1]

I. THE MIGRATORY PHENOMENON IN CONTEMPORARY WEST AFRICA: NATURE AND DEFINITION

The displacement of peoples and individuals is certainly not peculiar to modern West Africa alone. History and legends of creation also remind us that many of the peoples of contemporary West Africa came from regions sometimes far removed from those they are presently occupying. Hence, it is difficult to define migratory phenomena or delineate the precise frontiers. But here we intend to discuss only modern migratory movements.

Migratory populations have built up in newly colonized areas and organized societies which were both structured and complete. These societies are often similar to the original societies of the migrants, and in such cases assume much of their character. But indigenous peoples in conquered areas may be integrated either as an outcaste minority or as distinct groups in the society and the new society develops distinct characteristics. But in a more fundamental and general way, the absence of an original population (which has been driven out or assimilated) allows the new society to evade inherited restrictions, which had been very difficult to surmount in the atmosphere of the migrants' original society. There have been examples like this in the 'new territories' of the central eastern crescent of Senegal, colonized by the Mourides who had come from former groundnut country, or in some originally sparsely populated regions of the Nigerian Middle Belt; and again in certain regions, originally almost uninhabited in the Ivory

[1] We wish to express our thanks to the staff of IDEP which participated in the preparation of and the arrangements for the seminar and particularly to Hector Silva Michelena, who assumed the chief responsibility and with whom we have discussed this text. Needless to say, we are solely responsible for any errors or inaccuracies which may be found in the text. The ideas expressed in it should also be considered as those of the author alone and they do not imply any commitment on the part of IDEP or the United Nations.

Coast, to the west of Bandama. Nor is this particular to West Africa. We know that in North America, the new capitalist society created by the migrants developed faster and in a more radical manner than in the place of its origin in Europe, because it did not have to confront the obstacle of a feudal heritage.

But the modern migrations are periodical migrations of labour, not of people. That is to say, the migrants come into a receiving society that is already organized and structured. There, they acquire a generally inferior status as workers or share-croppers. This distinction also corresponds broadly to a temporal rupture. Before European colonization, Africa was the scene of mass movements of peoples. Since then, marked movements of labour have taken place and continue today.

In seeking to find out the importance of the migrations of labour in contemporary West Africa, from 1900 to 1970 to indicate a precise period, we are confronted first with difficulties which are merely but not principally the inadequacy of statistical sources. The real difficulty comes at the point where the migrant ceases to be migrant after a certain period of time. How can we ascertain this change? By jurisdictional assimilation? This last marked now by the acquisition of a nationality, thus having its importance because in general it provides protection from a perpetual threat that haunts the immigrants—expulsion—and gives them rights which accelerate the process of real assimilation. Real assimilation, both cultural and social is always progressive, sectional, and unequal, and so is difficult to determine even with a well thought-out questionnaire addressed to immigrants and others. The intention not to return to his country of origin, reinforced by the establishment of a family (created by the immigration of marriage partners or, local marriage between the immigrants or mixed marriages) and the discontinuation of remittances to relatives in the country of origin, is a sign of this assimilation or, at least establishes a possible intention on the part of the immigrant. In the absence of precise information concerning established boundaries, estimates of the proportion of immigrants in a given population tend to vary wildly and thus become unreliable. For example, it can be considered that the whole urban population of West Africa is made up of immigrants, because these urban populations still maintain strong ties with their rural origins.

It is possible to attempt the analysis of the effect of immigration on the growth of the population of a certain region between two particular dates. The following question will then be raised: What would the population of the region be today if, after a certain year no immigration had taken place in that region; or again, where it is a question of emigration from a certain region: what would be the population today if, after a certain year the exodus of emigrants had ceased. Unless certain precautions are taken, it is difficult to measure the loss or gain in population as such, because of the following presuppositions: (1) that we know the demographic fluctuations (birth rate, life-span, etc.) operating on the original population, the migrant's population and the population resulting from intermarriage, as well as the development of these factors and (2) that the fluctuations operating on the original population would have been identical, without immigration or emigration. We may suppose that these demographic facts can be known and that these hypotheses could be considered acceptable if the period studied is relatively short (a maximum of thirty years), because demographic factors vary only slightly during the course of a generation. Beyond this period the hypotheses of demographic stability would be unreliable and it becomes necessary on the one hand to take into account the comparative evolution of the fluctuations in the new population and on the other, the new generation of immigrants and emigrants. But this is not impossible. And it is in this context that we will attempt to determine the magnitude of migratory phenomena (reduced to the migration of labour) in contemporary West Africa (between 1920 and 1970).

Migrations of labour can be classified in several ways. We will study here the four principal ones. The first rests on the place of origin and that of destination: rural to rural migrations; rural–urban, urban–urban, urban–rural. The fourth type would appear to be hypothetical, the third is very often a link in migration between the country and the big city through the intermediary of small towns on the way. The displacement of populations from regional towns and medium-sized cities towards the big urban agglomerations deserves to be studied as such. In certain parts of the world which are already heavily urbanized, inter-urban movements represent the essential part of migratory phenomena (in contemporary Europe for example). In West Africa the migratory phenomenon is still essentially a flow of the population from parts of one countryside towards another or towards the cities.

The duration of migration constitutes a second criterion of classification. Here again it is necessary to define the significant boundaries. If it is a question of migrations of rural origin for the most part, the criterion of whether or not there is participation in the seasonal agricultural work, is important. The peasant who leaves his village for a period of less than six or eight months should only be characterized as a temporary migrant, since he continues to take part in agricultural production in his village. And otherwise in general his absence will not have any important demographic effects. If he is long absent and takes no further part in agricultural work this will have effects on the demography. It is of little importance from this point of view whether he is absent for twelve months, two years or fifteen years. This criterion so understood accounts for the fact that today a large and increasing proportion of migrants in West Africa are no longer temporary migrants even if it was the case twenty or thirty years ago in some regions and even if it is still true for a few others.

The criterion of distance, measured in geographic terms, has little importance. Today, distance is important only when it implies the crossing of national frontiers, because the jurisdictional control of citizens as well as foreigners has become an important fact. International migration does not have the same connotations as internal migration, since the former involves the advantages or disadvantages of different countries. However, the flow and the redistribution of financial and other resources from richer regions to poorer regions within a state are negligible in the third world in general, and in West Africa in particular; the economic difference between international migration and internal migration is less than we would like to think. 'Ethnic distance' is also an element to be taken into consideration so as not to be confused with the legal status of the citizen or the foreigner. It is useful to know whether the immigrants come from the same ethnic group as the population at the place of destination, i.e. in one case movement into a closely related ethnic group, and elsewhere to a distant or unrelated ethnic group. But we must place the ethnic facts in line with the political strategies of the migrants and the society which has received them; these strategies can be so different, that ethnic distance will sometimes be an important social factor but of little importance elsewhere.

The fourth criterion of classification is based on the qualifications of the migrant labourer. We can separate the unqualified, unskilled labour which constitutes a vast majority of the migratory flow from the specific migrations of merchants, office workers, official and executives of business firms, skilled workers, and intellectuals. These migrations are very different in origin from those of the unskilled peasant; and they come under special categories, implying specific methods for the analysis and evaluation of their significance.

How do the migratory phenomena in West Africa appear today, given the preceding definitions and criteria for classification? There was first of all the considerable flow of migration which accompanied the consolidation of the colonial presence. This began with colonization towards the end of the last century, but right up to 1920 it remained exceptional and relatively slow, except in the cocoa belt of the Gold Coast. Between 1920 and 1930 it increased slowly, but since 1945–50 the rate of increase has accelerated rapidly. The migratory phenomena are therefore still in their expansionary phase. They tend to generalize over whole regions which are divided more and more clearly into zones of immigration and emigration, while regions that are 'neutral' decrease in size rapidly. The source of the flow is still almost entirely made up of certain rural zones, the inter-urban migration being for the most part a relay point in the rural–urban chain. It is a flow which is still destined as much to other rural zones, the importance of which is based on the exportation of agricultural products, as to urban zones situated in the centre of these regions from which the importance of agricultural exportation is derived. Migrations have already passed very largely from a first phase, characterized by the preponderance of migrations of short periods (under a year), to a mature phase characterized by permanent migration. Although the movement of migrants which takes place each year from a zone of emigration, consists largely of young men of eighteen to thirty years, this proportion decreases because of the emigration of women of the same age, who are accompanied by their children and who tend to follow after an interval. The expanding character of the migratory flows is reflected in the widening contrast between the average ages in the emigrating regions, whose populations become older, and those of the regions which have benefited from this immigration and whose populations keep getting rejuvenated. Despite the balkanization of West Africa, migrations have not been hindered too much by national frontiers and retain a largely international character. Finally, they are predominantly of unqualified and unskilled labour migrations. In relation to this dominant flow, the migration of merchants, office workers, skilled workers and finally professionals is now of secondary importance even if such movements have continued here and there. They have no longer the importance they had during colonization.

Finally, as we shall see throughout this study, the later pattern of migrations is radically different in Nigeria from that elsewhere. This is due to the fact that each one of three regions of the country (North, West, and East) forms a consistent unity, brought about, among other things, by the overall density of its population. None of these regions has become a labour 'reserve' for the others as is generally the case to the west of Nigeria in the relationship of the coast with the interior. In Nigeria each of its three great regions makes use of its own internal reserves.

II. THE MAGNITUDE OF THE MIGRATORY PHENOMENON IN WEST AFRICA: SOME INDICATIONS

It would be difficult to underestimate the magnitude of the migratory phenomenon in West Africa. But unfortunately there has not been a comprehensive scientific study so far which would enable one to determine the changes in the map of the region during the course of the twentieth century. For this, a systematic search of the archives will have to be undertaken. We had hoped for the purpose of this seminar, to draw up a map, if only provisional. Unfortunately that has not been possible, because of the exceeding caution on the part of the cartographers. The general characters of migratory movements in West Africa are however well known and we may distinguish the following among them.

1. *The migratory movements of labour outside Nigeria:* (a) The flow from the regions of the interior (Upper Volta, Mali, Niger, interior parts of Guinea, Ivory Coast and Ghana) towards the coast, principally ghano-ivorian, in the direction of plantation zones as well as cities, the principal flow being of unskilled labour. (b) The migratory flow from certain regions of Mali and interior Guinea towards the Senegalo-Gambian groundnut zone and the towns of Senegal. Rural destination of this flow has disappeared, but the urban composition has increased. (c) The flows associated with urbanization from neighbouring countryside in the coastal regions as well as from the interior.

2. *The migratory movements of colonization outside Nigeria:* (a) The flows associated with the exploitation of the plantation areas involved in exportation, particularly those associated with the exploitation of 'virgin land' in Senegal and the displacement from east to west of the Togolese to the cocoa belt of Ghana. (b) Colonization based on the widespread extension of subsistence agriculture, the migration of the Lobi, for example.

3. *The migratory movements in Nigeria:* (a) The migration of skilled labour from the south (principally Ibo) towards the north which constitutes the principal flow quantitatively. (b) Colonization of the Middle Belt; of the cocoa belt in the west. of the Niger Delta and the region of Calabar from the east of Iboland; of Bornu and Adamawa moving from the north, (c) Flows associated with urbanization in each of the three big regions of the country and (d) Flows of seasonal labour, equally marked in the three big regions, reinforced by an influx from the north and the east towards the cocoa belt and secondarily by an exodus of Ibo towards the Fernando-Po and Western Cameroon.

4. *The migration of skilled labour* (Dahomeans, Cape Verdians, Sierra Leoneans, etc.) and that of merchants (principally Diola, Hausa, Moors and Yoruba).

5. *The exodus from Africa* (towards Europe) of non-skilled labour, which began on a large scale from the sixties for some regions (the Sarakolle country in Senegal) and that of intellectuals (brain-drain) the effects of which are beginning to be felt and which will certainly increase in the future.

Migrations to the west of Nigeria: the flow from the regions of the interior towards the coast

Without claiming to fill the gap in information referred to earlier, we have attempted to re-examine the position as regards the francophone countries and Ghana. The figures shown in the attached table are merely indicative of tendencies. They could have numerous errors. Nevertheless, we feel that they show the orders of magnitude of the significant changes. First we show the change in proportions of population between the coast and the interior, which is considerable: the coastal regions had a third of the populations of the countries involved around 1920, today this is closer to half.

If we assume that the migrant populations have an average population growth analogous to that of others, the contribution of the interior to the coast would be of the order of 4·8 million persons, which represents the difference between the population of the interior as it was in 1970 (23·0 million) and that which it would have had without emigration taking place since 1920 (27·8 million). This contribution represents 21% of the present coastal population and 26% of that of the interior. There is no doubt then that this massive transfer has played a decisive role in the unequal development of the coast and the interior. We will attempt later to estimate the order of magnitude of the transfer of value from the interior towards the coast covering the migratory phenomena.

It is necessary to specify here that 4·8 million persons represent the probable demographic contribution of the interior to the coast during fifty years of migration. It does not represent the number of 'foreigners', of interior origin, now residing in the coastal areas, because many immigrants have been assimilated over this relatively long time. This demographic contribution is in a broad sense a result of a permanent emigration, that is to say non-seasonal in the sense we earlier defined. The seasonal migrants did not in effect have any perceptible impact on demography. The censuses only show, in a precise manner the population present at a given moment, i.e. the day of the census and generally only permanent residents. By contrast, surveys of movements, if they are carried out over a sufficiently long period, enable one to discover the total migrations, seasonal or other. The annual flow of non-seasonal migrations which produced the foregoing results, i.e. the movement of the ratio between the population of the interior and that of the coast from two-thirds–one-third in about 1920 to one-half–one-half in 1970, has evidently been rising throughout the course of the last half century. If we assume a regularity of this growth, the flow of permanent annual departures would have progressively grown from 40,000 in about 1920 to 60,000 around 1940, 80,000 around 1960 and 90,000 persons in 1970, which has reduced the growth of the population of the interior by 0·4% per year, increasing correspondingly that of the coast by 0·5% per year. From 1920 to 1970 the interior would have sent nearly 3 million people towards the coast, averaging 60,000 migrants annually.

The flow of seasonal migrants is to be added to that of the 'permanent' migrants. A survey of 1960–1[1] showed that 17·9% of the population of Upper Volta (4,460,000 inhabitants) were away from their homes, of whom 7·1% had left the country. Of the 798,000 Voltaians who were absent from their homes, 317,000 of whom had gone abroad, more than half had migrated for periods of less than a year (a third for periods from one to eleven months and a quarter for periods of less than a month). If we accept that a large proportion of the absences were only for short periods (a majority of whom were of women and were only journeys for family obligations, etc., principally within the interior of the country), the annual flow of seasonal migrants will then be of the order of 120,000 persons. This figure seems reasonable, because the only recruitments carried out by SIAMO for the Ivory Coast between 1951 and 1959 fluctuated from 20,000 to 50,000 individuals according to the year. For the years between 1920 and 1930, Sanogoh informs us that the authorities of the Gold Coast estimated that between 60,000 to 80,000 migrants came from Upper Volta in certain years. Since the Voltaians make up nearly 60% of the whole migratory flow into the whole region, the annual figure for the flow of seasonal migrants could be of the order of 200,000 individuals.

It is also necessary to take into account the flow of migrants originating from Mali and Guinea, heading towards the

[1] See Sawadogo, Songré and Sanogoh, *infra*, p. 384.

Senegalo–Gambian groundnut basin. The best study concerning this problem, that of Vanhaverbaeke[1] estimates that the number of seasonal migrants has been diminishing regularly, from 60,000 a year in 1935 and 1940 to 40,000 between 1940 and 1958, dropping finally to 11,000 (1958–61) and practically disappearing during the sixties.

The total figure of 200,000 migrants cited earlier includes, in principal, those Togolese migrants heading towards Ghana. These migrations are very important, since the Togolese survey of 1960[2] revealed that for every five Togolese residing in their own country, there was one in Ghana. But the flow here also includes seasonal migrants, in the sense that we had earlier defined them, as well as 'permanent' migrants. In other ways this flow originating from the whole country, north and south, is only partially relevant to our analysis of the movements from the interior towards the coast, because it includes movement internal to the coast. The annual flow here is perhaps of the order of 40,000 persons, half of whom are seasonal migrants.

In sum, therefore, we can estimate the present total of the annual flow of movement at 300,000, concurrently composed of two-thirds seasonal migrants and one-third migrants who do not take part in the agricultural work in the country of their origin because of the duration of their absence. This general figure is close to that which was arrived at by those who carried out the well-known regional survey of 1958–9,[3] which is 400,000 to 500,000 migrants for the whole group of countries comprising Niger Upper Volta, Mali, Ghana, Ivory Coast, of which 60% were Voltaians, 13% Mande, and 10% Hausa and Zarma, further divided into 80% seasonal (less than a year) and 20% for more than a year. The total appears to be a bit high and certainly includes a large number of 'travellers', on family or other business. Considerable numbers of itinerant salesmen also cross the border several times in a year and thus inflate the general figure of the 'migrants'.

It is possible—and even probable—that the proportion of seasonal migrants was much greater in the past. It is through seasonal migration that movement begins. As the exodus is

---

[1] Vanhaverbaeke, 1970.
[2] Kumekpor and Looky, *infra*, p. 358.
[3] Rouch, 1956.

Modern Migrations in Western Africa

directly towards the cities, the migration loses its seasonal character and becomes permanent. This enables us to estimate annual averages which seem reasonable. For the period before the Second World War (1920–40) there were around 180,000 migrants per year of which 75% were seasonal; for the decade 1950–60, around 250,000 of which 70% were seasonal; for the decade 1960–70 there were around 300,000 of which two-thirds were seasonal.

Before proceeding further, it is necessary to examine briefly the relatively modest growth of the seasonal migrations: 140,000 workers per year before the war; 175,000 from 1950–60; 200,000 at the end of the last decade (1960–70). The need for seasonal labour disappears when an optimum density of settled population on the land is reached; that is to say, that there are already existing labour reserves, which can be mobilized for seasonal work. What Vanhaverbaeke observed in connection with the 'virgin lands' of Senegal is also true of the plantations in Ghana and the Ivory Coast. Because of its own demographic growth, the flow of migrants had engendered a dense population in Ghana before the war, and in Ivory Coast today. There was also a slowing down of production growth on plantations; that is, a slowing down in the opening up of new acreage which could absorb any oversupply of labour.

The settled migrants and their descendants, who have become proletarianized in towns or established as farmers on a permanent basis, reduce the need for seasonal migrants. Moreover the latter are coming in general now from less far away as the region gets more populous and class differences begin to appear more clearly. Also, in 1970, the Ghanaian government proceeded to expel more than 200,000 foreigners; for a large number of seasonal migrants, the difficulties caused by this measure, even though significant, were not catastrophic, as it might have been fifty years ago, or as it would be now in the Ivory Coast.[1]

Of the regions which benefited from the contributions of the permanent migration southern Ghana is outstanding. Immigration is calculated by us to be of the order of 3·3 million persons. The foreign contribution (one-third Togolese, one-third Voltaians, and one-third of different origins but principally

[1] Adamako-Sarfoh, *infra*, p. 138.

Nigerians and Nigerans) and the contribution of northern Ghana are respectively 2·3 and 1·0 million persons.[1] This is of course of greater importance than the statistics on the foreign nationals indicate, given the process of assimilation. But the figures are entirely justifiable. According to the census of 1960, there were 830,000 foreigners residing in the country, 280,000 of whom were born in Ghana. We see then that the number of resident foreigners represents 55% of the total foreign demographic contribution (which, according to our calculations, was 1·5 million in 1960); this implies that they are generally assimilated at least from a legal standpoint by the second generation. The external contribution (foreign and northern) supplies around 40% of the work force in southern Ghana, three-quarters of which work in the plantation zones and in Accra.

The second region to benefit has been the Ivory Coast, whose southern regions contain 1·3 million persons derived from immigration since 1920. Here too we refer to our other study;[2] immigrant labour was already supplying in 1965 at least a third of the total work force in all the rural areas and cities of the southern coast, proably two-thirds to three-quarters of the labour force on the plantations and in Abidjan. Practically speaking the present plantation and urban economy of the Ivory Coast and Southern Ghana could not exist without the support of labour derived from the interior.

There remain around 0·2 million persons who represent the contribution of the interior to the other regions of the coast, principally on Cap Vert, and incidentally in southern Togo and Dahomey. This figure is certainly an under-estimate.

The principal zones of emigration are well known. Upper Volta has supplied 3·0 million persons; and without emigration its population would today be 8 million inhabitants. The other regions, principally northern Ghana, northern Ivory Coast, and secondarily the Fouta Djallon, northern Togo, Mali and Niger, have supplied 1·8 million people.

The figures for the overall transfer from the interior towards the coast and those of urbanization must also be compared. Given that the coastal cities have grown from 0·2 million in-

[1] Amin, 1971: 68, 94.
[2] Amin, 1967: ch. I.

habitants in 1920 to 4·5 million in 1970, and if we accept a rate of natural increase of the order of 2·5 % per year (as compared to 2·0 % on the average for the population between 1920 and 1970) and 5 % as an average for the rate of urbanization, then the cities would be absorbing around 50 % of the demographic contribution of the interior to the coast (2·4 million out of 4·8 million persons). If all migrant townsmen had come from the interior, the coastal zone would have benefited from the difference of 2·4 million persons, representing 16 % of their present population. But in fact, things did not happen in this way, because the coastal cities had drawn people from the rural coastal areas as well. The contribution of the interior can be discussed with reference to the urban and rural coastal zones in terms of the following suggested proportions: one-third to two-thirds (as based on our calculations regarding the Ivory Coast and Senegal).

Although they are much less urbanized, the interior zones have also supplied their share of migrants to their own towns which though negligible in 1920, amounted to nearly 2·4 million inhabitants in 1970. Here, also, assuming that migration has contributed 50 % towards urbanization, this contribution (1·2 million) must be added to the 4·8 million calculated earlier in order to arrive at the total contribution of the rural zones of the interior to both their own towns and the coast (towns and countryside).

We can also usefully compare the changes in the totals of the rural population of the interior and of the coast. The rural population of the interior has grown from 10·0 to 20·6 million, while that of the coast has risen from 4·9 to 14·2 million. Thus between 1920 and 1970 while the rural population has doubled in the interior, it has tripled in the coastal regions.

Finally, we must point out the backwardness of the francophone countries in comparison with Ghana, which was already 8 % urbanized in 1920 with 75 % of its population in the southern regions. Only by 1950 did French West Africa attain the level of urbanization which Ghana had reached in 1920. In 1970, Senegal alone among the francophone countries, with 32 % of its total population urbanized, had a structure similar to that of Ghana. The Ivory Coast, with only 20 % urbanization is well behind in second place. Also, while the migratory flows had hardly begun in French West Africa before 1920, and did not accelerate until after the Second World War, in Ghana they really began in 1890.[1] At this date, the urban population already represented 4% of the total population of the country and in 1920 the contribution of the immigrants from the first period of 1890 to 1920 was not negligible for it had already reached 7 to 10% of the population of the south, Togoland, recently annexed, being excluded. (See Table 1.)

Migration in Nigeria: A different model

Unfortunately, we do not have any similar sources which would enable us to make a comparison with migrations in Nigeria. Mabogunje[2] has nevertheless admirably analysed the only available census, that of 1952–3. At that time Nigeria had a recorded population of 30·4 million with reference to twenty-five provinces and nine principal ethnic groups. Mabogunje refers to 1,378,000 'non-original' inhabitants, comprising 4·5% of the population. This figure does not include: (1) migrants moving only within a province, nor (2) necessarily all the seasonal migrants (of less than a year), since the census counted people wherever they were on the day of the census. On the other hand his analysis of the multiple correlations involved, shows that there were two flows of migration.

The first and most important flow accounting for 70% of the migration movements was (*a*) inter-regional from the south towards the north and (*b*) intra-regional from Iboland towards the region of Calabar. The second group of flows, which were all internal to the three main regions of the country accounted for 30% of the movements. In the north the migrations were from the central region of dense population towards (*a*) the east and the north-east (Bornu and Adamawa) and (*b*) the Middle Belt which have lower densities. In the east the migrants went from Iboland towards the delta of the Niger and Calabar. In the west, the migrants headed towards Lagos, Ibadan, and the cocoa belt of dense population.

To this group of established facts it would be useful to add those concerning migrations within the provinces and those relating to the seasonal migrants not covered by the census. The

[1] Szereszewski, 1965.
[2] Mabogunje, 1970.

Table 1
Populations of Urban, Coastal, and Interior Areas: 1920, 1970

	1920				1970				Annual rates of growth
	Towns (000)	Coastal areas (millions)	Interior (millions)	Total	Towns (000)	Coastal areas (millions)	Interior (millions)	Total	
Senegal	130	0·8	0·5	1·3	1,250	2·7	1·2	3·9	2·2
Ivory Coast	20	1·0	0·5	1·5	970	4·0	1·0	5·0	2·4
Upper Volta	20	—	3·0	3·0	360	—	5·0	5·0	1·0
Togo	20	0·4	0·3	0·7	310	1·3	0·5	1·8	1·9
Dahomey	60	0·6	0·3	0·9	310	2·0	0·7	2·7	2·2
Niger	15	—	1·3	1·3	160	—	3·9	3·9	2·2
Guinea	15	0·2	1·1	1·3	360	1·0	2·8	3·8	2·2
Mali	20	—	1·7	1·7	380	—	5·2	5·2	2·2
Mauritania	10	—	0·7	0·7	90	—	1·2	1·2	1·0
Total for French-speaking countries	310	3·0	9·4	12·4	4,190	11·4	21·5	32·5	1·9
Ghana	220	2·1	0·7	2·8	2,700	7·7	1·5	9·2	2·4
General Total	530	5·1	10·1	15·2	6,890	18·7	23·0	41·7	2·0
% of the total population									
French-speaking countries	2·5	24	76	100	13	34	66	100	—
Ghana	8	75	25	100	29	83	17	100	—
Total	3·5	33	67	100	17	45	55	100	—

Note on Table 1

The coastal table areas referred to in the table include:

(1) in Senegal: Cap Vert and the earlier groundnut basin (approximately the administrative regions of Thiès, Diourbel, and Sine Saloum); (2) in Ivory Coast: the southern regions defined as approximately south of the 8th parallel; (3) in Togo: the maritime regions and the plateaux; (4) in Dahomey: the departments of Oueme, of the Atlantic, Mono, and Zou; (5) maritime Guinea (south of the Fouta Djallon); (6) in Ghana: the former Colony and Ashanti.

The figures have been calculated for present frontiers of the States, that is with British Togo included under Ghana, modifications on the Mali–Mauritanian border (Hodh), and of course the border of Upper Volta (removed between 1932 and 1947). The populations of the coast and the interior thus defined include those of the urban areas, as shown in the first column. The latter include all agglomerations of more than 5,000 inhabitants.[1]

[1] The bases of our calculations are to be found in: Amin, 1967 and 1971; *OCAM 1968*, Secretary-General of OCAM, Yaoundé, 1970. The various statistical sources are cited in the above works.

flow to the big cities like Lagos, Ibadan, Enugu, Kano, etc. came in fact mainly from the provinces in which these cities are situated, although for Lagos, at least, the contribution from further afield was not negligible. In 1952 16% of the population of the Colony came from other provinces, principally, however, from the western Yoruba land. As far as seasonal migrants are concerned, Prothero[1] estimated 259,000 going south from the province of Sokoto alone and Mabogunje[2] estimated the flow for the whole of Nigeria at one million persons.

It is certain that since 1952 many changes have taken place. If we assume that the demographic growth rate is 2·6% per year and if we further accept that the civil war was responsible for the disappearance of 800,000 people, the population of Nigeria would be of the order of 50 million in 1972. Between 1952 and 1972 the movement of urbanization has accelerated. According to Green and Mabogunje[3] the pace of urban growth has risen from 2·1% a year between 1920 and 1950 (barely superior to the pace of the general growth of the country's population, which was 1·8% a year) to 5·5% between 1950–60. In twenty years, from 1950 to 1970, towns which had previously been developing almost exclusively from their own demographic increase, receiving few migrants, were now absorbing more than two million new immigrants over a period of twenty years. However, this accelerated urbanization affected all the regions of the country, and for this reason did not change the overall north–south relations as it did in the rest of West Africa.

On the other hand, the recent civil war and the events which preceded it brought about massive migrations, notably the return of the people of the south-east (particularly Ibo) to their own lands.

Despite the lack of information with which we have to contend in all that concerns the population of the country, and the impossibility of using the census of 1963, which had been outrageously falsified, we can reach a very important conclusion, which it would appear has never been formulated until now: the pattern of migrations in Nigeria is totally different from that which characterizes all the other countries to the west of its

[1] Prothero, 1959.
[2] Mabogunje, n.d. 57.
[3] Green, *infra*, p. 281.

borders (notably the group comprising Upper Volta–Ghana–Ivory Coast).

The differences are to be found on at least two levels. First, the flow of Nigerian migrations is much weaker than that which characterizes the rest of West Africa. In 1952 the Nigerian provinces were much smaller units on the average than the territories of the rest of West Africa: and we have pointed out that the latter had a 'non-original' population of about 20% compared to 5% for Nigeria. The difference here is too large not to be significant.

This difference is narrowly tied to a second. The interior of Nigeria is not a reservoir of labour for the south as is the interior *vis-à-vis* the coastal zone in the rest of West Africa. The provinces with the highest, non-original populations in Nigeria proportionately are, according to the results of Mabogunje not those of the coast (except Lagos), but those of the Middle Belt, the North-East and the South-East: Plateau (20%), Niger (18%), Kabba (10%), Benue, Rivers and Ilorin (each 9% respectively), Zaria, Bornu, Adamawa and Calabar (each 7% respectively).

As Mabogunje remarks, this is principally a migration of colonization, from regions with a higher level of income and also generally with a strong growth rate and a higher population density towards lower income regions having sparser populations (except for the cocoa-growing regions of the west). These migrations of colonization are of two essential types: a migration of skilled labour from the south (notably from Iboland) towards the cities and small towns of the north (and secondarily towards the region of Calabar), and an agricultural colonization, principally of the Middle Belt.

The flow of migration from the south towards the north concerns some 35,000 individuals who were leaving each year (around 1950) to find employment in the administration, commercial firms and industries. (Around 1960 the majority of the workers in the factories of the north were southerners, mostly Ibo, according to Peter Kilby.)[1] Based on the educational preeminence of Iboland, this dominant migration (70% of permanent departures), is exactly the reverse of the dominant migrations to the west of Nigeria, which go from north to south

[1] Kilby, 1969: 205.

and which are mainly made up of unskilled labour. In the francophone countries the difference in matters of education between the coast and the interior have been less marked, at least until very recently. For a long time, for example, Upper Volta had as good an educational system as the Ivory Coast, if not better, and a higher number of workers with intermediate skills (the only level existing at that time).

Agricultural colonization in Nigeria led to around 15,000 permanent departures annually (around 1950) principally in the direction of the Middle Belt and originating as much from the north as from the south. Here again the pattern is radically different from that of the regions situated to the west of the country.

These two types of migration continued during the years between 1950 and 1960, and also until the civil war. These facts are extremely important to an understanding of the qualitative difference between the Nigerian migratory phenomena and those of the countries situated to the west of it. The facts themselves are known and have been demonstrated by Mabogunje: that there are two radically different patterns of migration. This indicates that generalized reasoning has been misused and that it does not make sense to speak of migrations in Africa (in general) or in West Africa (still in general). Of this, once again, the model of Todaro (or the article by Berg to which we will return) is a good example. In so far as Nigeria is concerned, the effect of the 'attraction' of the rich regions does not take the principal phenomena into account. In this domain, as in many others, Nigeria presents a very different picture from that of the rest of West Africa. It appears to be far better balanced, actually and potentially than the others. It has not only the advantage of size—it is one of the few viable states on the continent which differentiates it from others—but also the three great peoples which constitute the main populations of the south-west, the south-east and the north could balance one another by developing within their regions to a similar degree. There is no doubt that the large and dense population groups of the Yoruba, Ibo and the Hausa-Fulani, have prevented any one region from becoming a mere appendage of the other, as is often the case in the rest of West Africa. That is why colonization succeeded here in developing an export economy both in the interior as well as the south. The groundnut and cotton areas in the north of Nigeria are in fact the only ones of this type in the interior of West Africa. The Senegalese groundnut basin, though much denser, is situated in a coastal region and attempts to develop exports based on groundnuts and cotton in the francophone countries of the interior have been a failure. This economic equilibrium has also been responsible for the continued existence of a large state, resisting real centrifugal forces as was already well evident in the different practices of colonial politics (in this instance that of Great Britain, which perhaps inherited the sympathies of Lord Lugard towards the aristocratic Hausa-Fulani, versus that of France).

It is true that the pattern of migrations before 1950—migrations of colonization—has since been replaced in Nigeria by a new pattern, principally migrations of urbanization—as Green very correctly remarked.[1] But the new migrations like the previous ones do not radically modify internal regional relations (notably between the north, the west and the east). They are still fundamentally different from those which, elsewhere in West Africa, systematically empty the interior to the profit of the coast. On the contrary, even the disequilibrium favourable to the south as regards skilled labour has tended to diminish since the end of the civil war.

As we know, a so-called 'liberal' political system, issuing from independence, superimposed on an astonishing *laissez-faire* economics (unlimited access to the market of the international capitalist enterprises, etc.) could only lead to the aggravation of social and regional inequalities and recourse to short-sighted manipulations based on ethnic appeal. Such politics culminated in the atrocious massacre of southern migrants in the north, particularly the Ibo, as a prelude to the civil war. This, however, may have perhaps finally led the country into reducing economic and social disparities, notably in education. Statistics are still far too few to show how far this has been achieved. But it appears that the migration of the southerners towards the north has not been fully resumed and on the contrary the urbanization of the north continues at the same speed with the help of rural northerners. On the other hand, if the south–north movement has almost disappeared since the civil war, that of

[1] Green, op. cit.

the agricultural colonization of the Middle Belt from the north and south seems to be continuing.

To recapitulate the position with regard to Nigeria, the internal flow of permanent migrations from 1920 to 1950, as much in the agricultural colonization of new territories (Middle Belt and southern regions), as in urbanization, was of the order of two million persons over the thirty years; 40,000 per year on the average (30,000 per annum between the two wars, 50,000 per year around 1950). Over the last two decades the flow of migration has strongly accelerated, principally to the benefit of urbanization; the urban population has increased by eight million, of which half has been the contribution of migration, affecting an average of 200,000 to 250,000 persons per annum. The flow of seasonal migrants remains unaccounted for, but is perhaps of the order of 500,000 individuals per year. After 1950, as previously, all the flows of migration remained such that the demographic proportions between the different large regions of the country (north, west, east) remained relatively stable; movements of colonization like those of urbanization affecting equally all the main regions of the country.

III. THE MECHANISM OF MIGRATION: METHODOLOGY

Can we on the one hand analyse the 'cause' of migrations and on the other evaluate the 'consequences'? Does the observation of supposedly significant objective facts (like the differences in income from one place to another or, from one activity to another) and defined by the standard type of survey of the experiences and motivations of individual migrants, enable one to determine 'causes'? Does an analysis in terms of economic 'costs' and 'benefits', as much for the migrant himself, as for the economy of the region affected (the place of arrival as well as that of departure), which attempts to measure and compare the effects of migration on production, employment and revenue, enable one to evaluate the 'consequences' of the migratory facts and to decide whether the movement is 'positive' (and for whom it is so) or, if having exceeded certain limits, it becomes negative (and for whom that is so)? Does such an analysis—and the conclusions to which it leads—enable one to arrive at a rational policy of migration and to recommend a set of coherent and desirable measures (limitations of flow, income policies, development policies, welfare policies, etc.) in the regions affected? We ourselves consider that there is nothing to go on so far; that is, we question the methodology of the conventional approach to the migratory phenomena. This fundamental debate on methodology assumed crucial importance in the discussions of the seminar.

The conventional approach to migratory phenomena is carried out within a theoretical framework based on the hypothesis that the 'factors' of production (labour, capital, natural resources and land) are given *a priori* and geographically distributed unequally, the latter itself also being taken *a priori*. This is also the basis of conventional marginalist economic theory. The unequal geographic distribution of the available 'factors' of production also determines the unequal remuneration of each one of these. In certain regions labour is relatively more abundant and capital is more scarce; in others it is the opposite. Labour moves in the direction where it gets the highest remuneration: this is the basis of the conventional explanation which always remains on this elementary level.

It is quite clear that the displacement of labour is not the only theoretical solution possible for the re-establishment of an 'equilibrium' between the different 'factors'. Capital is much more mobile than labour. Why does capital not go where labour would be cheaper? It is true that the 'function of production' of the conventional theory has three factors (capital, labour and nature) and not just two and it is not possible to resolve the question of geographic disequilibrium in the distribution of the two mobile factors (labour and capital) without taking into consideration the third. In the agricultural field, it is possible for the same combination of work and labour to give very different results from one place to another, according to the quality of the land. But in the industrial manufacturing field, the 'natural' factor is insignificant in relation to the function of production.

If we accept the conventional theory, it would be necessary to take into account the migrations in West Africa in order to explain, (1) the reasons why the exploitation of agricultural potential was, and is, still limited almost exclusively to export production and localized mainly in certain coastal regions; why, correlatively, the development of subsistence agriculture intended for internal consumption and the exploitation of this kind of agricultural potential in certain regions of the interior, has proved most difficult and almost impossible. Briefly, why is capital—which is so extremely mobile—available for certain types of agricultural development, localized in certain regions and not others; and (2) for what reasons do manufacturing industries not go to areas where labour is particularly 'abundant'; why does labour have to move in to areas where capital has decided to install itself and not the other way around.

Putting aside current prejudices would help in questioning the basis of the conventional approach to migratory phenomena. Consider for example the case of agriculture in Senegal. The theoretical alternatives here are: (1) the extension of the groundnut zone eastwards by exploiting under-populated areas or (2) the development of intensive irrigated agriculture (rice, other internal market produce, etc.) in the regions of the Senegal river, Niayes and in the Casamance. A comparative estimation of the cost of these alternatives can be made. The exploitation of a further million hectares in the eastern virgin areas would produce an additional half a million tons of groundnuts and some hundreds of thousands of tons of subsistence millet (10 to 15 billion Frs. CFA in value) and would cost at least 85 billion in investments (estimating 250·000 Frs. CFA per 3·3 hectares). Double that amount of investment (175 billion) would allow for the construction of the Manantali dam on the upper Senegal and the exploitation of 300,000 irrigated hectares. Such an area would produce five to seven times more in crop values, estimating eight tons of rice per hectare. To this add moreover a possible production of market produce of very high value and intensive breeding of livestock supplying 250,000 carcases per year and milk, as well as electricity and industrial goods, which would not be possible under the alternative groundnut development and which would be taking advantage of an excellent means of transport as a result of harnessing the river.

There can be little doubt that the alternative of the exploitation of the Senegal River is, from all points of view, superior to the choice of extending groundnut production. The former would permit a really integrated, agro-industrial, self-sufficient and independent development. The alternative would lead only to slow, unbalanced and dependent growth, the 'gains' from which would be largely artificial because of a forseeable deterioration in the terms of exchange for groundnuts which will transfer the benefits from the eventual augmentation of production and productivity in this type of agriculture from the producer countries to the consumer countries, across the mysterious 'world market'.

Groundnut-based agriculture is, however, imposed on Senegal by foreign capital against all economic rationality from the point of view of the country's real development. Foreign 'aid' continues to play a role in the orientation of African countries similar to that which was directly imposed on them earlier by colonial administrations (here we are concerned with the decisive role played by the state under the guise of a *laissez-faire* ideology), and which is 'suggested' today by the preference for foreign aid. We know that internal institutions are prepared to finance the extension of groundnut production, but are reluctant to finance the Manantali dam.

There is no intrinsic 'economic rationality', independent of the point of view on which it is based. What is rational from Senegal's point of view—the exploitation of the River—is not so from the point of view of the world market system, because self-sufficient economies would have difficulty in 'reimbursing' capital, which would then appear as real aid. On the other hand what is irrational from Senegal's point of view—the extension of groundnut farming—is perfectly rational from the point of view of the world market system. Because of the deterioration of the terms of exchange from which Senegal cannot escape as a result of its export-based economy—since groundnuts must be exported—what is 'unfortunate' for it will be 'beneficial' for the world system and it is the latter that determines the choice. The choice of the groundnut-based alternative calls for a redistribution of population resulting in migrations towards uncultivated land, whereas irrigated agriculture would involve completely different types of population movement.

Clearly the choice of the overall strategy of development has never been historically the result of 'pure economic rationality' reflecting natural conditions. Choice has been implicit in the whole strategy of colonial exploitation. That is why despite 'existing' natural preferences to the contrary, colonization preferred production for export of groundnuts in one place and of coffee in another, over the development of intensive irrigated agriculture.

In a truly West African perspective of integrated development the great river valleys (principally Niger, Benue, Senegal and the Lake Chad basin) would need a different kind of agricultural exploitation and industrial development, which would have led to a different distribution of the population. Geographers have long stressed the importance of waterways in the economic organization of a region. But in West Africa these potentialities have not been exploited: the river basins have not become highways of integrated, regional, agro-industrial development. The only development, export-based and unintegrated, is almost entirely located on the coast. In precolonial times, the Senegal River for example had been a relatively highly developed area. Although the people had only rudimentary means to control the water, the natural inundation of the Walo, like the fishery resources and transport facilities, produced a density of population and a political unity more remarkable than in some other regions which are today much better off.

The conventional approach begins with an idea which is completely mistaken: that the distribution of the 'factors' is given *a priori* and not as the result of a strategy of development. It is evident that many sociologists who have studied migrations in Africa have not yet caught up with eminent developmental economists in accepting this point of view. We have read with great interest and care the auto-criticism of Hans Singer,[1] since he directly considers the problem of the migration of labour as an element in the redistribution of the 'factors' of production, and appreciates that application of the concept of the factors of production in itself lacks scientific value since the allocation of the factors in question is not automatically a given 'natural' point of departure, but the result of basic development choice.

Economic (so-called 'rational') choice and notably the decision of the migrant to leave his region of origin, is then com-

[1] Singer, 1971.

pletely predetermined by the overall strategy determining the 'allocation of factors'. The problem then is to elucidate the reasons for the basic choice: that of the overall strategy, because it is there that the ultimate cause of migration lies. The rational choice of the migrant is nothing but the immediate apparent cause; a platitude which leads nowhere.

Once the economic framework is given, i.e. allocation of factors is determined, immigration still does not necessarily take place. According to Elliot Skinner,[1] as well as Sanogoh, Sawodogo and Songre, the conditions in Upper Volta are such that there is no alternative to emigration: witness the failure of the attempts to develop cotton during the twenties and thirties, after the Second World War and even after independence.

It is worthwhile to recall an elegant analysis of the microeconomic strategies of the migrant farmers of Sokoto, in which Goddard[2] shows how they adapt to a framework determined by the overall strategy. On the other hand migration around Kano, despite a very high rural density, is very low, because the market demand of the great Hausa town allows for intensive agricultural production.

A second basic premise on which conventional approach depends, is no more acceptable than the first. This is a curiously 'individualist' approach in a number of works concerning migration. The migrants are individuals who migrate because they are attracted by better remuneration for their work elsewhere. The society of origin which they quit is little considered; it is supposed to be a conglomeration of individuals who have a choice of either staying or leaving; consequently, one rarely asks which individuals of a given society emigrate. This individualist approach comes directly from the marginalist ideology, which ignores the modes of production, replacing them by a false juxtaposition of the concepts of 'factors of production' and 'population'. This basic procedure, singularly inadequate, serves to eliminate all discussion of the modes of production and the organization of society. The care taken to define an economic theory on a basis similar to that of Robinson Crusoe on his island, indicates the will to analyse economic problems in terms of relationship between an individual and nature, not in

[1] Skinner, 1965.
[2] Goddard, *infra*, p. 258.

terms of relationship between men organized in a structured society, involved in a struggle with nature. It is most curious that the sociologist who rarely agrees with the 'pure' economist concerning Homo Economicus, is so little interested in the essential question of knowing *who*, in the society of origin migrates and why, i.e. in relation with what changes in the socio-economic organization (the mode of production).

The conventional economic theory of migration is purely tautological and does not teach us anything. A good example of this kind of tautology is the model given by Todaro.[1] This claims to explain migratory phenomena by ascribing the motivation of migration to the migrant. It supposes that the decision (of the individual) to migrate is the function of two variables: (1) the gap in real income between the city and the countryside; (2) the probability of being employed in the city. Assuming that the individuals are situated in a defined temporal horizon which constitutes the framework of their calculations and that they have a sense of future depreciations, which permits them to compare future costs and benefits, Todaro believes that the behaviour of potential migrants can be predicted. But the model does not teach us anything that we do not already know. It is evident that the migrants, being rational, would be heading towards areas where they have a better chance of success. The facts cited by the author in support of his theory are evidently not false (notably the decision taken in 1964 to raise the number of jobs immediately in Nairobi by 15%, causing in its wake a sudden rise in the flow of migrants): but he ignores other facts, not any less significant, because they would upset the hypothesis of the model.

The model in effect would only have explanatory value if (1) the cause of migration which he considers and attempts to quantify (i.e. the attraction of high urban income, taking into account the probability of getting a stable job) were really the basic cause and (2) if the ascertained differences of income were independent of the migration itself, that they exist *a priori* (because of 'natural' distribution of unequal 'factors').

This model should also be seriously questioned because the migrants do not come indifferently from all the 'poor' rural regions and they are not recruited from all the 'individuals' who

[1] Todaro, 1969.

Modern Migrations in Western Africa

constitute their populations. The Bassari of Eastern Senegal are among the poorest people of the region; they do not migrate, whereas the Serere, whose income (monetary and real) is much higher, do. Sabot[1] corroborates this, although he does not draw any conclusions, noting that in Tanzania, the 'poor' Masai do not migrate, whereas the farmers of the rich regions of Kilimanjaro supply an important number of migrants. Many such examples could be given. When these facts are taken into account, it is clear that there is a push-effect (a force of expulsion) which (1) can perhaps be reduced to the simple fact that the income of the rural areas of emigration is much lower than that of the towns and (2) does not have the same force from one rural area to another and is independent of 'average income'. We will see later that the nature of this push-effect, is closely related to the social transformations that the rural areas undergo as a result of their integration in the international capitalist system.

The model in question is limited then to establishing the concomitance of three phenomena: (1) the divergence of urban–rural incomes; (2) urban unemployment and (3) the rural–urban migration. From this concomitance we certainly cannot infer that migration (3) is a consequence of the divergence of urban–rural income taken into account with urban unemployment (1 + 2), as Todaro supposes; nor that unemployment (2) is the consequence of the level of urban remuneration (contained in 1). We will take up this second problem later.

Mathematical sophistication cannot cover up the weakness of the 'theory' which we intend to test. This weakness can be attributed to the very method of approach, the functionalist method in sociology. Because it is evident that the functions that men fulfil, depend on the system and change to adapt to the needs of the system. Hence, it is necessary first of all to analyse the system, determine its rules and its needs before examining how men conform to it. In taking its point of departure in the observation of motivations, it is prevented from the beginning from seeing the essential facts, which lie behind individual motivations. The method obliges one to stay within the framework of the system, because people base their decisions (here the advantages and the costs of the decision to migrate) on the

[1] Sabot, 1972.

reality of the limited alternatives that the system offers them.

Individual motivations are known; their 'revelation' by a sociological survey results in nothing but platitudes. Graver still is the fact that these motivations appear to be masking the real reasons behind them. Because the migrant, like anybody else, rationalizes the objective needs of his situation, as Walter Elkan[1] correctly points out. The Zarma may go to Kumasi as they used to go to war in the past. But they do not emigrate because they have an 'adventurous temperament'. They emigrate because the colonial system obliged them to earn money. Just as the same colonial system forbade them to wage war, migration inevitably replaced military adventure in their ideology. A necessity became an ideal. Questioned as to the reasons for their migration, certain Zarma replied that they go to earn money to pay the taxes, and others for adventure. The survey of motivations, by which some sociologists believe they can separate economic from extra-economic motivations, is in reality useless because the economic reason is there in every case and its ideological guise is equally general.

The functionalist is handicapped when a people do not participate in the system in which he himself is enclosed. Their attitude appears to be irrational to him. Therefore it is said that if the Bassari or the Masai do not migrate, even though they are poor, it is because they are 'traditionalist', a term which barely conceals the idea that they are irrational. So then they do not emigrate because they are not integrated into the system, whereas the Serere or the peasants of Kilimanjaro are. It is even explained that migrations are caused by the specific 'propensity' of such and such a people for migration. The evolution is complete: the analogy with sleeping pill causing sleep is perfect.

Functionalism has now passed out of vogue in the West; but researchers with outmoded theories are still active in Africa. A simple comparison would show how wide the differences can be in scientific outlook. Would anyone dare to 'explain' the migrations from Europe towards North America in the nineteenth century as having been caused by the motivations of the migrants with reference to differences between potential incomes, without pointing out that the migrants were peasants who had been driven from their lands by the development of

[1] Elkan, 1959.

agrarian capitalism, starting in England in the seventeenth and eighteenth centuries with the enclosure acts, and then embracing central and eastern Europe in the nineteenth century, or without adding that the French agrarian revolution, by creating a secure farming peasantry, limited the rural exodus from that country (and by the same token held up the development of French capitalism)? Would anyone dare to explain these migrations by the strong migratory urges of the Irish, the Germans, the Portuguese or the Italians, and the weak ones of the French! The significant fact considered here is not the tautological evidence of the divergence of potential incomes, but the transformation of the socio-economic organization of the rural world which has forced the exodus of a part of its population.

The controversy is not then between those who pretend to be 'empirical', i.e. dealing only with fact, and those who do not hesitate to engage in 'abstract theories' (meaning, those who ignore facts). It is over the nature of significant facts: individual motivations (which are nothing but rationalizations of behaviour within the system) on the one hand, or the processes of the system (which cannot be discovered from the motivations). The analogy is evident between individualist functionalism in sociology and economic marginalism in which it is also thought possible to discover the laws of the economy by observing the behaviour of Homo Economicus, without taking into account that such behaviour is produced by the system within which the individual makes his choice.

The 'causes' of migration cannot be separated from their consequences, for migration is not just the consequence of unequal development due to 'natural' causes (the natural potentialities of different regions). Migration is also an element in unequal development, reproducing the same conditions and contributing in this manner to their aggravation. Hence, evaluation of the effects of migration in terms of 'cost-benefits' analysis is, as we shall see, equally deceptive.

IV. THE MIGRATORY PHENOMENON, ELEMENT OF THE PROCESS OF PROLETARIZATION

The image of the 'traditional' African countryside, dear to certain anthropologists, has disappeared with surprising speed.

Introduction

Already today, it is possible to distinguish three types of rural areas in West Africa: (1) those organized for large-scale export production which have already entered the capitalist phase, which implies private appropriation of the land and the availability of wage labour, (2) those formed as a result of colonial economic policies which have continued to be followed after independence, serving as reserves, which supply this salaried labour, and finally (3) those which are not as yet part of the system, or to be more precise, those which are still only marginally so and serve only as auxiliary reserves. Rural areas of the first type are no longer 'traditional'. Those of the second have the appearance but are not really so, 'tradition' here being disrupted by the function imposed on them as suppliers of labour. Only those of the third type are still truly traditional. Migratory flow takes place exclusively from the second type towards the first, whereas the third does not yet supply migrants, even though the 'real income' may be particularly low.

The emergence and development of agrarian capitalism in Europe which began before the Industrial Revolution and continued throughout the nineteenth century, drove a growing number of the rural population from the land, who were then proletarianized. The same thing is now taking place in parts of Latin America, Asia and the Arab world. But in tropical Africa this is often far from being the case. On the contrary, the development of agrarian capitalism there has either attracted an additional migrant population or has maintained a growing rural density. In the first category we find the Ghano–Ivorien coast, in the second the Senegalese groundnut areas, the Togolese–Dahomeen coast, south-western and south-eastern Nigeria, the northern Nigerian groundnut cotton areas. This particular pattern of agrarian capitalist development in Africa clearly has a number of specific causes: (1) the dynamism of the rural community and the rights of its members to cultivate the soil, (2) the relatively low initial densities of the population and (3) the technical limitations of this type of agrarian capitalism which makes very little use of 'modern' equipment.

Under these conditions the process of proletarization has to be initiated outside the regions destined for capitalist development. Such is the reduced role of the reserve regions. It is within this methodological framework that we believe it necessary to analyse the attraction–repulsion mechanisms (push-pull effects) which constitute the very core of the migratory phenomena.[1]

In the areas reduced to labour reserves, the effect of repulsion (push-effect) acts on the whole population. In the interior, cursorily serviced by an inefficient transport system, where the government does not help the peasants to intensify their agriculture, the levying of taxes in money has had the function of driving the peasants towards the coast because there has been no alternative for them. The production of cash crops (cotton or groundnut) cannot usually be carried out under these conditions—since the government does not provide the peasants with adequate means—and the resulting flight works to the detriment of subsistence agriculture. Hence, there is no need to have recourse to the 'pull-effect', to the 'bright-lights' (attractions) of the city, to explain the migratory phenomena.[2] In some other areas where export agriculture could be created, as in parts of northern Nigeria, the high density of the population also made possible a commercially profitable transport system. The colonial administration did not think of turning such areas into a labour reserve, with which it would have been at a loss to know what to do, since in southern Nigeria the density of the population was equally high and did not call for the help of immigration for a plantation economy to be created there.

There is little doubt that the push-effect has been generated through colonization. This is demonstrated by the influence colonial policies still have in different parts of the continent.[3] We have shown elsewhere that in South Africa, Rhodesia and Kenya, coercive methods were used, to thrust African peasants into small reserves—in part to supply a migrant proletariat that was needed in large numbers to work in the mines, the plantations of white settlers and later manufacturing industries.

In West Africa, because the need for labour has been much less urgent, taxes have generally sufficed. It is true that local situations sometimes reinforced the push-effect. For example, as Dioulde Laya[4] reminds us, the 'liberation of slaves' was balanced by an acceleration of migration. Where freed slaves did not

[1] Amin, 1972a.
[2] Sawadogo, Songré and Sanogoh, op. cit.
[3] See Amin, 1972a; Arrighi, 1966.
[4] Oral communication at the seminar.

have the rights to the soil, there was nothing for them to do but emigrate. If, moreover, they could collect the tax money owed by their masters through their migrations, that was even better. Demographic growth could, also, in certain regions, be another cause of migration. Here again it is necessary to ask: who, in this case, emigrate? It often appears that emigration is hardly voluntary: the migrants coming from among the poorest or the least powerful socially (individuals of low caste, the young, etc.) go and earn the taxes for the powerful (the elders, masters etc.).[1]

Schools also fulfil a significant function, and more and more became an important element of the process. Because, as pointed out by Bugnicourt,[2] the school has enhanced the prestige of urban values, creating motivations which certain sociologists treat as if they were 'natural' or 'innate'.

We can see that certain regions have been conditioned more than others to meet the need for proletariat labour. Indeed, the fact that some regions have been 'left in peace', at least for a certain time, without an adequate transport system or schools, can account for an acceleration of the process of migration elsewhere. Of all the regions of the interior, the principal role of labour supplier has been played by Upper Volta, perhaps inevitably, because this was the easiest on the account of high-density, well-organized Mossi society, etc., to organize. Skinner[3], as well as Voltaian authors, reminds us of the role of the village chiefs and of forced labour in the shaping of these societies, into reserves of cheap labour. That is why Upper Volta was administratively attached to the Ivory Coast for an extended period. Some local 'pro-Voltaian' administrations did protest against such a fate befalling their districts. For all that, the orientation of colonial policies did not change.

Michelena[4] reminds us here that 'disparities' in income do not exercise a mechanical effect which sets a migration in motion. It is also necessary to consider a second element, which is the degree of inter-regional friction. This is in direct relation

---

[1] See Sawadogo, Songré and Sanogoh (op. cit.); Dioulde Laya, Baldé and Mme Dussauze also brought out this point at the seminar.
[2] Bugnicourt, *infra*, p. 191.
[3] Op. cit.
[4] In an oral communication at the seminar.

with the degree of integration within the capitalist system. The neglected regions, the 'ethnographic reserves', although poor, do not necessarily supply migrants.

Nor can the question 'who emigrates?' be solved in ethnic or cultural terms. It is not the Mossi who emigrate, or the Bassari who do not. It is certain Mossi. And we cannot explain who among the Mossi, except by analysing the mode of production in the region considered and its deformation as a result of its integration into the colonial capitalist system. Only thus can we understand the exact nature of the 'pull-effect' of the towns and of the coast, and its specific role in the mechanism of migration, which is a vital element of the system of proletarianization in West Africa. It is clearly not a question of denying the existence of the pull-effect. The attraction of the coast is due at the same time to real differences in potential and to the representation of these differences in the thinking of the people as shaped by the migration in which they wish to engage. Describing the stages of urbanization, Imoagene[1] reminds us that during the first stage the urban-dwellers retain their rural system of traditional values, coming only to earn money and that only later do they acquire a second system of values, those of the 'modern' town, which then become in themselves, a motive for migration, in particular towards the capital city where this system is most in evidence. While this is true, it is still necessary to recall that this system of 'modern' values only exists in certain places determined by the strategy of export-oriented enterprise, which is the cause of regional inequality. Cultural alienation fulfils a decisive function in this context, because the schools, which teach in a foreign language, tend to idealize the values of the modern town to the rural dwellers, although they are actually available only to an 'elite' who are only too happy to be allowed to succeed to the privilege of the earlier colonial rulers.

How can we get out of the circle of pointless questions: Is urbanization 'good' or 'bad'? The optimist will insist on the 'civilizing' role of the towns, their social mobility, be it illusory or not (every shoeshine boy has a lottery ticket in his box, which might make him an African Rockefeller!) The pessimist will emphasize the real poverty of the cities, the disappearance of traditional values, inadequate acculturation, etc.

[1] Imoagene, *infra*, p. 343.

The push-effect in West Africa is specific because, in accordance with previous conditions in the region, the push-effect in the development of agrarian capitalism did not act as it did in Europe or elsewhere in the Third World. In this sense a pull-effect was required and was organized. But it has gone beyond its intended objective as a result of its own dynamism, and beyond the society which tried to enclose it; in other words the 'rural-exodus' has become uncontrolled, uncontrollable and explosive. Such is the law of the development of social contradictions that, what is 'functional' at one stage becomes 'dysfunctional' at another, that is, it puts in jeopardy the social organization from which it grew.

The social status of the migrants in the areas of arrival is mostly that of a proletarian or a poor farm labourer or tenant. But it will rise in relation to the development of exportation plantations of the capitalist agricultural system, as we shall see.

V. THE 'EFFECTS' OF MIGRATION, CRITICISMS OF 'COST-BENEFITS' ANALYSIS

An ideological defence, which takes the place of science, attempts to justify migratory phenomena by pretending that they are in the interest of both regions, those of emigration as well as those of immigration. A good example of this kind of ideology is found in the article by Elliot Berg.[1] Berg considers that seasonal migrations are an 'effective' adaptation of the labour market to the economic conditions of the region (in reality to the system of export-oriented exploitation, which he considers as the only option for development). The ideological character of this approach is apparent from the fact that the labour market is supposed to be near to 'perfection' because of the greater quantity of sellers of labour (migrants) than buyers (the plantations and the urban enterprises). The position of strength represented by the monopoly of the 'buyers', reinforced by the economic policies which systematically create an oversupply of labour, and often simply by politics itself, is not taken into consideration.

The miserable salaries, reported by Sawadogo and Songré[2] (20,000 CFA per year), are supposed to be 'interesting'! That

[1] Berg, 1965.
[2] Op. cit.

migrations do occur in response to a need for labour, the 'scarcity' factor (in opposition to the 'abundance' of land) in the areas of cultivation, is self-evident. But this labour would appear to be all the more 'scarce' (and the land 'abundant') in the alternative of a different agricultural development which was geographically better distributed.

It is not true, as Berg claims, that the migrations will be beneficial to the regions of emigration. Berg starts tautologically from the principle that if the migrants leave their country, it is because they can gain a better income elsewhere. It is forgotten that they are obliged to get money within the framework of a system that gives them no alternative. Berg considers that the absence of the seasonal migrant during the dry season is entirely to the benefit of the village economy because there is one less mouth to feed whereas the migrant had taken part in the agricultural production. By taking into consideration the cost of displacement, judged negligible, the optimism of the system's ideologist would be mitigated, because the cost of this 'saved' nourishment (calculated at 700 grams of cereal per day for four months at the rate of 20 CFA per kilo would be 1700 CFA) hardly exceeds even the simple cost of displacement (often more than 1,000 kilometres). If, elsewhere, the annual value of the peasant's produce is 15,000 CFA, obtained in four months' work in his own region, that of eight months of extra work by the migrant, is of the order of 15,000 CFA at the maximum (allowances made for the cost of transport, etc.), i.e. the level of remuneration is half as much as that of the former, which is very little and obtained from a subsistence economy. This hard work, so badly remunerated, is not without its consequences on the health of the migrant. It is certain that the accumulation of capital in the village of origin—clearing new land, maintaining the fields and houses, etc. is strongly affected by the absence of the seasonal migrants and their poor health caused as a result of their hard labour. In reality, any alternative for exploiting the regions of emigration (the exploitation of the fertile valleys in Upper Volta), which is based on the mobilization of the labour force during the dry months, is eliminated by the very fact of migration, as has been constantly and correctly emphasized by Voltaian researchers. Moreover seasonal migrations lead to permanent migrations, which openly challenges the hypothesis that the exploitation of land in the villages of origin does not suffer from migration. Skinner, Mme Dussauze and many other observers,[1] have noted the degradation of agriculture consequent on the disequilibrium in the sex-ratio.

Can we consider, as Berg does, that these eventual disadvantages, are more than compensated in any case by the contribution of the migrants (money and objects) to their home communities? Even here the studies of the Voltaians (Songré, Sawadogo, Sanogoh) as well as those by Mme Dussauze and Ahianyo-Akakpo,[2] paint a less brilliant picture. The amounts of money involved are often so small as to be laughable and for the most part serve only to pay taxes. Dioulde Laya has in this connection mischievously raised the question whether, in these conditions, migration is of benefit to the migrant or to the state. When we find (as Bugnicourt has shown) how little is given by the administrations to the poor regions from which emigration takes place, one begins to doubt whether the migration benefits the home areas of the migrants at all. When substantial sums are involved, as in the case of a large number of migrants going to Europe, this permits some amelioration of standards of living of the families at home (purchases of food, roofs made from corrugated-iron sheets, household equipment, etc.) as shown in the case study among the Sarakolle along the Senegal River by Mme Dussauze. This may appear important; but one must remember that it is acquired only at the price of the transfer of the principal economic activity from a poor subsistence agriculture to industrial work of high productivity, for which the migrants supply the lower and badly paid categories. On the other hand, in certain overseas movements it is not the migrant who sends money to the country of origin; it is he who receives it. This is true notably of students supported by their parents, who are far more numerous than is often believed.

A comparative costs and benefits analysis, conducted at the micro-economic level of the migrant, has no significance. In fact it only gives the appearance of objective rationality to a 'choice' (that of the migrant) which in reality does not exist because, in the given system, he has no alternatives. It reduces

[1] Op. cit.
[2] Ahianyo-Akakpo, *infra*, p. 156; Dussauze, *infra*, p. 239.

the push and pull effects to their bare manifestations: the income which is obtained at the place of emigration and at that of immigration. When the migrant is driven from his village by private appropriation of his land, his 'income' at home is zero. So this analysis is nothing but a pretentious tautology, which does not teach us anything.

The summation of individual costs and benefits considered in this way, does not offer any indication of the 'costs' and 'benefits' to the country or the region. The summation of rational micro-economic fluctuations does not reveal anything about the macro-economic rationality. For this it would be necessary to make a costs-benefits analysis in macro-economic terms, adopting a system of relative prices totally different from actual current prices, not only for the 'factors', but also for the products. The system of current prices determined by 'competition' in the world system, leads to economic choices which accentuate regional and sectional inequality, as we have shown[1] because the system does not correspond to the distribution of potential productivity in the underdeveloped economy in question, but to that of the developed world. It imposes irrational choices which prevent the long-term development of self-sufficiency, principally because of the relation between the prices of agricultural and manufactured products.

It is possible to maintain the principle of costs-benefits comparison, even though it becomes rather poor evidence, by including whatever we like in the costs and benefits, considered on a global scale, and by adjusting them to the selected 'price of reference' according to the desired alternatives. We are then so far removed from traditional cost-benefit analysis, that it is necessary clearly to admit what we are doing. We will attempt therefore to calculate in terms of simple economic growth, the cost of emigration for source areas in West Africa and the benefits of immigration for host areas. First of all we will consider the case of permanent migrants.

The real cost of emigration for the regions of the interior west of Nigeria can in fact be roughly calculated. Emigration reduces the demographic growth from 2% to 1·6% that is by 0·4% which implies that now (in 1970) 90,000 people are

[1] Amin, 1970a: 447 ff.

emigrating out of a total population of 23 million. If the average age of the emigrating population is, for example, twenty years, the cost of composition of this population would amount to about $50 per person per year, or 90 million dollars, which would be 4% of the GNP of the regions of the interior (because the *per capita* GNP is of the order of $100 and the population 23 million). If we accept a depreciation rate of 5% a year (which is maximum, because the rate of economic growth is lower), this cost, when discounted, is 56 million dollars which represents 2·5% of the GNP of the region.

The real cost is evidently much higher if we consider only Upper Volta, which supplies 60% of the emigrants. For Upper Volta, the loss represented by emigration, 50,000 persons from a population of 50 million, is 50 million dollars per year, calculated on the same basis of $50 per person per year, from birth up to age twenty, which is actually 10% of the GNP of this country! Discounted by 5% it still represents 6·2% of the GNP.

On the other hand, the gain to the coastal regions, as represented by the acquisition of a labour force, is considerable. This contribution of 90,000 immigrants represents 0·55% of its population. The cost of training this labour, on the basis of the same annual unit cost ($50)—is 90 million dollars—representing 2·4% of the GNP of all the areas of the coast (and discounted by 5%—1·5% of the GNP).

For the southern regions of Ivory Coast and Ghana, which in 1970 had a population of 11·7 million and a GNP of 3·5 billion dollars (if we assume an average of $300 *per capita* income), and which also received 95% of the migratory flows (85,000), the benefit will be 85 million dollars which is more than 4% of their GNP (2·5% when discounted at a rate of 5%).

The flow of seasonal labour effecting a transfer from the interior towards the coast can be measured in the same manner. The cost of organizing a labour force of some 200,000 seasonal workers, supplied by the interior to the coast, represents a transfer of value of the order of 200 million dollars, or again, discounted by 5%, of the order of 125 million.

In sum, the cost of transfer of migrants going from the interior towards the coast, represents an annual loss which can be estimated at more than 7% of the GNP for all countries of the interior (20% for the Upper Volta alone), and again of the order of 5% of its GNP for all coastal areas (more than 7% for Ivory Coast and Ghana).

The ideologists of the system claim that the areas of the interior would not have been able to use this labour force, whose marginal productivity is therefore zero, whereas they gain the money remitted by the migrants. In fact it is strongly opinionated to assert the views they need to prove, namely that even if the regions of the interior had received the same amount of capital investment as the coastal export-oriented economies (as well as the infrastructure needed by them) they would not have been able to mobilize their potential labour force because of natural deficiencies. The rapid comparison that we have made between the benefits derived by Senegal from the extension of the groundnut region, and that of the alternative, under which it would be possible to create self-sufficient cultivation in the regions where intensive irrigated agriculture is possible, shows on the contrary that such possibilities do exist but that foreign capital is not interested in them. Nor is it unusual to consider similarly that the Niger valley could become the axis of an integrated, agro-industrial, self-sufficient development and that this choice of alternatives would produce movements of population totally different from those which are still taking place today.

The consequence of migration for the regions which supply large labour forces to others are dramatic. First and above all because it excludes all alternatives to increasingly unequal development. Mme Dussauze and Ahianyo,[1] have shown how the money remitted by migrants serves to enhance their position in the 'traditional' status system of the village of origin: ostentatious expenses, rising marriage costs, etc., thus reinforcing the traditional structures. This is certainly neither because the Africans do not have the same conceptions (about money among other things) as the Europeans, which is thoughtlessly believed by superficial observers, nor because they are unrelenting 'traditionalists', but simply because there is no other alternative.

What, then, are the effects of emigration in terms of structural transformation? We cannot but regret that this question has rarely been raised in a systematic manner. Through lack of

[1] Op. cit., *infra*, pp. 239 and 156.

appropriate methodology, most sociologists have been content to make random observations in this field. And these observations have appeared contradictory: some note a reinforcement of traditional structures, others observe changes notably in the direction of a capitalist type of development. Yet these observations are not necessarily contradictory and we intend to propose a hypothesis which reconciles them. Emigration impoverishes the region, it also prevents the socio-economic structure from undergoing radical, progressive change; also, to defend themselves, to survive, these societies react by reinforcing those aspects of their traditional structure, which enable them to survive this impoverishment. But at the same time, this impoverishment reinforces the push-effect on certain elements of the population, reproducing the conditions of emigration. The form that this development then takes is that of a degenerated, agrarian capitalism, corrupted and poor.

In rare instances the migrants have given proof of initiatives in the direction of change. Occasionally the migrant of lowly origins in the traditional hierarchy becomes a petty shopkeeper on his return, as Baldé notes.[1] In other exceptional cases, he may establish himself as a 'planter', hiring paid labour (occasionally recruiting them, as do the Bambara in Sarakollé country, as noted by Mme Dussauze)[2] such persons profit from the monetarization of the economy, to the impoverishment of others who, incapable of producing even on a subsistence level, in the absence of wage labour, buy goods with the money sent by those members of their family who have emigrated. We can certainly question whether such 'progress' towards individualization is really positive. Even if the migrant has brought back a 'desire to change', caused by the widening of his perspectives, he will probably be confronted by the practical impossibility of carrying out his projects because, on the large national scale, the distortion in allocation of resources to his region deprives him of the elementary framework required for success. Consider, for example, the 'professional qualifications' acquired by the migrant. In general, these are nil with regard to matters of management. When exceptionally they do exist, what can the migrant do after returning to his village if it is doomed to

---

[1] Oral communication at the seminar.
[2] Op. cit., *infra*, p. 239.

stagnation? It is true that not everything is negative about migration. Because the migrant is a nonconformist who breaks with tradition, patriarchal power, etc., in this sense we can note as Baldé and Mme Diarra already have,[1] the role of migration in the liberation of young men and women. And it should not be forgotten that ex-soldiers, upon their return to the villages, were often at the head of nationalist movements and took a prominent part in party politics, notably in the R.D.A. However, it is necessary to recognize, as Mme Diarra demonstrates, that the condemnation of source regions to stagnation severely limits any potential growth.

But can it at least be held that the money sent back by migrants provides an alternative to local development? If we consider the total figure of migrants for the whole region, excluding Nigeria—300,000—and if all of them remitted 15,000 CFA per year, it would only amount to 18 million dollars or, 0·8% of the GNP of the interior, i.e., a small fraction of the transfer in the inverse sense, as represented by the exportation of labour. For Upper Volta, remittance at the maximum would amount to 2·7 billion CFA, which is 2% of the GNP, i.e. once again a small fraction of the inverse transfer. Again, let us add that our estimates here are much higher than those of the Voltaians, who propose 9·6 billion for the five years from 1956–60.[2]

On the other hand the surplus created by the emigrant in most regions is considerable. According to a study made by the ADB,[3] cited by Songré and Savadogo, work remunerated at 60–80 cents a day, still leaves the planter a profit of from 1–2 to 2–3 dollars. The 300,000 migrants would, on this basis, create a profit of the order of 75 million dollars for the benefit of the coastal regions. Ahianyo Akakpo,[4] informs us that in Ghana the Togolese migrants have the status of share-croppers on one-third of the cocoa plantations compared with two-thirds having the lands allocated for subsistence agriculture. The migrant worker may cultivate on his own account land which has

[1] Diarra, *infra*, p. 226.
[2] Sawadogo, Songré and Sanogoh, op. cit.
[3] Banque Africaine de Développement, Etude des possibilités de coopération entre le Ghana, la Côte d'Ivoire, la Haute Volta, le Niger, le Dahomey et le Togo Abidjan 1969 (roneo.).
[4] Op. cit., infra, p. 156.

been 'loaned' to him for three days and work four days for the profit of the 'host'. Not being accepted into the co-operatives, he has over and above to pay high prices for his inputs (or 'rented' equipment, notably tractors), and in turn sells his production at a very low price.

Usually then the money remitted to the country of origin is small in comparison with the benefits the host country receives from the work of the migrants. They have an inferior status in the host society and their meagre savings come from a wage which is but a small fraction of the value of their production. At the same time, the surplus on which, theoretically at least, an important saving could have been made, benefit only the dominant classes in the host region. This surplus is then often wasted by those who benefit from it. This wastage which takes different forms (squandering to gain prestige, hoarding, etc.) does not result from the 'traditional character' of such beneficiaries or from their 'psychology', which would be the very opposite of the Weberian entrepreneur. It results from the fact that social monopoly, notably of access to land, guarantees them the right to perpetuate this surplus, without constraining them to invest in the upkeep of the land and more intensified agriculture.

We begin to understand then why no single region of emigration has ever developed either in Africa or elsewhere. The transfer—which is more than considerable—is virtually a 'gift' from the poor source areas to the rich areas which benefit from it and this is sufficient in itself to explain the stagnation of the regions of origin of the migrants. And, because of their stagnation, the conditions for the reproduction of the pattern of unequal development are perpetuated; because inequality in the 'allocation of factors', far from being 'natural', is produced and reproduced socially.

History has shown elsewhere that a rectification of the situation is possible if an appropriate effort of voluntary planning is carried out to deal with the rules of the market and the 'allocation of factors', resulting in a development which then, and only then, can stop the impoverishing flow of emigration. From the moment Italy started developing its flow of emigrants diminished.

In the host region, migration makes the establishment of an

export-oriented economy possible. As we have shown elsewhere,[1] the latter is not feasible unless wages for labour are maintained at a very low level. This is in fact the necessary precondition for the creation—through unequal exchange—of the exportable surplus. It is also why foreign capital is not interested in self-sufficient development, which would not allow this transfer of benefits to the metropolitan areas. Foreign capital which moves into regions where the development of an export-oriented economy is possible—the only one in which it is interested—itself causes the flows of migration, i.e. labour shifts to areas determined by the needs of capital and not the reverse.

It is in terms of these considerations that it is necessary to discuss the relations between emigration, level of wages and unemployment. The conventional theory, uncritically presented, formulates the hypothesis that unemployment is based on wages. The model is simply the following: the 'high' wages in the city attract the migrants and create unemployment. The influx of the migrants continues because of the hope of one day being employed in the 'modern' sector which provides such high wages thus constituting an irresistible force of attraction. There is a certain amount of truth in this brief description of the phenomenon. The town, in spite of poverty and unemployment, still offers some advantages in comparison with the countryside, which undergoes even further deterioration. Filtered water is one of them, which should not be underestimated, because this alone has reduced infant mortality by half. The hope, be it illusory, that the children will have less difficulty getting into school, justifies the attempt at possible integration in the 'modern' sector of relatively stable employment and satisfactory wages. Hart[2] has shown that the range of possibilities in the countryside as well as in the 'marginal' sector of urban life, is quite wide.

However, this is not the essence of the matter. Unemployment does not depend on the level of wages. It is due to the conjunction of the export-oriented strategy of development, which limits the type of possible industries to those based on import substitution, and the selection of modern techniques which are capital-intensive in an open system imposing its rules of economic

[1] Amin, 1972b.
[2] Hart, infra, p. 321.

viability and competition.¹ This is also the case, according to the hypothesis dealing with the control of foreign relations (inconvertibility, for example) which would create scarcity of capital on a large scale. With the exception of some outmoded economists, no one contests this today. On the contrary, lower wages do not reduce unemployment. Without modifying the production function, there is a resort to outmoded cottage industry techniques; but this only redistributes the poverty. If the production function is not modified, the lower wages will only lead to higher profits which are moreover largely exported. By the same token, these profits accentuate the inequalities in the distribution of revenue, which is already worsening, and reduce the local market for mass consumption goods and consequently the very possibilities of industrialization through import substitution in this sector. At the same time, this reduction reinforces the market for luxury goods, making investments in that sector profitable. And furthermore, technological dependence is maintained. A modern analysis of technological domination and of actual economic policies of multi-national enterprises which control West African cities, consigns conventional economic myths to university museums.²

Are wages in the 'modern' sector really that high? Do they tend to rise? Are they 'unjustified'? Here, then, is a whole series of questions to which the conventional replies are repeated *ad nauseam* in certain quarters, but should be examined thoroughly. We have shown elsewhere,³ that a loose comparison between urban wages and rural incomes does not make much sense given at least: (1) the considerable differences between the types of consumption in the city and in the countryside (high rents, even in the slums, basic food reckoned at prices different from those of subsistence agriculture, transport and entertainment, etc.) and (2) the difference, sometimes considerable, in the amount of work needed to earn a reasonable income for the urban worker and the peasant respectively. Moreover, it must be noted that this comparison ignores the

[1] This has been established by all critics of import substitution policies; cf. Celso Furtado and Maria Conceição Tavarés.
[2] UNCTAD brought out the question of the technological domination and its effects; cf. Guidelines for the study of the transfer of technology to developing countries, Geneva, 1972 (roneo.).
[3] Amin, 1970*b*.

differences in the distribution of the rural as well as the urban income. Neither are egalitarian. On the contrary—and it is in this that migrations play an important role—in the plantation zones remuneration becomes even more unequal as the means of production become more and more capitalist or semi-capitalist. In an urban economy such differences rise even faster and more clearly. That is why, with Christopher Allen[1] and others, we express serious doubt concerning the thesis of a widening difference between the income of the farmer and those of unskilled urban workers. After all, wage freezes, which have been very frequent in West Africa since independence, tend to indicate to the contrary, although the price freezes (and sometimes even reductions) on agricultural products have equally reduced the real income of the peasants. All this points to the fact that, on the whole, the most significant difference is not the divergence between the income of the peasant and the wage of the unskilled urban worker, but the gap which separates both the peasantry and the lowest class of the urban workers from the new social classes which developed during the last decades of colonization and after independence (notably administrative bureaucracies). Outside West Africa, the case of Zaire, which has been studied thoroughly,[2] shows this to be beyond any doubt.

On this point there can be no doubts. The migrants are an impoverished proletariat. On the urban labour market, as well as on the plantations, they occupy the lowest positions and are the worst paid. Some authors have observed that the migrants and the indigenous population do not operate in the same labour market. Even when the migrants are farmers they usually pay a high rent. We know, of course, of such cases as the Diula migrants who buy land at 40,000 CFA per hectare from 'lazy' proprietors and become richer than the autochtones as a result of their enterprise. But these are very exceptional.

In a very general way migration serves to provide cheap labour to the host areas. Evidence of this, which the ideologists of the system tend to hide, has been forcibly demonstrated by Walter Elkan.[3] In the most cruel example of systematic

[1] Allen, 1972.
[2] Ryelandt, 1971.
[3] Op. cit.

exploitation of a migrant labour system—that of South African and Rhodesian apartheid—the return of the migrant to his village, permits a reduction of the cost of labour on farms, in the mines and in the factories, because the wage paid is not intended to maintain the family, the children, the old and the helpless. As a result a considerable transfer takes place from the regions supplying the migrants to the sectors which benefit from this poorly paid labour. This fact is known and even proclaimed explicitly as an 'advantage' of the system in South Africa; but it is also true elsewhere, particularly in the plantation areas and the factories of West Africa.

The divergence between the average incomes of the rural and urban areas has its origin in the actual differences in productivity, as we have already pointed out.[1] It is thus part of the logic of the system and we cannot defend the choice of an export-oriented strategy, open to competition, modelled on the requirements of foreign consumption and in the same breath complain about its natural consequences: inequality of incomes reflecting the levels of productivity. If a rectification of the divergence is to be justified in terms of national developmental policies, it can only be on the condition that the whole strategy of export-orientation be abandoned in favour of a self-sufficient strategy. If this is not done, any 'reduction' of the divergence, practically amounting to reduction of wages, will only increase the dependence and export-oriented character of the growth, hence, definitely increasing unemployment and the inequality in the distribution of incomes while pretending to fight against them, without reducing the flow of rural exodus. In general, the reduction of incomes under these conditions would permit the extortion of an important absolute surplus value from the periphery of the system, thus rendering it possible to tap a relatively greater surplus value at the centre. In this context, the reduction of incomes on the periphery accentuates the corrupt character of the development.

The simultaneous growth of the GNP and of unemployment, the rural exodus and urban under-employment are not a mystery, but are characteristic of proletarianization within the sphere of peripheral capitalism, i.e. proletarianization accompanied by marginalization.

[1] Amin, 1970b.

VI. OTHER TYPES OF MIGRATION

The migration of labour, with which we have been concerned so far, is not the only form of population mobility. We have already seen that migrations which brought about settlement of new areas opened to colonization, constituted the principal form of the migratory phenomena in Nigeria right up to 1950 and in which many peoples of that country took part, not only the three main groups (Hausa, Ibo and Yoruba in the direction of the Middle Belt, the Niger Delta and the Cocoa belt of the West), but other peoples as well, the Tiv, for example.

To the West of Nigeria these migratory phenomena, while much smaller both in absolute and relative terms, nevertheless exist. In Senegal, after the settlement of Cap Vert, came the exploitation of new lands. Pélissier and Van Haeverbaeke[1] have undoubtedly made the best analysis of this mode of colonization and of the relations between the density of population in the old groundnut zone, taking into account technical progress and productivity in quantity and value. Mme N'Doye,[2] who has attempted to calculate the flow in Senegal from 1904 to 1964, has underlined the role of Mouride ideology and organization in this colonization. We have suggested that Islam underwent a second mutation in the history of its development in West Africa[3] with the growth of the Mourides. Having been the religion of an exogenous minority group of merchants until the start of the slave trade, Islam underwent a first mutation when, in the eighteenth century, it became the religion of the peasant masses in the regions of the Senegal River, in their attempt to resist the oppression of the nobility involved in the slave trade. With colonialism and the introduction of groundnuts, Islam went through a second mutation to become in Mouridism an ideology in the service of the expansion of the groundnut economy. On the one hand it became a great force of attraction for the peasant, liberating the young and the lower castes, who, in the villages of new settlement, escaped from the grip of traditional hierarchies. In this way, Islamic Mouridism broke up the former Islamic nobility, at the same time assuring

[1] Pélissier, 1965; Vanhaverbaeke, op. cit.
[2] N'Doye, *infra*, p. 371.
[3] Amin, 1972a.

its resurrection by the creation of a national organization, which caused the colonial power to fear it. This fear had no real basis (as the administration quickly discovered), because the new class of leaders drew their power and social prestige from the surplus production taken from their adherents, enabling them to acquire consumer goods as well as collective and individual prestige. In this way their interest was linked to that of the colonial power. In the case of the Mourides we can see the close relations between a movement of agrarian colonization, a new mode of production in the colonized regions, the interpenetration of this mode of production and dominant colonial capitalism, and finally the ideology of a society which is expanding and in the process of transformation.

Another migration of colonization to be noted is the well-known case of the Lobi, who have come from Upper Volta into the north of the Ivory Coast, but who, unlike the Mourides, did not innovate in the field of social organization, evidently because they were not integrated into the system of colonial export production.[1] Their migration then is of a typically precolonial kind, an important remnant of the traditional movements of the West African peoples, and as such a living museum for anthropologists.

The migrations of fishermen, e.g. the Sorkawa who slowly occupied the whole length of the Middle Niger during the twentieth century and the Aŋlo Ewe along the coast, also come under the heading of migrations of colonization.

It is, however, sometimes difficult to draw the line between migrations of colonization and those of labour. This is so because the migrants enter territories which are already, even if thinly, inhabited to create a plantation economy there. If the territory is empty, the migration would be one of colonization. If, on the contrary, it is well populated and organized, the migrants are by force of circumstance, reduced to supplying labour, either as paid workers or as share-croppers. But when the situation is intermediate, land rent will be low, sometimes merely symbolic and the migration will begin to resemble the colonization type, as in certain regions of Ghana (e.g. the Krobo of Togo–Ghana),[2] or as in certain regions in the Western Ivory

---

[1] Savonnet, 1962.
[2] Field, 1943; Hill, 1961.

Modern Migrations in Western Africa

Coast (e.g. Voltaian, Malian and North Ivorian migrants.)[1]

Even though it is difficult to mark an exact line of separation between the two types of migration, it appears that of the 300,000 annual migrants in the countries situated to the west of Nigeria, 90% at least are unskilled labourers with either rural or urban destinations. By contrast, in Nigeria, the proportion of migrants taking part in agricultural colonization was of the order of 60% of the permanent migration down to 1950 (50,000 per annum at that time), falling to 20-30% towards 1970, if we assume that all the urban migration is labour migration (whether skilled or not). It would fall even lower if we consider that the seasonal migrations (which amount perhaps to 500,000) are also labour migrations.

The term migration is not always appropriate when it is a question of the movements of merchants. As with the stockherders, nomadism is an occupational necessity for some. Such was the case of long-distance commerce in precolonial times. Carried out by specialized groups—ethnic or caste—such commerce played a sometimes decisive role in precapitalist societies, as we and others have already shown, for tropical Africa and elsewhere.[2] It is within this context that the nature of precapitalist formations generates a commercial monopoly exercised by a particular group (Jews in Europe, Dioula and others in West Africa). This type of precolonial commerce has virtually disappeared, destroyed by the reorientating of West Africa towards Europe. The export economy could not tolerate the continuance of this network of interior commerce which exploited the complementarity of regional economies and the specific goods produced by craftsmen, which would hinder the development of export production and the importation of manufactured goods.[3] However, the 'traditional' merchants have often been absorbed into the new commercial networks dominated by colonial commerce, where they now occupy minor positions either in the collection of export products, or in the distribution of the imported products. The transformation of precapitalist commerce into colonial commerce has led to the migration of merchants, who were originally from specialized

---

[1] Meillassoux, 1965.
[2] Amin, 1972a. See also El Kodsy, 1970; Coquery, 1969.
[3] Meillassoux, 1971.

ethnic or caste groups, and their subsequent settling in the new regions of export-oriented exploitation. Yet, even when remaining a migrant, this travelling salesman was no longer the long-distance merchant of former days, because he now restricted himself to the colonial backwaters.

A considerable number of merchants are included in the movements of people recorded each year in West Africa, as well as among the foreign populations settled in different regions. Mabogunje[1] and the Voltaian survey estimate this number at 20% total flow of the migrants from Upper Volta. This percentage appears to be high and is doubtless explained by the fact that the merchants are nomadic and some cross the border several times a year. Nevertheless participation of certain groups in established commerce is considerable. A fifth of the foreigners expelled from Ghana in 1970 were merchants, principally Nigerians, mainly Hausa and Yoruba.[2] Mabogunje[3] reminds us that 56% of the population of the Yoruba town of Ejigbo and 13% of that of Ogbomoshe were absent in Ghana and in Ivory Coast, carrying out trade for the most part. Two-thirds of the merchants who migrated outside their regions of origin came from four groups: Dioula-Soninke, Hausa-Fulani, Yoruba and Zarma.

Finally, the migrations of skilled labour cannot be allowed to pass without comment. The unequal development of education, and political manipulation during and since colonialism, are at the root of those movements, which sometimes involved tens of thousands of people. The Ibo who settled in the north of Nigeria, and Senegalese and Dahomeans distributed throughout the administration of French West Africa and in minor positions in French colonial firms, constitute the best known examples of this type of migration. Certain spontaneous migrations, like those of the Cape Verdians,[4] are related to the migrations of skilled labour.

The exodus of intellectuals (brain-drain) constitutes the most specialized level of migratory phenomena. Okediji[5] recorded

[1] Sawadogo, Songré and Sanogoh, op. cit.; Mabogunje, n.d. 56.
[2] Sarfoh, *infra*, p. 138.
[3] Mabogunje, op. cit., 61.
[4] Andrade, oral communication at the seminar.
[5] Okediji, 1971.

hundreds of Nigerians with higher education, mainly technical, migrating each year to the United States. The number of Togolese and Dahomeans with higher education, who have settled in France, is now larger than that of Frenchmen working in the private sector and in 'technical assistance' in the two countries concerned. Here, again, it is quite clear that the exodus is not for the most part due to attraction of higher salaries in the developed world, since salaries, benefits and social status in specialized categories are exceptionally high in Africa. We cannot ignore the political reasons behind this fact, among other things the role of the 'technical assistant'. We cannot ignore either that the strategy of export-oriented exploitation, considerably limits the extension of sectors, which in the developed countries are the generators of further development, and are the sectors that most need highly skilled labour.

VII. MIGRATION AND THE NATIONAL PROBLEM

Migrations in West Africa are mainly international in the contemporary legal sense, and they are also still very largely inter-ethnic migrations. Such migrants, like the populations of the host areas, constitute social groups which can become active participants in political life, and/or puppets for political manipulations.

Sociological research has for a long time emphasized inter-ethnic relations in Africa, particularly in the towns regarded as being melting-pots. This is not the place to define our conception of the term 'ethnic' as a social phenomenon distinct from that of the nation or the tribe.[1] Nevertheless we should recall that many self-conscious ethnic groups are now relatively large. The range of relationships that ethnic groups maintain among one another within the framework of contemporary migratory phenomena, includes all possible cases: assimilation, pacific coexistence, animosity. It is important to note that the nature of these relations does not depend principally on cultural factors, for example an historical tradition of friendship, similarity or difference of culture, language or religion. The relations between the groups always depend essentially on their respective strategies, spontaneous or manipulated. These strategies are defined with reference to the economic and political problems

[1] Amin, 1972c.

of the modern society, in which these groups are integrated. Elements of tradition and culture are invoked in one sense or another, according to the circumstances and the needs of the strategies in question, which goes to prove that they are not causes, but means. Finally, needless to say, the strategy of the host society counts as much as and sometimes even more than the aspirations of the migrants, as Piault[1] has shown. Inter-ethnic relations in West Africa do not then, in any way, constitute an African 'peculiarity'; they do not obey any particular ethnic 'laws' but arise from the same problems as did international relations in Europe (national and immigrant), or inter-ethnic and inter-racial relations in the United States (WASPs and Irish, Jews, Poles and Blacks). But it is important to keep in mind that on the whole, inter-ethnic relations in Africa are more human than relations between the 'different' groups in the so-called developed world.

It would be an over-simplification to speak of the creation of an inter-ethnic or multi-ethnic West African society. Nevertheless, some inter-ethnic or multi-ethnic societies do exist already.[2] Assimilation takes place more frequently than we imagine. In Dakar relations between groups of different ethnic origins, have always been particularly good; the immigrant—who comes from one or other of the varied groups of people in the Islamic savannah—often breaks away from the security of his original group, to participate in the social life of the city. Even when integration does not lead to assimilation and each group maintains its personality, the acquisition of a common lingua franca is almost universal. In this way migration has been important for the extension of these main languages as linguae francae. Today ten principal languages (Hausa, Ibo, Yoruba, Ewe, Akan, Malinke-Bambara, Wolof, More, Zarma, Peul) are currently used by 90% of some 100 million inhabitants of West Africa.[3] Some of them have practically become national languages. In Senegal, where ethnically the Wolofs do not constitute more than 30% of the population, linguistic wolofization has affected more than 85% of the country. In Ghana, Akan is practically a national language both north and south;

[1] Oral communication at the seminar.
[2] Fougeyrollas, 1971; Wallerstein, 1965.
[3] Heine, 1970.

and it is the same with the three principal languages of Nigeria.

Fougeyrollas and Wallerstein[1] consider that the identity-consciousness of people in a multi-ethnic society should be viewed at different levels: that of the village or tribe, that of the ethnic group (in the process of expanding by absorption of minority groups) which corresponds to a linguistic and cultural reality, that of the nation-state, and finally that of a whole region (if not Pan-African or even West African, at least corresponding to a subregion like the islamized savannah, the coast or northern, eastern and western Nigeria). Many states refuse to recognize these ethnic realities, partly in reaction to colonial politics which exploited ethnic differences, when it was useful, and also in reaction to the ideology of colonization which placed emphasis on 'tribal identity'. But there are more serious reasons: the smaller bureaucratic states, created by colonization, are afraid of their artificial boundaries being changed. It was not without a certain courage that Pascal Lissouba[2] undertook the defence of democracy for the masses, affirming that it was necessary to recognize the social fact of the existence of ethnic groups, of which Africa need not be ashamed. The recognition of social facts is a necessary precondition to overcoming them. Bureaucratic and hypocritical denial of their existence, leads to their reappearance in bureaucratic practice itself under their most negative aspects.

The national reality, meaning that of a nation in the process of formation remains to be understood. In certain West African countries this undeniably exists, but for better or for worse, because some of these states are non-viable from the point of view of the requirements of modern development; they need to sacrifice an important part of the national sovereignty that they so jealously guard, to Pan-African ideas. But the administration of the state is everywhere a reality. Mme Patel[3] has rightly insisted on this new aspect of the problem of migrations. The importance of the international aspects of migration in West Africa does not derive from their being inter-ethnic. National frontiers often divide ethnic groups and no state is completely mono-ethnic; migrations—internal or international—may then

---

[1] Op. cit., *infra*.
[2] In a paper prepared for an IDEP seminar (held at Dakar, Sept. 1972).
[3] Ahooja-Patel, *infra*, p. 170.

be equally inter-ethnic. The importance of this international aspect stems from the increasingly marked administrative fact that 'foreigners' are not being treated on the same footing as the nationals, neither administratively nor legally. Adamako-Sarfoh[1] has given important information on this point, in his analysis of the reactions to the expulsion of foreigners from Ghana in 1970. We know why states have not succeeded in 'regulating' the question of migration: the conflict of interest is real. That the convention between Upper Volta and Ivory Coast governing migration, never came into being proves it.[2]

In general the groups of unskilled migrant workers, who are the overwhelming majority of the foreign migrants, are condemned to inferior status and are neither assimilated nor accepted on an equal footing because of the opposition within the host society. This in itself could wipe out the 'advantage' of the exploitation of the inferior conditions of the migrants. On the other hand 'privileged' migrants even those who are only a little more skilled, like the Ibo in northern Nigeria, the Cape Verdians in Dakar,[3] generally merchants, functionaries and office workers, resist integration.

Piault[4] has given some examples of political manipulations based on the exploitation of migratory phenomena. These may occur within the circle of a migrant group, thus migrant landlords may collaborate with employers in the host country in order to recruit labour. Mabogunje[5] shows us how the credulity of migrants had been exploited by astute entrepreneurs to found two private Nigerian banks. Migrants have also been manipulated by external forces and the governments concerned. A study made of the attitudes of unions shows that whereas some refused to 'play the game of the employers' by not discriminating against immigrants, mainly foreigners, others readily became accomplices. The evidence of the political importance of migration is limitless. Ibo migration in northern Nigeria and to the Niger Delta, was, if not the cause of the crisis over Nigerian unity, at least manipulated by different political forces

[1] Op. cit.
[2] Deniel, *infra*.
[3] Op. cit.
[4] Oral communication at the seminar.
[5] Oral communication at the seminar.

before and during the civil war. The decision concerning South-Western Cameroun would be difficult to understand without knowing the fear that the autochtones had of Ibo immigration.

VIII. THE RESULTS OF THE SEMINAR

It is never easy to hold a truly multidisciplinary dialogue, the failure often being due to frequent disciplinary shortcomings. The difficulties of discussion are aggravated when the epistemological approaches, cross-cutting the disciplines, are radically opposed. Economics, which we willingly recognize as limited in scope, is unaware of strategic alternatives of development because it is ill-suited to measure their impact and effects. The functionalism—and also often the pointillism—of the sociologist does not make it any easier to go beyond platitudes. It would be immodest to pretend that the efforts made by IAI and IDEP to provide for a detailed discussion of modern migration in West Africa have succeeded in overcoming these difficulties. But this initial contact, sometimes in the nature of a shock, between researchers in such different fields who seldom meet and administrators who are often responsible for the labour policies of their respective countries, has certainly been more than useful: it has stimulated new ways of thinking.

The seminar did not intend to make 'proposals' for labour policies to the governments of the region. This would go beyond our competence. However, all scientific analysis of social phenomena, carries implicit proposals for action. In our opinion, those which emerge concerning migratory phenomena are, above all, that there is no possible solution to the isolated problem of migration as such unless they are seen in relation to the whole strategy of development. If, as we believe, the 'factors' of production are not given, but result from the strategy, and if, equally, individual 'motivations' translate rational choices within a system, and if, finally, migration not only results in unequal development, but is itself an element of it, it is useless to undertake administrative and other measures, without questioning the strategy underlying the flows of migration.

Purely administrative measures, e.g. calling a halt to the rural exodus by returning the migrants to their respective villages of origin, etc. are, as experience shows, bound to fail. 'Economic' measures proposed by some—such as reduction of the already miserable wages, etc.—cannot, as we have already shown, but create conditions for development which would be even more unequal! If we believe that unequal development should not be accepted, because on the one hand it engenders stagnation (in the areas condemned to the role of labour reserves), and extremes of wealth and poverty on the other (in the cities where unemployment increases and wages remain at poverty level alongside growth); then the only solution left is to reconsider and change the strategy of dependence on an exportation-oriented economy. The alternative strategy of greater self-sufficiency and independent development implies, as Gregory indicated, and as we and others have elsewhere shown[1] by means of both African and non-African examples[2], an allocation of resources radically different from that which follows the rules of the market in a dependent country integrated into the international system. The new allocation of resources must provide for the development of areas previously condemned to stagnation. Certainly, it is not a question of whether or not the geographic distribution of people and political units is in itself rational. These are the results of history, and rational choice within cramped geographical areas, as is the case for most states in this region, inferior to the possibilities for rationality within a wider context. But it would be practically unrealistic and scientifically fallacious not to take into account the facts of nationality and ethnicity. On the other hand, it is self-evident that already the alternative of independent self-sufficient development requires a radical revision of ideas, in the light of historical experience of the development of capitalism and the roles assigned to rural and urban areas within this context.

The seminar devoted its final session to the discussion of priorities for future research, which everyone agreed should be multidisciplinary. The need for better statistics should be stressed. We have seen to what point the researcher is obliged to speculate and to extrapolate in the absence of reliable census data, the statistics on flows, precise demography, analyses of geographic and sectional distributions of employment, of salaries

[1] Gregory, *infra*; Amin, 1972*b*.
[2] Michelena, 1972.

and incomes. But aside from these observations, an immense amount of work remains to be done in the interpretation of these phenomena, and it requires a more adequate level of conceptualization, the systematic elaboration of hypotheses, and the confrontation of these with the facts. Only then will it be possible to define what further studies need to be made. We have suggested the systematic analysis of the transformations of agrarian systems, within the context of social relations and tripolar relations of work force—agricultural area—capital investment. We have also suggested the systematic analysis of the distribution of income, its development and that of employment and unemployment. Only then can a real balance sheet of 'costs and benefits' be drawn up for the regions of emigration as well as for those of immigration. Finally, after this step in analysing the phenomena, it would be necessary to envisage possible alternatives and how to incorporate them within the context of new strategies. The question here—and it is one which calls for a response from the enthusiastic imagination of the younger generation—is to know what should be (or could be) the best regional and sub-regional distribution for the population (i.e. the labour force) and the other resources (capital, technicians, etc.). In other words, what geographical allocation of resources would best assure a real, integrated, independent and self-sufficient development for the West Africa of the future.

REFERENCES

Allen, Christopher
  (1972) *Unions, incomes and development.* Univ. of Edinburgh, Centre of African Studies (mimeo.).
Amin, Samir
  (1967) *Le développement du capitalisme en Côte d'Ivoire.* Paris: Ed. Minuit.
  (1968) Le développement du capitalisme en Afrique Noire, in *En partant du capital.* Paris: Ed. Anthropos.
  (1970a) *L'accumulation à l'échelle mondiale.* Paris: Ed. Anthropos.
  (1970b) Niveau des salaires, choix de techniques de production et répartition du revenu; la théorie confrontée à l'expérience africaine, in *Les problèmes de la politique des salaires dans le développe-*

ment économique, ed. A. D. Smith. Paris: Libr. Sociale et Economique.
 (1971) *L'Afrique de l'Ouest bloquée*. Paris: Ed. Minuit.
 (1972a) Underdevelopment and dependence in Black Africa, *Journal of Modern African Studies*, 10, 4.
 (1972b) Le modèle théorique de l'accumulation au centre et à la périphérie du système mondial, *Tiers Monde*, 4.
 (1972c) *Modes de production, formations sociales, nations et ethnies.* IDEP (roneo.); Le Développement inégal. Paris: Ed. de Minuit.

Arrighi, G.
 (1966) *The Political Economy of Rhodesia*. The Hague: Mouton.

Berg, Elliott
 (1965) The economics of the migrant labor system, in *Urbanization and Migration in West Africa*, ed. Hilda Kuper, Univ. of California Press.

Coquery, C.
 (1969) Recherches sur un mode de production africain, *La Pensée* 144, April.

Elkan, Walter
 (1959) Migrant labour in Africa: an economist's approach, *American Econ. Review*, May.

El Kodsy, Ahmad
 (1970) Nationalism and class struggles in the Arab World, *Monthly Review* [New York], no. 3, July–August.

Field, M. J.
 (1943) The agricultural system of the Manya-Krobo of the Gold Coast, *Africa*, xiv, 2, April.

Fougeyrollas, P.
 (1971) *La question nationale et les phenomènes migratoires en Afrique de l'Ouest.* IDEP (roneo.).

Heine, Bernd
 (1970) *Status and Use of African Lingua Francas*. Munich: Weltforum Verlag.

Hill, Polly
 (1961) The migrant cocoa farmers of Southern Ghana, *Africa*, xxxi, 3, July.

Kilby, Peter
 (1966) *Industrialization in an Open Economy*. Cambridge University Press.

Mabogunje, Akin
 (1970) Migration policy and regional development in Nigeria, *Nigerian Journal of Econ. and Soc. Studies*, no. 2, July.
 (n.d.) *Regional mobility and resource development in West Africa*, Montreal: McGill Univ., Centre for Developing Area Studies.

Meillassoux, Claude
  (1965) *Anthropologie économique des Gouro de Côte d'Ivoire*. Paris: Mouton.
  (1971) (ed.) *The Development of Indigenous Trade and Markets in West Africa*. London: Oxford University Press for International African Institute.
Michelena, H. S.
  (1972) *Regional programming, the case of a peripheral region in Venezuela*. IDEP (roneo.).
Okediji, Francis Olu
  (1971) *Socio-economic and demographic aspects of Nigeria's second national development plan 1970-74*, paper presented for the 7th Session of the African Population Conference, 9-18 December 1971 (roneo.).
Pélissier, P.
  (1966) *Les paysans du Sénégal*. St. Yvieux: Fabrègue.
Prothero, R. Mansell
  (1959) *Migrant labour from Sokoto Province, Northern Nigeria*. Kaduna: Government Printer.
Rouch, Jean
  (1965) Migrations au Ghana, *Journal de la Société des Africanistes*, 1 and 2.
Ryelandt, Bernard
  L'inflation congolaise 1960-1969. Mouton.
Sabot, R. H.
  (1972) *Urban migrations in Tanzania*. Univ. of Dar es Salaam (mimeo.)
Savonnet, Georges
  (1962) La colonisation du pays Koulango (Haute Volta, Côte d'Ivoire) par les Lobi de la Haute Volta, *Cahiers d'Outre Mer*, no.57.
Singer, Hans
  (1971) *The distribution of gains from trade and investment revisited*, University of Sussex, IDS (mimeo.).
Skinner, Elliott P.
  (1965) Labor migration among the Mossi of the Upper Volta, in *Urbanization and Migration in West Africa*, ed. Hilda Kuper, Univ. California Press.
Szereszewski, R.
  (1965) *Structural Changes in the Economy of Ghana 1891-1911*. London: Weidenfeld & Nicolson.
Todaro, Michael T.
  (1969) A model of labor migration and urban unemployment in less developed countries, *American Econ. Review*, March.

Vanhaverbaeke, André
   (1970) *Rémunération du travail et commerce extérieur*, Univ. Catholique de Louvain, Fac. Sciences Econ., Sociales et Polit., no. 7.

Wallerstein, Immanuel
   (1965) Migration in West Africa: the political perspective, in *Urbanization and Migration in West Africa*, ed. Hilda Kuper, Univ. of California Press.

PART II
SPECIAL STUDIES

I

Rural–urban socio-economic links: the example of migrants in South-west Nigeria

ADERANTI ADEPOJU

The phenomenon of internal migration is the least investigated in demographic enquiries in Nigeria. Data on migration are, therefore, very scanty and analysis is less complete than for other demographic data.[1] Deep concern expressed for this branch of population study has not been matched by well organized action-oriented research. Yet governments in Africa are embarrassed by the increasing rural–urban drift of their populations especially among the younger age groups.[2] They now realize that internal, especially rural–urban, migration is an important factor affecting plans for social and economic development. But policy measures are being formulated without sufficiently understanding the root causes of this drift—'the move from the land'.

Writers on internal migration in sub-Saharan Africa often overstress the dominance of economic over non-economic motives in stimulating rural–urban migration.[3] The rural–urban feedback has received little attention. This means that little emphasis has so far been given to the positive role of migration.

In this paper, the results of a case study on the type of social and economic links between urban in-migrants and their 'home' households, the role of migration and its impact on the wider society in south-western Nigeria, are examined. Both 'subjective'

---

[1] Prothero, 1968, p. 250.
[2] *Second National Development Plan 1970–74*, Federal Ministry of Information, Lagos, 1970, p. 77.
[3] Cf. Gugler, 1969, pp. 146–7.

and 'objective' approaches have been employed in seeking to explain migration behaviour, and to investigate the pattern of residence of migrants on their first arrival in town, the frequency of home visits, frequency and amount of remittance of money home, and the use to which the remittances are put. Attempts are made, where possible, to quantify our findings.

AREA OF STUDY[1] AND SELECTED CHARACTERISTICS OF MIGRANTS

Oshogbo, an administrative, political and economic centre for a number of surrounding communities,[2] situated about 150 miles north-east of Lagos, was selected for this study. Of the 650 heads of households interviewed about 65% were migrants, born outside Oshogbo. Of these a substantial proportion—39%—were not married. About 54% were married to only one wife; another 6% had two wives, while only 1% were married to three or more wives. Almost all engaged in non-agricultural occupations. About 35% of the heads of households earned less than N£100 per annum; 23% between N£101 and 200; 20% between N£201 and 400; 14% were in the income bracket N£401 to 600. Only 9% earned over N£600 per annum.

The migrant heads of households were relatively young. While about 22% were less than 25 years of age, 40% fell within age-group 25–34 years; 26% in the 35–44 age range, leaving about 12% over 45 years of age and older.

About 7% of the heads were illiterates. Another 10% could read and write but had no formal education. A high proportion, 51%, had some primary and modern school education; 32% had secondary, technical and other forms of post-secondary education. Overall, 83% of the migrant heads of household had received primary and post primary education.

RESIDENCE ON FIRST ARRIVAL IN TOWN

The first problem a new migrant encounters is finding a place to live. Most new migrants left their villages with nothing more

---

[1] The survey, an area stratified cluster sample design covered 650 households. The field-work was carried out between October 1971 and January 1972. Funds for the survey were generously provided by the Population Council, N.Y., U.S.A.

[2] See also Schwab, 1965, p. 88.

than the transport fare, just enough to convey them to their destination. During the waiting period, at times a long one, while seeking an urban job, these have to find food and shelter. Our migrant respondents were asked: 'With whom did you stay when you first came here?' The responses are set out in Table 1.

Table 1
Distribution of Migrants by Residence on First Arrival

Response	No.	%
Alone (rented accommodation)	186	44.6
With relatives	169	40.7
With friends	36	8.7
With employer, village chief	25	6.0
Total	416	100

The large category of about 45% who claimed to have stayed on their own, rented accommodation on their arrival in Oshogbo, and comprised, in the main, salaried income workers on transfer whose friends, employers or themselves might have made previous accommodation arrangements before they moved. They could afford to pay the rent, had lived in other urban areas and were already part of the urban milieu.

If we add those staying with friends to the group who stayed with relatives, about half—50%—of the migrants stayed with relatives and friends on first arrival. Only 6% stayed with employers (mostly apprentices staying with their masters) or village members and officials of village unions. This is not surprising, given the strong bond that ties an individual to his extended family and even his village in most parts of Nigeria. Thus the role played by relatives and friends in the initial process of adjusting to town life is a crucial one. The host not only feeds and in some cases clothes the new migrant, but also helps in getting him a job. He may stay for a period ranging from months to years before, and even after, securing urban employment. The result in most cases is overcrowding and a heavy burden on the host.

Table 2 presents the pattern of first residence by different age groups.

This shows an inverse relationship between age and tendency to reside with relatives on arrival in the town. More of the older

Special Studies

Table 2
Age Distribution of Migrant Heads of Households by Residence Pattern on Arrival in Oshogbo

Question: 'With whom did you stay when you first came here?'

Age group	Alone (rented accommodation) No.	%	Stayed with relatives No.	%	Stayed with friends No.	%	Stayed with employers, etc. No.	%	All No.	%
15–24	29	31·2	56	60·2	3	3·2	5	5·4	93	100·0
25–29	44	46·8	37	39·4	6	6·4	7	7·4	94	100·0
30–34	32	41·6	30	39·0	9	11·7	6	7·8	77	100·0
35–39	39	56·5	21	30·4	5	7·3	4	5·8	69	100·0
40+	42	50·5	25	30·1	13	15·7	3	3·6	83	100·0
Total	186		169		36		25		416	

migrants found their own accommodation which is not surprising since they are married, at times polygynously, and some have large families, all of which may serve as deterrents to staying with relatives in perhaps already overcrowded apartments. Surprisingly, however, more older than younger migrants resided with friends. It is not unlikely that these older migrants have more friends who already live in the town.

Frequency of Visits

The question: 'How often in a year do you visit your homeplace?' was directed to our migrant respondents to measure the strength of the socio-cultural link with the home households.

Table 3
Distribution of Migrants by Frequency of Home Revisits

Frequency of visits per year	No.	%
Quite often, 7–12 times	168	40·4
Occasionally, 2–6 times	157	37·8
Rarely, once	70	16·8
Never	21	5·0
Total	416	100·0

The responses, set out in Table 3, show that a substantial proportion of the migrants—about two in five—visit home quite often, between seven to twelve times a year, mostly during holidays, festivals, leave and vacations. Another 38% revisit home occasionally, from two to six times annually. Overall, therefore, about three-fourths—78%—can be regarded as regular revisitors to their places of origin. Migrants who visit home also receive visits from members of their families and friends from time to time.

Only a residual 5% do not revisit their homeplace. When further questioned, we discovered that most of them had no living parents and/or relatives at home or had moved the remaining relatives to live with them or had migrated to the town while young. These migrants were permanent town-dwellers. It would have been illuminating to relate frequency of visit to distance of migrants' homeplace but this has not been possible at this stage of analysis of the data.

For most of the migrants the contact with the home remains strong.[1] Most also nurse the hope of returning to their homeplace in old age to rest, die and be buried there. Others—the more successful ones—hope to return one day to build and trade. Such return migration, so long as it attracts the successful, may serve as a stimulus to potential but marginal rural–urban migrants, for the successful are often 'pace-setters' in their communities and this may have an 'emulation effect' on the young.

Table 4
Distribution of Frequency of Visits by Age-group

Frequency of visit

Age group	Quite often No.	%	Occasionally No.	%	Rarely No.	%	Never visit No.	%	All No.	%
15–24	64	70·3	25	27·5	1	1·1	1	1·1	91	100·0
25–29	42	45·1	36	38·7	9	9·7	6	6·5	93	100·0
30–34	21	27·6	36	47·4	13	17·1	6	7·9	76	100·0
35–44	30	27·5	47	43·1	27	24·8	5	4·6	109	100·0
45+	11	23·4	13	27·6	20	42·6	3	6·4	47	100·0
Total	168		157		70		21		416	

A breakdown of frequency of visit by age-group (Table 4) shows a striking relationship between frequency of visit and age. The incidence of home revisits, even among the more frequent revisitors, declines sharply with age. Thus, while 70% of age 15–24 visit home quite often, under one-quarter (23%) of those 45 and over did. The older the migrant, the less the urge to visit home. While only 1% are rare visitors, about 43% of the oldest migrants rarely revisit home. This variation is probably due to the fact that the younger migrants are single (and therefore more mobile), have their spouses and parents at home or are recent town-dwellers. The old age groups, on the other

[1] Caldwell, in his study of rural–urban migration in Ghana (1964–6) also concludes: 'The strongest contacts which the migrants maintain with the village are his or her revisits' (Caldwell, 1969, p. 140).

Special Studies

hand, are more settled, may have brought all or most members of their family to live with them in the town or had their mobility curtailed by family size.

Remittance of Money

All migrant respondents were asked: 'Do you send money home to parents and/or relatives?' About 40% of the migrants do not send money home. This group is very heterogeneous comprising those with no living parents at home, those who have brought other members of their home household with them to town, a few who came from well-to-do families, recent arrivals in town who had not yet settled down or had just secured employment, and a residual class who had severed connection with home for various reasons before the migration.

For those migrants who did send money home an analysis of responses to the question: 'How often during the last year did you send money home?' is presented in Table 5. Half—51%—did so *very often*, between 9–12 times a year. Some respondents in this group remitted a fixed portion of their pay packet or earnings home monthly. Another 41% remitted money *regularly*, between 3 and 8 times a year. Only 9% rarely sent money home, i.e. once or twice a year. Thus about 90% of those who did send money home did so regularly, varying from 3 to 12 times a year. This clearly demonstrates the extent of economic link between the majority of urban in-migrants and their home households.

Table 5
Responses to the Question: 'How often during the last year did you send money home?'

Response	No.	%
9–12 times	119	50·6
3–8 times	96	40·5
Once or twice	21	8·9
Total	236	100·0

Volume of remittances

Responses to the question, 'About how much money was sent each time?' enabled us to measure the volume of flow of money from the migrants to their home households throughout the year. Table 6, classified as fully as the data permit, distinguishes

Rural–urban socio-economic links

Table 6
Responses to the Question: 'About how much money was sent each time?'

Response	No.	%
Less than 10/-	21	8.9
11/- to 20/-	28	11.9
21/- to 50/-	68	28.8
51/- to 99/-	43	18.2
100/- to 200/-	64	27.1
Over 200/-	12	5.1
Total	236	100.0

between those who remit modest amounts of less than ten shillings and those who remit over N£10 each time. While only 9% remit less than ten shillings each time, 29%, 18% and 27% respectively remit, on the average, 35/-, 75/- and 135/- each time; another 5% remit well over N£10.

These sums of money become more meaningful when they are related to income data. In most cases, these sums represent substantial proportions of the respondents' monthly earnings.

In Table 7, the volume of remittance is related to the income group of the respondents. Expectably the amount of each remittance varies with level of income, the lower income earners remitting modest amounts. Although the high income earners remit money home less frequently than low income earners, when they do remit, they tend to send substantial sums. For example, whereas 15% of those earning less than £100 a year remit over £5, almost 45% of income group £400 and over did.

Table 7
Distribution of Remittance of Money by Income Group

N£ Income group	Less than 10/- No.	%	11/- to 20/- No.	%	21/- to 50/- No.	%	51/- to 99/- No.	%	100/- and over No.	%	All
Less than £100	13	19.0	15	21.6	20	29.0	11	15.9	10	14.5	100.0
£101–£200	3	5.2	8	13.8	20	34.4	8	13.8	19	32.8	100.0
£201–£400	2	4.5	2	4.5	8	18.3	14	31.8	18	40.9	100.0
Over £400	3	4.6	3	4.6	20	30.8	10	15.4	29	44.6	100.0
Total	21		28		68		43		76		236

Total amount of remittance

In Table 8, we attempt to estimate the total amount of money the migrants remit home annually. The analysis is derived from responses to the question: 'Altogether, how much did you send last year?' About 12% reported less than 100/-; a quarter sent

Table 8
Distribution of Total Amount of Money Remitted the Year Preceding the Survey

Total amount remitted N£	No.	%
Less than £5	29	12.3
£5–£10	58	24.6
£11–£20	64	27.1
£21–£30	21	8.9
£31–£50	19	8.0
Over £50	45	19.1
Total	236	99.9

as much, on the average, as £7 : 10/– and about 27% sent £15, while just under one-fifth remitted over £50 in a year.

Although our questions were confined to remittance of actual cash (because money flows are easier to measure), more wealth than money flows from the town to the villages and other parts of the country through these migrants for they take with them presents and other goods during their periodic revisits.

The Employment of Remittances

The bulk of the rural population are engaged in predominantly subsistence agriculture with extremely low cash returns. Parents also sacrifice from extremely limited means to send their children to school in the strong hope that after completing their education they will obtain wages employment in towns and thereby lead better lives than they themselves have.[1] Our attempt to quantify the use of the remittances revealed the extent of dependence of rural households on the earnings of migrants.

Table 9
Responses to the Question: 'What is the money (sent home) used for?'

Response	No.	% of responses	% of respondents
Maintenance of home household (feeding, clothing, etc.)	218	81.0	92.4
Education of children, relatives, etc. at home	21	7.8	8.9
Trading, to build house, saving, farm, pay labourers	15	6.0	6.8
Wedding, funeral, festivals, repay debt	9	3.3	3.8
When needed	5	1.9	2.1
Total: all reasons	268	100.0	114.0*

* Total percentage exceeds 100 because of multiple responses.

[1] Callaway, 1965, pp. 39–40.

Rural–urban socio-economic links 135

Table 9 shows that an overwhelming proportion—92%—of the remittances went for the upkeep (especially feeding) of members of the migrants' home households. Less than 10% was used to assist the education of the migrants' children and those of relatives at home, and still less for trading and building of houses etc. But only about 4% was used for marriage payments, funeral ceremonies etc.

CONCLUSIONS

This case study shows that rural–urban migration can forge strong links between the rural and the urban areas.[1] For most migrants to Oshogbo the tie with the homeplace is manifested by periodic revisits. Most town-dwellers do not become completely urban in their outlook. Frequent home revisits have served as channels of cultural diffusion thereby preventing social change becoming isolated within the urban area. Contact has also been maintained through a flow of wealth from the urban areas to the villages. Many village households depend on remittances for maintenance and would have been poorer but for the continued economic links with their migrant members. The remittance system therefore has made it possible for a large number of people in rural areas to benefit from the development and growth of urban economy, enjoying a higher standard of living without themselves being town dwellers.[2]

In south-western Nigeria most urban in-migrants belong to 'improvement unions' set up to promote self-help schemes such as building hospitals, roads, schools, providing electricity etc. in their home villages, and thus to serve as development agencies. Apart from individual remittances, urban migrants contribute substantially to these unions. The feeling of 'village patriotism' is strong among most migrants and this attachment to one's homeplace was shown in the mass 'census migration' during the 1962/63 population count in the country.

Although no attempt has been made, at this stage of the analysis of the data, to calculate the total wealth flowing from

---

[1] The links between rural and urban areas already exist in Yoruba land. 'Yoruba towns are... the product of intimate links between town and country... the Yoruba living in the (towns) traditionally looks upon the (country) as his real home and owes direct social allegiance to it' (Goddard, 1965, p. 21).

[2] Caldwell, 1969, pp. 125, 215, 167–8.

the survey town to the rural areas each year,[1] our data do show that a substantial part of the migrants' income flows out in the form of remittances, gifts, goods and savings to the migrants' home communities.

REFERENCES

Birmingham, W., Neustadt, I., and Omaboe, E. N. (eds.)
   (1967) *A Study of Contemporary Ghana*. Vol. II. *Some Aspects of Social Structure*. London: Allen & Unwin.

Caldwell, J. C.
   (1969) *African Rural–Urban Migration*. Canberra: A.N.U. Press.

Callaway, A.
   (1965) Adult education and problems of youth unemployment, in C. G. Widstrand (ed.), *Development and Adult Education in Africa*. Uppsala: The Scandinavian Institute of African Studies.

Goddard, S.
   (1965) Town-farm relationships in Yorubaland: a case study from Oyo, *Africa*, xxxv, 1, pp. 21–9.

Gugler, J.
   (1969) On the theory of rural–urban migration: the case of sub-Saharan Africa, in J. A. Jackson (ed.) *Migration* (Sociological Studies, 2), Cambridge.

Prothero, R. M.
   (1968) Migration in Tropical Africa, J. C. Caldwell and C. Okonjo (eds.), *The Population of Tropical Africa*. London: Longmans.

Schwab, W. B.
   (1965) Oshogbo—an urban community? in H. Kuper (ed.), *Urbanization and Migration in West Africa*. Berkeley: University of California Press.

---

[1] Caldwell has attempted to calculate this for his Ghana (1964–6) survey. See Birmingham *et al.* 1967, pp. 142–3.

Résumé

LIENS SOCIO-ECONOMIQUES ENTRE ZONE URBAINE ET ZONE RURALE: L'EXEMPLE DES MIGRANTS DANS LE NIGERIA DU SUD-OUEST

Le document étudie le type de liens socio-économiques entre les immigrants internes des villes et leur familles en zone de départ et leur impact sur la société de l'Etat de l'Ouest au Nigéria. Oshogbo a servi de laboratoire à la recherche. Il fait une analyse en outre, du placement des migrants lorsqu'ils arrivent pour la première fois dans les villes; de la fréquence des visites qu'ils font chez eux, du montant de l'argent qu'ils envoient chez eux et la fréquence de ces envois; des utilisations de cet argent envoyé, et enfin, il met l'accent sur le rôle de la migration. Pour le nouvel immigrant de la ville, les parents et amis jouent un rôle important dans le processus initial d'installation et d'adaptation à la vie urbaine.

La plupart des migrants—environ 95%—maintiennent une sorte de lien, parfois très solide, avec leur société d'origine par des visites périodiques qui servent de moyens de transfert des expériences et techniques urbaines donc le diffusion de la culture des zones urbaines dans les zones rurales. Environ 90% des migrants qui envoient de l'argent chez eux le font régulièrement: le montant des sommes envoyées à chaque fois varient entre 10 et 200 shillings. 81% de l'argent envoyé est destiné à l'entretien de la famille. La plupart des familles rurales auraient été plus pauvres s'il n'y avait pas cet envoi permanent d'argent. Une bonne partie du revenu des immigrants de la ville s'écoule vers les zones rurales sous forme d'envoi d'argent ou de cadeaux. Les liens socio-économiques solides que la migration rurale urbaine a établis entre secteurs ruraux et secteurs urbains ont fait que la migration rurale–urbaine est très importante pour les zones rurales.

II

The effects of the expulsion of migrant workers on Ghana's economy, with particular reference to the cocoa industry

J. ADOMAKO-SARFOH

On 19 November 1969 the then Ghana Government announced that it would enforce the compliance order on aliens without valid residence permits as from 2 December of the same year. Seven months later, that is by June 1970, it was officially known that 213,750 aliens had left Ghana. Of this number it was discovered that a sizeable proportion was made up of immigrant African workers and traders, some of whom had stayed in the country for over thirty years. By this action the Government was resorting to one of the common methods for population control and repatriation in West Africa and was thus in line with the post-Independence era—a period during which the West African boundaries became the expression of nationalism and instruments of foreign policy.[1] Viewed from another angle, this action was a complete departure from the colonial arrangements with respect to inter-territorial co-operation and population movement. For until 1957 this inter-territorial co-operation was vital in allowing the free flow of labour which ushered in a rapid economic development in certain parts of the region.

A common reason for such mass expulsions is often economic. It underlined the expulsion of Guineans from Senegal in 1967[2] and of 800 Nigerians from the Cameroons in April 1967,[3] the repatriation of 100 Ghanaian fishermen from Sierra Leone in 1968,[4] and other similar cases.

---

[1] Sada, 1970.
[2] *Africa Diary*, 1967, Weekly Record of Events in Africa, p. 3582.
[3] Ibid., p. 1013.
[4] Ibid., p. 4261.

The effects of the expulsion of migrant workers

In the Ghana case, official explanations included the following:

(i) that there were about 600,000 registered unemployed in Ghana, which would be relieved by the expulsion of the aliens;
(ii) that the continuing balance of payment deficit was worsened by immigrant workers and traders who remitted home some of their earnings;
(iii) that the aliens engaged in smuggling, especially of diamonds.

From the above it is evident that economic considerations led to the enforcement of the quit order on aliens. That the aliens posed a real threat to the economic survival of the country was an open secret, considering their numbers and the powers they wielded in various sectors of the economy.

The Ghana Population Census of 1960[1] recorded 574,000 people in the country as having been born elsewhere. Most of these were Africans who for over half a century had come to play a vital role in the economic development of the nation. Indeed, it was the aliens who, as stated in one of the national dailies, collected refuse, swept streets, worked on the mines or laboured on the cocoa farms.[2] For while most Ghanaians feel reluctant to serve in some of these capacities, the migrant workers from parts of the Republic of Togo, Upper Volta, Niger, Mali, etc., cared less about taking up some of these 'odd' jobs, provided they could make a living out of them. In the retail trade the aliens exercised complete control; in fact it was they who distributed vital commodities to the remotest corners of the country. Indeed, at the time of the order, aliens had infiltrated into all sectors of the economy and were to be found in all major occupations as borne out by the table below.

It is doubtful whether in deciding to enforce the order any concrete steps were taken to forestall possible harmful effects likely to follow the sudden withdrawal of the migrant workers and traders. If such steps had been taken it might have saved the authorities from the embarrassing situation it later found itself in and from the complaints which later arose over an initially often popular action of the government.

[1] 1960 Census Report, Vol. II, Government Printer, Accra.
[2] *West Africa*, 20 December 1969, pp. 1533–5.

Table 1

Estimate of Numbers and Percentages of Migrants in the Main Occupations in the Gold Coast (Ghana) 1954

Occupations	Total Ashanti and Colony	Total Migrants from the North	Total Migrants from French West Africa
Male wage-earners (excluding agric.)	524,000	300,000 (60)	200,000 (40)
Agriculture—Male (excluding cocoa)	300,000	180,000 (60)	120,000 (40)
Traders (male and female)	400,000	110,000 (27)	65,000 (16)
Total population (male and female)	3,312,000	600,000 (18)	385,000 (12)

Source: Jean Rouch, *Notes on Migration into the Gold Coast* (First Report of the Mission carried out in the Gold Coast, Paris, 1954). Quoted in the *United Nations Economic Bulletin for Africa*, July 1966, Vol. VI, No. 2, p. 95.

For a few weeks after its operation, urged on by popular request, the Government had to relax the enforcement of the order to enable those working on the mines, cocoa farms and all serving in the army, the railway and a few other government bodies to remain at their posts. Even in such fields as the retail trade where there was a general approval for their withdrawal, there were a number of attendant problems. There was, for example, a reported case of abuse of office by members of the Kumasi City Management Committee by unfair allocation of market stalls left vacant by the departing aliens; it became necessary later for the councillors to be replaced and a Commission of Enquiry appointed to investigate the allegations.

One of the areas of the economy where the effects of the expulsion were strongly felt immediately was the cocoa industry. Cocoa, as is often repeated to the point of tedium, is the lifeblood of Ghana's economy and the major foreign exchange earner for the country. Until quite recently, Ghana produced over 50% of the world's output of cocoa, but since the early 1960s it had been losing this lead. For instance, during the 1964/5 crop year, the output formed only 38% of the world's total while production was increasing significantly in the Ivory Coast and Cameroons. By January 1970 Ghana's production formed only 27% of the total world production, one of the lowest percentage positions it has ever held.[1]

[1] C.M.B. Newsletter, No. 43.

The effects of the expulsion of migrant workers 141

While concern was being expressed in many quarters over this downward trend of production and various solutions were being suggested, the industry was made to suffer yet another blow. This followed the enforcement of the quit order on the alien farm workers on whose efforts the industry has been largely sustained in the past. Many cocoa farmers soon sensed the impending danger and appeals began to be directed to the authorities to stop the workers from leaving. All Mossi farm labourers from Upper Volta were then asked to stay on their cocoa farms to help with the current harvest. Unfortunately by the time the new instructions reached the villages, many of the alien labourers had already left the cocoa farms.[1] It was reported that by April 1970 over half the alien labourers had left. It cannot be denied that the cocoa industry experienced difficulties soon afterwards; but indications are that the situation has been returning to normal in some areas after the initial shock.

This paper attempts to examine the effects of the order on the cocoa industry. Materials used here are based mainly on studies undertaken in 1968 and late 1970 in Brong-Ahafo and South and Eastern Ashanti. Wherever necessary materials from other cocoa-growing areas have been used. The West African environment is considered first, since this enables seasonal migrants to find employment during their period of inactivity in the other areas of activity including the cocoa-growing areas of Ghana.

ENVIRONMENTAL BACKGROUND TO THE ECONOMIC STRUCTURE OF WEST AFRICA

Generally speaking West Africa is a region of monotonous relief, presenting obstacles to the movement of people since early times. The rainfall is much higher and its duration longer in the south than in the north. While there is a long farming period in the south, in the north it starts from the month immediately preceding the rains and continues for a few months only. Thus, except in riverain areas, there is very little work to do during the dry period during which seasonal migration of the northern people, generally to the south either with herds or to seek for employment, takes place.

Upon the physical map of West Africa were superimposed

[1] *Africa Diary*, 1970, p. 14779.

the colonial boundaries and political units pursuing different policies. While every effort was made to restrict movement, it is a fact that 'many important movements took place across these international frontiers'.[1] To the Ghanaian, the most notable involves the movement of the Mossi of Upper Volta mainly to the cocoa-growing areas of the country. Several other such movements are to be noted in other parts of West Africa. In all cases, the most significant aspect is that it has always been their aim to work in any capacity provided they could make money. By this, they have made significant contributions especially in the field of the development of agricultural export crops and mining. Before the enforcement of the compliance order, it was partly these migrants or alien farm labourers who worked so hard to put Ghana's cocoa industry on the world map.

COCOA FARMING IN THE PRE-COMPLIANCE ERA

By the early 1900s there were a large number of people already accustomed to moving to acquire new land for cocoa farming. Indeed in parts of Ashanti and Brong-Ahafo regions, commercial cultivation of cocoa remained foreign until the arrival of the first Asante and non-Asante cocoa farmers.[2] Generally the latter movement of the farmers was occasioned by shortage of suitable land in the old cocoa-growing areas; in other instances, the virus disease 'swollen shoot'[3] had destroyed many cocoa farms in parts of southern Ghana.

The earlier cocoa farmers relied on their own efforts to embark on cocoa growing, assisted wherever possible by their families and occasionally by other relatives. Hired labour was in short supply even for those who could afford it. Most of the cocoa farms established in the early days tended to be relatively small in size, varying from about $1\frac{1}{2}$ to 3 acres and quite close to the villages. Following the arrival of migrant farmers significant changes took place as more and more land was acquired and the cultivation of larger farms embarked upon. In Western Ashanti and 'Ahafo' it is reported that among the early migrant farmers were those who had more money to employ extra

---

[1] Skinner, 1965, p. 64.
[2] Adomako-Sarfoh, 1965. p. 1.
[3] By the end of 1953, more than 23 million diseased cocoa trees had been cut down.

The effects of the expulsion of migrant workers

labourers to work on the farms and were able to establish larger farms within a comparatively short period. In all cases, it was the immigrant workers who were employed. These were either Ghanaians from parts of northern Ghana or non-Ghanaians from such neighbouring countries as Upper Volta and northern Ivory Coast and Togo, as well as parts of Nigeria.

As noted earlier, the physical environment of West Africa is so ordered that the slack season in the north is a busy season in the south. The period of inactivity in the north corresponds to the time of peak labour demands in the cocoa belt of Ghana which made possible the regular supply of seasonal labour in the forest belt. Indeed, as noted by Berg,[1] without the inflow of migrants inelasticities of labour supply would unquestionably have restrained the expansion of the cocoa industry in the country and this would have hampered the development of the principal export crop. Within the cocoa-growing areas special types of labour evolved, each tending to specialize in the performance of certain tasks on the farms.

TYPES OF LABOUR EMPLOYED ON COCOA FARMS

Annual and casual labourers[2] are usually employed to undertake the clearing of forest, the felling of trees, and the preparation of the ground for the sowing of food-cover crops as well as the sowing of cocoa seeds or planting out the seedlings. These are the major tasks connected with the establishment of new farms.

In the maintenance of established farms, '*abusa*'[3] labourers are engaged for weeding, spraying the cocoa trees with insecticides, and harvesting the pods as well as the preparation of the cocoa beans for marketing.

In the performance of these jobs the Ghanaian cocoa farmers have depended more heavily on the alien farm workers. In establishing new farms, the absence of the aliens who worked as annual labourers or as casual labourers or as 'contractors'

[1] Berg, 1965.
[2] The annual labourer is a man employed on a cocoa farm for a fixed period for an agreed wage. The casual labourer is paid daily or contracts to perform a certain task for an agreed fee on completion.
[3] The word *abusa* (Twi) means a tripartite division—and the *abusa* labourer is paid one-third share of the value of all the cocoa plucked in each cocoa season.

would be strongly felt. For while many Ghanaians have taken up harvesting, there are few prepared to perform the jobs required for expanding farms. All this is apparent from a study of fifteen farming villages selected from the Ahafo[1] area; six of them from the eastern half of the area with its old bearing cocoa farms (see Table 2) and the remaining nine from the frontier western area where farmers are still engaged in establishing new farms on their remaining forest lands. Since the main interest was focused on the alien farm workers, effort was made to select those villages where most of them were to be found.

Table 2

Name of village	Total inhabitants	No. interviewed
Abebrese	12	10
Adu Yeboa	4	3
Akosua Tiwaa No. 1	8	5
Aboaboagya	48	36
Kwabena Nsia	10	7
Kwame Opon	20	18

Source: Based on the 1960 Census Report and field-work conducted during September–November 1968.

Out of the ninety-six inhabitants in the eastern villages, seventy-nine were interviewed. Of the remainder, nine were children of under ten years, five wives of some of the farmers, and the remaining three were alleged to be farmers but were absent at the time of the survey. Of those interviewed only fifteen described themselves as farm owners working on their farms, the remaining sixty-four were working as *abusa* labourers. These *abusa* men were made up of forty-two aliens and twenty-two Ghanaians mostly from outside Ahafo. The majority of the non-Ghanaians claimed to be Upper Voltans, only four said they were Togolese, none claimed to be Nigerians.

About 35% of the alien *abusa* men had worked on the same farms from periods ranging from three to seven years. Only 12% of them had just started. Almost all the alien *abusa* labourers wished that they had come with their wives since, according to them, besides the normal household duties, the wives could assist them in various ways including the head-loading of the harvested cocoa pods to a central point to be

[1] Henceforth 'Ahafo' would be used instead of Brong-Ahafo South.

split later on and also tending the drying beans in the absence of their husbands. But, in their circumstances, eastern Ahafo is not a place where *abusa* labourers could dare to stay and work with their wives and other dependents if they were to return home at the end of the harvesting season with any savings. For most of the time food is in short supply in the area and as a result the cost of living is high. This situation has arisen because there is limited land available for the growing of essential food crops such as plantains, cocoyams and cassava are obtained from such distant markets as Goaso and Hwidiom. To gain from the cocoa boom of the 1950s, all the farmers put their land under cocoa without reserving any areas where future farm workers, especially the *abusa* men, could raise crops to feed themselves.[1] In these circumstances many *abusa* labourers decline to stay longer in the area than a year or two. The problem was rightly described by one farmer from Kwabena Nsiah's village who said that he has had to persuade his *abusa* man with difficulty, at the end of each harvesting season, to stay on. According to this farmer, at one time he had to agree to contribute extra money towards the cost of food before he could persuade his *abusa* men to continue to harvest his cocoa farm. Similar complaints from other farm owners indicate that this might be the reason why only twenty-two of the *abusa* labourers interviewed were Ghanaians. Thus, following the withdrawal of aliens working under the *abusa* system, it is likely that many farmers might the face the problem of securing the right men to work on their farms.

While the *abusa* and some casual labourers are required to maintain existing farms, the annual labourers are recruited to assist in establishing new farms; casual labourers are also often employed to undertake certain specific tasks in connection with the new farms. The 'annual labourer' is employed on a cocoa farm for a period of at least six months and more frequently for one year for a fixed wage. During the period of service, he is provided free of charge with food, accommodation and clothing as well as the necessary farming implements, especially cutlasses. As is to be expected, most of them are nationals from the northern parts of Ghana, or aliens from the neighbouring countries of Upper Volta and parts of Togo.

[1] Hill, 1956.

For purposes of this study, nine villagers[1] were selected from Western Ahafo where by 1968 farmers were still establishing new farms on their remaining forest lands. In all, 107 annual labourers were employed by forty-two farmers. The farmers were mainly Asantes, the rest included some Brongs, Kwahus and Akwapims.[2] Each of the forty-two farmers had at least two annual labourers; four had between them twenty-three working on their cocoa farms. It was found that two of these four had seven annual labourers each and were being financed by rich Kwahu traders resident in Accra.

Out of the 107 annual labourers interviewed, forty-seven claimed to come from northern Ghana while the remaining sixty stated that they were non-Ghanaians: forty-two were Mossi from Upper Volta; five came from Ogbomosho in western Nigeria. The rest were not sure of their nationalities.

About 60% of the farmers interviewed stated that they were content with their annual labourers for the very good work they were performing on their farms; but six of the farmers were sorry because within the first three months of their engagement, eight of their labourers had run away with their clothing as well as the advance payments they had obtained. It was explained that while a labourer could run away if he disliked his employer so could the employer terminate the appointment of his labourer if he was not satisfied with his work. In such a case, the number of working days would be calculated and the correct amount paid to the labourer if he was not already indebted to the farmer.

In all, 75% of the annual labourers had no intention of breaking their contract when asked, because according to them, they were content with their employers. They also preferred being annual labourers since it enabled them to collect their money[3] in bulk at the end of the contract period while during their service period they were provided with free food and

---

[1] The nine villages are: Kasapii, (=07); Domeabra (55); Charles Kurom (6); Bonkoni (62); Abooso (29); Abidjan (59); Kofi Nyame Kurom (8); Lante Kurom (9); Koranten Kurom (3). The figures in brackets represent the total inhabitants as per the 1960 census.

[2] The Brongs inhabit part of the Brong-Ahafo Region, while the Kwahus and Akwapims are from the Eastern Region in Southern Ghana.

[3] At the time of the survey the average annual wage for an annual labourer was about $52.00. It was usually based on the experience of the employee.

The effects of the expulsion of migrant workers

accommodation and even received free medical attention when sick.

The casual labourer works on a daily basis or contracts to weed and clear land for sowing. Both Ghanaians and non-Ghanaians work in this capacity. Indeed it was in this field that local men outnumbered the immigrant workers in the survey area.

But it is perhaps the appearance of the alien farm 'contractors' in cocoa farming that is surprising. In Western Ahafo, four western Nigerians who styled themselves 'contractors' were met and interviewed. According to them, they undertake to establish a cocoa farm and maintain it for two years before handing it over to the owner for a fixed sum of money. The agreed charge is usually based on acreage or the rope.[1] Payment is usually spread in three equal instalments, the last of these made just before the farm is handed over to the owner. This arrangement, as explained later, enables the contractors to employ casual labourers whenever necessary. All the four contractors met were working for people not resident in the area. Two of them were said to be businessmen in Kumasi; the third was said to be an Ashanti chief while the last was a college tutor. Some of the farmers questioned mistrusted these 'contractors' since, as they explained, the contractors would collect the bulk of the contract money and run away without completing the work. But what is significant is that through their services a new class of cocoa farm owners is gradually emerging in the survey area.

In spite of the large number of various types of farm workers on whose services cocoa farmers in the survey area relied, it was clearly evident that more of them were still needed and that they were not readily available. At the time of the survey, there were many potential farm labourers taking up appointments with a number of timber companies operating in the area. In the fight for labourers, the cocoa farmers were losing to the timber companies,[2] which were offering higher and more regular wages than the farmers could afford. Even where they

---

[1] The 'rope' is the local unit of length defined in terms of arm-stretches, *abasam* in Twi.

[2] At the time of the survey, the two major timber companies—Mim Timber and Gliksten were employing between them 1,700 and 2,000 workers. Many of these were wage-earners.

were available, they tended to be expensive. It was for these reasons that many cocoa farmers appealed to the Government to exempt farm workers from leaving the cocoa farms following the enforcement of the compliance order.

COCOA FARMING IN POST-COMPLIANCE GHANA

In a report[1] on 'Shortage and Rising Cost of Hired Labour' it was estimated that by June 1967 there should have been 550,300 people engaged in cocoa farming. It was further stated that there would have been 46,000 migrant labourers by this time. Unfortunately, this never happened and as a result an acute labour shortage was reported on cocoa farms. Cocoa production was affected; during the 1967/8 main cocoa crop season, an estimated 10% of the crop was not harvested. It was felt that the higher paying job 'opportunities' and attraction to live in the urban areas were the main factors which affected the labour supply. In addition the number of aliens wishing to come to Ghana to work on cocoa farms was decreasing owing to the border restrictions and also the important attempts being made in the dispersion centres (i.e. homes of the aliens) to develop the economy and keep the people from migrating. In northern Ghana efforts were being made to lengthen the farming period through the provision of water for irrigation and other purposes. It is not therefore surprising that by the late 1960s, acute labour shortage was felt in parts of the cocoa-growing areas.

By the end of the harvest season for 1969/70 crop year, it was reported that over half the alien farm labourers had left following the enforcement of the compliance order. Since then a few more had left even though arrangements were made for them to obtain permits which would enable them to stay in Ghana. The survey area was re-visited before the start of the 1970/1 crop year to assess the effects of the compliance order. Two other areas had since been studied; in all the findings seem to tally.

In Eastern Ahafo where *abusa* labourers work on cocoa farms in bearing, the original six villages[2] were revisited and a few other places were visited for the first time. In all 144 farmers

[1] *Cocoa Marketing Board Newsletter*, No. 42, September 1969.
[2] See page 144.

The effects of the expulsion of migrant workers

and *abusa* men were interviewed. Of the total fifty-four farmers, 40% of them stated that they had failed to persuade their *abusa* alien workers to stay on; 18% of them had collected temporary permits[1] for their alien workers from Goaso and others from Kumasi and Tapa; another 12% stated that they had never employed any *abusa* men to harvest the crop while the remaining 30% had Ghanaians working under the *abusa* system. When asked whether replacements had been easy, about 80% of them replied in the affirmative although they further stated that the right numbers had not been obtained in all cases. For instance, one farmer from Ntotoroso stated that whereas in the previous year he had divided his big farm for five *abusa* men only three men were then working on it. His main fear was that the proper maintenance of the farm might suffer in the hands of the three new men. Of the ninety *abusa* men interviewed alone, almost 45% claimed to be nationals from northern Ghana. The rest were Asante, Fanti, Ewe and Akwapim, most of whom were relatively young men between the ages of twenty-four and thirty. About 45% of these young men had their wives with them, but none with children of school age. A few of those with their wives were contemplating moving away to seek new areas where they believed foodstuffs could be obtained more cheaply. For once more there was a general feeling that much of their savings was being spent on food in an area where this should not have been so. Apart from this it did not appear that it was extremely difficult to get *abusa* labour.

The position was very similar in Eastern Ashanti where the expulsion of alien farm workers did not appear to have been felt too strongly. But in this area the cocoa farms are small and yields are too low to require the services of *abusa* men. Even the few with better and bigger farms stated that for some time now they had been relying mostly on local men working under the *abusa* system.

In Western Ahafo where farmers were establishing farms at the time of the survey, the lack of alien farm workers appeared to have been serious. Of the seventy-two farmers interviewed from the original nine villages, only 32% had annual labourers,

---

[1] To stop the alien farm workers from leaving, farmers were requested to approach the nearest Administrative Officer for temporary permits for their workers. The Mining Companies and other bodies collected some for their workers.

48% of them had been unsuccessful in securing the services of new ones while the remaining 20% were not particularly anxious to employ any. Since they were scarce the few employed were charging higher fees. Their average annual wage was about $66.00. About 80% of the annual labourers met were from northern Ghana; few foreigners were still around.

Although there were many Asante, Ewe, Krobo, etc., in the area at the time of the survey, none of those interviewed was willing to become an annual labour; they preferred to remain as casual labourers. No satisfactory answer was given for the rejection, but the impression was that these Ghanaians objected to giving domestic services, including fetching water and pounding 'fufu' for the evening meal, which annual labourers are expected to do on returning from the farm. The absence of workers prepared to serve as annual labourers is causing much concern to many cocoa farmers especially those who have less money to pay for the higher charges of casual labourers. An annual labourer is always preferred since he can be asked to do many other jobs.

But it is not only in Western Ahafo that cocoa farmers engaged in establishing new farms are experiencing difficulties. The situation is reported to be even worse in the Wassaw area in the Western Region where a large number of Asante, Akwapim and Brong migrant farmers have started working land which they acquired a few years ago. In the Wassaw area very few cocoa farmers are reported to have annual labourers while the number of casual labourers is also small. Most of the casual labourers are said to be Ghanaians who accompany some farmers into the area especially at the beginning of the farming calendar. By the end of July, most of them return to their towns. This arrangement increases the cost of labour and leads to constant shortages at critical times.

In the face of such difficulties, a new system of obtaining labour from northern Ghana is evolving. Arrangements are being made with truck drivers who ply between Kumasi and some of the Northern towns such as Bawku, Bolgatanga and Navrongo as well as a number of Ghana–Upper Volta border villages to recruit farm workers who are brought south and handed over to the farmers for a small fee and other expenses including transport. Some of the farmers also go north themselves to carry on such negotiations. Others tend to rely for their farm workers on agents resident in Kumasi who tend to charge higher fees.

CONCLUSION

The geographical complementarity of West Africa was, in the early days, matched by international co-operation. This led to the presence of a large alien population working and trading side by side with the local population to boost the economy of their host countries. Since independence, however, this situation whereby the economy of a country was allowed to depend so heavily on alien workers has been found to be unhealthy and a number of measures have been taken to change it. Control on international migration, including the expulsion of large numbers of alien workers, has been found to be necessary. But these expulsions from certain vital areas of the economy have always brought hardships, even if temporary in some cases. In Ghana in the first place, the order, though welcome to many Ghanaians, has had ill-effects in many areas of the economy. Exemptions were granted to the aliens in certain areas of the economy; but these, in most cases, came too late. The Ghanaian order has brought into true perspective the extent to which the cocoa farmer has depended on the work of the aliens. Our study has tended to confirm this. Although it is true that as far as the employment of *abusa* men is concerned, the problem of replacement has not been very serious, they have become scarce. Where only a fraction of the original *abusa* men are now working on the farms, there is the fear that efficiency may be impaired and that the level of production affected. But with regard to annual and casual labourers on whose efforts most Ghanaian cocoa farmers depend for establishing new farms, the position looks very grim. The fact that many Ghanaian farm workers are not prepared to serve in these capacities is likely to lead to further increase in the cost of establishing farms. If this should continue it may lead to a decline in the cocoa industry which is so inextricably interwoven with the economic life of the country.

The second implication of our study, is the need to interest Ghanaians, especially the youth, in cocoa production. Many have already demonstrated against the return of the aliens after the change of government following the announcement by the new military leaders that the Aliens Compliance Order would be reviewed. Since the return of the alien workers and traders is resented by all, Ghanaians will have to realise that they must fill all the places left vacant. Most people must accept work in any capacity if the economy is to be raised. For this it may be necessary to improve conditions in the farming areas and offer enough incentives to the cocoa farmer, through increasing the producer price of cocoa per load of 60 lb, to enable him to pay for the engagement of more labourers at their current market value.

REFERENCES

Adomako-Sarfoh, J.
(1965) *The development of cocoa farming in Brong-Ahafo South (with special reference to the migration of farmers)*. Univ. of Ghana, Legon, unpublished M.A. thesis.

Berg, Eliot, J.
(1965) Economics of migrant labour, in Hilda Kuper (ed.), *Urbanisation and Migration in West Africa*. Berkeley: Univ. of California Press.

Hill, Polly
(1956) *The Gold Coast Cocoa Farmer: a Preliminary Survey*. London, Accra, Ibadan: Oxford University Press.

Sada, P. O.
(1970) *Politics and migration—a study of some aspects of economic development in West Africa*. A paper presented at First Regional Centre of W.A. Geographers at Legon.

Skinner, E. P.
(1965) Labour migration among the Mossi of the Upper Volta, in Hilda Kuper (ed.), *Urbanisation and Migration in West Africa*. Berkeley: Univ. of California Press.

Résumé

L'EFFET DE L'EXPULSION DES TRAVAILLEURS MIGRANTS SUR L'ECONOMIE DU GHANA: LE CAS PARTICULIER DE L'INDUSTRIE DU CACAO

Le 19 Novembre 1969 le Gouvernement Ghanéen d'alors avait annoncé qu'il mettrait en vigueur la 'Compliance Order on Aliens' (loi qui exige aux étrangers de se mettre en règle) à l'encontre des étrangers ne justifiant pas d'un permis de résidence valable à partir du 2 Décembre de la même année. Sept mois plus tard, c'est-à-dire vers Juin 1970, il avait été annoncé officiellement que 213.750 étrangers avaient quitté le Ghana; et depuis lors beaucoup d'autres étrangers ont également quitté.

Une grande proportion de ce nombre, était constituée par des immigrants africains ouvriers et commerçants dont certains avaient travaillé côte à côte avec leurs homologues ghanéens pendant plusieurs années pour relancer l'économie du pays. Cette action était en conformité avec les méthodes de contrôle démographique et de rapatriement utilisées par les gouvernements nationaux ouest-africains après l'indépendance, comme moyens d'empêcher les économies nationales d'être sous contrôle étranger. Mais c'était en fait une suppression des accords coloniaux relatifs à la coopération inter-territoriale et aux mouvements de population, accords qui permettaient la libre circulation de la main-d'œuvre d'une région à une autre.

L'environment géographique de l'Afrique de l'Ouest favorisait la migration saisonnière de la population du nord genéralement vers le Sud à la recherche de meilleurs possibilités d'emploi. Les frontières coloniales constituaient des restrictions aux mouvements à travers les frontières, mais il y a eu néanmoins beaucoup de mouvements importants à travers ces frontières internationales.

Le mouvement qui a le plus affecté le Ghana a été celui des Mossi de la Haute Volta qui s'étaient installés dans la ceinture cacaoyère et avaient servi à tous les niveaux pour aider au développement de l'industrie. Au moment de la mise en vigueur de la loi, les étrangers s'étaient infiltrés dans tous les grands secteurs de l'économie ghanéenne et exerçaient vraiment une grande influence dans certains secteurs. La faute vient en partie de l'attitude des ghanéens à l'égard de certains types d'emploi 'quelconques'. Ainsi le retrait soudain des étrangers devait inévitablement créer certaines difficultés dans l'économie. Peut-être si l'on avait adopté suffisamment de mesures de précaution, on aurait pu maîtriser la situation et il n'aurait pas été nécessaire d'accorder une exception tardive à certains travailleurs étrangers.

Un des domaines de l'économie qui a été le plus gravement atteint par la loi a été l'industrie du cacao qui pendant de nombreuses années a été tributaire de la main-d'œuvre étrangère. Tout juste avant le vote de la loi, la production du cacao était en baisse, et la loi ne pouvait donc qu'aggraver cette baisse.

Pour étudier les effets possibles sur l'industrie du cacao, on a choisi Brong-Ahafo South, où une étude similaire avait été entreprise depuis 1968, ainsi que d'autres régions ceci à des fins de comparaison. Pendant la période qui a précédé le vote de la 'Compliance Order on Aliens', il a été démontré que l'agriculteur ghanéen comptait sur les manœuvres étrangers venant tous les ans ou de temps en temps pour créer ses nouvelles exploitations de cacao tandis que les manœuvres étrangers *abusa*[1] étaient également nécessaires pour l'entretien des exploitations agricoles existantes.

Sur un total de 107 manœuvres annuels interrogés dans le Western Ahafo où de nouvelles exploitations agricoles ont été créées en 1968, 60 s'étaient déclarés non ghanéens et se repartissaient comme suit: 42 mossi de Haute Volta; 5 manœuvres originaires du Nigéria Occidental; 13 autres qui n'étaient pas sûrs de leur nationalité. Sur les 107 ouvriers agricoles 47 seulement étaient des ghanéens originaires du Nord du Ghana. A côté des manœuvres annuels, la majorité des manœuvres occasionnels n'était pas d'origine ghanéenne. Les quatre étrangers qui se disaient être des 'entrepreneurs' agricoles étaient des Nigérians. Il a été démontré qu'à cette époque il y avait une pénurie aiguë d'ouvriers agricoles car les agriculteurs devaient faire la concurrence à un certain nombre des sociétés d'exploitation du bois opérant dans la région au moment de

---

[1] *Abusa* labourers: main-d'œuvre agricole retribuée avec un tiers de la production.

l'enquête, pour chercher en vain des ouvriers agricoles. Ces sociétés offraient des salaires réguliers.

Durant la grande saison de culture du cacao 1967-8, on a estimé que 10% du cacao du pays n'a pas été récolté. Ceci a été attribué en partie à la pénurie de main d'œuvre agricole enregistrée. On a estimé que les restrictions aux frontières et les possibilités d'emploi dans les centres de dispersion, créées à la suite du développement accru de l'économie, ont constitué quelques uns des facteurs à la base de la pénurie d'ouvriers agricoles au Ghana.

Une enquête menée dans les mêmes régions après le vote de la 'Compliance Order on Aliens', et avant le commencement de l'année agricole de 1970/1 a revelé que dans certaines régions le départ des étrangers n'a pas été un bienfait. Les résultats de l'enquête dans deux autres régions ont confirmé ceci. Dans l'Eastern Ahafo, sur les 54 agriculteurs interrogés, 40% ont perdu leur main-d'œuvre étrangère *abusa*, alors que 18% on réussi à obtenir des permis de résidence temporaire pour leur main-d'œuvre. 80% des agriculteurs ont réussi à remplacer leur main-d'œuvre *abusa* mais ont eu moins de main-d'œuvre qu'auparavant.

Dans les autres parties du pays Ashanti, la main-d'œuvre locale *abusa* avait remplacé les étrangers partis. Mais dans le Western Ahafo dont les demandes en main-d'œuvre annuelle sont importantes, la situation est différente. Sur les 72 agriculteurs interrogés 32% avaient obtenu une main-d'œuvre annuelle alors que 48% ne pouvait pas en obtenir. Le salaire annuel a rapidement augmenté du fait de la pénurie. Des situations semblables s'étaient crées dans les autres nouvelles régions forestières.

Le résultat final est que tant que les ghanéens n'auront pas appris à relever le défi et à accepter de prendre même les emplois 'quelconques', la création de nouvelles exploitations agricoles ne deviendra possible que pour ceux qui ont suffisamment d'argent pour supporter les coûts accrus. En attendant, il semble nécessaire de créer la condition idéale dans les régions de culture et d'offrir également les stimulants necessaires au producteur de cacao. Sinon, l'expulsion des étrangers des exploitations agricoles peut poser un grave danger pour l'industrie qui fait gagner au Ghana la masse de ses devises.

III

L'impact de la migration sur la société villageoise: approche sociologique (exemple Togo—Ghana)

A. AHIANYO-AKAKPO

INTRODUCTION

Après les recensements récents, sur une population Togolaise d'environ 2.000.000 d'habitants, le mouvement migratoire Togo-Ghana affecte près de 300.000 personnes. Beaucoup de Togolais des zones rurales vont au Ghana dans les plantations de café et cacao. L'objet de notre travail est d'étudier: les changements sociaux provoqués dans les zones d'origine par suite des départs des sujets; ceux provoqués dans ces mêmes zones par suite du retour des migrants; enfin les changements sociaux provoqués dans les zones d'arrivée lorsque des migrants viennent s'y installer.

Nous avons choisi dans la zone de départ (le Togo) un nombre restreint de villages et dans la zone d'arrivée (le Ghana) un nombre limité de localités présumées être les lieux où se sont installés les migrants Togolais.

CARACTERISTIQUES DES CENTRES DE DEPART

Notre hypothèse de départ est que ce sont les raisons économiques qui sont à l'origine des départs vers le Ghana. Mais, la pauvreté des régions considérées n'a pas les mêmes causes. Notre choix a donc tenu compte de cette variété de régions inégalement deshéritées. Nous avons choisi les centres suivants:

Mome, dans la Circonscription administrative de Vogan, dans le Sud-East Togo, où le manque d'eau est à l'origine de l'éparpillement des villages. Le chef de la communauté Mome réside à Mome-Sagada. Mais de lui dépendent au moins 17 localités répondant au nom de Mome, par exemple: Mome-Hagou,

Mome-Gbave, Mome-Avegloadzi, Mome-Baleme, etc. Région aride en saison sèche, les Moméens fuirent souvent leur terroir pour aller chercher fortune ailleurs.

Adangbé, situé au Nord-Est de Tsévié à 1,5 Km du fleuve Haho, où le problème d'eau ne semble pas insoluble.

Koviépé, région située au Sud-Ouest de Tsévié (28 Km de Lomé) et à 1,5 Km du fleuve Zio. Malgré la proximité du fleuve le problème d'eau est vital.

Nuadza, le centre de dispersion des Ewe. Ces derniers, historiquement, sont descendus par vagues successives vers leurs zones d'extension actuelle (Tsévié, Lomé, Palimé, Ghana). Une seconde vague a peuplé la région du Mono, le pays Ouatchi.

Katambara et Bassari, dans la Région Centrale.

CARACTERISTIQUES DES CENTRES DE L'IN-GROUP

Fermes visités au Ghana:

I. *En pays Ga*
Christiankopé; village aux activités mixtes
Akwetana-Kisema; migrants Adangbé et divers

II. *A la limite des pays Ga, Akem, Akwapim*
Pokuase et fermes environnantes à la limite des districts d'Accra, de Tafo, et de Koforidua. Centre agricole consacré presque exclusivement aux produits vivriers; quelques artisans. Les immigrés sont d'origine diverse, mais en majorité d'Afagnan, de Vogan, de Kovié et de Mission-Tové.

III. *En pays Aken*
Suhun: Agudakopé et fermes environnantes; migrants d'Agoenyvé, Wli, Kpomé; culture de cacao
Densuso: Apedwa-Konta; produits vivriers
Apedwa et fermes dépendantes; produits vivriers
Amangfrom; une vingtaine de fermes; cacao.

Région de cacao très importante. Le centre agricole est Tafo, mais en fait le centre cacaoyer tourne autour d'Apedwa. Immigrés d'origine diverse, mais majorité Wli, Gblainvié, Ahépé, Kovié, Sokodé.

IV. *En pays Ashanti*
Autour de Fomena: (*a*) Medoma et sur le route de Kumasi et Cape Coast; (*b*) Kusa; région de cacao, mais les produits vivriers prennent la place du cacao Obuase; mines aurifères.

L'Ashanti est le premier producteur de cacao. Il serait bon de voir la vie qu'y mènent les immigrés. Mais nous n'avons pas choisi d'aller dans les fermes à cacao. Nous sommes allés à Bekwai, zone où les plants de cacao ont été coupés. Les immigrés, venus à cause du cacao, se sont retrouvés sans plantation. Ils se reconvertissent difficilement à l'agriculture traditionnelle des produits vivriers. Une lente reconversion. Déception. Nostalgie du retour au pays natal. En outre nous avons decidé de travailler au sein de communautés d'immigrés d'origine Kotokoli (Sokodé et Bafilo).

FONCTIONS DES MIGRATIONS DANS L'OUT-GROUP

Comme le dit Immanuel Wallerstein 'les migrations des peuples lorsqu'elles sont importantes ou lorsqu'elles concernent les couches priviligiées de la population, ont tendance à affecter la structure et la diffusion du pouvoir à l'intérieur aussi bien des sociétés d'où elles proviennent que de celles dans lesquelles elles se dirigent'.[1] Voyons d'abord l'influence de la migration sur la société de départ.

La population migrante comprend plus d'hommes que de femmes. Une constatation connexe est que la migration draîne plus de jeunes gens valides que de vieillards. La première conséquence du départ d'une fraction importante de la jeunesse est le vieillissement de la population de l'out-group. La migration ampute la population villageoise de sa partie la plus virile, les hommes adultes, et laisse une armée de femmes, d'enfants et de vieillards.

Une seconde série de conséquences découlant des considérations précédentes concerne le niveau de bien être général de cette fraction de population demeurée au village. D'abord le niveau de travail devient moins productif du fait que les personnes qui y sont impliquées sont des femmes, des enfants et des vieillards, alors que ces sujets sont plus des consommateurs

---

[1] Wallerstein, Migration in West Africa; the Political Perspective, in Hilda Kuper (ed.), *Urbanization and Migration in West Africa*. Berkeley: University of California Press, 1965, p. 148.

que des producteurs. Par ailleurs il y a une réduction notable des activités de loisirs.

A présent nous voulons examiner la question de savoir les changements sociaux qui interviennent dans la société villageoise du fait du retour des émigrés. Nous avons constaté que les migrants font à la société villageoise des apports tant en nature qu'en espèce. En effet, chaque migrant envoie souvent de l'argent à des parents demeurés au foyer natal, ou bien apporte au village des matériaux acquis à meilleur prix sur le marché de l'in-group.

L'étude de la destination de ce flux monétaire et de ce flux de biens matériels nous révélera les changements sociaux intervenus dans l'out-group. L'argent gagné à l'étranger est destiné à des fins diverses soit pour subvenir aux besoins des femmes et enfants laissés au village, soit pour aider des parents invalides ou peu fortunés, soit pour assurer la scolarité des enfants, soit pour payer l'impôt annuel. Très souvent aussi, le migrant envoie de l'argent et des matériaux pour qu'on puisse lui construire une habitation plus conforme à son nouveau standing, soit pour qu'on puisse lui faire des champs de culture intensive.

En dehors de cette action individuelle de chaque migrant, les originaires des centres de l'out-group résidant à l'étranger participent à des actions collectives en direction du village d'origine. Ainsi est-il fréquent de constater que l'association des originaires de tel village résident au Ghana a fait don de tel nombre de paquets de tôles ou de ciment pour aider les villageois à construire une école, un dispensaire, ou un centre d'intérêt collectif. Les émigrés participent soit par leurs apports, soit par leur travail lorsqu'ils sont au village pour de brefs séjours, à la réfection des routes, à la solution politique de tout problème qui se pose au village.

Par ces quelques exemples notés lors de notre enquête, nous voyons que le migrant participe individuellement ou collectivement à la vie quotidienne de son village natal. Etant théoriquement plus aisé, il contribue notablement par l'injonction de flux, à la transformation de la situation tant économique que sociale de son village. Mais quelle est la signification de ce désir du migrant de manifester constamment sa présence dans son village?

Il nous semble que la présence constante du migrant lui

permet de continuer à maintenir autour de sa personne des liens de clientèle qu'il avait noués au sein de la société villageoise, et par conséquent, de marquer sa 'présence' dans la hiérarchie de la société traditionnelle bien qu'étant absent physiquement. Même lorsqu'il s'agit de migration temporaire, le retour fréquent, ne signifie pas nécessairement une incursion des idées nouvelles rapportées de l'étranger, mais peut au contraire signifier que le migrant est conscient de sa situation précaire à l'étranger: la fréquence des retours est un moyen pour lui de chercher la sécurité.

Les retours ont alors pour fonction le maintien des structures sociales traditionnelles dans le groupe d'origine. Le migrant ménage ses 'arrières' pour le cas où la situation deviendrait trop précaire à l'étranger. Ainsi, le migrant soutient-il sa famille demeurée au village comme une manière de souscrire un contrat d'assurance vieillesse. La société plurale est le groupe social formé par les présumés autochtones et les immigrés. Elle est caractérisée par les relations de cohabitation qu'entretiennent les présumés autochtones et les immigrés. Ces relations peuvent se résoudre dans des situations d'équilibre relatif ou au contraire de distorsions conflictuelles.

Certains facteurs tels que l'existences de structures matrimoniales mixtes, l'assimilation linguistique, ou la participation des immigrés aux associations autochtones favorisent l'intégration sociale de l'in-group.

Au contraire, certaines situations conflictuelles telles que la ségrégation dans l'habitat, la discrimination dans l'emploi, ou l'absence de structures matrimoniales mixtes constituent des obstacles à cette intégration.

MODES DE FIXATION DES IMMIGRES

Dans les zones rurales de l'in-group, les immigrés s'intègrent dans les activités économiques que nous n'allons pas décrire en détail. Nous allons cependant examiner l'importance économique de l'apport des immigrés et par voie de conséquence, leur rôle économique dans la société de l'in-group.

1 *Le contrat de fermage dans les plantations de cacao*

Lorsqu'un migrant arrive dans une localité du Ghana avec l'intention de travailler dans les plantations de cacao, il prend

L'impact de la migration sur la société villageoise

hospitalité chez des concitoyens connus de lui ou directement chez le chef de la communauté immigrée de la région. Là, il est initié pendant quelques temps aux travaux d'entretien des plants de cacao, puis à la gestion d'une ferme agricole. Plus tard, ses pairs proposent sa candidature à un propriétaire terrien afin qu'il puisse accéder à la direction d'une plantation.

Pour devenir gérant d'une ferme agricole, il faut un contrat en bonne et due forme. Généralement la signature du contrat requiert la présence de trois personnes: le propriétaire de la plantation assisté généralement de ses neveux maternels, le candidat fermier lui-même et l'un de ses pairs. Ce dernier assiste au contrat en tant que garant aussi bien du propriétaire vis-à-vis de l'ouvrier agricole que celui-ci vis-à-vis du propriétaire foncier.

En général—et ceci dans toutes les régions cacaoyères du Ghana où nous avons mené notre enquête—le propriétaire foncier s'engage à mettre à la disposition du fermier une plantation pour une durée de 2, 3, 5, 10 ans. En principe, c'est le propriétaire qui supporte les frais de construction des cases d'habitation du fermier. Ce dernier s'engage à cultiver la plantation, à soigner les plants et à gérer les produits de la ferme avec honnêteté. C'est lui aussi qui doit cueillir les fruits, les sècher et les appréter pour la vente. Celle-ci a lieu en présence des deux partenaires: propriétaire et fermier. Le produit de la vente est divisé en trois parties; les 2/3 vont au propriétaire et le 1/3 au fermier. Les parties peuvent s'entendre et opérer le partage du produit agricole lui-même pour le cas où le fermier par exemple préfère une rémunération en nature. Le partage a lieu dans les mêmes proportions 2/3 au propriétaire foncier, 1/3 au fermier.

Généralement, les rapports entre fermier et propriétaire sont empreints d'une grande courtoisie; certains propriétaires sont régulièrement sur la plantation afin de surveiller le travail du fermier, mais aussi de s'enquérir des besoins quotidiens de ce dernier.

2 *Le fermage en agriculture vivrière*

Dans les régions cacaoyères, les ouvriers agricoles immigrés acquièrent par contrat de fermage, des terres sur lesquelles ils peuvent semer les cultures de leur choix: ignames, manioc, maïs, patate, riz, arachide, banane plantain, légumes.

Le contrat est le même dans les fermes de culture vivrière que pour les plantations de cacao, mais le contenu en est légèrement différent. En effet le partage dans ce cas, s'il se fait dans les mêmes proportions, il donne lieu à des distributions inverses: 1/3 au propriétaire et 2/3 au fermier.

A propos des deux formes de contrat précédentes, notons qu'il est possible aux immigrés d'acquérir des terres soit par location, soit par achat. En cas de location de terre, l'acquéreur possède sur le fonds un droit de jouissance absolue pendant toute la durée du contrat. Il peut y cultiver les produits de son choix, disposer de ces derniers comme il l'entend à charge tout simplement de restituer au propriétaire le bien-fonds à l'expiration du contrat. En cas d'acquisition par achat, le nouvel acquéreur devient propriétaire avec toutes les conséquences que cela comporte.

3 *La coupe du bois; le vin de palme; la canne à sucre*

Le bois: dans les zones cacaoyères, on trouve plusieurs sortes de bois utiles en particulier pour le bâtiment. L'exploitation du bois met en présence trois personnes; le propriétaire foncier, son fermier et les scieurs de long. L'initiative revient le plus souvent au scieur. Lorsque ce dernier trouve un bois utile (Odum [Clorophora excelsa.] par exemple), dans une plantation, il s'adresse au fermier responsable et l'informe de son intention d'acheter l'arbre sur pied en vue de sa coupe. Le fermier a deux attitudes possibles selon l'état de ses rapports avec son propriétaire. Lorsque le fermier est en excellent terme avec son patron, il peut prendre sur lui la responsabilité de conclure le marché. Il remet alors la totalité du prix du bois au patron qui lui donne une gratification variable selon les cas. Il arrive que certains patrons très sociables demandent au fermier de garder pour lui la totalité du prix. Certains fermiers préfèrent informer directement le propriétaire de l'offre d'achat des scieurs. Dans ce cas le patron est lui-même partie au contrat. L'exécution de ce dernier se déroule dans les mêmes conditions que précédemment.

Le régime du palmier à huile: le palmier à huile est exploité par les jeunes immigrés qui arrivent fraîchement au Ghana beau-

L'impact de la migration sur la société villageoise 163

coup plus pour le vin de palme que pour l'huile. Pour abattre des palmiers, le jeune immigré s'adresse au propriétaire de la plantation sur laquelle il a répéré de bons palmiers. Si le propriétaire est d'accord pour en vendre, le contrat de vente se fait sur la base de 10 à 50 pesewas par palmier.

Le jeune ouvrier agricole se présente alors au service de l'agriculture pour solliciter un permis d'abattage en payant une taxe de 10 à 15 pesewas par palmier à abbattre. Muni du contrat de vente et du permis d'abattage, il peut commencer son exploitation. Le produit de celle ci peut être écoulé de deux manières: soit par la vente directe du lait frais (le vin de palme), soit par la transformation de ce dernier en alcool (eau de vie de palme désignée sous le nom de sodabi). La bouteille (65 cl) de vin de palme se vend à 2, parfois 3 pesewas tandis que la bouteille de sodabi s'écoule entre 50 et 70 pesewas. Généralement l'exploitant du vin de palme se contente de vendre le produit brut et c'est un autre agriculteur qui s'occupe de sa distillation en sodabi. L'exercise de cette seconde activité est soumise à l'obtention d'une licence. La distribution de l'alcool de palme est également soumise à autorisation préalable. Toute cette réglementation est destinée à contrôler la production de vin de palme et d'alcool. En principe l'abattage des palmiers n'aboutit pas à une destruction des palmeraies car le contrat de vente entre le propriétaire et l'exploitant stipule l'obligation de l'exploitant de planter un jeune palmier à la place de chaque palmier abattu.

La canne à sucre: la production de canne à sucre a pris un essort considérable à partir du moment où le régime N'krumah a pris la décision d'installer sa propre raffinerie de sucre. Des paysans ont été encouragés à augmenter la taille de leur exploitation. Aujourd'hui, bien que le projet de raffinerie soit tombé un peu en veilleuse, la production sucrière est demeurée très importante. Le débouché le plus important actuellement disponible demeure la vente aux consommateurs de canne fraîche. Les plantations de canne à sucre sont généralement entre les mains des fermiers immigrés qui les gèrent en tant que culture d'appoint en plus du cacao, du café ou de l'agriculture vivrière. A cause des difficultés d'évacuation, les paysans destinent à la plantation de canne à sucre les champs situés en bordure des grandes voies de communication menant vers les grands centres urbains, Accra principalement. Parfois le paysan s'occupe lui-même de la coupe des cannes qu'il vend au bord des routes aux marchandes de détail venues d'Accra, de Koforidua, de Nkawkaw, etc. Pour certains agriculteurs, la tâche est facilité très souvent par des détaillants Hausa et Zarma qui achètent toute la plantation et s'occupent eux-mêmes de la coupe des pieds de canne et du transport vers les lieux de distribution aux consommateurs.

Dans les fermes agricoles que nous avons visitées, la culture de la canne à sucre semble être laissée à la discrétion du fermier. Il n'existe aucune règle précise de partage avec le patron. Entre les deux protagonistes semble être établi un accord tacite au terme duquel le propriétaire laisse la possibilité au fermier d'utiliser une portion de l'exploitation pour la culture de la canne à sucre sans une contre-partie expresse, le patron ayant toute latitude de cultiver lui aussi de la canne à sucre sur une autre portion de terre s'il le désire.

4 *Le régime de l'abawa*

L'*abawa* est une sorte de contrat de caution par lequel une personne est mise au service d'une autre pour une durée et pour une rémunération déterminées. En général l'*abawa* met en présence trois personnes: l'*abawavi*, sujet du contrat; le tuteur de celui-ci; et le patron qui accepte de prendre le sujet à son service. Il peut arriver que le tuteur ne serve que d'intermédiaire entre les parents de l'*abawavi* et le patron. Dans ce cas le contrat met en présence quatre personnes. Il se peut aussi que le sujet lui-même se passe de l'intervention de ses parents et d'un tuteur éventuel et s'adresse directement à celui chez qui il doit entrer en service. Au terme du contrat, l'*abawavi* a le statut d'un domestique, d'une bonne à tout faire. A ce titre, les patrons préfèrent généralement les jeunes filles. En contre-partie des services rendus par le sujet, le patron verse une indemnité périodique soit au tuteur, soit aux parents de l'*abawavi*. Il n'est tenu à l'égard de celui-ci que de s'acquitter des obligations alimentaires et vestimentaires. Entre l'*abawavi* et son tuteur (ou ses parents) existe un accord au terme duquel les rémunérations encaissées par le tuteur ou les parents au titre du contrat d'*abawa* constituent une économie à la disposition de l'*abawavi* pour son installation en vue du démar-

L'impact de la migration sur la société villageoise 165

rage éventuel d'un commerce à l'issue du terme fixé au contrat d'*abawa*. Cet accord entre *abawavi* et tuteur n'est pas opposable au patron car, en droit, il s'analyse en term de contre-lettre.

L'*abawavi* a un rude statut social. D'abord dans la famille où elle est employée, son statut d'immigrée l'empêche de s'intégrer véritablement à son nouveau milieu social. A la jeune *abawavi* sont confiées les tâches les plus ingrates de la maison: piler du mil ou fufu (la semoule d'igname pilée), faire la vaisselle, laver le linge de toute la famille etc. Ces travaux domestiques les plus subalternes confèrent à l'*abawavi* un statut de sujet inférieur par rapport aux sujets de son milieu d'adoption. En outre, l'engagement pris par le tuteur de restituer en fin de contrat à l'*abawavi*, toute l'économie correspondant à la totalité de la paye versée par le patron, cet engagement n'est pas respecté le plus souvent. Les tuteurs s'enrichissent ainsi sur le dos des jeunes *abawavi*.

En fait ce régime d'exploitation des jeunes immigrées inexpérimentées à été inventé conjointment par les patrons et des parents sans scrupule. Certains patrons en effet posent comme condition à la mise d'une exploitation à la disposition d'un nouveau fermier, que celui-ci lui remette à son service un jeune homme ou une jeune fille en tant qu'*abawavi*. En définitive les intérêts en jeu dans ce contrat sont moins ceux de l'*abawavi* que ceux du fermier et de son patron. A cause de l'injustice flagrante qu'il contient, l'*abawa* est devenu une institution sans avenir. C'est pourquoi du reste il disparaît progressivement.

5 *Les professions féminines*

Les immigrées généralement s'adonnent au petit commerce de détail. En ville comme dans les zones rurales, au carrefour des voies de communication, se trouve une vendeuse de produits dérivés du manioc. Les femmes achètent des plantations entières de manioc et se chargent elles mêmes de l'arrachage des tubercules qu'elles vendent directement ou qu'elles transforment en une multitude de produits de consommation courante: gari (semoule de manioc) fécule, pâte à gateau, etc. Le commerce du maïs, du mil, est détenu en majeure partie par des femmes d'immigrés. Ce n'est qu'au niveau de la vente des produits alimentaires dérivés des céréales que l'on note la présence de commerçantes d'origine ghanéenne: distribution de Kenke (kon ou dokunu: pâte de maïs cuite à partir de la farine fermentée et vendue dans des enveloppes d'épis de maïs; très aigre au goût), du riz préparé, etc.

Sur les marchés ruraux, le petit commerce de détail est entre les mains des immigrées: on voit ici telle marchande de patate, là telle autre de poissons ou d'huile de palme, là encore telle femme vendeuse de haricot où de watché,[1] telle femme aussi vendeuse de boule d'akassa.[2]

6 *Les artisans, le problème du chomage*

Certains immigrés, faute de pouvoir s'installer sur une plantation de cacao ou d'agriculture vivrière, se reconvertissent à l'artisanat dans les milieus ruraux. C'est ainsi qu'on rencontre des immigrés Togolais devenus tailleurs, cordonniers, menuisiers; d'autres ont ouvert de petits ateliers de réparation mécanique (réparateur d'auto, réparateur de montres, etc.) D'autres n'ayant aucune qualification professionnelle et n'ayant appris aucun métier forment une armée de réserve de chômeurs.

Lorsque le Gouvernement de N'Krumah a décidé vers 1960 d'aider les paysans à renouveler leurs plantations, il a fallu recruter une main-d'œuvre occasionnelle pour la coupe des vieux plants de cacao et le repicage de jeunes pousses sélectionnées. Les services agricoles eurent naturellement recours à cette réserve de main-d'œuvre. Ainsi les jeunes chômeurs immigrés dans les régions rurales concernées ont-ils trouvé momentanément du travail. Mais depuis 1966, l'opération de renouvellement des plantations est stoppée et les jeunes immigrés licenciés. Ils attendent d'être reconvertis à d'autres activités mais ce n'est pas toujours facile pour eux. Leur situation par conséquent reste précaire même si elle n'a pas atteint le niveau dramatique de la situation des chômeurs des grands centres urbains tels qu'Accra. Depuis quelques années (on peut situer le début de la période à 1966), un problème urgent de reconversion se pose aux agriculteurs immigrés par suite soit de la

---

[1] Le watché designe le mets fait d'un mélange cuit de riz et de haricot.

[2] Akassa: semoule préparée à partir de la farine de maïs tamisée et mise à tremper. Selon le degré de fermentation atteint par la farine, on obtient deux aliments principaux: Kafa et egblé.

destruction des plants de cacao comme à Kusa, soit de l'arrêt de l'opération de renouvellement des plantations comme dans l'Akuapim ou l'Akim.

CONCLUSION: LA MIGRATION EST UN INDICATEUR DE CRISES SOCIALES

Notre article a été axé principalement sur l'étude du rôle sociologique de la migration en Afrique de l'Ouest en partant de l'exemple Togo-Ghana. L'Afrique est aujourd'hui le théâtre de bouleversement d'ordre tant économique que politique. Les changements sociaux sont alors toujours sous-jacents à ces bouleversements économiques et politiques. C'est ici qu'apparaît la nécessité de s'interroger sur la fonction réelle des migrations en Afrique de l'Ouest eu égard aux transformations sociales, économiques, et politiques dont la sous-région est le théâtre.

1 *Sur le plan sociologique*

Nous avons montré qu'aussi bien dans la société de départ que dans la société d'arrivée, la migration est un facteur de bouleversements sociaux entrainant au sein de l'out-group et de l'in-group d'importants changements dans la structure démographique de la population villageoise et dans les rôles sociaux qu'y détiennent les sujets.

Les apports des migrants contribuent dans une mesure relative à élever le niveau de vie des membres de la société villageoise. Néanmoins la migration est en même temps le moteur de conservatisme des valeurs traditionnelles et du maintien de certaines structures sociales qui, manifestement, ont fini de remplir les fonctions historiques à elles dévolues. De ce point de vue, il y a lieu de conclure au rôle nécessairement limité des migrations en tant qu'élément de changement. De même au niveau de l'introduction dans la société villageoise par l'intermédiare de la migration, de certaines normes de l'économie de marché, nous avons noté la tendance des migrants à sauvegarder à tout prix leur personnalité au sein de la hiérarchie sociale villageoise. Par conséquent, les changements sociaux consécutifs aux migrations n'affectent pas nécessairement les structures fondamentales de la société Africaine et ne signifient nullement une révolution dans les structures traditionnelles villageoises.

2 *Sur le plan économique*

Peut-on soutenir avec Elliot Berg qu'à l'étape actuelle de développement économique en Afrique, 'La migration est le meilleur moyen de redistribution des facteurs de la production'?[1] Dans notre étude sur les migrations Togo-Ghana, nous avons noté qu'il y a entre main-d'œuvre locale Ghanéenne et main-d'œuvre immigrée, une division quasi tacite du travail. S'agit-il d'une division traditionelle du travail ou d'une redistribution de facteurs de production? Dans cette seconde hypothèse on ne voit pas bien quel facteur est redistribué et entre quels sujets. L'optimisme d'Elliot Berg masque en fait le rôle nécessairement limité des migrations.

3 *Sur le plan politique*

Justement, pour s'en convaincre, il suffit de constater la précarité de la situation des travailleurs migrants. Est-il besoin de citer le cas des Togolais, Ghanéens et Dahoméens renvoyés de Côte d'Ivoire, du Gabon, du Congo depuis 1959–60? Nous avons fraîchement en mémoire le cas des Voltaïques, des Togolais, des Dahoméens, des Nigérians renvoyés du Ghana en Décembre 1970.

Loin d'être un moyen de redistribution des facteurs de la production, les migrations en Afrique de l'Ouest apparaissent comme des indicateurs de crises: crises au niveau de la société de départ où les populations devant la situation économique aléatoire de l'out-group cherchent une issue dans une évasion vers d'autres cieux. Crises au niveau de la société d'arrivée, où les migrants, main d'œuvre non spécialisée mais bon marché, entrent en concurrence avec la main d'œuvre de l'in-group. Que faut-il faire, face à ces situations de crises? L'homme a besoin du mouvement et on ne peut arrêter les migrations humaines.

(*a*) Les pays Africains doivent garantir par des accords à tous les travailleurs sans distinction de nationalité, la sécurité dans l'emploi. C'est une tâche urgente.

(*b*) Ils doivent en outre définir des politiques de développe-

---

[1] Elliot Berg, The economics of the migrant labor system, in Hilda Kuper (ed.), *Urbanisation and Migration in West Africa*, Berkeley: University of California Press, 1965, p. 167.

L'impact de la migration sur la société villageoise

ment intégré sans frontière afin que les travailleurs de deux ou plusieurs pays aux intérêts identiques puissent trouver du travail de part et d'autre de leur frontière le plus souvent artificielle, dans le cadre de Code du travail qui leur assurera la sécurité aussi bien matérielle que physique.

Summary

THE IMPACT OF MIGRATION IN A VILLAGE SOCIETY

Against a historical background, the sociological consequences of migration between rural areas is considered with reference to Togo as the migrant group and Ghana as the host group. The social frameworks of these two areas are considered. Migration is shown to be a factor of change at demographic, economic, cultural and linguistic levels. But the social changes have not affected the fundamental structure of the traditional societies. The migrants, by maintaining relations with their own group and in the character of the relations they establish with the host group, have generally preserved the traditional and conservative features of their own society and personality.

On the other hand, migration is not merely a means of redistribution of population and production but an indicator of social crisis. The latter arises in this case from the lack of an adequate economic substructure in the rural areas of the home population; and the difficulties of integration between the migrants and their host society. Regional policies of development as a possible solution for these difficulties are considered.

IV

Regulations governing the employment of non-nationals in West Africa

KRISHNA AHOOJA-PATEL[1]

INTRODUCTION

The phenomenon of migration is neither new nor specifically African. In Western Africa, however, the presence of 'foreign' workers infused a new sense of urgency into an already complex political situation in the 1960s. The changes in political boundaries transformed Western Africa into fourteen units, thus making many earlier internal migrations into movements across frontiers. The adoption of economic and social planning also contributed to a general awareness of the foreign element in the national structure of employment. In determining national employment policy, it became essential to examine the existing percentage of non-national[2] workers in various sectors of the economy. This resulted in expulsions. The dilemma persisted: how to give priority to nationals without disrupting economic activity?

In West Africa, towards the end of the 1960s, several thousand workers of various nationalities were uprooted. They included Voltaics, Dahomeans, Nigerians, Ghanaians, Lebanese, Syrians, British and French. The main objective of the new nations was to make a dent in the employment structure inherited from the colonial period. The percentages varied from country to country, but in the majority of countries the

---

[1] This paper was presented by the author in her personal capacity and the views expressed therein are not necessarily those of the International Labour Office, of which the author is a staff member. The author is grateful to Mr. A. F. Watson (Reports-Unit, Employment and Promotion Department, ILO) for his generous help at various stages of the preparation of the paper.

[2] The term 'non-national' has a more precise meaning than the term 'foreign' and is used here to apply to persons not in fact possessing the nationality of the country in which they are working, although in certain cases they may have a claim to that nationality.

employment structure formed a pyramid in respect of skill levels. The base of this pyramid consisted of African nationals and non-nationals from neighbouring countries working for short periods at a time in the less-skilled jobs; intermediate or middle-level skills were represented by long-resident non-national workers of non-African origin; and the apex was formed by high-level non-nationals—technical and managerial personnel—almost all of whom were of European origin.

Migration defined in simple terms is a voluntary movement of persons from a point A to a point B. In its dynamic concept it may be visualized as a moving train with frequent stops, where certain persons get on and others get off. The time dimension being a determining factor, the fundamental question is: who are the migrants? At what point of time does a migrant become a national? In this area the administrative and legislative measures concerning the employment of non-nationals in each state become directly relevant.

New rules and regulations have been enacted in several countries since independence in order to alter the existing imbalanced employment structure. The new legislation, such as immigration laws, foreign investment laws and trade licensing acts, are instruments of economic policy to achieve this aim. In addition, almost all countries are also promoting 'localization'[1] by various legislative and administrative means to encourage training programmes for their nationals at all skill levels and in certain cases they are granting special credit facilities to encourage local entrepreneurship in industry and commerce.

The basic purpose of the paper is to examine briefly current measures to regulate the movement of workers within the West African subregion (with examples from other parts of Africa). The legislation and practice of selected countries is examined below to illustrate the manner in which economic needs determine policies and regulations in respect of employment.

[1] 'Africanization' and 'localization' are frequently used synonymously but, in fact, these expressions denote two distinct phases of development in post-independence Africa. 'Africanization' measures in the early sixties were addressed to the skill category referred to as 'high-level technical and managerial manpower', most of whom are of European origin, while 'localization' in the latter part of the sixties was concerned mostly with middle-level workers, the majority of whom are of non-African origin.

1. THE PROBLEM IN PERSPECTIVE

In Western Africa where the political, economic and cultural elements of movement of persons are more complex than in other parts of Africa, it appears from government sources[1] that Ghana had the highest percentage of 'aliens'.

The analysis of the existing demand for qualified personnel and foreign skills[2] shows that high-level manpower continues to be in demand particularly in government and industry in several African countries. In the category of high-level personnel are also included permanently established residents who have, in the majority of cases, retained the nationality of the country of their origin.

In the next large category, loosely defined as middle-level workers, there is a further subdivision into two groups: those who are considered to 'qualify' for nationality or citizenship under the laws of the home country and those whose 'eligibility' is disputed.[3]

Since 'localization' programmes during the mid-sixties were mainly aimed at the replacement of these middle-level workers, those affected or considered alien (often described by the host governments as Syrian, Lebanese, Greeks, Nigerians, Dahomeans and Asians) were engaged in the following occupations: middle management in administration; self-employed in professions; owners of small-scale industry and businessmen in distributive (wholesale and retail) trade.

The third category of permanent non-national workers consisting of different African nationalities and whose number cannot be easily estimated are those who are frequently unable to name their nationality.

At one extreme are countries, such as Mauritania and the

---

[1] See Information Sheet, Ghana Embassy, Addis Ababa and *Africa Research Bulletin*, 15 August–31 August 1970. The majority of these workers were reported to be Nigerians; the remainder came from neighbouring countries—Togo, Upper Volta and the Ivory Coast. *Race Today*, February 1970.

[2] UNECA, *Africa's Requirement for Trained Manpower in Critical Areas of Developmental Activity*, E/CN. 14/WP. 6122, 20. September 1968, Table XII, p. 22.

[3] Asians are the largest ethnic group whose nationality is disputed by the home countries, the host country and the country of their choice. For a legal analysis, see R. Plender, 'The Exodus of Asians from East and Central Africa: Some comparative and International Law Aspects', *The American Journal of Comparative Law*, 1971, Vol. 19, pp. 287–325.

Ivory Coast, where the percentage of 'foreign qualified staff' in industry, civil service and commerce ranges from 30 to 90% of the total. The countries which rely or depend relatively less on foreign skills in the middle-level jobs include Nigeria, Ghana, and Kenya.

While the degree of dependence on foreign skills varies from country to country and according to different economic activity, the ratio of foreign to national personnel in general tends to be higher in the private sector than the public sector. The reason for this may lie in the policies followed by several African countries which have adopted various administrative devices to give priority to their own nationals or citizens. Similarly, the available information indicates that in industry, commerce, banking, building construction and energy production, larger numbers of foreign personnel are employed than in agriculture or public services. Finally, in certain areas such as management, medical research and higher education, almost the entire staff in the majority of African countries is foreign.

In other continents, problems relating to the conditions of employment offered to non-nationals and to their working and living conditions raise many difficulties. For instance, in certain western European countries, this is found to be so for the following reasons: (*a*) immigrant workers (including a number from Africa) tend to be concentrated in low-status employment which has been largely deserted by national workers precisely because the work is low paid, or unpleasant, or entails working awkward hours; (*b*) immigrant workers are educationally or linguistically handicapped by comparison with national workers and have difficulty in being accepted as social equals; (*b*) as late comers in very competitive housing markets, they have to take the only accommodation which they can get, which is often very poor; and (*d*) since one of their aims is to save as much as possible of their earnings, they spend as little as possible on their housing and feeding.

In Africa, some but not all of the above factors apply. In certain cases the problem presents itself in reverse, e.g. non-nationals are not to the same extent concentrated in low-status employment; indeed, there are many in high-status employment and enjoying privileged conditions, particularly, of course, in the case of expatriates. And as regards housing, even unskilled and underemployed immigrants in the towns are in most cases in no noticeably worse position than nationals working at the same level who have migrated from rural areas within the country.

II. ADMINISTRATIVE AND LEGISLATIVE REGULATIONS

Freedom to emigrate is recognized by most national laws and regulations and in some countries is even incorporated in national constitutions. However, while emigration is not seriously limited by statute, there exist effective administrative means to oppose, if necessary, the departure of a given category of persons. Governments also tend to exert a substantial influence on migration currents in other ways, e.g. by refraining from promoting emigration or by encouraging emigration by such means as under bilateral agreements.[1] More important, however, are the restrictive effects of laws and regulations dealing with immigration, some of which are discussed below:

(a) General control exercised through immigration and other laws

The laws of the majority of countries have specific procedures relating to entry and employment of non-national workers who need to obtain authorization either in the form of a work permit or identity card. In certain countries, such as Nigeria, a residence permit is assimilated to work permit. In others, a residence permit is assumed to have been given when a non-national worker actually applies for employment. There are some countries, such as Senegal and Zambia, where the employers are under an obligation to submit regular reports of the numbers of non-nationals employed.

No countries in Africa follow a uniform pattern in this respect. The only point common to the majority of the ex-French countries of Africa is that a special department of the Ministry of Labour handles all questions relating to the employment of foreigners, while in English-speaking countries the jurisdiction is distributed among several ministries including the Ministries of Labour and Interior and Foreign Affairs.

[1] For example, see *La Convention d'établissement Algérie-Tunisie*. Décret no. 63-450 du 14 novembre 1963. Other countries which have signed Conventions on this question include Sudan and Ethiopia, Nigeria and Equatorial Guinea, Senegal and Gambia.

The investment laws of certain countries (for instance Central African Republic, Ghana and Nigeria) permit foreign investment only on the basis that the employer concerned will follow a policy of employing nationals (the percentage not being stated, but it being implied that the percentage will be progressive).

Very often the authority to fix the percentage of foreigners in certain sectors of the economy also rests with a particular department or office of a ministry and more than one ministry is involved. In a few countries where a work permit is obligatory for a non-national, it specifies the category, profession or occupation in which he is employed.

The general rule of thumb followed by almost all African countries to implement programmes on 'localization' appears to be the criterion of 'suitability of qualifications'. The essence of this rule is that wherever possible in employment, a national must be given priority. It should be noted that this rule is not always declared in a formal instrument, but is expected to be applied by employers both in the public and in the private sector. Wherever there is a scarcity of trained high-level or middle-level personnel, the non-national employers who report to the authorities invariably emphasize the 'non-availability'[1] of nationals.

(b) Provisions restricting the exercise of certain activities by non-nationals

The diversity of provisions examined below do not appear to form a definable pattern. They are utilized as short term measures in employment policy at *a point of time*, the precise economic consequences of which remain to be analysed.

The Ghanaian Business Promotion Act, No. 334, which became effective on 1 August 1970, has not only reserved certain sectors of the economy for its nationals, but has also stipulated which categories of enterprises are exclusively 'reserved' for them. During the first phase of implementation, the Act envisaged two phases. According to Article 11 'no person other

[1] A recent study on Kenya shows that enterprises use several devices to limit 'localization' of posts; these include exaggerating work experience, job descriptions and blowing up job titles. D. Nzomo, *Occupational Kenyanisation in the Private Sector*, Institute for Development Studies, Nairobi, August 1971, Staff Paper No. 108.

than a Ghanaian shall own or be part-owner of any enterprise concerned with retail or wholesale trade where the annual sales ... do not exceed 500,000 cedis'[1] (about £200,000). The next phase which began in June 1971 envisaged that thirty-seven economic activities were to be considered 'reserved'. These included *inter alia*: commercial transport by land, bakery, printing, beauty culture, advertising and publicity and manufacture of cement bricks.[2]

Again, under the law in Ghana, aliens are not allowed to trade in any market or to engage in petty trading, hawking or selling from a kiosk. Any alien who is operating a business enterprise is also under legal obligation to institute training schemes for Ghanaians. The Minister of Economic Planning, at his discretion, may, however, exempt any person or enterprise from the provisions of the Act.

According to the law that came into force in the Congo in 1967,[3] private firms are under a legal obligation to 'africanize' various posts according to a plan which began in 1968. During the second phase, however, the Government proposed to replace high-level staff with nationals, for an indeterminate time excluding managers and technicians of major enterprises.

In certain countries such as Kenya, new provisions were formulated for non-nationals previously engaged in certain activities whether as employers, workers on their own account or wage and salary earners. The manner in which the control is exercised on employers is, by fixing a ceiling to the number or proportions of non-nationals he may employ or by 'encouraging' him to follow a policy of 'localization' within the enterprise. Individual control of non-nationals already in the country is exercised through systems of registration and work permits.[4] In Burundi, for example, it has been proposed to fix a quota for employees in the private sector by creating three broad categories: technicians, engineers, administrative and managerial

---

[1] The Minister of Planning may use his discretion about this amount; Ghanaian Business Promotion Act.

[2] Article 13, ibid.

[3] Arrêté ministériel no. 6/06/20 du 5 mai 1967, *Journal officiel*, 15 octobre 1967.

[4] All non-citizens employed in a number of industrial and commercial enterprises and those engaged in wholesale and distributive trades have been ordered to apply within three months for entry work permits for themselves and dependants. Legal Notice, *Kenya Gazette*, Supplement, 7 January 1972.

workers, salaries employees, and unskilled workers,[1] while in Zaire the Government is in the process of fixing the maximum limit for foreign workers who can be employed in the country.[2] Employers are required to furnish regular information about the number of foreigners employed to the National Employment Service of the Ministry of Labour.

In Sierra Leone, there exists an immigration quota system to 'control the influx of foreigners' who enter the country, to take jobs for which 'suitable Sierra Leoneans are not available'. According to Article 5[3] of the Immigration Law, the work permit system is also intended to ensure that skilled workers are only permitted to enter the country in search of employment where indigenous persons with similar qualifications are not available in the employment market.[4]

In Gabon[5] the maximum percentage of non-nationals which may be employed in a defined economic sector is stipulated by decrees and is subject to periodic review.

In Chad[6] and Niger[7] there are no general restrictions on 'aliens' to exercise certain types of economic activity except the rule that for engaging in commercial, industrial and artisanal activity, it is obligatory to carry an identity card.

The basic objective of the Niger Decree is to control and regulate the activities of 'foreign non-wage private professionals'. No alien may exercise any activity relating to industry, commerce, liberal or artisanal professions without obtaining prior authorization.

[1] Law No. 70/218 of 2 July 1970. Ministerial regulations may fix the limit from time to time.

[2] There are three types of identity cards for non-nationals depending upon the duration of their stay: temporary, temporary special and permanent.

[3] In a report submitted to the ILO under article 22 of its Constitution.

[4] This is to prevent other countries unloading their unemployed on this country which already has a serious unemployment problem.

[5] Article 4, Décret réglementant l'emploi des travailleurs étrangers, no. 00277/PR–NT.

[6] Loi no. 20–67 du juin 1967 portant création d'une carte d'étranger commerçant, industriel et artisan. *Journal officiel*, Fort Lamy, 6 juin 1967.

[7] Article 2, Décret No. 67–1271/MI/MAECI du 7 septembre 1970.

III. THE SIZE OF THE PROBLEM

The basic solution for the employment problem is a rapid expansion of the natural economy. While it is natural and even desirable that the new nations in Africa seek to protect their own workers by placing restrictions on the employment of 'foreign' workers, it is evident that serious problems of an economic, social and human character are posed in this transition.[1]

In several African countries, the process of 'africanization' and 'localization' has already been spread over a period of five to eight years and the various laws and regulations under which 'aliens' continue to be expelled should be seen as the culmination of a long process of political consolidation, so that one witnessed during the last two years a number of expulsions which involved Voltaics from Ghana, Ghanaians from Sierra Leone, Nigerians from Ghana and Dahomeans from Upper Volta. Expulsion[2] appears to have been in a sense the last resort of the authorities after other legal and administrative measures have failed.

On all that is said above, a word of caution must be expressed about the exactness of distinctions drawn between 'nationals' and 'non-nationals'. In many parts of Africa the concept of nationality is new and the consciousness of being a national of one country is not yet strong. Some residents of foreign origin might have a good claim to citizenship if the necessary documentary evidence could be produced. In this kind of situation, irrespective of a person's legal status, members of the general

---

[1] In this connection see the proposals made by Mr. C. W. Jenks, the Secretary-General to the ILO Third African Regional Conference, to regulate the problems on an international level. He warned that '. . . Failure to deal with the whole question wisely and imaginatively, with humanity and prudence, could create chaos in large parts of Africa.' ILO, *Record of Proceedings* (Accra, 1969), p. 166. Later, the African Advisory Committee at its fourth session at Yaoundé (26 July–6 August 1971) discussed the subject under the title of 'Employment Statutes and Conditions of Non-National Workers in Africa'. See, in particular, Appendix I of the report (doc. GB.184/14/1) concerning conclusions and recommendations, Geneva, 16–19 November 1971. On the recommendation of the Committee, certain aspects of the subject will be discussed at the Fourth African Regional Conference of the ILO due to be held in 1973 under the following title: 'Employment, Status and Conditions of Migrant Workers and Other Workers holding the Nationality of Other African Countries.'

[2] For a detailed discussion see Margaret Peil, 'Expulsion of West African Aliens' in *Journal of Modern African Studies*, August 1971, Vol. 9, No. 2, pp. 205–29.

public may assume, because of his appearance, or mode of behaviour, that he is of another nationality. Some communities inhabit both sides of a frontier and, in less intensely administered areas, they migrate so freely that their nationality is not yet distinguishable. The descendants of inter-tribal or inter-racial marriages often pose similar problems of nationality. Thus, definitions in a country's laws may not succeed in clarifying the status of certain people, or may be ineffectual in practice, or may be overriden by local prejudices.

In several countries, it is less a problem of the overall numbers than of the fact that non-nationals occupy dominating positions in particular sectors of the economy or in particular occupations. They are seen as exerting too great an influence on important sectors of the economy, or as barring the way to the advancement of certain categories of national workers. There is, however, another way of looking at it.

In regard to Indian, Lebanese and Syrian traders, Professor W. Arthur Lewis has observed that: 'There is no doubt that these traders performed a service without which rapid development would not have been possible. They moved into difficult country lacking roads and seething with malaria, taught the farmers how they could be richer by planting commercial crops for sale, and arranged the collection and transportation of ever-growing quantities of produce. Of course, they did not do this for love: who works for love? But it is beyond question that they raised the economic level of the peasants as well as themselves by what they did.'[1]

In any event, it is clear that the rate of 'africanization' or 'localization' is dependent upon the increased supply of suitably qualified nationals to replace non-nationals, and that this should not be pursued as an end in itself without regard to its possible effects on other objectives, in particular, economic growth and the growth of employment. On this point, T. M. Yesufu[2] has expressed the following opinion: '. . . The immediate employment impact of such policies, is, however, highly debatable, particularly as it leads to a large-scale repatriation

[1] W. A. Lewis, *Some Aspects of Economic Development*. The Aggrey–Fraser–Guggisberg Memorial Lectures, 1968, Accra, 1969.

[2] 'Social and economic policies for alleviating urban unemployment' in *Prospects for Employment Opportunities in the Nineteen-Seventies*, 7th Cambridge Conference on Development Problems, 1970. London House, 1971.

of capital. Indeed, the expulsion of entrepreneurs and other self-employed people could easily have the initial effect not only of reducing the level of economic activity but also the level of employment.'

For instance, in Kenya, the Ministry of Economic Planning and Development estimated in 1967 that, so far as university-level skills were concerned, Kenya would only be able to produce enough manpower to fill growth needs and natural replacements, leaving nothing over for the accelerated replacement of non-nationals before 1975. A similar tone of caution is also discernible in the analysis of a group of economists working at the University College, Nairobi, in 1968. They stressed that the cost of diverting Kenyans from new, growth-created jobs into 'replacement jobs' where they could make no *net* addition to the national product be seriously considered. Furthermore, they estimated that the diversion of each such Kenyan would, on average, mean sacrificing about US$6,000 worth of potential output. They added: 'Perhaps even more significantly, as each high-level person (employer or senior employee) on the average creates jobs for ten others besides himself, each high-level job *not* filled as a result of diverting a qualified Kenyan to replacement also means about ten additional unskilled or semi-skilled workers being deprived of the chance of earning wage income.'[1]

For many non-Africans who lose their employment as a result of africanization measures, serious economic problems do not arise. In so far as they are expatriates of European origin, they may from the beginning have taken employment on the understanding that it was for a limited period at the end of which they would return home. Also, this eventuality, as well as the disturbance involved in moving from another continent to Africa and back, may have been taken into account in fixing their remuneration. The principle of gradual replacement of expatriates by Africans as and when suitably qualified personnel became available is now well recognized and it is not in relation to them that the main problem of the seventies is likely to arise.

[1] 'The Economics of Kenyanisation: Some Professional Comments and Recommendations', by eighteen economists working at the University College, Nairobi, *East Africa Journal*, March 1968.

The more fundamental problem, however, is likely to be related to non-national workers of the following categories: firstly, those who are mainly working at intermediate levels with intermediate remuneration and are immediately threatened with replacement. In the majority of cases, these workers have established residence over a long period in the host country and, in some cases, the nationality laws have been specifically designed to exclude them. In order to regulate this problem and avoid undue hardship, the ILO African Advisory Committee has recommended the following steps:

> The special status of long-term resident non-nationals should be recognised either by offering facilities for naturalisation or, should the persons concerned not wish to change their nationality or should naturalisation be refused, by the issue of certificates of establishment or the granting of privileged status. The latter option should be open to persons who have been continually resident in the country for a defined period; this period should not be more than ten years and should aim, by bilateral, subregional or regional agreements, to reduce this to a period not as a rule exceeding five years.[1]

In the second category fall those workers who have been employed as 'seasonal' labourers in the agricultural field, contributing to higher output of various commercial crops. In certain cases, the host country relies almost entirely on the export of a few commodities for its foreign exchange resources. The conditions and duration of contract of these workers need to be better regulated on a bilateral basis.

There is perhaps insufficient appreciation in Africa that countries can draw mutual economic benefit from the movement of labour (as compared, for instance, with western Europe, where there is wide recognition that the movement of workers from the Mediterranean countries to the more highly-industrialized countries has helped to raise standards of living

---

[1] This recommendation is based on paragraph 16(2) of the *Migration for Employment Recommendation (Revised), 1949 (No. 86)* relating to freedom from employment restrictions for migrants who have regularly resided in the country 'for a period, the length of which should not as a rule exceed five years' and for their facilities. *Report of the African Advisory Committee on its Fourth Session*, Appendix I.

in the former and to keep up a high rate of economic growth in the latter).

While there may be good arguments for a well-planned and phased reduction in the number of non-nationals in employment, properly related to manpower requirements and replacement possibilities, hasty and drastic measures may have the following serious consequences: (a) hardship on the workers affected and their families; (b) disruption, at least temporarily, of certain sectors of the economy; and (c) the danger of a general deterioration of relationship between countries and postponement of the efforts at regional co-operation which are so important for the future of African countries.

While it is an acceptable practice, in Africa as elsewhere, to test whether a suitably qualified unemployed national is available before a new non-national is allowed to enter the country for employment, it would be illusory to think that ejecting resident non-nationals from employment, even if this were acceptable from a humanitarian point of view, could make much contribution to the 'total pool of jobs'. In fact, in some instances, it might even lead to a drop in the total. The pool of jobs can be increased in the long run only by an *employment-oriented development strategy* which, in certain circumstances, might call for greater regional co-operation[1] and more rather than less interchange of workers. There appears also to be a certain lack of appreciation of the international labour standards[2] affecting this issue; while these standards were primarily conceived to meet long-standing situations in other continents, they have validity for the Africa of today.

In a country aspiring to decrease the proportion of non-nationals in its labour force, or in specific sectors of its employment, the proper sequence of action would appear to be as follows:

(1) to collect and publish precise and up-to-date information on the employment held by non-nationals, the numbers

---

[1] Western Africa has a multiplicity of regional institutions, almost all of which have been advocating the need for 'free movement of labour' within the framework of co-ordinating development, see protocol, West African community and Organisation des Etats de la Rivière, Sénégal (OERS) and Chad and Niger River Commissions.

[2] See Annex III.

involved, the nationality of these workers and their length of residence. It may also be necessary to assess the future trend some years ahead, having regard to present wastage and replacement rates;

(2) to assess the numbers of nationals suitably qualified to fill satisfactorily any jobs which may be vacated as a result of restrictions on the employment of non-nationals; if this assessment shows that the supply of nationals will be inadequate, either in quantity or quality, steps will need to be taken to aim at a lower reduction or to make adjustments to education and training programmes for nationals;

(3) to estimate the probable effects on the normal functioning of the economy of any withdrawal of non-national workers;

(4) to discuss the question with the governments of countries whose nationals are likely to be most affected, covering among other things the possibilities of resettlement open to such workers;

(5) on the basis of the information so obtained, to submit phased proposals to the national advisory body competent in questions of manpower and employment;

(6) when measures are finalized, to explain them simply and fully so as to avoid any misunderstanding and to ensure that those persons likely to incur any hardship as a result of the measures effectively received reasonable notice of them;

(7) not to put the measures into operation until the necessary administrative arrangements[1] have been made to avoid hardship on any non-nationals who will be required to leave the country—such as arrangements for ensuring their admission to another country, their personal travel under satisfactory conditions, the transport or liquidation of their assets, etc.

The criteria most frequently applied in other continents and, to some extent, in Africa are (a) that the employment concerned is reasonable and the applicant suitably qualified for it; (b) that no *suitably* qualified national worker is available;

---

[1] There may, however, be some scope for more collaboration between national employment services in placing individual applicants from one country in vacancies in another. The collaboration that has taken place between the services of Senegal and Mauritania shows that this can be done.

and (c) that the conditions of employment are not less favourable than those offered to a national worker. Permission is normally for a limited period and subject to close examination upon application for renewal, and may be accompanied by a requirement that 'a national be trained by a given date to occupy the post'.[1]

Bureaucratic procedures should be cut to the minimum so that the non-national worker and the employer are prepared to accept them as fair and not to feel that they are being subjected to oppressive measures. In particular, a work permit should carry the right to reside for the same period, the non-national not being required to make a separate application to a separate authority for a separate residence permit. The officials concerned with enforcement should not lose sight of the fact that the main purpose of the procedures is to see that a newly-entered non-national does not deprive a national of a chance of employment; if that condition is satisfied, the non-national should not be harassed in any other connection.

If satisfactory general principles can be adopted, and if bilateral or subregional agreements can be made to give detailed effect to these principles, it seems probable that the movement of workers between neighbouring African countries can be brought under a measure of regulation which will avoid both excessive hardship to individuals and friction between countries. If that situation is reached, it will then become feasible to move ahead with efforts to promote freer movement of workers within the various subregions. Following the precedent of the European Economic Community and the Nordic countries, African subregional organizations will wish to translate the objective of free movement of persons which exists in general terms in their constitutions into concrete procedures for liberalization of work permits, clearance of jobs and workers between member countries, reciprocal social security measures, harmonization of vocational training programmes, etc.

Then and then only will the formulation of a subregional

[1] On this point, African countries have been slow to introduce formal legislation and/or to insert a special obligatory clause in foreign investment legislation to train a fixed number of nationals within a certain period of time. For examples of African investment laws with such a clause, see K. Ahooja, 'Development Legislation in Africa', *The Journal of Development Studies*, April 1966, Vol. II, No. 3, pp. 314–15.

employment policy, involving among other things a more rational use of the subregion's human resources, become a realistic possibility. In some cases, such a policy might lead to more movements of workers; in others, by concentrating employment expansion in areas of manpower surplus, it might reduce the need for movement.

ANNEX I

Selected Laws and Regulations Affecting Non-National Workers in West African Countries

1. *Cameroon.* Arrêté nº 21/MTLS/Degré: relatif à la production de renseignements périodiques sur la situation de la main-d'œuvre du 27 mai 1969.
2. *Congo.* Loi nº 23–67 du 21 décembre 1967 portant loi-programme pour l'africanisation des postes de travail dans les sociétés, entreprises, établissements et succursales exerçant dans la République du Congo (*J.O.*, Brazzaville, 1967).
3. *Ghana.* (i) Ghanaian Business Promotion Act, 1970 (under NCL Decree 323, February 1967, and 324 in 1970).
    (ii) Residence Permits Compliance Order, 1970.
4. *Guinea.* (i) Décret nº 221 PRG du 31 août 1965 portant réglementation des contrats de travail des travailleurs expatriés en République de Guinée (*J.O.* du 1er septembre 1965).
    (ii) Décret nº 501 PRG du 29 octobre instituant en République de Guinée un livret de travail dans le port (rendu obligatoire pour tout travailleur permanent de nationalité guinéenne (*J.O.* du 15 avril 1970)).
5. *Mauritania.* Arrêté nº 10.578 du 31 octobre 1964.
6. *Niger.* Décret nº 67–127/MZ/MAECZ du 7 septembre 1967 fixant le régime d'exercice d'activités professionnelles privées non salariées par des étrangers (*J.O.* du 15 septembre 1967).
7. *Nigeria.* (i) Immigration Act, Law No. 93 of 1963 (No. 6).
    (ii) Immigration (Control of Aliens) Regulations, Law No. 94 of 1963, N.6 (*Official Gazette Supplement*, No. 88, Vol. 50, 31 October 1963, section B).
8. *Senegal.* Décret du 11 avril 1962.

9. *Sierra Leone.* Non-Citizens (Trade and Business) Act, 20 February 1970.
10. *Chad.* Loi n⁰ 20-67 du 9 juin 1967 portant création d'une carte d'étranger commerçant, industriel et artisan (*J.O.* du 9 juin 1967).
11. *Zaire.* (i) Décret-loi du 14 février 1961 sur le contrat de louage de services. Modifié par le décret-loi du 7 juillet 1961.

(ii) Ordonnance n⁰ 70/218 de juillet 1970 sur la protection de la main-d'œuvre nationale et la réglementation du travail des étrangers du 2 juillet 1970.

ANNEX II

Bilateral Conventions on Immigration

1. France/Sénégal—Convention franco-sénégalaise (21.1.1964) sur la circulation des personnes, faite à Dakar (salariés). (France, *Journal officiel*, 20.3.1964, n⁰ 68, p. 2593).
2. France/Mauritanie—Convention sur la circulation des personnes (15.VII.1963), faite à Nouakchott (salariés). (France, *J.O.* 16.1.1963, n⁰ 13, p. 562).
3. France/Togo—Convention d'établissement entre la France et le Togo (10.VII.1963), faite à Paris (professions libérales; travail et sécurité sociale). (France, *J.O.* 10.VI.1964, n⁰ 134, p. 4995).
4. France/Mali—Convention entre la France et le Mali (1.3.1963) sur la circulation des personnes, faite à Bamako. (France, *J.O.* 10/11.6.1963, n⁰ 135, p. 5205).
5. France/Mali—Accord général de coopération technique et protocoles particuliers n⁰ˢ 1, 2 (Conditions d'imposition des personnels français de coopération technique) et 3 (rémunération desdits personnels), (2.2.1962) faits à Paris. (France, *J.O.* 10.7.1964, n⁰ 160, p. 6123).
6. Sierra Leone/UK—Public Officers' Agreement (5.5.1961) signed at Freetown. (*Treaty Series*, 1962, Vol. 420, No. 6037, p. 17).
7. Chad—Loi n⁰ 20-67 (9.6.1967) portant création d'une carte d'étranger (commerçant, industriel et artisan). (*J.O.* 15.6.1967, n⁰ 12, p. 228).

The employment of non-nationals in West Africa 187

8. Congo (B)—Loi n⁰ 23–67 (21.12.1967) portant loi-programme pour l'africanisation des postes de travail dans les sociétés, enterprises, établissements et succursales exerçant dans la République du Congo (*J.O.* 1.1.1968, n⁰ 1, p. 3).
9. Guinée—Décret n⁰ 221 ORG (31.8.1965) portant réglementation des contrats de travail des travailleurs expatriés en République de Guinée (*J.O.* 1.9.1965, n⁰ 18, p. 238).
10. Niger—Décret n⁰ 67–127/MI/MAECI fixant le régime d'exercice d'activités professionnelles privées non salariées par des étrangers (*J.O.* 15.9.1967, n⁰ 18, p. 658).
11. Nigeria—Immigration Regulations L.N.93 of 1963 (30.7.1963). (*Federation of Nigeria Official Gazette*, 1.8.1963, No. 57, extra. suppl., p. B 373).
Immigration Act of 1963 (ibid., 14.6.1963, No. 40, p. A 11).

ANNEX III

International Labour Conventions Affecting Migrant Workers

1. *Migration for Employment Convention (Revised), 1949 (No. 97);* supplemented by Recommendation No. 86 to which is appended a model agreement on temporary and permanent migration and displaced persons (including migrations of refugees) for the guidance of States entering into bilateral agreements.
2. *Protection of Migrant Workers (Underdeveloped Countries) Recommendation, 1955 (No. 100).*
3. *The Employment Service Convention, 1948 (No. 88).*
4. *The Discrimination (Employment and Occupation) Convention, 1958 (No. 111).*
5. *The Employment Policy Recommendation, 1964 (No. 122).*
6. *Social Policy (Basic Aims and Standards) Convention, 1962 (No. 117).*
7. *Equality of Treatment (Accident Compensation) Convention, 1925 (No. 19).*
8. *The Maintenance of Migrants' Pension Rights Convention, 1935 (No. 48).*
9. *The Equality of Treatment (Social Security) Convention, 1962 (No. 118).*

Résumé

REGLEMENTATION DE L'EMPLOI DE NON
NATIONAUX EN AFRIQUE DE L'OUEST

L'objet de ce document est d'examiner brièvement les mesures actuellement prises pour réglementer les mouvements de travailleurs dans la sous-région de l'Afrique de l'Ouest.

On pourrait répartir les travailleurs étrangers employés en Afrique Occidentale en trois catégories: (*a*) la main d'œuvre hautement qualifiée dont la demande reste constante et dont il est facile d'établir la nationalité; (*b*) les cadres moyens qui se répartissent en deux groupes; l'un dont la nationalité est déterminée par le pays d'origine et l'autre dont la nationalité est discutée; (*c*) des africains de nationalités différentes, cette nationalité étant toutefois difficile à établir.

D'autre part, le degré de dépendance vis à vis des compétences étrangères est plus élevé dans le secteur privé que dans le secteur public; en ce qui concerne les secteurs économiques, le secteur public et l'agriculture emploient moins d'étrangers.

En ce qui concerne l'émigration, on peut dire qu'en général, il n'existe pas de restrictions. Toutefois, en ce qui concerne l'immigration, d'importantes mesures de restriction sont prises parmi lesquelles:

(*a*) *Un contrôle général assuré par les lois sur l'immigration et autres*
Dans ce domaine, les règles ne sont pas uniformes; la loi, dans la majorité des pays, prévoit des procédures spécifiques en ce qui concerne l'entrée et l'emploi des travailleurs non nationaux, qui doivent obtenir une autorisation soit sous forme d'un permis de travail soit sous forme d'une carte d'identité. Dans les pays francophones, un département spécial du Ministère du Travail s'occupe des questions relatives à l'emploi d'étrangers, alors que dans les pays anglophones ces questions relèvant de différents ministères à savoir le Ministre du Travail, le Ministère de l'Intérieur et le Ministère des Affaires Etrangères. La règle générale suivie par la majorité des pays africain est celle de l'adéquation des qualifications. Cette règle est basée sur le principe que, chaque fois que possible, la priorité doit être donnée au national sur l'étranger.

Les lois relatives aux investissements étrangers établissent, dans certains pays (R.C.A., Ghana et Nigéria) que seuls seront autorisés les investissements d'entreprises employant des nationaux.

(*b*) *Dispositions limitant l'exercice de certaines activités par des non-nationaux*

Il s'agit ici d'un ensemble de dispositions légales adoptées par une série de pays africains dans le but de protéger leurs nationaux et de leur offrir de plus grandes possibilités d'emploi. Les mesures indiquent le type d'activité réservé aux nationaux, le pourcentage maximum d'étrangers; elles exigent la fourniture de renseignements réguliers sur le nombre d'étrangers employés, etc. Toutes ces dispositions sont adaptées aux nécessités économiques des différents pays.

Il est naturel qu'une nation essaie de protéger ses travailleurs en imposant des restrictions à l'emploi d'étrangers. Néanmoins, cela pose quelques problèmes graves. Dans de nombreux cas, le processus d'"africanisation" ou d'"indigénisation implique l'expulsion des étrangers. D'autre part, comme on doit le savoir, le concept de nationalité en Afrique est encore souvent mal défini.

Cependant, c'est un problème important que d'arriver à ce que les non-nationaux ne contrôlent pas certains secteurs considérés comme stratégiques pour le développement national.

Néanmoins, il est évident que les taux d'"africanisation" ou d'"indigénisation' dépendent de l'offre de compétences nationales, cette africanisation ne doit pas être une fin en soi, mais doit tenir compte surtout des objectifs de croissance économique et d'emploi. Le principe du remplacement progressif des étrangers par des africains est cependant maintenant un principe bien admis.

Le problème fondamental est lié à deux catégories de travailleurs non-nationaux. D'une part il y a ceux qui travaillent principalement aux niveaux intermédiaires, perçoivent des rémunérations intermédiaires et sont menacés d'être remplacés. Pour ceux-ci le BIT à recommandé certaines mesures pour empêcher que des difficultés superflus ne leur soient créées. D'autre part, il y a les travailleurs 'saisonniers' employés dans l'agriculture. Les conditions d'emploi de ces travailleurs, souvent essentiels, doivent être réglementées par des accords bilatéraux. Il faut toujours avoir présent à l'esprit que l'éviction de travailleurs non-nationaux n'entraîne pas nécessairement une augmentation du 'pool global d'emplois'. En fait, elle peut quelques fois entraîner une réduction de ce pool. Des mesures précipitées et rigoureuses peuvent avoir des conséquences graves à tous les niveaux, personnel, social et économique et politique, si elles ne suivent pas un certain ordre et n'entrent pas dans le cadre d'une politique de création d'emploi liée à une politique de développement économique.

Les procédures réglementant le recrutement d'un non-national doivent avoir pour but principal de ne pas priver un national d'une possibilité d'emploi, si cette condition est remplie. Il n'y a aucune raison d'importuner le non-national sous un autre rapport. Si des principes généraux satisfaisants pouvaient être adoptées et si des accords bilatéraux et régionaux pouvaient être conclus pour mettre en œuvre ces principes, il est probable que le mouvement de travailleurs entre pays africains voisins pourrait être controlé et réglementé de façon à éviter les peines individuelles excessives et les frictions entre pays.

Ce n'est qu'une fois cet objectif atteint, que l'on pourra envisager la promotion de la libre circulation des travailleurs entre régions.

V

La migration contribue-t-elle au développement des zones 'retardées'?

J. BUGNICOURT

La pénétration coloniale, puis le draînage qui continue de s'exercer au profit de la côte et quelques autres points privilégiés amènent une mutation de la répartition du peuplement en Afrique de l'Ouest. Il s'opère des transferts de population sur une large échelle de l'intérieur vers quelques villes, plantations ou mines—surtout côtières—liées plus ou moins directement à une mise en valeur réalisée pour l'essentiel en fonction d'intérêts extérieurs aux pays africains.

Ainsi, la migration en direction de ces zones-relais que, par convention, on appellera A, apparaît-elle comme l'un des éléments traduisant les disparités spatiales de développement, inséparables par là-même des mécanismes de domination et d'exploitation.

Cependant, il existe divers types de migration et ils s'accompagnent d'effets de nature parfois différente. Dans les zones intermédiaires, les phénomènes de draînage se trouvent partiellement contre-balancés par certains effets de dispersion et d'entraînement, à partir des agglomérations et des régions A. Encore qu'il soit passionnant d'étudier les variantes de cette situation transitionnelle, on souhaiterait, ici, mettre l'accent non pas sur les parties du territoire directement contaminées par la proximité des villes, des mines, des plantations et des réseaux de transports et d'équipement qui leur sont associés, mais sur les zones les moins intégrées, les plus éloignées économiquement, sociologiquement et psychologiquement—celles que l'on peut appeler, en simplifiant quelque peu, les régions 'retardées'.[1]

[1] Cf. J. Bugnicourt, *Disparités régionales et aménagement du territoire*, A. Colin, 1971, 344 pp.

La notion du 'retard', tel qu'on l'entend ici, implique que l'histoire économique et sociale de ces zones diffère quelque peu de celle des franges littorales et des enclaves, et suggère que leur évolution pourrait se faire selon des schémas quelque peu différents. Il s'agit, surtout, de marquer que d'importantes portions de l'espace africain se trouvent dans une situation marginale, avec des populations représentant sans doute près du quart des africains de la zone inter-tropicale.

Ainsi, dans le sens où l'on emploie ici le terme, la région retardée peut consister soit dans une ou plusieurs des subdivisions administratives d'un pays, soit dans la majeure partie d'un territoire national.[1]

Ce ne sont pas toujours ces zones retardées qui fournissent les plus forts contingents de migrants, mais il existe, semble-t-il, des traits communs indéniables entre les phénomènes migratoires concernant ces régions C.

Ce qui importe en tout cas, et sur quoi l'on souhaite mettre l'accent, ce sont les répercussions actuelles et futures des migrations sur les zones les moins favorisées: quelles en sont les conséquences principales dans l'immédiat? quel pourrait en être l'impact dans un autre contexte socio-politique?

QUELLES SONT LES REPERCUSSIONS ESSENTIELLES DES MIGRATIONS DANS LES ZONES 'RETARDEES'?

Toute analyse de la situation qu'entraîne en C l'émigration rencontre d'autres phénomènes qui interfèrent avec celui-là et l'on se trouve relativement impuissant à isoler, pour les examiner successivement, les effets dans la région 'retardée' du départ des migrants, des transferts de monnaie à partir de la zone A, des retours d'émigrés dans leur zone d'origine et, enfin, des actions qu'entraîne indirectement, en C, la présence d'immigrés venus de A.

1. *Effets en C des départs vers A.* Il faut, en premier lieu se garder de considérer les zones C comme homogènes. La densité

---

[1] Par exemple, par rapport à Abidjan et aux plantations du sud de la côte d'Ivoire, la région de Man et la presque totalité de la Haute Volta, constituent des zones 'retardées'. Les traits communs dominent, encore que le rattachement à des souverainetés nationales spécifiques entraîne d'importantes différences. Il s'agit donc de deux sous-modèles particuliers à l'intérieur d'un modèle général.

de l'immigration varie souvent sensiblement et les effets des départs vont se faire sentir, dans l'espace 'retardé', avec des intensités variables.[1]

Cependant, la migration apparaît d'abord pour la région C comme la *perte d'investissements faits dans les hommes*. Le coût du départ de jeunes gens en pleine force de travail pourrait être évalué. L'on devrait, pour chaque zone, se demander si l'ensemble des dépenses de nourriture, de soins et d'éducation faites en C jusqu'à l'âge de la migration ($\Sigma\ d_{0-15}$) et de celles d'entretien des travailleurs à leur retour — y compris les malades et les handicapés (d_{40-70}) — est inférieur ou supérieur au montant des sommes d'argent transférées de A en C pendant la durée de la migration :[2]

$$\Sigma\ d_{0-15\mathrm{C}} + \Sigma_{40-60\mathrm{C}} \lessgtr T_{\mathrm{AC}}?$$

De plus, la migration peut s'analyser presque partout comme une perte de main-d'œuvre partiellement engagée dans la production : alors que la fraction peu productive de la population rurale reste le plus souvent sur place,[3] l'absence des migrants se traduit, en général, par un manque à gagner pour la communauté. Celui-ci, d'ailleurs, ne doit pas seulement s'apprécier en termes de production annuelle, mais aussi en termes de référence aux opportunités qui existaient de créer des équipements supplémentaires, par travaux communautaires de saison sèche par exemple (irrigation, piste de collecte, installations de conservation et de transformation, etc.).

Si la migration s'étend, c'est, à la limite, le potentiel même de développement de la zone qui se trouve mis en question.[4]

Les départs entraînent-ils au moins, dans l'immédiat, une

[1] On devrait distinguer notamment, en premier lieu, les centres plus ou moins urbanisés que compte la zone retardée (C_u), ensuite les secteurs proches des routes et marchés (C_1) et enfin les secteurs éloignés des voies de communication (C_2). On peut formuler l'hypothèse que, en termes de revenus monétaires, on a : $r_{\mathrm{C}u} > r_{\mathrm{C}1} > r_{\mathrm{C}2}$. La proximité de la route donne à la fois l'accès aux idées 'modernes' et aux facilités qui permettent de partir au loin.

[2] Encore faudrait-il que ces divers éléments soient réellement comparables — ce qui n'est pas certain (cf. par exemple, l'importance de la rareté relative de la monnaie en C, la proportion de migrants se fixant définitivement en A, etc.).

[3] 'Dans bien des régions, les villages se sont vidés ... Seuls, les vieux, les vieilles, les femmes et les enfants demeurent et tentent d'assurer la mise en valeur des terres' (réf. NMB, Haute Volta).

[4] Ainsi, en Côte d'Ivoire, dans la zone des savanes, si l'on veut atteindre les objectifs assignés par le plan pour la période 1975–80, il va manquer de 20 à 30% de la main-d'œuvre paysanne nécessaire.

décongestion des terres? Si l'on écrit: $L = L_I + L_v + L_u$ on exprime le fait que la superficie rurale se décompose en terres cultivées (L_I), en terres cultivables non encore mises en valeur (L_v) et en terrains réservés à d'autres usages (L_u). Or, deux situations fondamentalement différentes peuvent se présenter. L'une se caractérise par l'équation: $L_I = f. W_t$, qui traduit le fait qu'à chaque actif nouveau correspond un accroissement des défrichements. En simplifiant, on peut parler de sous-peuplement. Et les départs provoquent une contraction, pas nécessairement proportionnelle d'ailleurs, des terres cultivées.

Par contre, on rencontre des terroirs où il n'existe plus d'espaces cultivables non cultivés ($L_v = 0$) et où, de ce fait, on a: $L_I = L - L_u$.[1] La force de travail disponible ne conditionne pas (ou guère) l'extension de la production, ni en termes de superficie cultivée, ni en volume des récoltes: la zone est surpeuplée. La main-d'œuvre rurale—tant qu'elle ne diminue pas au-dessous d'un certain seuil—n'est pas une variable, et son accroissement n'entraînerait en C ni la croissance de l'emploi réel, ni celle du produit régional. C'est seulement dans ce cas que l'émigration va entraîner une diminution de la pression sur les terres. Peut-on, au moins, avancer que, en général, le départ de nombreux jeunes hommes va rendre *plus facile l'accumulation?* Il semble, en premier lieu, que l'éventualité d'une mobilisation des surplus doit s'apprécier différemment suivant la densité du peuplement et les formes de mise en valeur.

Si l'on trouve dans une zone C 'surpeuplée', l'éloignement d'une partie de la main-d'œuvre peut permettre à chacun des actifs restés au village d'avoir un peu plus de terre à cultiver et à chaque habitant de disposer d'un peu plus de produits agricoles: de mil, de riz, de manioc, de poulets.[2] Mais il n'est pas certain que, plutôt que de saisir cette opportunité, ceux qui

---

[1] La situation est, bien entendu, beaucoup plus complexe, et il faudrait, pour la saisir dans sa réalité, tenir compte également du mode d'utilisation du sol, du niveau technologique, des temps de travail, de l'importance des troupeaux, etc.—éléments qui ne sont pas sans relation avec la densité du peuplement.

[2] Bien évidemment, le bilan de l'émigration reste positif de ce point de vue tant qu'un revenu demeuré identique (Rr) est partagé entre moins de monde. Ce gain relatif cesse quand les départs, devenus plus nombreux, entraînent une regression de la production: on a dépassé alors ce seuil, important à déceler, que l'on signalait plus haut.

demeurent en C n'attendent pas seulement que les migrants leur envoient une partie de leur nourriture.

Si, au contraire, il s'agit d'une zone 'sous-peuplée', où toutes les terres ne sont pas mises en valeur, l'émigration n'a guère d'effets. Non seulement, il n'est nullement certain qu'un surplus se dégage, mais—lorsque c'est le cas—il peut être utilisé de bien des manières. Il peut se faire qu'il tombe entre les mains d'un nombre limité de notables traditionnels ou de chefs religieux, ou qu'il soit confisqué par des commerçants étrangers à la zone ou par des fonctionnaires; et l'important est de savoir quelle destination ils lui donnent.

Il se peut, aussi, que les familles paysannes gardent l'excédent qui perd ainsi tout 'effet de masse'. En fonction du niveau d'alimentation et des coutumes, les utilisations varient, depuis l'élévation de la consommation individuelle, jusqu'à l'accroissement du stockage dans les greniers familiaux ou une fabrication accrue de bière de mil. Parfois, on opère des achats de bêtes dans un but de thésaurisation. Alors que la demande de produits alimentaires dans la région A s'élève rapidement—consécutive notamment à la croissance démographique (où W_{CA}[1] joue un rôle)—et dans quelques petits centres de la région C, il est frappant de voir, dans la plupart des cas, comment s'opère mal la commercialisation des excédents que C pourrait dégager.[2]

De surcroît, que ce soit chez les paysans ou chez les notables, il est extrêmement rare, on reviendra sur ce point, que les excédents disponibles en C soient utilisés à des améliorations foncières ou autres investissements en zone C. En va-t-il différemment des sommes d'argent que les migrants transfèrent de A vers C?

2. *Effets en C des transferts de monnaie à partir de A.* Les divers effets négatifs que l'on vient d'évoquer trouvent-ils une contrepartie valable dans l'apparition en 'C' de quantités de monnaie sans proportion avec ce que l'on y trouvait auparavant? En d'autres termes, les migrants transfèrent vers leurs régions d'origine une large part des gains réalisés dans les zones plus

[1] Transfert de main d'œuvre de C vers A.
[2] La zone C, il est vrai, est handicapée par son éloignement par rapport aux principaux centres de consommation et par l'insuffisance de son équipement en voies de communications en point de stockage, etc.

pénétrées par l'économie capitaliste: quels sont les effets de ces transferts? On constate qu'ils ont un effet accélérateur sur quantité d'éléments—et notamment la pénétration monétaire, les prix, les rentrées fiscales, les effets d'imitation . . .

L'accentuation de la *monétarisation de l'économie et de la vie sociale* constitue peut-être l'aspect le plus spectaculaire. Les échanges de biens et de services tendent à se traduire, maintenant, en termes monétaires alors que, auparavant, ils s'opéraient selon les règles traditionnelles et selon les schémas durables des relations inter-personnelles ou inter-groupes. L'idée fait désormais son chemin que tout pourrait bien avoir un prix.

La monétarisation accrue s'accompagne presque toujours de *hausse des prix* et celle-ci est sensible, surtout, en ce qui concerne la dot que l'on verse pour prendre femme, ainsi qu'à propos des maisons et des champs. Il se produit une transformation du type d'habitat—et, désormais, l'habitation prend une valeur marchande.

De même, à propos de la terre, on ne s'en tient plus à quelques prestations de travail au service de celui qui a donné le champ, ou d'une relevance symbolique: on commence à parler d'achat de terrain, et selon des normes qui diffèrent de celles que prévoyaient la coutume. Des instruments et objets de consommation manufacturés deviennent plus nombreux dans les boutiques et l'on dépense, pour les acheter, plus d'argent que, auparavant, pour les produits artisanaux. La monnaie, elle-même, devient un bien moins rare et les différents biens tendent à prendre une valeur relativement fixe en numéraire.

Une autre utilisation des transferts réside dans le paiement des impôts, qui va s'opérer, désormais, plus régulièrement et avec moins de difficultés. Il se peut qu'à ces rentrées fiscales accrues corresponde un accroissement des dépenses administratives réalisées dans la région C. Mais ce n'est nullement automatique et, si cela se produit, il faut encore savoir qui en tire profit.

On ne peut contester, en tout cas, que l'accroissement des transferts entraîne un accroissement apparent de l'activité économique. En réalité, ce qui se développe essentiellement, c'est d'une part, *l'activité du réseau commercial* et d'autre part, la *thésaurisation*. Dans la plupart des cas, les commerçants sont des 'étrangers' et les profits qu'ils vont réaliser seront rapatriés dans une autre région du pays ou même à l'extérieur.

Les effets socio-psychologiques de l'afflux—même relatif—de monnaie en C dépassent de loin ce qu'on soupçonne de prime abord. Aussi bien, si les transferts et les différentes redistribution auxquelles ils donnent lieu entraînent une conséquence fondamentale pour la zone 'C', c'est bien dans le renforcement des *effets d'imitation*. Et se conjuguent ici les conséquences de l'utilisation des sommes envoyées par les émigrés et celles des retours, temporaires ou définitifs, de ceux qui étaient partis dans la zone relativement plus développée.

La forme selon laquelle s'opère la monétarisation revêt aussi, une importance considérable pour les attitudes de la population. A la différence de ce qui se passe avec les cultures ou l'élevage destinés à la commercialisation, la diffusion de la monnaie comme résultat de transferts (T_{CA}) dissocie largement l'effort du résultat. Le gain provient de travail fait par des absents et loin du pays, et la réussite de l'un ou de l'autre des migrants paraît beaucoup plus l'effet du hasard que la récompense des mérites de chacun.

Ainsi, le résultat le plus clair des transferts de monnaie opérés par les émigrés réside, d'une part, dans l'accroissement de l'achat d'objets fabriqués en A ou même à l'étranger et, d'autre part, dans l'incitation à des nouveaux départs.

L'argent épargné en A par les originaires de C et transféré en C n'y est guère investi: il renforce directement l'attrait de A et sa prospérité (réf. NMR[1], NMA, NML, TPC.).

Faut-il donc, pour que les choses évoluent autrement, que les migrants rentrent au pays?

3. *Effets en C des retours de A*. L'argent envoyé de A vers C amorce et prépare l'apothéose du retour, temporaire et définitif. Le migrant ne revient que lorsqu'il a—ou prétend avoir—réussi. Il rapporte de l'argent frais, des objets fabriqués et il véhicule, plus ou moins consciemment, des flux culturels originaires de A et d'au-delà.[2]

Avec l'émigré revenu au village s'insinuent en milieu rural des *valeurs de substitution*. Son prestige, surtout auprès des

[1] Réfences bibliographiques p. 210 et suivant.
[2] J. Bugnicourt, Flux culturels dans l'espace africain, in *Bulletin de L'Intitut International d'Administration Publique*, n° 13, 1970, p. 75 à 114.

jeunes, estompe pour une part celui des notables traditionnels. Même s'il ne l'est pas encore tout à fait, le migrant joue au personnage sociologiquement 'moderne', et quelques difficultés d'ajustement surgissent entre ce nouveau rôle et les rôles déjà distribués dans la communauté villageoise. D'une part, il suscite une plus grande ouverture de la société rurale. D'autre part, il propose un nouveau modèle de comportement et de pensée. L'habillement, l'alimentation, la santé . . .—il n'est guère de domaine où l'ancien migrant n'innove.

Ainsi, parmi les composantes du pouvoir en C, le groupe des anciens migrants tend à se faire une place. Paradoxalement, c'est à partir de l'expérience lointaine qu'émerge un *nouvel élément du pouvoir*. Cette influence croissance prend-t-elle appuie sur une insertion de l'ancien migrant dans l'économie zonale? Fort rarement—bien qu'on ait souvent insisté sur le fait qu'il revient après avoir pratiqué un métier et qu'il a plus ou moins acquis, pendant son séjour en A, une pratique professionnelle.

En regardant les choses de plus près, on constate, d'abord, que la grande majorité des migrants travaille dans des emplois de manœuvres. Ensuite, parmi ceux qui rentrent, les éléments ayant acquis un métier se trouvent parmi ceux qui repartent le plus vite avec la certitude, d'ailleurs, d'être rapidement réengagés. Enfin, on le sait, les qualifications acquises dans la zone d'immigration (ouvriers spécialisés, cuisiniers) ont rarement une utilité dans la région d'origine; celles qui concernent l'agriculture ne présentent souvent aucun intérêt du fait des différences écologiques entre A et C. Par contre, un acquis reste valable, fait *d'aptitude technologique* et de mentalité industrielle, mais ceci paraît difficilement valorisable dans le contexte défavorable des zones éloignées et mal désservies.

Le migrant revenu au village par ce qu'il dit, par la manière dont il se comporte et vit, encourage la migration. Et il contribue ainsi à accentuer cette situation que l'on constate presque partout où l'émigration revêt une certaine importance: une grave perte de dynamisme social. Tout jeune rural qui a 'quelque chose dans le ventre' va suivre l'exemple qu'il a sous les yeux: avec le départ des jeunes les plus capables d'initiatives, c'est son ressort même que perd la communauté.

Ceci sous-entend et aggrave à la fois un grave pessimisme sur l'avenir de la zone C. Du point de vue de la prise en charge par les habitants des 'régions retardées' de leur propre développement, les transferts d'abord, le retour des migrants ensuite entraînent, le plus souvent, *des effets démobilisateurs.*

4. *Effets indirects en C de la présence en A des migrants originaires de C.* L'arrivée en A d'un nombre toujours croissant d'émigrants venus de C va entraîner certaines conséquences indirectes pour la région C. On peut en discuter et, pour chaque pays, donner des réponses divergentes. Il n'est pas invraisemblable de penser que l'accroissement du PIB et du budget national créeront des conditions favorables pour que les dépenses publiques aillent croissant, y compris dans la région C.[1]

Cependant, il s'ajoute à ces conséquences indirectes en termes de flux de monnaie et de biens, des effets psycho-sociaux. Le sentiment de frustration, qui caractérise les premières vagues de migration, et les stéréotypes auxquels il se heurte dans le milieu d'accueil conduisent souvent à une prise de conscience régionaliste. S'il existe par ailleurs des différences ethniques, linguistiques et culturelles, surgissent même des tendances séparatistes: quand on en est à ce point, ce sont généralement d'anciens migrants qui fournissent au mouvement son idéologie et ses cadres.

Sans que l'on aille toujours jusque-là, il paraît évident que l'accroissement en A du nombre des migrants leur permet de constituer un *groupe de pression,* le plus souvent informel mais dont l'appui peut être cherché par l'un ou l'autre des partenaires des luttes poliqiques qui peuvent se produire en A.

Au début, les immigrés sont utilisés comme simple masse de manœuvre. Avec le temps, ils deviennent moins dociles. Alors

---

[1] Les dépenses de l'administration dans la zone C se décomposent en traitements et salaires (versés souvent pour une large part à des origines de A), en achats de biens de consommation (H'm) et, dans une proportion bien moindre, en achats de biens de production (H'pr). La situation est telle que, d'une part, les opportunités d'investissements en C sont réduites et que, d'autre part, la population réclame plus d'infirmiers, plus d'instituteurs, plus de vétérinaires ... Dans ces conditions, les dépenses de personnel tendent à s'accroître plus vite que les dépenses d'équipement ... Pour ces dernières, il est fréquent que l'on recoure à des entrepreneurs et des ouvriers qualifiés originaires de A. En tout cas, il faut s'attendre à ce que la majeure partie des achats de biens de consommation ou d'équipement transitent par des originaires de A ou par des expatriés. Ces achats reflètent, en général, le renforcement des effets d'imitation. Ainsi, l'essentiel des sommes dépensées par l'administration en C tend à renforcer la dépendance de la zone plutôt que de valoriser les possibilités locales de développement.

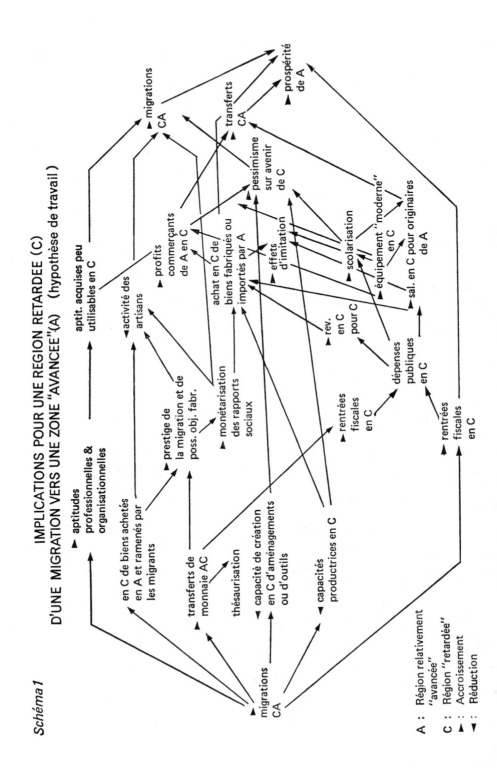

Schéma 1

IMPLICATIONS POUR UNE REGION RETARDEE (C)
D'UNE MIGRATION VERS UNE ZONE "AVANCEE"(A)   (hypothèse de travail)

que, dans la zone retardée, les paysans avaient une claire conscience d'être exploités sur tel ou tel point, avec la migration se dessinent les premiers symptomes d'une attitude politique cohérente: il s'agit de la prise de conscience des phénomènes de domination et d'exploitation *dans leur ensemble*. Les opinions nouvelles remontent, à contre-courant, les itinéraires migratoires et, prennent appui sur des relais de plus en plus nombreux.

Ainsi, la migration à partir des zones les moins favorisées amorce, alimente et renforce une série de flux—que l'on peut résumer, peut-être, dans le schéma n° 1.

Cependant, la simple énumération des flux qui aboutissent en C ou en partent ne suffit pas. Ce qu'il faut tenter de saisir, c'est la complexité des mécanismes mis en jeu par la migration.

On voit qu'il existe une véritable conjoncture des divers effets de la migration entre eux, d'une part, et, d'autre part, avec des facteurs exprimant soit les conséquences de la domination économique extérieure, soit l'impact administratif d'Etats dont on connaît la nature socio-économique, soit les mécanismes internes de sociétés paysannes caractérisées par des modes de production 'traditionnels'. Les motivations personnelles exprimées par les migrants ne reflètent que leur propre conditionnement et c'est, en réalité, un mécanisme complexe qui réalimente et renforce le 'push effect' des zones C vers les régions A.

Il ne faudrait pas croire, pourtant, que le processus joue immuablement. Non seulement la pondération propre des facteurs varie, mais leurs relations et leur enchaînement se modifient. Dans quel sens? Tout dépend si on laisse aller les choses ou si l'on entreprend d'agir sur leur cours.

QUELS SERAIENT, A PARTIR D'UNE SITUATION MIGRATOIRE, LES ELEMENTS D'UNE POLITIQUE FAVORISANT LE DEVELOPPEMENT DES REGIONS RETARDEES?

Si les perspectives, sur ce point, se dégagent malaisément, c'est, d'une part, que l'on ne voit guère jusqu'ici, en matière de migration, qu'une politique rationnelle ait été appliquée avec efficacité dans une quelconque des zones 'retardées' d'Afrique et, d'autre part, que la question se trouve constamment obscur-

Special Studies

Schéma 2   FLUX LIES AUX MIGRATIONS
A PARTIR DES ZONES RETARDEES

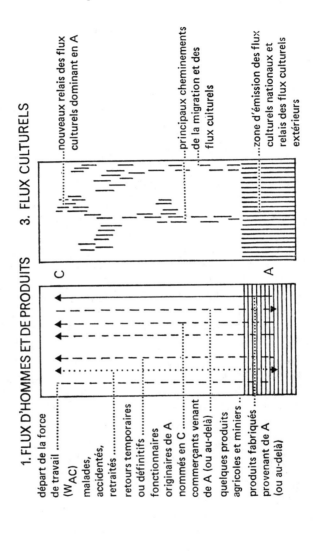

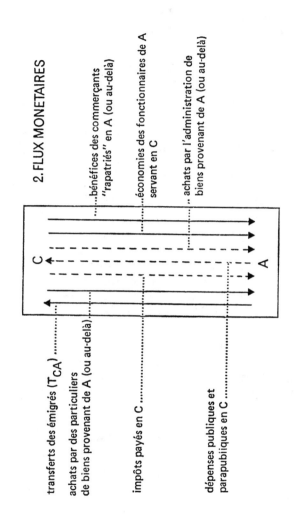

2. FLUX MONETAIRES

cie par l'énoncé de voeux pieux et de considérations moralistes du type du 'retour à la terre'.

Aussi paraît-il raisonnable de s'interroger, d'abord, sur une évolution *possible*, sur ce qui pourrait se passer de plus favorable, à partir du processus actuel. On devra, ensuite, préciser quelques unes des conditions à remplir pour que l'on parvienne à restituer aux zones les moins développées au moins une part des bénéfices que les régions plus avancées tirent de la migration.

L'évolution possible et souhaitable. Comme on l'a déjà souligné, les éléments du schéma explicatif ne conservent, avec le temps, ni le même contenu ni la même importance relative. La thésaurisation est d'abord une accumulation de bétail, de bijoux ou de fonds pour un pèlerinage, mais l'augmentation de la consommation de viande dans les villes, des informations meilleures sur les circuits du bétail, des facilités plus grandes pour le déplacement des maquignons et le transport des bêtes font qu'un certain nombre de possesseurs de troupeaux en viennent, peu à peu, à la conviction qu'ils peuvent, sans déprécier leur capital, vendre quelques têtes chaque année et obtenir ainsi de l'argent utilisable à diverses fins.

De même, les bijoux ou l'or ne constituent plus la seule forme d'épargne à long terme pratiquée par la population C: un certain nombre de fonctionnaires et quelques migrants commencent à avoir des comptes en banque, des comptes chèques-postaux et des livrets de caisse d'épargne. Ainsi, l'on se départit progressivement de la préférence pour la stérilisation des gains. Parallèlement, les dépenses de l'administration dans la région défavorisée s'accroissent. La réalisation de liaisons routières amorce un début d'intégration entre les différents secteurs des régions déshéritées. En même temps, se constitue peu à peu un cadre d'activités pour ceux des originaires de la région C qui veulent se lancer dans les affaires. Ces réalisations, et la construction, en certains lieux, de quelques équipements, font qu'il devient possible d'envisager quelques implantations de petites industries là où c'était auparavant exclu.

La multiplication des écoles a, à la longue, des effets divers. Les enseignants constituent des éléments catalyseurs autour desquels se groupent divers fonctionnaires originaires de régions et d'ethnies variées. Il surgit, ainsi, en de nombreux points de la région C, des groupes 'modernistes', si l'on peut dire, qui déploient des activités sportives, théâtrales, culturelles, entraînant d'importants remous sociologiques. Ces instituteurs, de plus en plus nombreux, vont quand même parvenir, en dépit de multiples difficultés, à former quelques cadres parmi les originaires de la région. Ceux-ci sont appelés à jouer un rôle décisif pour l'avenir économique et politique de la zone.

Ceux dont les études aboutissent et les autres, qui doivent s'arrêter en chemin, vont constituer une masse de 'lettrés' qui aspirent à des fonctions et à des revenus importants, qui se heurtent à l'avance culturelle et politique des éléments originaires de la région A et qui, de ce fait, prennent conscience du 'retard' de la région C. Ceci peut cristalliser un certain mécontentement collectif.

Il se trouve, on l'a vu, que d'autres originaires de la région C, de retour de migration dans la zone A, ramènent avec eux certaines compétences professionnelles et organisationnelles. Avec de la patience et un peu d'argent rapporté de la migration, quelques-uns commencent à faire concurrence aux commerçants extérieurs à la région. D'autres, qui au cours de leur séjour en A, ont fait l'amère expérience de phénomènes de domination et d'exploitation, sont disponibles pour constituer les cadres d'une contestation sociale, économique ou politique — et pour commencer à occuper des responsabilités dans les groupements coopératifs, les syndicats ou le(s) parti(s) (cf. ref. NMU).

Les transferts réalisés par les migrants, au lieu de se diffuser et de s'émietter uniquement dans un milieu 'traditionnel', selon des règles de distribution largement fixées à l'avance, vont, pour une part, connaître d'autres destinations. Notamment, l'utilisation des sommes transférées peut être largement influencée par les 'associations d'originaires' qui se constituent dans la zone d'arrivée, en A, et prolongent généralement leur action dans la région retardée.

Une conjonction partielle de l'action des 'lettrés' et des anciens migrants revenus dans les villages peut parfois conduire à des prélèvements communautaires sur les transferts de ceux qui sont partis chercher du travail ailleurs et aussi, ce qui est beaucoup plus important, à l'orientation d'une partie des dépenses faites par les familles vers l'achat de biens de production, ou le paiement du complément indispensable à des travaux faits par la population elle-même (forage de puits, réseau d'irrigation, chemins ruraux, installations élémentaires de décorticage ou de conditionnement, abbattoirs . . .). Avec un peu de chance, il se peut même, à ce moment, que les pouvoirs publics se rendent compte que leur action sera beaucoup plus efficace en appuyant les initiatives les plus importantes prises par les intéréssés eux-mêmes.

Même les dépenses qui vont demeurer élevées pour les produits fabriqués en A ou importés à travers A, peuvent jouer positivement, au moins pour une part. Ainsi, la vente de transistors sur l'ensemble de la région C va mettre un grand nombre de foyers en communication directe avec des sources d'information et de formation auparavant insoupçonnées. Les conséquences pour le développement dépendent évidemment des stations qu'écouteront les auditeurs et du contenu des émissions. Même le jeu des effets d'imitation présente au moins cet intérêt de susciter dans l'ensemble de la région une demande d'argent qui, peu à peu, donne une valeur monétaire à ce qui est produit ou à ce qui pourrait l'être: la région est en passe de sortir de l'opacité. Une autre conséquence de la pénétration des articles fabriqués est que, parallèlement à la disparition des artisans traditionnels, une nouvelle catégorie d'artisans de service voit le jour et, notamment, les réparateurs d'articles, instruments ou machines, et les utilisateurs des sous-produits.

Le fait que certaines catégories de produits fabriqués (tissus, pétrole, sucre, thé, transistors, bicyclettes, . . .) vont se répandre sur le territoire de la région va traduire l'apparition—si fugitive soit-elle—d'un pouvoir d'achat plus ou moins réparti sur l'ensemble de la zone et donc la possibilité de s'appuyer sur le marché qui se constitue pour créer les premières petites entreprises locales. D'une part, ceux qui parviennent à collectionner une partie des transferts des migrants, d'autre part, quelques uns des commerçants étrangers à la région qu'intérêsse le maintien de leur emprise sur les circuits commerciaux vont financer quelques investissements productifs en fonction du marché naissant. Là aussi, il se peut que les pouvoirs publics apportent une aide.

Voici ce qui bouge, ce qui—avec le temps—pourrait bouger comme conséquence, en C, l'impact des migrations vers A. Toutefois, on se rend bien compte que, sans doute, il n'est guère possible que cette heureuse conjonction se produise sans une politique cohérente menée par l'administration avec l'appui ou, pour le moins, l'accord de la majeure partie de la population de la zone C, et qu'il ne sera pas fréquent de voir jouer ensemble tous ces aspects positifs.

Le point important est celui-ci: il se peut que, par rapport au schéma initial, les tendances que l'on vient d'évoquer n'apparaissent que sporadiquement, sans modifier sensiblement le jeu des effets de drainage et de frustration. En d'autres termes, une évolution des phénomènes migratoires dans un sens favorable aux zones les plus pauvres n'est ni fatale, ni même probable. Rien n'est joué tant qu'on n'a pas défini une politique et mis en place les moyens de l'appliquer.

Quelques conditions pour une stratégie cohérente.[1] Une politique nouvelle ne va pas miraculeusement être définie et appliquée. Elle suppose une modification de l'approche méthodologique, une évolution des groupes en présence et, essentiellement, un dynamisme plus affirmé des migrants.

Il est patent, en premier lieu, qu'il faut mettre au point une méthodologie adéquate. Qu'il s'agisse d'outils d'analyse ou d'élaboration de synthèse, les méthodes ne sont pas neutres. Beaucoup de celles qu'on a privilégiées jusqu'ici ont été mises au point plus dans l'optique de recherche universitaire, notamment de connaissance ethnographiques ou sociologiques des populations, que dans celle d'une transformation des structures économiques, sociales, culturelles, juridiques . . . de cette population et de la mutation de son cadre de vie. De surcroît, il s'agit fréquemment d'une méthodologie *dérivée* de celle que l'on utilise en Europe et aux Etats-Unis, dans un contexte largement différent de celui de la plupart des pays africains. Un outil comme le tableaux coûts-avantages n'a plus alors de signification que si on le 'lit' en relation avec l'évolution des rapports de production, des rapports sociaux, des institutions, des opinions, etc.

En réalité, ce premier aspect n'est pas séparable du second:

---

[1] Pour une vue plus générale d'une des stratégies envisageables; cf. J. Bugnicourt, 'Perspectives d'aménagement des zones retardées en Afrique intertropicale', Séminaire d'Ibadan, Mars 1972, 69 pp. ronéotypé.

seul un approfondissement de l'analyse socio-politique met sur la voie des mesures à prendre et des moyens à utiliser. Des questions comme celles-ci: qui, dans la zone 'favorisée' et dans la zone déshéritée, tire profit de la migration? qu'en est-il de la migration et de ses conséquences, selon le secteur géographique et selon la catégorie sociale? Comment la migration infléchit-elle les rapports productifs et les superstructures? —poser en des termes corrects de telles questions éclaire souvent d'un jour nouveau l'appréciation que l'on porte sur le 'retard' d'une partie du territoire.

Le terrain est alors déblayé pour une *mutation de l'attitude des partenaires*. Notamment, on peut faire les comptes et c'est probablement une condition indispensable pour aller plus loin: les habitants de la région C sauront le montant des avantages qu'ils procurent à la région A et ceux de cette région sauront, s'ils le désirent, sur quelle base proposer des compensations. Peut-être le feront-ils spontanément—mais c'est peu probable.

Lorsque A et C dépendent de la même autoritée, on peut supputer les conséquences d'un accroissement du nombre des immigrés de C en A. La proportion des nouveaux venus sans emploi risque de s'accroître. Des rapports complexes s'établissent entr'eux et les habitants de la région relativement avancée: il en découle la nécessité, pour les ressortissants de C, de s'organiser plus ou moins formellement en groupe de pression. Tout donne à penser qu'un certain nombre des situations explosives décelables dans des grandes villes de la plupart des pays africains va se traduire par des affrontements politiques au cours desquels il ne sera pas indifférent aux leaders d'avoir le soutien des originaires de la région retardée. Il se trouve, d'ailleurs, que ceux-ci, précisément parce qu'ils proviennent de la zone la plus déshéritée, constituent souvent un fort contingent de l'armée. Voilà réunies les conditions soit d'une prise d'influence des migrants sur les destinées nationales, soit d'une manière plus décisive encore, d'une *prise du pouvoir par les migrants en zone 'avancée'*.

Il ne manque pas d'exemples, toutefois, que des hommes ou des groupes issus de régions marginales aient été incapables d'utiliser le pouvoir pour développer leur zone d'origine. Dans le cas présent, il semble bien que la lutte contre les effets d'imitation sous toutes leurs formes, l'installation de centres de décisions dans la région C et une réorientation complète de l'action administrative et des investissements soient les éléments décisifs pour qu'une stratégie efficace puisse être mise en œuvre. Mais, la liberté de manœuvre par rapport à l'extérieur et les rapports de force internes permettront-ils aux gouvernements de développer vraiment les zones C ?

Lorsque la région C se trouve placée sous une autre souveraineté que la région A, une nouvelle attitude signifierait, bien sûr, le recul, dans la zone la plus favorisée, des comportements nationalistes et xénophobes. En étant quelque peu optimiste, on imagine que cela pourrait aller jusqu'à la conscience qu'une prospérité commune peut résulter d'une meilleure répartition des avantages et des désavantages entre A et C. Le gouvernement de A, avec ses propres fonds, pourrait alors envisager la création dans la zone périphérique de certains 'points de développement'. Une nouvelle répartition des investissements publics, l'utilisation des transferts des migrants et de la thésaurisation pour favoriser le développement de C constitueraient d'autres éléments d'une nouvelle orientation.

En pratique, que la migration s'opère dans un espace national ou inter-étatique, une nouvelle politique migratoire concernant la zone C ne portera pleinement ses fruits que si elle s'insère dans un plan d'aménagement de C. Certains secteurs géographiques n'ont peut-être d'autre avenir que le reboisement, l'organisation en parc naturel ou en réserve de faune. Par contre, le territoire utile peut être systématiquement valorisé. De nouveaux critères pour la localisation des facteurs de production, l'orientation d'une migration interne à la zone C, la création de certaines activités industrielles axées essentiellement sur l'équipement et la consommation de la région C représentent des lignes de force possibles d'un plan de d'amenagement.

Quand se manifesteront les points attractifs au cœur de la région, le drainage humain ne s'exercera plus désormais, uniquement au profit de la région A: une partie des courants migratoires alimentera la croissance d'agglomération et d'industries situées au sein de la zone défavorisée elle-même.

CONCLUSION

Pour le moment, la main-d'œuvre de la grande réserve de l'intérieur paraît corvéable à merci sans discrimination — par les nationaux ou par les étrangers, chez les francophones comme chez les anglophones. Plutôt que de s'entêter à faire pousser quelques cultures d'exportation sous-payées, les hommes de la zone soudanienne préfèrent aller au-devant des facteurs de productions 'modernes', vers la zone côtière où les étrangers ont localisé les activité les plus rémunératrices et où, également, climat et sols se révèlent les plus productifs.

Le mouvement migratoire, si essentiel soit-il, n'est qu'un élément parmi d'autres d'un mécanisme complexe d'exploitation et il ne peut en être isolé. Il apparaît aussi, *potentiellement*, comme un facteur décisif de mutation de l'organisation socio-économique antérieure ou, si l'on préfère, du mode de production traditionnel, en même temps qu'un facteur de renforcement et de diffusion de l'aliénation culturelle. Mais, à long terme, il facilite une prise de conscience qui pourrait être décisive pour le développement. Le ralentissement de l'émigration, son utilisation pour le profit réel de la zone retardée, son retournement partiel vers la région C elle-même, ne sont nullement inéluctables: cela présuppose l'émergence de nouvelles forces politiques et le choix de nouvelles orientations pour la planification.

Est-il d'autre priorité, dans cette perspective, que d'approfondir méthodes et recherches dans le but de mieux expliquer les faits, de mieux explorer les solutions possibles — et d'agir plus efficacement?

REFERENCES

NMA—Elisabeth Dussauze-Ingrand (avec la coll. de S.O. BA), L'émigration sarakollaise du Guidimaka: étude de cas, IDEP–IAI, Dakar, 1972, 45 pp. (ronéo.).

NMB—Jean-Marie Sawadogo et Ambroise Songre, Les effets de l'émigration massive des voltaïques dans le contexte de l'Afrique Occidentale, IDEP–IAI, Dakar, 1972.

NMC—Anani Ahianyo-Akakpo, L'impact de la migration sur la société villageoise: approche sociologique, IDEP–IAI, Dakar, 1972, 48 pp. (ronéo.).

NMD—Elisa Silva-Andrade, Les différentes formes d'émigration capverdienne, IDEP–IAI, Dakar, 1972, 48 pp. (ronéo.).

NME—Etude des possibilités de coopération entre le Ghana, la Côte d'Ivoire, la Haute Volta, le Niger, le Dahomey et le Togo, B.A.D., 1969.

NMF—Pierre Fougeyrollas, La question nationale et les phénomènes migratoires en Afrique de l'Ouest, IDEP–IAI, Dakar, 1972 (ronéo.).

NMG—Michael T. Todaro, A model of labor migration and urban unemployment in less developed countries, in *Amer. Econ. Rev.*, mars 1969, pp. 138 à 148.

NMH—Michael T. Todaro—L'exode rural en Afrique et ses rapports avec l'emploi et ses revenus, in *Revue internationale du travail*, novembre 1971, pp. 423 à 451.

NMI—Aderanti Adepoju, Rural–urban socio-economic links in Nigeria: the example of migrants in Oshogbo in the Western State, IDEP–IAI, Dakar, 1972, 28 pp. (ronéo.).

NMJ—Krishna Ahooja-Patel, The administrative and legislative measures concerning the employment of non-nationals in West Africa, BIT–IDEP–IAI, Dakar, 1972, 43 pp. (ronéo.).

NMJ/bis—K. A. Patel, Mesures administratives et législatives concernant l'emploi des non-nationaux en Afrique de l'Ouest (résumé en français), IDEP–IAI, Dakar, 1972 (ronéo.).

NMK—Josef Gugler, Migrating into unemployment in Western Africa, IDEP–IAI, Dakar, 1972, 11 pp. (ronéo.).

NML—Peter A. Cornelisse, Aspects économiques de la migration en Afrique de l'Ouest: étude de deux pays, IDEP–IAI, Dakar, 1972, 35 pp. (ronéo.).

NMM—B. S. Fofana, Examen du phénomène de migration dans les pays de l'O.E.R.S., IDEP, Dakar, 1971, 14 pp. (ronéo.).

NMN—B. S. Fofana, Migration en Afrique tropicale au sud du Sahara, 1971, Dakar (ronéo.).

NMO—Raymond Deniel, Mesures gouvernementales et/ou intérêts divergents des pays exportateurs de main-d'œuvre et des pays hôtes: Haute Volta et Côte d'Ivoire, IDEP–IAI, Dakar, 1972, 11 pp. (ronéo.).

NMP—Ibrahima Diallo, Les migrations frontalières entre le Sénégal et la Gambie, IDEP–IAI, Dakar, 1972, 24 pp. (ronéo.).

NMR—Fatoumata Agnès Diarra, Les relations entre les hommes et les femmes et les migrations des Zarma, IDEP–IAI, Dakar, 1972, 34 pp. (ronéo.).

NMS—André Franqueville, Zone d'attraction urbaine et région migratoire: l'exemple de Yaoundé, ORSTOM, Coll. de Yaoundé, 1972, 13 pp. (ronéo.).

NMT—Elisabeth N'Doye, Migrations des pionniers Mourid-Wolof vers les terres neuves: rôle de l'économique et du religieux, IDEP–IAI, Dakar, 1972, 36 pp. (ronéo.).

NMU—P. E. Chassard, M. Ecrement et B. Lecomte, Extraits d'une étude de reconnaissance des sociétés locales de développement (Côte d'Ivoire) Coll. de Yaoundé, octobre 1972, 77 pp. (ronéo.)

NMY—J. L. Liederman, Planification de la croissance et organisation de l'espace en Côte d'Ivoire, ORSTOM, Petit-Bassam, 1972, 126 pp. (ronéo.).

NMZ—Ivan Illich, Libérer l'avenir.

TCL—R. Deniel, De la savane à la ville: essai sur la migration des Mossis vers Abidjan et sa région, CASHA, Aix-en-Provence, fév. 1967, 184 pp. (ronéo.).

TPC—H. Ahoomey-Zunu et autres, Rapport du groupe densités—migrations, Comité intérimaire d'aménagement du territoire, Plan, Lomé, 1971, 29 pp. (ronéo.).

Summary

DOES MIGRATION CONTRIBUTE TO THE DEVELOPMENT OF 'BACKWARD' ZONES?

Colonial penetration and its consequences, favouring the coastal countries, brought about a redistribution of the population in West Africa. Generally speaking, there has been a considerable population shift from the hinterland towards the cities, mines and plantations of the coastal areas. This movement is intimately bound up with the mechanisms of exploitation employed in Africa by foreign interests.

We consider a study of the effects of migration on the 'backward' areas, i.e. the marginal regions of Africa, to be most important. What are the present and future repercussions of emigration on these least favoured zones (C)? What are the effects on their relationship with the most favoured zones (A)?

The main repercussions to be studied are:

1. *The effects in C of emigration towards A:* Briefly they may be listed as: loss of investments made by the migrants, loss of manpower and consequent loss of earnings, reduced productivity of remaining labour force composed mainly of old people and children. When emigration is on a really large scale, it can threaten development potential itself. There are 'overpopulated'

zones where no further arable land is available, and where increase in the labour force does not bring about either an increase in employment or in regional output. In this case, emigration does reduce pressure on the land. An 'underpopulated' zone, on the other hand, has unused arable land. While, in the first case, emigration frees a certain surplus (food), in the second it produces no significant effect. With regard to the use of the surplus made available, it may be said that generally it will not be used productively by C.

2. *Effects in C of the transfer of money from A.* The most important are:

(*a*) Increased monetization of the economy and of social relations. More and more things acquire a price and can be bought and sold. There may be a general rise in prices affecting land, consumer goods, equipment, marriage payments, etc.

(*b*) Development of trading activities and hoarding. In most cases the traders will be foreigners who repatriate their profits.

(*c*) Demonstration effects may be intensified, and with them the idea that merit comes from afar.

3. *Effects in C of a return of a migrant from A.* Money sent back from A to C is intended to pave the way for the migrant's return, if and when he has achieved, or can claim to have achieved, success. On his return, *substitute values* make their appearance in the village: his prestige increases and may become even greater than that of the village elders. His presence provides an incentive for a greater opening up of rural society and a new model of behaviour. A new power group, composed of former migrants, emerges. But although they have acquired a technological attitude and an industrial mentality, their new skills are not very relevant to C. Reports by returning migrants are a further stimulus to others to leave. This has an immobilizing effect on C.

4. *Indirect effects in C of the presence in A of migrants from C.* Economic growth of A can bring about an increase in public spending in both A and C. But administrative expenditure in C tends to increase it dependence. Because the migrant feels frustrated in his new area, separatist tendencies make their appearance. A pressure group in A, composed of people from C

emerges. The migrants may become aware of the phenomenon of exploitation *as a whole*, both in their area of origin and the zone to which they emigrate. Diagram No. 1 shows the relations between A and C, while No. 2 shows the complexity of the exploitation mechanism.

The requirements of a consistent policy are:

1. *Possible and desirable developments.* Since the system of relations between A and C is not stable, the first thing is to make the best use of trade. Increase in transactions should be accompanied by increased use of bank savings and post office accounts. Major items of administrative expenditure in C can be made to promote greater integration between regions. Setting up small industries should be considered. The number of schools could also be increased. The new awareness of exploitation may lead to the emergence of political opposition groups.

Goods produced in A and imported into C can play a part: transistors, repairs to various articles, equipment, etc. This new market can act as a stimulus to a certain amount of private investment in capital equipment.

2. *Some conditions of a coherent strategy.* Presupposing that migrants become more consistently dynamic, the main conditions are:

(*a*) Use of a suitable methodology, through deeper sociopolitical analysis, not simply as an instrument of knowledge but, above all, as an instrument of change.

(*b*) When A and C have the same government, migrants need to organize themselves into pressure groups, seeking power in the country for people originating in the backward zones.

(*c*) When A and C are in different countries, a lessening of nationalism and xenophobia in A could foster awareness that mutual prosperity can result from a better distribution of advantages between A and C.

(*d*) An overall plan for development for C is essential for an effective migration policy there.

While migration is only one element in a complex mechanism of exploitation, it is also a potentially decisive factor both in changing traditional modes of production, and in the spread of cultural alienation. But in the long run, it makes for a new awareness which could be decisive for development.

VI

Mesures gouvernementales et/ou interêts divergents des pays exportateurs de main d'œuvre et des pays hôtes Haute Volta et Côte d'Ivoire

RAYMOND DENIEL

INTRODUCTION

Rien n'illustre mieux le thème proposé ici à notre réflexion que les relations entre la Côte d'Ivoire et la Haute Volta. De ce point de vue, ces relations ont, en Afrique de l'Ouest, un caractère exemplaire. Exemplaire, non parce qu'elles satisfont pleinement les deux parties — nous verrons qu'il n'en est pas tout à fait ainsi — mais parce que dans cette région de l'Afrique la Haute Volta est certainement le plus grand pays exportateur de main d'œuvre et la Côte d'Ivoire l'un des plus grands pays d'accueil. De plus, le courant migratoire entre les deux pays est ancien: il remonte au moins aux années 20 et a donc pris naissance pendant la période coloniale. Enfin, les deux pays ont fait un réel effort pour aménager officiellement leurs relations dans le domaine de la migration.

I. REGARD SUR L'HISTOIRE

Pour comprendre la situation actuelle, il importe d'étudier brièvement la période coloniale. Elle se divise en deux phases: avant et après la suppression du travail obligatoire.

1. *Avant la suppression du travail obligatoire (avant 1946)*

Jusqu'en 1919, la Haute Volta est d'abord territoire militaire, puis elle est rattachée à la colonie du Haut-Sénégal Niger. Pendant la première guerre mondiale, l'armée française procède dans ses colonies africaines et particulièrement chez les Mossi et les Bobo à un recrutement assez intense de 'tirailleurs'. Première migration 'forcée', d'un type spécial, qui ne va pas sans provoquer des troubles (révoltes de la région de Kédougou, dans l'Ouest voltaïque).

En 1919, la Haute Volta devient colonie autonome. Les services du Lieutenant-Gouverneur tentent une timide mise en valeur de ses ressources, qui se heurtera vite à des difficultés financières. La jeune colonie va rapidement apparaître comme un territoire de peu de valeur économique. Sa richesse, ce sont ses hommes, perçus, surtout les Mossi, comme des travailleurs sérieux et disciplinés. Quelques milliers d'entre eux sont recrutés chaque année pour la construction du chemin de fer de Kayes et de celui de Côte d'Ivoire, ainsi que pour les chantiers forestiers de cette dernière colonie.

Les difficultés économiques et financières de la Haute Volta s'aggravant d'année en année, le Gouvernement Général de l'Afrique Occidentale Française va se résoudre en 1933, malgré l'hostilité du Moog Naaba, empereur des Mossi, à supprimer la colonie et à partager son territoire entre les trois pays limitrophes: Niger, Soudan et Côte d'Ivoire. Celle-ci, avec l'empire moaga de Ouagadougou et le Sud-Ouest, reçoit la part du lion. Son Lieutenant-Gouverneur réclamait depuis longtemps cette mesure: il lui apparaissait que la main d'œuvre voltaïque était nécessaire au développement des multiples ressources de la Basse-Côte.

Dès lors, le flux migratoire va s'accélérer. En principe, les départs sont volontaires. A cause de la réticence des paysans mossi, le recrutement est en réalité obligatoire. Les chefs traditionnels, nommés par les autorités coloniales, s'en font les complices et désignent comme 'volontaires' les sujets jugés par eux indésirables. Pour échapper à cette conscription, des milliers de travailleurs passent chaque année en Gold Coast.

Les Voltaïques ont gardé un fort mauvais souvenir de cette période et beaucoup de ceux qui sont en Côte d'Ivoire aujourd'hui jugent leurs conditions de vie à travers ce souvenir.

2. *Après la suppression du travail obligatoire (1946)*

Grâce au combat mené par le député Houphouët-Boigny au sein du Parti du Rassemblement Démocratique Africain

(RDA) et du Syndicat des Planteurs Africains, combat auquel participent de nombreux militants voltaïques, le gouvernement français supprime le travail obligatoire en 1946. Le désarroi des employeurs de Côte d'Ivoire est grand. Mais ils se resaisissent et vont mettre sur pied leur propre organisation de recrutement: le SIAMO (Syndicat Interprofessionnel pour l'Acheminement de la Main d'Œuvre).

Au moment des luttes pour l'indépendance (1958-60), le SIAMO est considéré par la Haute Volta comme un organisme colonialiste et sa suppression réclamée par les syndicats et étudiants de ce pays. La suppression intervient en janvier 1960, l'année de l'indépendance de la Côte d'Ivoire et de la Haute Volta. Les abus qu'une politique systématique de migration avait causés vont-ils du même coup disparaître? Nullement. La Côte d'Ivoire indépendante hérite d'une situation que l'administration coloniale lui a léguée et doit bon gré mal gré l'assumer. Dès cette époque, les autorités voltaïques attirent l'attention des autorités ivoiriennes sur les torts que les travailleurs voltaïques subissent dans les plantations européennes et africaines de Basse-Côte. A leur avis, la législation du Travail en vigueur depuis 1952 en Afrique Occidentale Française n'est pas respectée par les employeurs. Houphouët-Boigny comprend que des négociations deviennent indispensables.

II. LA CONVENTION DU 9 MARS 1960

1. *La Convention*

Ces négociations s'ouvrent à Bobo-Dioulasso le 9 mars 1960 entre une délégation ivoirienne et une délégation voltaïque. Ces délégations sont dirigées par les Chefs d'Etat des deux pays. Les propositions faites par les Voltaïques vont être acceptées presque sans discussion par les Ivoiriens, le Président Houphouët-Boigny *tenant absolument* à ce que les négociations débouchent sur une entente politique.

Voici les principales dispositions de cette Convention:

1. Le Gouvernement voltaïque autorise le recrutement de travailleurs désireux d'occuper un emploi en Côte d'Ivoire. Leur recrutement est assuré par le Service de la Main d'Œuvre de Haute Volta, de même que leur engagement.

2. Les employeurs ivoiriens désireux d'embaucher des travailleurs voltaïques s'adressent au Service de la Main d'Œuvre de Côte d'Ivoire qui groupe les demandes et les transmet au Service de la Main d'Œuvre de Haute Volta.

3. Celui-ci a délégation de l'Office de la Main d'Œuvre de la Côte d'Ivoire pour établir le contrat de travail qui lie le travailleur à l'employeur.

7. Les frais de transport et d'hébergement du travailleur (et éventuellement de sa famille) sont à la charge du Service de la Main d'Œuvre de Haute Volta du lieu de recrutement au lieu d'embarquement par air, route ou voie ferrée. Ils sont pris en charge par l'Office de la Main d'Œuvre de Côte d'Ivoire, de l'embarquement en Haute Volta à l'arrivée sur le lieu d'emploi en Côte d'Ivoire.

9. Les travailleurs voltaïques bénéficieront des mêmes libertés, garanties, droits et avantages que les travailleurs nationaux ivoiriens.

11. Le premier contrat sera de six mois de service effectif. Il pourra être renouvelé.

12. Le travailleur percevra au moins le salaire minimum en vigueur en Côte d'Ivoire dans la branche d'activité dans laquelle il est occupé.

13. Sur la demande du travailleur formulée lors de la signature de son contrat, une partie de son salaire, s'élevant à 1000 francs par mois, sera versée mensuellement par l'employeur à un livret de la Caisse d'Epargne de la République de Haute Volta ouvert au nom du travailleur. Le Service de la Main d'Œuvre de Haute Volta assurera le contrôle de la régularité des versements.

14-15. Nourriture et logement seront assurés par l'employeur, mais leur contre-valeur pourra être retenue sur le salaire du travailleur.

17. L'employeur devra être assuré contre tous risques provenant des accidents du travail.

20. Le Délégué du Gouvernement de Haute Volta en Côte d'Ivoire sera informé dans les huit jours de toute poursuite judiciaire engagée lors d'un conflit impliquant un travailleur voltaïque.

21. Le Ministre du Travail de Haute Volta ou ses représentants pourront se rendre en Côte d'Ivoire en mission auprès des

autorités compétentes afin de s'assurer des conditions d'emploi des travailleurs voltaïques. De son côté, le Gouvernement de Côte d'Ivoire pourra envoyer en Haute Volta, en mission temporaire ou permanente, toute personne qu'il désignera pour s'informer des conditions d'engagement des travailleurs.

23. Une somme de 1500 francs par travailleur voltaïque engagé (1000 francs par femme de travailleur engagé) sera versée par le Gouvernement ivoirien à celui de Haute Volta pour couvrir les frais de recrutement exposés par le Service de la Main D'Œuvre de Haute Volta.

2. *Les dispositions d'application de la Convention*

Rédigées pendant l'été 1960, ces dispositions limitent partiellement la portée de la Convention.

Si la convention avait été appliquée à la lettre, la Côte d'Ivoire devait verser une redevance pour tous les travailleurs recrutés par le Service de la Main d'Œuvre de Haute Volta, même s'ils s'évadaient avant de parvenir à destination. Ils suffisait que ces travailleurs soient en partance pour leur lieu d'emploi, le Service de la Main d'Œuvre de Haute Volta s'estimant délivré de toute obligation une fois achevées les opérations de recrutement. D'où le second paragraphe de l'article 2 des dispositions d'application, paragraphe ainsi libellé: 'Le Service de la Main d'Œuvre de Haute Volta établira lors de chaque acheminement de main d'œuvre vers la Côte d'Ivoire un état récapitulatif des travailleurs affectés au même employeur. Sur cet état seront consignés les examens médicaux effectués en Haute Volta et *l'arrivée au lieu d'emploi des travailleurs* (visa du Chef de la Circonscription administrative et du médecin de la Formation médicale la plus proche, ou exceptionnellement celui de la circonscription administrative). L'état récapitulatif d'affectation des travailleurs servira de pièce comptable pour le paiement d'une part des frais de transport (du centre de migration de Haute Volta au lieu d'engagement) au transporteur, d'autre part de la somme de 1.500 francs par travailleur engagé (conformément à l'article 23 de la Convention du 9 Mars 1960) au Service de la Main d'Œuvre de Haute Volta et sera établi en sept exemplaires (...)

3. *Application de la Convention*

Les deux gouvernements pouvaient espérer et espéraient, au terme des négociations de Bobo-Dioulasso, que la Convention constituerait le cadre par excellence à l'intérieur duquel seraient résolus tous les conflits opposant les deux Etats, ou les employeurs et les migrants. Et il est vrai que les différents articles de la Convention régissent tant bien que mal, depuis 1960, les relations entre les deux pays pour tout ce qui concerne les problèmes de main d'œuvre. Il faut seulement noter qu'un article a été abandonné. Il s'agit de l'article 13, selon lequel une partie du salaire du travailleur (1000 francs) sera versée mensuellement par l'employeur à un livret de la Caisse d'Epargne de Haute Volta ouvert au nom du travailleur. Cette clause s'est heurtée à l'hostilité des travailleurs voltaïques, auxquels elle rappelait le trop fameux 'pécule' de l'époque coloniale.

Il est vrai d'autre part que, depuis onze ans, peu nombreux sont les conflits qui ont *ouvertement* opposé les deux pays: fermeture de la frontière à quelques reprises; rejet, au début de 1966, de la double nationalité par le PDCI–RDA; expulsion de Côte d'Ivoire, en 1967 et en 1969, de travailleurs voltaïques. Mentionnons enfin l'expulsion des étudiants voltaïques de l'Université d'Abidjan, à la fin de 1970.

Mais la Convention reste dans une large mesure lettre morte, parce que *la très grande majorité des Voltaïques* désireux de se rendre en Côte d'Ivoire évitent de passer par le Service de la Main d'Œuvre de leur Gouvernement et *émigrent par leurs propres moyens*. De plus, les oppositions d'intérêts entre les deux pays sont profondes et elles sont d'une nature telle qu'une Convention juridique, si bien faite fût-elle, ne pouvait les prévoir ni les résoudre à elle seule. Voici celles qui nous apparaissent les plus significatives.

III. DIVERGENCES ENTRE LA HAUTE VOLTA ET LA COTE D'IVOIRE

1. *Griefs des Ivoiriens*

Les Ivoiriens reprochent au Gouvernement de Haute Volta son incapacité à contrôler la grande majorité des Voltaïques qui se rendent en Côte d'Ivoire, ce qui, à leurs yeux, a un double inconvénient. D'une part, la migration revêt un caractère plus ou moins anarchique; d'autre part, les demandes de main d'œuvre présentées par les employeurs de Côte d'Ivoire sont loin d'être satisfaites dans leur totalité. Selon les Ivoiriens, le fonctionnement des centres officiels de recrutement (Ouagadougou et Bobo-Dioulasso) est défectueux: les travailleurs y séjournent trop longtemps et dans les conditions d'hygiène peu satisfaisantes.

Le Service ivoirien de la Main d'Œuvre reproche en outre au Gouvernement voltaïque de tolérer l'action de trafiquants clandestins de main d'œuvre. Preuves à l'appui, il estime en effet que ce trafic est essentiellement exercé, même en Côte d'Ivoire, par des Voltaïques. Quant aux employeurs, ils se plaignent de l'instabilité de la main d'œuvre voltaïque.

Pour notre part, nous noterons que la tendance générale n'est plus aujourd'hui, en Côte d'Ivoire, sinon au niveau de la Présidence de la République, du moins dans le Parti unique et dans le peuple, à l'accueil libéral des Africains étrangers. Le pourcentage d'étrangers a d'ailleurs tellement augmenté, surtout à Abidjan, que des réactions xénophobes sont devenues inévitables. Réactions plus ou moins consciemment entretenues par le journal quotidien d'Abidjan. De plus, l'accent est mis dans les discours officiels (et pas seulement dans les discours) non seulement sur l'africanisation de la main d'œuvre, mais encore sur son 'ivoirisation'.

2. Griefs des Voltaïques

Les salaires sont insuffisants, surtout sur les plantations villageoises et en général sur les plantations dont les propriétaires sont ivoiriens. Les conditions de logement sont souvent défectueuses. Le Gouvernement voltaïque souhaiterait donc contrôler par l'intermédiaire de ses Inspecteurs du Travail la façon dont ses sujets sont traités en Côte d'Ivoire, mais il se heurte en ce domaine, en dépit de l'article 21 de la Convention, à l'opposition irréductible des autorités ivoiriennes et il s'en plaint.

Le Gouvernement voltaïque estime que la migration rapporte beaucoup plus à la Côte d'Ivoire qu'à la Haute Volta et que l'indemnité versée au Trésor voltaïque pour chaque travailleur recruté officiellement est trop faible. De plus, il accuse le Gouvernement ivoirien d'éluder ses devoirs en se livrant à un recrutement plus ou moins clandestin de main d'œuvre; est particulièrement visé le Centre de Bouaké.[1]

La politique d'ivoirisation est perçue comme étant discriminatoire.[2] Celle-ci tend en effet à favoriser l'accès des nationaux, dans le secteur privé comme dans le secteur public, aux postes de responsabilité et aux places les mieux rémunérées. Les Voltaïques craignent donc, non sans raison, d'être de plus en plus confinés dans les emplois de basse catégorie, emplois dont la plupart des Ivoiriens ne veulent pas.

En toile de fond: les travailleurs de Haute Volta et leur Gouvernement estiment avoir largement contribué à la prospérité de la Côte d'Ivoire, avant comme après l'indépendance, et n'être pas suffisamment payés de retour.

CONCLUSION

L'étranger, surtout s'il est français, ne peut aborder qu'avec précaution le problème de la migration quand il discute avec des Ivoiriens comme avec des Voltaïques, tant il perçoit ce problème à la fois comme majeur et comme brûlant.

Le problème est d'autant plus brûlant et irritant qu'Ivoiriens et Voltaïques savent fort bien qu'ils auront besoin, longtemps encore, les uns des autres. La migration sert de soupape de sûreté pour le trop plein de la main d'œuvre voltaïque et le bénéfice économique que la Haute Volta retire de cette migration est loin d'être négligeable. Quant à la Côte d'Ivoire, elle

---

[1] Les attaques dont le CATAF (Centre d'Affectation des travailleurs Agricoles et Forestiers) de Bouaké est l'objet à Ouagadougou, particulièrement à la Direction de la Main d'Œuvre, témoignent de la profondeur en même temps que du caractère assez passionnel du malentendu qui sépare les Services respectifs des deux pays. Nous avons pu aisément visiter ce Centre, qui n'a en réalité rien de clandestin. Son rôle essentiel consiste à recueillir sur les routes et pistes de la région les Voltaïques errants et à leur proposer un contrat de travail qu'ils sont libres d'accepter ou non. Il s'efforce en outre, en liaison avec la police et la gendarmerie, de découvrir et de réprimer le trafic illicite de main d'œuvre.

Parce que les travailleurs ainsi recrutés le sont en Côte d'Ivoire, le Gouvernement ivoirien n'est nullement tenu de verser à celui de Haute-Volta la somme prévue par l'article 23 de la Convention, cet article ne concernant que les travailleurs recrutés en Haute-Volta.

[2] Déjà, en janvier 1966, le rejet, par le PDCI–RDA, du projet de double nationalité imaginé par le Président Houphouët-Boigny, avait été vivement ressenti par les Voltaïques, surtout par ceux résidant en Côte d'Ivoire. Ils rappelaient avec amertume le combat mené en commun pour l'indépendance.

serait incapable, avec sa seule main d'œuvre, d'assurer la bonne marche de ses usines et surtout de ses plantations.

Il est vrai que la Haute Volta espère ralentir, sinon tarir, le flux migratoire, grâce à la colonisation de ses terres vierges et que la Côte d'Ivoire compte sur les progrès technologiques pour diminuer ses besoins en main d'œuvre. Mais il s'agit là d'une espérance à très long terme.

En attendant, les deux pays sont 'condamnés' à vivre ensemble. Il importe donc que leurs dirigeants s'efforcent d'enlever au problème de la migration son aspect passionnel et affectif. Un aménagement de la Convention de 1960 doit le permettre. Onze années d'expérience et de recul feront que les négociations qui aboutiront à cet aménagement seront beaucoup plus réalistes qu'en 1960, si du moins un climat de franchise entoure ces négociations.

Il importe aussi que les deux Gouvernements, épaulés par les Partis, les Syndicats, la radio et la presse, fassent un grand effort d'information auprès de leurs ressortissants respectifs. Les Voltaïques doivent savoir que la Côte d'Ivoire n'est pas, comme ils le croient trop souvent, un paradis, que les conditions de vie et de travail y sont dures et qu'ils ont tout intérêt à effectuer leur migration par le canal des services officiels. Les Ivoiriens doivent admettre que la main d'œuvre étrangère est pour le moment irremplaçable et la traiter en conséquence.

Il serait enfin souhaitable que les Syndicats de travailleurs voltaïques se préoccupent beaucoup plus qu'ils ne l'ont fait jusqu'ici de former des militants qui iraient encadrer et animer la masse des manœuvres émigrés. Ce souhait a d'ailleurs été formulé devant nous par l'une des plus hautes personnalités de l'Etat voltaïque. Il resterait certes à faire admettre au Gouvernement ivoirien le bien-fondé d'un tel souhait!

Summary

DIVERGENCE OF INTERESTS BETWEEN LABOUR EXPORTING AND HOST COUNTRIES AND MEASURES TAKEN BY THEIR GOVERNMENTS

Migration between Upper Volta and the Ivory Coast is long-standing and is the heaviest in West Africa; the governments of both countries have endeavoured to bring it under official control.

During the 1920s several thousands of workers were recruited from Upper Volta for the construction of the Kayes and Abidjan—Bobo-Dioulasso railways and to work in lumber camps in the Ivory Coast. When a large part of the territory of Upper Volta was joined to the Ivory Coast in 1933 the recruitment of labour increased; it was however voluntary in name alone.

After the Second World War a vigorous campaign led by Houphouët-Boigny, who was at that time a *député* to the French parliament, led to the abolition of forced labour. Employers in the Ivory Coast then began to organize their own recruiting service. Its activities were banned by the government of Upper Volta in 1960, the year of Independence. However, neither this measure nor the achievement of political independence proved adequate to eliminate the abuses of the colonial period and Houphouët-Boigny came to realize that negotiations were indispensable.

Negotiations opened in Bobo-Dioulasso and quickly led to the signing of the Convention of 9 March 1960. The Service de Main d'Œuvre (department of labour) in Upper Volta was to be responsible for all matters connected with the recruitment of workers, and employers in the Ivory Coast were to apply to its Service de Main d'Œuvre which would transmit all requests *en bloc* to Ouagadougou. There were various clauses for the protection of migrants. Finally the government of the Ivory Coast was to pay the government of Upper Volta 1500 francs for each worker taken on to cover costs of recruitment. Both governments hoped that conflicts between the states or between employers and workers could be resolved within the framework provided by the Convention. And it is true that ever since 1960 the articles of the Convention, have, after a fashion, governed the relations of the two countries where labour problems are concerned, and open conflict has been rare. But the Convention has remained by and large a dead letter, because the Upper Volta workers evade their own Service de Main d'Œuvre and make their own way to the Ivory Coast. In addition, the divergence of interests between the two countries is so profound and of such a nature that it does not seem possible for a juridical convention to remove it.

The Ivory Coast blames the government of Upper Volta for its inability to control the departure of emigrants and deplores the resulting anarchy. It accuses the government of Upper Volta of tolerating the activities of clandestine recruiters of labour. It should be noted that the general trend in the Ivory Coast today is *not* towards according a liberal welcome to foreign Africans.

Upper Volta claims that wages in the Ivory Coast are too low, and that the payment to the Upper Volta Treasury for each worker engaged is also too low. The Ivory Coast is also accused of resorting to illegal recruitment of labour. Finally the policy of 'ivorianization' is judged by Upper Volta to be discriminatory.

The foreign observer perceives the problem of migration as serious and a source of irritation—all the more so because both Upper Volta and Ivory Coast know they will long continue to have need of each other. It is important that each government try to remove its emotional aspect from the problem. Modification of the 1960 Convention could make this possible. Both governments ought also to make great efforts to keep their nationals better informed; those of Upper Volta will then realize that the Ivory Coast is not a paradise and those of the Ivory Coast that foreign labour is irreplaceable at the present time.

Finally one may hope that the labour unions of Upper Volta will train militants to lead and inspire the emigrant workers.

VII

Les relations entre les hommes et les femmes et les migrations des Zarma

FATOUMATA AGNES DIARRA

Les migrations constituent un des traits caractéristiques des populations de la zone soudano-sahélienne. Les Zarma, par exemple, ont manifesté une grande mobilité tout au long de leur histoire. Mais leurs déplacements qui se poursuivent encore de nos jours, n'ont pas connu la même ampleur ni revêtu la même signification d'une période à l'autre.

I. APERÇU HISTORIQUE DES MIGRATIONS DES ZARMA

Pendant la période précoloniale, les migrations qui ont conduit les Zarma du Lac Debo aux régions qu'ils occupent actuellement répondaient surtout à un besoin de sécurité doublé sans doute de visées expansionnistes, car il s'agissait d'un peuple de guerriers.

La première allusion faite à ce peuple remonte au Tarikh el Fettach qui mentionne le pays des Dyerma dominé alors par la dynastie de Zarma de Koukya.[1] Mais il existe des relations contradictoires de l'épopée des Zarma. Ainsi l'accord unanime des différents auteurs est loin d'être réalisé sur la localisation précise du point de départ de ce peuple et sur la chronologie des phases essentielles de leur expansion.

Il semble, en définitive, que les Zarma, en tant que peuple, dotés d'une société propre, soient issus de l'empire songhay. Cette hypothèse est confirmée par la relation étroite qui existe entre les parlers zarma et songhay qui sont deux formes dialectales d'une même langue.

[1] Boubou Hama, *Histoire traditionnelle d'un peuple: les Zarma-Songhay*, p. 510. Publication de la République du Niger, 1967.

La migration des Zarma semble avoir été déclanchée à la suite des conflits qui les opposèrent à leurs voisins peul installés dans le delta intérieur du Niger entre le 15ème et le 16ème siècle. Cette étape permit au peuple zarma de s'organiser avant d'entreprendre de nouveaux déplacements.

En effet, après une solide implantation dans le Zarmaganda, le groupe fut animé une fois de plus d'un besoin d'expansion sans doute sous la pression démographique aggravée par le pauvreté de la région. Ainsi se constituèrent des sous-groupes de l'ethnie zarma dans les régions fertiles et humides des vallées du Niger et du Dallol Bosso. Cette progression par vagues migratoires se fit aux dépens des populations autochtones du Dendi refoulées au sud, le long du fleuve.

Le pays zarma, constitué par la vallée du Dallol Bosso et la région située le long du fleuve jusqu'à Karma, sera le théâtre de la tragédie des guerres peul.

Au début du 19ème siècle, les anciennes routes d'esclaves furent empruntées par les Zarma pour atteindre le pays ashanti et le littoral de la Gold Coast. Les premiers contingents de migrants venus ainsi du Nord furent employés dans la constructions des chemins de fer, dans les travaux publics, les mines et les plantations de cacao. Certains se livraient au commerce du bétail, du tabac, du sel et de la cola.

Le voyage dans les régions côtières était souvent périlleux. Aussi les migrants partaient-ils en groupes accueillis aux grandes étapes par des compatriotes établis pendant la période précoloniale. Les retours vers les zones de départ s'effectuaient chaque année et s'organisaient comme les départs en raison de l'insécurité qui rendait les routes dangereuses.

En effet les migrants chargés de tissus et de pacotilles étaient souvent attaqués lors de la traversée des pays mossi et gourmanché.

Le mouvement migratoire des Zarma s'emplifia surtout à partir de 1920, date à laquelle une grande famine fit de nombreuses victimes au Niger. Cette pénurie fut le facteur décisif de l'afflux des jeunes zarma vers les régions cotières du golfe de Guinée notamment vers la Gold Coast et la Côte-d'Ivoire.

Après la deuxième guerre mondiale, la Gold Coast devait continuer d'être un des pôles lequel se dirigeaient principalement les courants migratoires zarma.

Depuis l'accession des pays de l'Afrique de l'Ouest à la souveraineté internationale, le mouvement migratoire vers les pays de la côte a connu certaines modifications. En effet, des pays tels que le Ghana et la Côte-d'Ivoire en plus des graves difficultés économiques qu'ils devaient affronter, se sont trouvés en présence d'une importante main-d'œuvre nationale non qualifiée dont le placement exigeait le renvoi de la main-d'œuvre étrangère. C'est ainsi que 30.000 Nigériens ont dû regagner leur pays en 1969, en provenance du Ghana. Il convient de préciser que les Nigériens ainsi expulsés du Ghana étaient surtout des Zarma et des Songhay dont le retour ne fut pas sans poser des problèmes dans les secteurs où ils se sont installés et où la vie reste difficile. On les appelle 'Koron Busia' expression hawsa qui signifie: 'ceux qui ont été classés par Busia'.

II. LE MILIEU HUMAIN

La communauté zarma forte de quelque 500.000 personnes, soit 1/7ème de la population nigérienne, est essentiellement rurale.[1] Elle se répartit dans une multitude de villages localisés généralement dans les vallées du Niger et de ses nombreux tributaires à écoulement temporaire. L'implantation des hommes y est favorisée par la présence de terres arables et de l'eau d'écoulement ou des nappes phréatiques situées à la faible profondeur. La taille moyenne des agglomérations rurales est de l'ordre de 200 habitants. Mais des hameaux de cultures s'intercalent entre les villages plus ou moins concentrés selon les circonstances historiques de leur développement pu l'importance des marchés qu'ils abritent.

D'après l'enquête démographique effectuée au Niger en 1962,[2] il apparaît que le pays zarma a une densité de peuplement inférieure à 10 habitants au kilomètre carré.

Ce chiffre recouvre cependant des disparitée telles que, dans le Zarmaganda, on observe parfois moins de 5 habitants au kilomètre carré, tandis que dans les régions de Niamey et de Dosso les densités dépassent 15 habitants au kilomètre carré.

Le dynamisme démographique se traduit par un accrois-

[1] Estimation d'après *l'Annuaire du Niger*, 1967. Commissariat général au développement, Niamey.
[2] Mission démographique du Niger, 1960, *Résultats définitifs*, 2 vols. Paris, 1962-3.

sement naturel de 2·5% par an, ce qui laisse prévoir un doublement de la population en 30 ans environ. Depuis plusieurs décennies, l'émigration constitue un phénomène généralisé dans le pays zarma où la pression démographique conjuguée à l'extrême pauvreté de l'économie agricole oblige nombre de personnes à s'expatrier. Ainsi un courant migratoire alimenté essentiellement par les hommes s'est établi en direction des pays côtiers tels que la Côte-d'Ivoire et le Ghana. Il concerne de jeunes adultes qui constituent les forces vives des zones de départ. Leur absence prolongée, loin d'être compensée par un apport de numéraire, contribue à accuser le sous-développement du pays zarma.

Un autre courant migratoire est dirigé vers la capitale, Niamey, et concerne aussi bien les hommes que les femmes.

Ainsi les Zarma constituent un des groupes ethniques les plus mobiles de la République du Niger surtout en raison de la faiblesse de leurs ressources économiques.

III. CARACTERISTIQUES DES MIGRATIONS ZARMA

En pays zarma, les migrations font apparaître une triple distorsion.

1. *Prépondérance de la migration masculine*

Dès la fin des récoltes, commencent les déplacements des migrants zarma vers des centres urbains plus favorisés. Sur 32.310 migrants recensés en 1963, 22.010 étaient des hommes. En effet ce sont eux qui doivent payer les impôts de leurs parents et faire face également aux dépenses nécessaires à la subsistance de ceux-ci. Par ailleurs, il est indispensable pour eux d'être en mesure de faire face aux dépenses ostentatoires des cérémonies de fêtes familiales (mariage, baptême, initiation au culte des *foleyey*).

La migration des hommes à l'étranger devient aussi importante que l'étaient les faits d'armes des temps anciens. Les hommes qui oublient de l'envisager, se font rappeler à l'ordre par leur femme ou quelques fois leurs soeurs. En pilant le mil, elles l'inviteront indirectement au départ, scandant leurs coups de pilon par les propos suivants:

Enfant de la saison froide[1] aux chevilles blanches
Que l'on prendrait pour de la pâte de mil pas cuite[2]
Ce pour quoi tu passes la saison froide ici, tu le regretteras.
Le boubou de mon père? tu le payeras;
Son boubou et son pantalon, tu les payeras.
Le pagne de ma mère? tu le lui procureras;
Son pagne et ses chaussures, tu les payeras;
Mes habits à moi aussi, tu les payeras.
Entends donc le clairon qui annonce la perception de l'impôt
Que tu aies quelque chose ou pas, tu le leur payeras;
Chevilles que l'on prendrait pour de la pâte de mil pas cuite;
Enfant du froid au crâne sec,[3] tu les payeras;
Ce pour quoi tu passes la saison froide ici, tu le regretteras.
Voyez ce crâne qui ressemble à celui de son père;
Enfant du froid aux chevilles écaillées;
Entends donc le clairon qui annonce l'impôt[4]
Mais que tu aies quelque chose ou pas tu le leur payeras
Débordant de malice, les femmes ont imaginé la réponse de
                    l'enfant du froid.

Nombreux sont les chants dont les paroles exaltent le migrant qui revient dans sa famille et que la femme chante en pilant son mil.

Au cours de l'année 1963, 10.300 femmes zarma ont quitté leur village. Elles aussi sont allées chercher de quoi nourrir leur famille et s'acheter quelques habits. En réalité leur migration leur permet rarement de s'offrir des vêtements nouveaux ou d'accumuler de l'argent pour une enterprise de type commercial. Elles se préoccupent surtout de ramener de quoi faire vivre les parents et aider le mari à payer les impôts lorsque les moyens dont dispose ce dernier se révèlent insuffisants.

2. *Différence de destination des migrants selon le sexe*

En raison même de l'existence de leur tradition de déplacement vers le Ghana et le Nigéria on comprend que les effectifs de

---

[1] L'enfant de la saison froide est celui qui passe la saison froide au village au lieu de se rendre en Gold Coast pour faire fortune, on l'appelle *Diewizé*.

[2] Ceci rend l'image de la blancheur de cette pâte pas cuite (Sanante).

[3] Le crâne sec est ici synonyme de vieillesse, le rapprochement est à faire avec les vieux qui ne sont plus capables de courir l'aventure.

[4] C'était à coups de clairon que l'administrateur annonçait le début du paiements des impôts.

migrants qui se dirigent vers l'étranger soient plus importants que ceux qui restent dans les agglomérations urbaines du Niger. Ainsi donc 57% sont à l'étranger alors que 43% restent au Niger.

Quant aux femmes, on constate que 91% restent au Niger alors que 9% seulement se dirigent vers l'étranger. La migration féminine ne concerne que 7% seulement des migrants à l'étranger. Cela s'explique par la faiblesse de leurs revenus qui ne leur permettent pas de couvrir les frais de déplacement. Par ailleurs il convient de noter que la migration à l'étranger est surtout le fait des femmes qui se livrent à la prostitution dans les centres où elles vont se fixer. Simultanément, elles tiennent de petites gargotes.

Pour celles qui restent au Niger, la plupart se trouvent à Niamey où elles occupent surtout les quartiers périphériques tels que Bukoki, Fulaney-Kwara, Gamkale, Liboré, etc. . . . Pendant la période coloniale, elles étaient pour la plupart des vendeuses d'eau ou encore des pileuses payées à la journée ou au mois. Depuis quelques années, l'apparition de machines à moudre le mil et l'exécution des travaux d'adduction d'eau qui permettent le ravitaillement de la ville en eau font que les possibilités de travail qui s'offrent à ces femmes ont été sérieusement réduites. Elles se tournent de plus en plus vers la vente de condiments et des produits de cueillettes sur le marché de Niamey.[1] Leur revenu journalier varie de 30 à 50 Frs CFA par jour et leur permet à peine de subvenir à leurs besoins.

Quelquefois, lorsqu'elles n'arrivent pas à trouver du travail salarié, elles se livrent à la prostitution. Alors, certaines en viennent à se faire des tatouages d'éthnies hawsa chez lesquelles le cas de prostitution sont plus fréquents.

Pour les femmes zarma, qui se déplacent des campagnes vers la ville, la situation n'est guère différente de celle des Sénégalaises dont 'certaines, par exemple ont quitté le milieu rural et abandonné les communautés auxquelles elle étaient profondément intégrées pour venir s'entasser dans les quartiers populaires de Dakar et partager avec les hommes l'angoisse relative aux problèmes de l'emploi et du logement. Le passage de la vie traditionnelle à la vie moderne n'est donc pas, pour elles, immédiatement ni automatiquement libérateur. Il s'accompagne dans

[1] Jocelyne Jacob, Etude de quelques quartiers à Niamey—Document CNRSH. Août 1970.

l'actuelle phase de transition, de déséquilibres multiples à partir desquels se trouve posé le problème de la création d'une nouvelle vie sociale'.[1]

3. *Différence de durée des séjours selon les sexes*

D'une manière générale les Zarma qui émigrent s'en vont pour un laps de temps qui varie d'un mois à un an et quelquefois plus. Cependant on constate que la durée moyenne des absences est de neuf mois pour les hommes comme pour les femmes lorsque les déplacements sont effectués dans les villes du Niger alors qu'elle est de 11 mois 1/2 pour les hommes contre 16 mois pour les femmes lors des déplacements à l'étranger. Cette différence s'explique par le fait que l'homme est tenu de revenir soit pour les semailles, soit avant la levée des impôts, soit encore au bout d'un délai qu'il s'est fixé pour un éventuel mariage. Les femmes qui partent sont moins tenues par des impératifs de ce genre. Celles qui abandonnent leur village pour les centres urbains nigériens sont pour la plupart des mères de famille qui maintiennent le contact avec leurs parents. En dépit de cette grande mobilité, la femme zarma demeure comme partout ailleurs en Afrique une mère soucieuse de la survie de ses enfants, compte tenu des conditions d'existence déplorable dans les villages du pays zarma.

Dans la société zarma, s'est établi un certain rapport entre l'homme et la femme et c'est à travers ce rapport que la femme zarma a accédé à son être psycho-social propre.

IV. L'HOMME ET LA FEMME DANS LA SOCIETE ZARMA

Lorsqu'on étudie la condition de la femme à l'intérieur des sociétés africaines, il est indispensable de se prémunir contre le péril consistant à utiliser certains critères qui sont valables tout au plus dans la société industrielle. Nous voulons dire que la condition de la femme zarma traditionnelle ne doit être considérée comme inférieure à celle de l'homme parce que la question de l'infériorité ou de la supériorité ne se posait pas dans une telle société.

A vrai dire, dans l'ancienne société zarma comme dans toutes

---

[1] P. Fougeyrollas, *La condition de la femme sénégalaise*, 1969, rapport du Conseil économique et social.

les sociétés traditionnelles, la condition féminine et la condition masculine se présentaient comme complémentaires. C'est seulement dans la perspective de sociétés modernes de type occidentale que la condition de la femme zarma semble inférieure. Cependant les exigences de la science sociale nous obligent précisément à ne pas adopter cette perspective. Les 'avantages' que les hommes semblent avoir au détriment des femmes, émanent d'une système social où les statuts, les rôles et les attitudes de chacun sont clairement définis. Cette situation n'implique aucun jugement de valeur selon lequel l'état de la femme serait réputé inférieur. On notera cependant que si le statut de la femme a été complémentaire de celui de l'homme dans la société traditionnelle, cette situation a connu des changements liés aux représentations islamiques et déterminés par la monétarisation de l'économie. L'interprétation des prescriptions coraniques n'est pas étrangère aux transformations observées actuellement.[1]

V. TENDANCES NOUVELLES DES RAPPORTS HOMME–FEMME DANS LA SOCIETE ZARMA

Lorsqu'ils sont en dehors du territoire national, les migrants nigériens entretiennent des relations étroites dénuées de tous préjugées. Ceux qui au pays éprouvaient de la gêne à avoir une prostituée parmi leurs connaissances en raison de la sauvegarde de leur honorabilité, changent d'attitude à l'étranger. Là-bas il est nécessaire de présenter un front uni aux difficultés multiples qui les assaillent. Tous partagent les angoisses, les peines et les joies des uns et des autres. Les liens d'amitié et de fraternité ainsi tissés à l'extérieur se dissolvent dès le retour au Niger où chacun va de son côté.

Les migrants zarma reviennent certes avec des idées nouvelles, mais celles-ci ne déterminent pas de conflits dans les rapports qu'ils ont avec leurs femmes avec les autres femmes du

---

[1] Les hommes ont autorité sur les femmes du fait qu'Allah a préféré certain d'entre vous à certains autres, et du fait que (les hommes) font dépense sur leurs biens (en faveur de leurs femmes). Les (femmes) vertueuses font raison (qânit) et protègent ce qui doit l'être (?), du fait de ce qu'Allah consigne (?). Celles dont vous craignez l'indocilité, admonestez-les § reléguez-les dans les lieux où elles couchent § Frappez-les! Si elles vous obéissent, ne cherchez plus contre elles de voie (de crainte)! Allah est auguste, et grand: *in* Coran tr. fr. Régis Blachère, Maisonneuve et Larose, Paris, 1966, pp. 110–11.

village. Ils constatent que ces femmes vivent de manière différente de celles qu'ils ont vues dans les pays visités mais ils comprennent aussi qu'une telle situation est liée à des conditions matérielles de vie différentes. Aussi c'est moins par inclination naturelle que les femmes des villages du Zarmaganda ne savent pas faire une cuisine variée que par pénurie: pénurie d'eau, pénurie de denrée alimentaire.

Les migrants comprennent également que si la situation économique de ces femmes le leur permettaient, elles seraient aussi élégantes qu'ailleurs. Ainsi donc, une fois revenus chez eux, les migrants *kurmizey* ou *yammayizey* sont heureux de faire étalage de la fortune qu'ils ont pu acquérir à l'extérieur plutôt que de montrer qu'ils reviennent avec des exigences nouvelles vis-à-vis de ceux qui sont restés. Il s'agit un peu aussi de montrer que l'on sait rester soi-même après avoir séjourné à des milliers de kilomètres de son village d'origine. Il est entendu que c'est la fortune ainsi amassée qui permettra de réaliser le mariage rêvé du célibataire, mais aussi de celui qui veut se voir promu au rang des polygames.

Le comportement des femmes qui sont allées vivre un ou deux ans à l'extérieur, est différent de celui des hommes. En effet, la plupart d'entre elles sont parties après un divorce. A cette liberté purement juridique s'ajoute une liberté économique au moment du retour. En effet, la femme qui revient d'un séjour au Ghana, au Nigéria ou en Côte-d'Ivoire où elle est partie chercher fortune garde à son retour une conscience très nette d'appartenir à une catégorie jugée supérieure par elle. Il n'est plus question pour elle de retourner s'installer dans son village d'origine. Elle reste dans la capitale où son commerce est réservé aux fonctionnaires, aux grands commerçants ou aux autres hommes dont la situation économique lui parait suffisamment confortable.

Le nombre des femmes zarma qui vivent cette situation est trop restreint pour permettre une généralisation. Aussi pensons-nous que c'est surtout dans le cadre des migrations internes au territoire nigérien que se manifestent les transformations qui constituent une amorce de rapports nouveaux entre homme et femme dans le milieu zarma.

Lorsqu'ils arrivent dans la capitale nigérienne, les migrants n'ont aucune qualification pour prétendre à un poste de travailleur salarié. Il reste que pour eux il s'agit de trouver des clients plutôt qu'un travail.[1] En effet, les migrants exercent surtout des activités artisanales. Ils peuvent aussi s'adonner à des activités marginales de manœuvres, porteurs, vendeurs d'eau, petits commerçants à la sauvette, employés de maison etc. . . .

Les femmes zarma qui surgissent de plus en plus nombreuses sur le marché du travail ne peuvent qu'exercer le métier de pileuse, de vendeuse de nourritures, d'employées de maison, faute de meilleures qualifications professionnelles. Ainsi donc, à la ville, il y a une compétition très active sur le marché du travail entre les hommes et les femmes, ce qui n'est pas sans déterminer des rapports nouveaux entre les hommes et les femmes. En effet, ce que l'on entend aujourd'hui par travail des femmes consiste dans le travail extra-familial, c'est-à-dire dans une activité laborieuse rétribuée monétairement et relevant de critères professionnels. C'est en particulier par une activité de ce genre que la femme accède à une certaine autonomie financière et détermine un nouveau rapport d'équilibre avec son mari et les autres hommes de la société nationale.

Les femmes zarma qui viennent passer quelques mois à Niamey, lorsqu'elles retournent chez elles avec quelques articles tels que des pagnes en tissus imprimés et des cuvettes émaillées, seuls signes apparents de l'amélioration de leur situation économique n'ont à aucun moment oublié leurs responsabilités de mère de famille. Cela est si vrai que les déplacements de ces femmes mariées en polygamie s'effectuent à tour de rôle. Ainsi donc pendant que l'une va à la recherche du numéraire qui permettra en partie de nourrir la famille restée au village, mais aussi de payer les impôts, la co-épouse assume la charge de toute la famille en collaboration avec le père de famille lorsque celui-ci ne s'est pas rendu à l'étranger, ou est simplement trop vieux.

Les changements des rapports entre les sexes en milieu zarma sont lents certes, mais ils existent déjà au moins potentiellement. En effet pendant la période coloniale, seuls les hommes avaient eu accès à l'éducation scolaire, les filles ayant été écartées par les parents eux-mêmes. Actuellement les femmes zarma parmi tant de femmes africaines aspirent à sortir de l'état de sous-

[1] Jocelyne Jacob, op. cit.

développement qui est leur et elles savent aussi que c'est essentiellement par le travail qu'elles y parviendront.

Les relations entre hommes et femmes sont en train de changer, au Niger; elles changent sans aucun doute, dans la population zarma qu'il nous a été donné d'étudier.

Quelles influences les migrations affectant cette population ont-elles eues et ont-elles sur ces changements? L'évaluation en est difficile, mais il n'est guère possible de nier son existence.

Lorsque les migrants sont des hommes, il est permis de penser que les découvertes effectuées par eux, à l'étranger, ont accéléré le processus psycho-social de leur modernisation. Mais, nous l'avons dit, le retour au pays, ils ont pu être tentés par réaction de revenir, autant que c'était possible aux traditions constitutives de leurs personnalités culturelles. Peut-être ces migrations masculines n'ont-elles qu'indirectement affecté les relations entre hommes et femmes, car elles ont, pendant longtemps, renforcé le prestige masculin et aussi aggravé le déséquilibre entre les sexes inhérent au processus de la modernisation classique. Effet de la distorsion économique à l'époque coloniale et à l'époque néo-coloniale, la migration masculine a été elle-même une cause de distorsion psycho-sociale.

En revanche, le rôle des migrations féminines, des campagnes nigériennes vers Niamey ou de Niger vers d'autres pays apparaît comme immédiatement beaucoup plus significative. Dans et par la migration, les femmes découvrent le travail extra-familial, l'importance pour elle, de la vie professionnelle et de l'instruction qui en commande l'accès.

Les migrations ne sont pas, en elles-mêmes un malheur. Elles sont condamnables lorsqu'elles déracinent et asservissent un peuple. Elles sont acceptables ou souhaitables lorsqu'elles favorisent à la fois le processus de la modernisation émancipatrice et celui des contacts inter-ethnique et internationaux dans un esprit de solidarité africaine. Elles sont libératrices, pour les femmes et les hommes, lorsqu'elles accélèrent l'avènement de nouvelles relations entre les sexes.

Une politique des migrations nigériennes et ouest-africaines élaborée et appliquée par les pouvoirs publics en liaison avec les aspirations des masses demeure la condition sine qua non de la mise au service des peuples de ces processus migratoires qu'ils ont, jusqu'à présent, subis sans les contrôler.

Les migrations des Zarma

Summary

THE RELATIONS BETWEEN MEN AND WOMEN AND ZARMA MIGRATIONS

Although there is no agreement concerning the origin of the Zarma and their migrations, the most widely accepted assumption is that this ethnic group left the Songhay empire, and that its emigration from Lake Debo to the regions which they occupy today was induced by conflicts with Peul (Fula) neighbours who settled in the inner delta of the Niger between the fifteenth and sixteenth centuries. Since that settlement, the Zarma, under population pressure which was aggravated by the extreme poverty of the Zarmaganda region, moved again to the fertile and humid regions of the Niger valleys and the Dallol Bosso. Later, at the beginning of the nineteenth century, they reached the Gold Coast following the slave route; there they worked on the building of railways, public works, mines and cocoa plantations and some of them engaged in trade (cattle, salt, kola, tobacco). From 1920, when there was a great famine in Niger, young Zarma men moved to the Gold Coast and Ivory Coast. This movement continued until the fifties. Since Independence migrations have changed, when Ghana adopted a policy of expelling foreigners which affected some 30,000 people from Niger in 1969.

The Zarma community, essentially rural, represents one-seventh of the population of Niger and is located in villages of some 200 inhabitants in the Niger valley. The average population density is 10/km², with variations ranging from 5/km² to 15/km². The population is growing at a rate of 2.5% a year.

Zarma migrations show a triple distortion:

1. *Preponderance of male migration:* explained by the fact that the man, under pressure from his wife and from the need to have money to pay taxes, has to emigrate to where there is the possibility of actually obtaining money. Thus the migration of the men is as important today as was making war in the past. In lesser proportions, women also emigrate, to help to pay taxes.

2. *Difference of destination as between the sexes:* of the number of men who emigrate, 57% go abroad and 43% stay in Niger. This is due to the strong tradition of migration to Ghana and Nigeria.

Of the women, 91% stay in Niger and only 9% go abroad. The female migration represents only 7% of those who go abroad. Of those who remain, the majority settle in Niamey or its surroundings, where they engage in marginal occupations with a very low income.

3. *Differences in the duration of the migration as between sexes:* it is noted that the average length of absence is nine months for men and women when the migration is internal, eleven and a half months for men and sixteen months for women when the migration is external. This difference is explained by the fact that the man has to go back either for sowing-time or before the collection of taxes or at the end of the time fixed for getting married.

In Zarma society men and women are complementary with no relation of inferiority. Notions of inferiority arise from the idea that industrial society has acquired of women's role. A certain man–woman relationship has been established in Zarma society through which the Zarma woman has achieved her own psycho-social position.

When abroad, the Niger migrants develop a great solidarity which is, however, destroyed when they go back to their own country. They return with new ideas, but the man's relation with the woman does not change because they are able to appreciate that conditions of life abroad are different. Thus, when they go back they devote themselves to showing off the wealth they have acquired and not to making new demands based on what they saw abroad.

The behaviour of the Zarma woman is different, for the woman who comes from Ghana, Nigeria and the Ivory Coast retains a clear awareness of belonging to a category which she regards as superior, and never goes back to her native village but remains in the capital. However, no valid generalization can be made here owing to the limited number of cases. More important new relations between men and women, as competitors in a restricted labour market, occur in the migration to the city, where there is co-operation and division of labour between different wives of the same man. Female migrations are playing a very important role in the changing man–woman relationship among the Zarma. In and through migration the Zarma woman discovers work outside the family and the importance of vocational education.

VIII

L'émigration Sarakollaise du Guidimaka vers la France

ELIZABETH DUSSAUZE-INGRAND

L'étude brièvement décrite ici a porté sur l'émigration des Sarakollais du Guidimaka mauritanien vers la France. L'objet en était d'identifier les conséquences de ce type de migration pour la zone de départ.

Dans l'ensemble du courant migratoire de la région concernée, située sur la rive droite du fleuve Sénégal dans son cours moyen, le flot qui se dirige vers la France est de loin le plus important. L'ethnie sarakollaise, connue pour la vigueur persistante de ses structures traditionnelles, en fournit l'essentiel, à la quasi-exclusion de toute autre destination; elle est aussi l'ethnie dominante de la région, qu'elle a profondément marquée jusque dans son paysage.

La région à son tout se singularise du reste de la Mauritanie dont elle est la seule zone sahélo-soudanienne, et avec lequel les communications sont difficiles; dans la vie quotidienne, elle communique davantage avec la rive gauche du fleuve sénégalaise. Le Guidimaka mauritanien est en outre coupé du reste du monde pendant les pluies et la crue du fleuve, qui le découpent en archipels.

La durée et la distance interdisent toute confusion de l'émigration étudiée avec des mouvements traditionnels ou saisonniers; des recoupements sont possibles, au moins partiellement, entre les deux pays concernés; certains effets sont aisément identifiables, tels que l'envoi de mandats, l'importation de biens ou l'imitation de modèles en provenance directe de l'Europe.

Il s'agit d'un phénomène massif, qu'il paraissait donc possible d'isoler dans son contenu et ses effets à condition de tenir compte des liens entre populations riveraines.

L'étude a rapidement montré qu'il était possible[1] d'améliorer encore les conditions de l'observation en la circonscrivant[2] à un seul des deux départements mauritaniens du Guidimaka, le département de Sélibaby, en bordure du fleuve. C'est là que le mouvement étudié a pris naissance : plus des 2/3 des émigrants Sarakollais de la région concernée en sont originaires et il reçoit au moins les 3/4 des mandats envoyés de France par ceux-ci.

Malgré les erreurs de perspective qui résultent inévitablement de raccourcis aussi sommaires, on se bornera à indiquer au préalable parmi les traits de la fiche signalétique de ce département, ceux qui concernent directement le sujet de l'étude.

Au dernier recensement administratif (1968) la population du département de Sélibaby était de 40.000 habitants soit en appliquant la majoration consacrée de 20%, 48.000 habitants dont 55% Sarakollais, 25% Peulhs et 20% Maures. La partie sédentaire de cette population est groupée en 112 villages (source : enquête du service départemental de l'agriculture), établis sur des monticules ou collines non inondables, donc limités dans leur expansion. Les village ne comportent généralement qu'une seule ethnie. S'il y en a exceptionnellement deux, elles occupent des quartiers nettement différenciés. Les villages proprement Sarakollais sont au nombre de quelque 75 ou 80.

Sauf un droit éminent de l'Emir du Tagant annuellement matérialisé, l'unité de décision est le village, l'autorité est concentrée entre les mains du chef assisté d'un conseil des Anciens. Une stratification rigoureuse passe par les classes d'âge, chez les hommes d'une part ; dans une position subordonnée, chez les femmes d'autre part. Même (exceptionnellement) autorisés à assister au Conseil des Anciens, les Jeunes ne prennent la parole que s'ils y sont invités par le chef ou son représentant. Les femmes n'y assistent pas. Au sein de chaque famille ou concession (administrativement—*djemaa*, unité de convivence et d'exploitation) dont les plus puissantes comportent plus de 30 membres, les décisions de toutes natures sont prises par le chef de famille (le plus ancien), y compris celles qui concernent la répartition des terres, les méthodes

[1] Les indications méthodologiques données plus loin l'expliquent.
[2] Sous la réserve évidemment que la commodité dans l'observation impose une rigueur accrue dans l'interprétation.

culturales et la distribution des produits du travail venant des champs collectifs. Les décisions sont prises selon toute apparence, sans discussion et sans appel (c'est l'opinion unanime des Jeunes, ex-émigrants ou non, interrogés sur place).

Les *activités* traditionnelles sont essentiellement de cueillette (la gomme) et de culture (mil et sorgho, culture noble et base de la vie). Accessoirement, on cultive niébé, gombos, indigo, arachide et henné, et le riz, qui pousse d'ailleurs à l'état sauvage. S'y ajoute l'artisanat à usage familial: filage et tissage du coton; teinture à l'indigo.

Pour autant qu'on ait pu les reconstituer, jusqu'au début du mouvement migratoire les *échanges commerciaux* s'opéraient pour un volume sans doute assez faible avec le Mali dans la région frontalière; sur place pour environ 20% de la récolte de mil avec des caravaniers maures du Tagant et de l'Assabat surtout; dans les marchés périodiques des principales agglomérations.

La *division du travail* au sein de la famille est stricte.

Les champs collectifs (mil/sorgho) sont cultivés par les hommes et les jeunes garçons. En règle générale, la cueillette est faite par tous sur tous les champs. Les jeunes hommes peuvent cultiver des champs personnels, s'il leur reste du temps et des forces. Les femmes participent aux semailles de mil et sorgho. Elles ont en outre le droit de cultiver, avec leurs filles, des champs individuels dont le produit leur reste acquis; en contrepartie, elles doivent assurer leur entretien pour tout ce qui n'est pas le mil. Ce sont elles, et elles seules, qui assurent toutes les cultures diversifiées, et la production artisanale.

C'est dans ce milieu qu'il s'agissait d'étudier les conséquences du mouvement migratoire vers la France. La démarche suivie, fortement modifiée par rapport au projet initial beaucoup plus orthodoxe, a été imposée par les lacunes statistiques de base et par la richesse de l'information fournie par un groupe social particulièrement solidaire, conscient et réaliste, où l'anonymat quantifié n'est pas de règle. On a pris pour point de départ le montant des mandats postaux envoyés de France; et le montant des allocations familiales versées dans le cadre des rapports entre la Sécurité Sociale française et la Caisse Nationale de Prévoyance mauritanienne.

Ce dépouillement a fait apparaître un mécanisme très particulier des *envois de fonds par mandat*. En règle générale, ils sont envoyés sur l'initiative individuelle des émigrants. On n'a constaté qu'une seule exception, qui concerne la construction de mosquées. Dans ce cas, c'est le chef du village qui écrit (ou plutôt qui fait écrire) en France. Les émigrants du village s'organisent pour donner suite à la demande du chef, qui est un ordre.

Les mandats ne sont pratiquement jamais adressés à la famille concernée. Ils transitent par des 'correspondants de confiance'. On a pu en localiser plusieurs parmi les principaux dont chacun brassait de 10 à 35 millions de CFA par an. Tous sarakollais, ils n'appartenaient en aucun cas à la hiérarchie traditionnelle; il s'agissait de fonctionnaires en activité ou en retraite, et de commerçants.

Chaque mandat est accompagné d'instructions exhaustives et détaillées sur l'usage qui doit en être fait. Il est donc possible de reconstituer les principales rubriques où se distribuent les sommes envoyées par mandat; de suivre l'évolution de cette répartition dans le temps; et de déceler la destination géographique exacte des mandats.

Sur ces bases on a enquêté dans le principal village concerné (village A) dont la population représente 20 à 25% de la population Sarakollaise du département de Sélibaby, reçoit plus que sa part proportionnelle des mandats, et a une longue tradition d'émigration; dans un village de moindre importance (B) où le mouvement d'émigration est plus récent mais qui reçoit également plus que sa part proportionnelle des mandats; enfin, pour recoupement et plus superficiellement, dans quelques villages sans émigration.

Ces enquêtes ont comporté une observation directe et des entretiens. En ce qui concerne les entretiens, des méthodes aléatoires auraient été illusoires. On a donc d'abord procédé par strates hiérarchiques traditionnelles; puis interrogé des groupes non traditionnels, émigrants rentrés ou en congé, femmes d'émigrants; enfin quelques individualités marquantes et/ou exerçant des activités non traditionnelles. Les données ainsi apparues ont été, avant toute extrapolation, recoupées avec toutes les personnalités compétentes, notamment correspondants de confiance, responsables de sociétés d'entr'aide, etc. ... Elles ont été vérifiées en France, autant que les délais impartis l'ont permis. On les résumera sous trois titres: histo-

L'émigration Sarakollaise du Guidimaka vers la France 243

rique, composition et volume actuels du mouvement migratoire; volume et utilisation de l'épargne des émigrants; conséquences socio/économiques pour la région.

I. HISTORIQUE, COMPOSITION ET VOLUME ACTUELS DU COURANT MIGRATOIRE

L'émigration des Jeunes fait partie d'une tradition ancienne de l'ethnie Sarakollaise, dont la mobilité temporaire n'a d'égale que la force de son attachement au groupe paternel.

L'émigration vers la France a dû commencer, sporadiquement, juste avant ou avec la 1ère guerre mondiale, par le village A et la 'navigation' (soutiers). Le précurseur reconnu en la matière paraît être le chef actuel de ce village, parti en 1913. Tous les Sarakollais interrogés (au niveau national, régional ou des villages) situent vers 1954 un premier bond en avant du nombre des émigrants. Les deux précurseurs pour le village B sont partis respectivement en 1953 (il est décédé depuis, mais ses papiers sont gardés) et 1954 (interrogé sur les motifs de son départ, il s'est référé à un songe prémonitoire). Ils situent vers 1962 la polarisation du mouvement vers la métallurgie française.

A partir de cette date, on a une série, pour incomplète qu'elle soit. Sur la base *100 en 1962*, le volume des mandats reçus de France à la poste de Sélibaby passe, pour les années qu'on peut reconstituer à: 170 en 1964; 209 en 1965; 301 en 1969; 340 en 1970 (sur la base de 11 mois seulement, il resterait à 340 en 1971). Une faible partie seulement de la différence s'explique par la hausse du niveau des salaires versés aux émigrants en France.

Au cours des 3 ou 4 dernières années, le mouvement a tendu à gagner les Peulhs du département d'abord, puis les Maures. Le fait est signalé—et ressenti comme une concurrence—par les Sarakollais. En 1970, le montant des allocations familiales allant à des Peulhs[1] était insignifiant; en 1971 il représente 5% du total. Il est encore négligeable pour les Maures, mais il a doublé par rapport à 1970.

Depuis fin 1969, un contrat de travail est exigé au départ de

---

[1] Il semble que l'émigration Peulh soit assez différente, et qu'ils emmènent souvent leurs femmes en France, où elles travaillent également (blanchissage, services domestiques).

Mauritanie. Les chiffres partiels disponibles confirment le consensus local en ce qui concerne l'effet de cette mesure: normalisation des conditions d'emploi; effet de frein à l'encontre des Jeunes célibataires pour leur premier départ (la protestation est unanime, notamment dans toutes les strates des villages enquêtés dont 'tous les Jeunes partiraient s'ils le pouvaient'); développement d'une migration clandestine.

La migration clandestine comporte des goulots d'étranglement, surtout à Nouakchott, Nouadhibou et Dakar. Les candidats à l'émigration s'y joignent à la masse croissante des Jeunes en chômage ou en sous emploi; ils sont d'ailleurs soutenus par des Sociétés d'entr'aide purement Sarakollaises qui disposent de moyens financiers importants. Jusqu'à présent en tous cas, ces Jeunes ne reviennent pas au Guidimaka: 'ils auraient honte de revenir les mains vides' (groupe des Jeunes dans les deux villages enquêtés). On ne saurait dire leur nombre. Certains d'entre eux ('beaucoup') ont été refoulés de France, et se trouvent donc en outre endettés pour le montant du voyage et les prélèvements d'intermédiaires plus ou moins marrons (en tout, 200 à 250.000 CFA).

Le nombre actuel des Sarakollais du département de Sélibaby qui sont touchés par l'émigration peut être estimé à un minimum de 3.000,[1] étant entendu qu'ils ne sont pas tous en même temps absents. Le mouvement est concentré à partir de 5 ou 6 grosses agglomérations, représentant la moitié de la population sarakollaise du département. Il ne concerne que les Jeunes hommes.

Il a lieu, actuellement vers les industries des métaux, sauf 5 ou 6% vers la 'navigation'.[1] Le plus gros contingent d'émigrants se trouve dans la région parisienne (Renault, Citroën); mais il y a des groupes nombreux dans les villes du Nord (métallurgie), au Havre et à Marseille (attache des navigateurs).

L'émigration normale[2] se décompose en phases distinctes, qui sont à quelques nuances ou exceptions près, les mêmes pour tous. Dans une première phase, l'émigrant, qui est célibataire, reste parti au moins 4 ou 5 ans (maximum rencontré: 7 ans) sans rentrer au pays. L'âge de ce premier départ se situe géné-

[1] L'estimation repose sur un dépouillement systématique des mandats et allocations, parvenant non seulement au département, mais transitant par le reste de la Mauritanie et Bakel (Sénégal); elle a été recoupée par une extrapolation des données recueillies en A.

[2] On entendra par émigration normale celle des émigrants en situation régulière.

ralement entre 20 et 24 ans; l'âge minimum rencontré était 17 ans, le maximum 27 ans. Au terme de ce premier séjour, l'émigrant rentre pour se marier. Au bout d'un an ou deux, il retourne en France, où il reste au minimum deux ans, au maximum quatre. Il semble que dans la majorité des cas jusqu'à présent, il y ait un troisième séjour. Les émigrants qui ont pu être questionnés sur place au retour de leur deuxième séjour ont presque tous annoncé leur désir de repartir.

C'est donc toute une tranche d'âge, celle de la production agricole de base, qui est concernée.

II. MONTANT ET UTILISATION DE L'EPARGNE DES MIGRANTS

L'épargne des émigrants est exportée de France en espèces (envoyées par mandat ou rapportées lors d'un retour ou d'un congé) ou en biens (y expédiés ou rapportés lors d'un congé ou surtout du retour). En ce qui concerne les *espèces*, une totalisation très prudente fait apparaître pour la dernière année connue (1970/1) un montant total de 335 millions de Francs CFA, comprenant les mandats sur la région, les Allocations Familiales, les mandats passant par Bakel (Sénégal), d'autres régions de Mauritanie et Dakar; et une somme de 15 millions pour les espèces rapportées en congé (leur montant diminue, semble-t-il).

En ce qui concerne les *biens*, on n'a pas trouvé le moyen d'en approcher la valeur annuelle, qu'il s'agisse de biens rapportés ou envoyés. Les nombreux cas précis rencontrés où des émigrants sarakollais avaient dû acquitter des droits de douane à leur retour font apparaître des paiements de l'ordre de 20.000 à 35.000 CFA; la marge d'appréciation et les tolérances récentes ne permettent pas d'en tirer conclusion.

Une estimation, globale celle-là, et reposant sur un consensus qualifié, évalue l'épargne annuelle par émigrant Sarakollais à partir de sa troisième année d'émigration, à un montant minimum de l'ordre de 200.000 CFA. Les Sarakollais vivent en France dans des conditions qu'on sait misérables et qu'on devrait peut-être dire héroïques; mais un nombre non négligeable d'entre eux parvient à des emplois spécialisés ou qualifiés, ou simplement lucratifs.

Sur cette base, pour approcher le montant total de l'épargne, il faudrait savoir aussi le nombre actuel des émigrants qui en sont au moins à leur troisième année de séjour. Compte tenu des obstacles élevés depuis 1969 devant les Jeunes qui veulent partir pour la première fois, on fera l'hypothèse (à vérifier mais certainement prudente) que le total de l'épargne annuelle atteindrait un minimum de CFA *480 millions*.

A quelles *utilisations* les migrants consacrent-ils cette épargne ?

Les informations fournies par les diverses sources utilisées (Services du département; personnalités Sarakollaises, et particulièrement 'correspondants de confiance' sur la base des instructions qui leur sont envoyées; l'enquête faite dans les villages A et B) sont rigoureusement concordantes.

Les utilisations mentionnées dans tous les cas concernent dans l'ordre le paiment des impôts; l'habitat; l'équipement familial; les vêtements et 'parures'; le bétail. Cependant, une analyse plus poussée montre que la prospérité (les envois accumulés des émigrants) augmentant, la préférence se déplace vers la fin de la liste.[1] Ceci qui est confirmé par les correspondants de confiance, apparaît sans équivoque dans les villages et au niveau du département. Le département a exceptionnellement peu de problèmes d'impôts. D'autre part un sondage en A et B a confirmé que la récolte de 1971 n'étant que partiellement engrangée, il y avait en stock au moins 2 ans de consommation familiale en B, davantage en A.

Les cases des deux villages sont plus spacieuses que dans les villages de contrôle; la totalité des cases d'habitations en A, 1/3 au moins en B, ont un toit de tôle. Toutes les cases en E, et 1/3 en B ont des matelas modernes. Beaucoup de bicyclettes et de transistors. Mais là s'arrêtent les caractéristiques communes à A et B par rapport aux villages sans émigration. B est encore un village, A commence à prendre l'aspect d'une petite ville riche où se trouve même une maison en dur, à étage. L'équipement des maisons y comporte couvertures, draps,

---

[1] On évoquera ici le résultat d'une comparaison entre les réponses données dans les villages A et B respectivement. Par exemple en A, les hommes n'ont fait mention des impôts qu'au bout d'assez longtemps, comme incidemment ou pour mémoire, la chose allant de soi et sans problème. Par contre en B, le paiement des impôts figurait en tête, avant la nourriture.

Dans aucun cas, les femmes n'ont mentionné les impôts, qui ne sont pas de leur responsabilité. Mais celles de A n'ont mentionné la nourriture qu'en passant, pour remarquer 'qu'heureusement on n'a même plus besoin de vendre le mil'; au contraire des femmes de B.

nappes, moustiquaires, lampes à butagaz, torches, vaisselle utilisée surtout pour la décoration et même dans quelques cas, argenterie, tapis de style oriental fabriqués en France, outre les bicyclettes, des mobylettes et aussi une décortiqueuse d'arachide, qui paraît à la disposition de l'ensemble de la population féminine) du quartier. Signe distinctif: nombre élevé de (fauteuils de repos, de type simple qu'on peut trouver à Bakel, ou même en skai, à leviers, qui viennent nécessairement d'ailleurs.

En ce qui concerne le vêtement et la 'parure' les émigrants de retour ou en congé sont immédiatement reconnaissables non seulement à leur comportement, mais à leurs montres bracelets, vêtements, chaussures, etc. de qualité européenne honnête. Le poids observé des bijoux d'or détenus par les femmes d'émigrants peut être évalué à 200 gr par femme. Ils étaient de travail local, qui vaut autour de 50 CFA pour 3,50 grammes d'or (variantes suivant l'orfèvre et surtout la qualité de l'or), soit environ 3.200 CFA de façon par femme. Il n'a pas été trouvé de source locale d'approvisionnement en or, qui n'est pas fourni, semble-t-il, par les artisans.

En ce qui concerne le bétail, les Sarakollais, bien qu'essentiellement cultivateurs, ont toujours eu quelques bovins, en tous cas dans les familles puissantes; ces bovins étaient jusqu'en 1960 ou 1965, de race maure, colorée. Ils ont aujourd'hui un troupeau très important, entièrement composé de bétail peulh, blanc. On émettra l'hypothèse (minimale) que le troupeau sarakollais comporte 5.000 bêtes dont l'achat a coûté entre 50 et 60 millions CFA répartis sur quelques années.

Aux utilisations qui viennent d'être décrites, qui sont conformes à la fois aux instructions individuelles 'standard' des émigrants à leurs correspondants, et au schéma des préférences indiquées au niveau des villages, il faut ajouter les dépenses d'intérêt collectif. Il s'agit essentiellement de mosquées.[1]

Il s'y ajoute aussi, depuis un ou deux ans seulement des destinations qui pour n'être pas standard et ne concerner encore que des cas isolés n'en sont pas moins des indications pour l'avenir.

---

[1] La mosquée du village A a été édifiée par ce procédé. Elle est en dur, avec coupole, très vaste, garnie de nattes, lampadaires, etc. importés, et équipée d'un système de sonorisation sur piles.

En A, une collecte de fonds a été commencée pour construire un dispensaire (elle se heurte, semble-t-il, à des difficultés sérieuses). Plusieurs 'correspondants de confiance' ont signalé qu'ils étaient chargés d'acheter à Nouakchott et Nouadhibou des terrains en ville ou des fonds de commerce. Les émigrants commencent aussi à poser à leurs correspondants des questions concernant le matériel agricole. Le premier motoculteur, et le seul au moment de l'enquête, est arrivé en A en juin 1971.

Reste à aborder le problème de la *thésaurisation* pure et simple. En billets; ou en or outre les bijoux de femmes. Il est superflu de dire qu'il n'a pas été possible de l'approcher directement, ni par conséquent de savoir si et dans quelle mesure les rumeurs à cet égard étaient fondées.

Il faut bien admettre cependant que l'importation même massive de biens de consommation ne suffit pas à expliquer l'écart entre l'épargne totale estimée et les utilisations identifiées.[1]

III. EFFETS DU MOUVEMENT MIGRATOIRE SUR LA REGION DE DEPART

Parce que c'est l'usage, et pour une apparente commodité, on a distingué d'abord les *effets économiques*.

Saisissables, ils relèvent essentiellement des rubriques suivantes: importation; monétarisation des échanges; réorientation des activités du secteur primaire; développement d'un secteur tertiaire et extension du salariat. Souhaitables ou non, il s'agit cependant d'effets positifs. Ils sont en partie annulés par destruction ou stérilisation.

Effet d'importation

Une partie importante (peut-être déjà la plus grande, et certainement croissante) des biens matériels détenus par les familles sont manifestement d'importation, soit en provenance directe de France, soit via le Sénégal (commerce de Bakel).

---

[1] Il ne semble pas y avoir de placements en France. Enfin, il n'y a certainement pas épargne locale par la voie des institutions existantes. Malgré un effort de publicité l'an dernier, la Caisse d'Epargne (gérée par les Postes, seules à avoir des guichets dans la région) ne semble avoir réussi à canaliser au total que 1.500.000 CFA d'épargne Sarakollaise; au guichet de Sélibaby, dans toute l'année il y a eu un dépôt et un retrait, également minimes.

Effet de monétarisation[1]

Jusqu'à une période récente (moins de 10 ans), dans la mesure où la production de mil n'était pas auto-consommée, elle faisait l'objet d'un *troc*. Le mil échangé l'est aujourd'hui contre de l'argent, pour la majeure partie en période de soudure (à 25 F le moud en 1970 à la récolte, à 50 F et plus en période de soudure). Il paraît probable que le volume échangé a diminué fortement. Un courant monétaire s'est d'autre part établi en direction des éleveurs peulhs (plusieurs de millions de CFA par an) du commerce de Bakel et du salariat malien.[2]

Effet sur le secteur primaire

Le problème-clé est évidemment la relève des migrants, c'est-à-dire l'essentiel du groupe d'âge qui fournit traditionnellement, avec les femmes, le travail agricole.

Elle paraît assurée par les femmes et les enfants an village B par exemple, qui n'en est qu'au premier stade de sa transformation. Les femmes le disent, d'ailleurs sans récrimination. Les enfants n'ont de toutes façons pas voix au chapitre; il n'y a pas d'école accessible, donc pas de conflit pour l'utilisation du temps des enfants à partir de 7 ans, qui est l'âge où ils commencent normalement à s'insérer dans l'activité de production traditionnelle.

Dans un village du type A beaucoup plus prospère, la relève est assurée par un salariat saisonnier malien en général (Bambara de préférence). Paradoxalement, dans ce 2ème type, il semble que le résultat soit *l'extension relative* des cultures vivrières de diversification. Les tâches domestiques des femmes sont allégées[3], elles ne travaillent pas plus (ou moins peut-être) sur

---

[1] Le texte, récueilli et vérifié d'une chanson en vogue parmi les femmes sarakollaises a pour refrain 'sans l'argent, la vie ne sera pas bonne pour la femme'.

[2] On n'a guère trouvé de traces de la hausse des *prix* à laquelle on aurait pu s'attendre étant donné l'afflux monétaire sans changement dans le volume de la production. Sauf sur 2 plans: le montant monétaire de la dot n'a pas changé, mais la valeur des cadeaux en nature qui l'accompagnent a considérablement augmenté; indirectement le prix du bétail a augmenté en ce sens que les Sarakollais paient souvent le prix normal pour des bêtes de moindre qualité. (Peut-être faudrait-il ajouter la hausse des prix des cadeaux aux griots: on n'a pas pu avoir de précisions à cet égard.)

[3] Par l'équipement de la maison, et d'achat de nourriture qui ne demande pas une aussi longue préparation que le mil.

les champs de mil; mais elles travaillent tout autant au total, c'est-à-dire davantage sur leurs champs individuels. Il n'est pas exclus cependant qu'il n'y ait fléchissement des superficies *totales* cultivées, donc de la production de mil, dans les villages à forte émigration.[1]

Si cette hypothèse se confirmait, les répercussions pourraient être graves pour l'ensemble des régions concernées, notamment le Tagant et l'Assabat, dont la situation alimentaire est précaire et dont le Guidimaka est en quelque sorte le grenier. Il y a enfin, on l'a déjà vu, *glissement* des activités *vers l'élevage*. Il soulève des problèmes: les pertes des troupeaux sarakollais sont anormalement élevées par rapport à celles du troupeau peulh par exemple.

Effet sur le secteur tertiaire local

Le phénomène est sensible à Sélibaby et en A, mais pas en B. L'artisanat évolue ou se développe. Le forgeron (casté) de A ancien émigrant lui-même, s'est reconverti à l'orfèvrerie. Sur la base des prix de façon indiquée plus haut, il est un des hommes prospères du village[2] Remarque analogue à Sélibaby pour un forgeron-orfèvre et pour un autodidacte sarakollais, qui a appris à réparer les transistors, magnétophones à cassettes, etc.

Un menuisier (peulh) s'est installé à A il y a deux ans. Il pratique encore parallèlement la culture et l'élevage, mais espère se spécialiser.

Il y a 3 commerçants de type moderne à A. Le plus important d'entre eux, lui-même ancien émigrant, a aussi une affaire importante à Bakel, et pratique l'import—export sur une grande échelle, rejoignant ainsi une vieille tradition sarakollaise.[3]

---

[1] Les reseignements disponibles sont trop partiels pour permettre autre chose qu'une hypothèse; et on les donne pour tels. En 1971, le village A a cultivé 1.116 ha pour 5 ou 6.000 habitants. Deux autres villages, sarakollais aussi, mais à faible émigration, ont respectivement cultivé 1.200 et 1.166 ha pour 2.700 et 1.800 habitants (s'il y a des différences technologiques, elles sont insignifiantes et joueraient plutôt en faveur de A).

[2] Un de ses fils se destine aux études supérieures, un deuxième fils est associé dans son entreprise artisanale, les autres ne vont pas à l'école et pratiquent la culture et l'élevage sur les terres du père.

[3] C'est chez lui que s'approvisionnent surtout les gens de sa région; c'est à lui qu'appartient la seule maison en dur de A. A cet égard, le circuit monétaire qui part de la rive droite y revient.

Effet de salariat

Les *ouvriers agricoles* saisonniers (frontaliers maliens) sont en nombre croissant. Ils sont payés sur la base, pour une semaine de travail, de la nourriture et du logement, et de 4 jours de salaire (600 F?). Dans une mesure, le recours de plus en plus fréquent aux bergers Peulhs est aussi une ébauche de salariat, bien qu'ils soient encore payés en nature: soit le lait et des vêtements pour eux et leurs femmes, soit un veau tous les 3 mois.

Effet de stérilisation

Ce terme appartient bien entendu au vocabulaire technico-économique. L'angle auquel il correspond n'est pas celui de la population concernée, pour des raisons à la fois historiques et actuelles dont le bien-fondé est peu contestable. Il s'agit du stockage de mil, dont une partie est périodiquement détruite (parce qu'il ne se conserve pas au-delà de 1 ou 2 ans en tous cas dans les conditions locales); de l'augmentation du troupeau vu comme une assurance plutôt que comme une source de profit (parce qu'il tend à entraîner le surpâturage et que les Sarakollais ne sont pas aussi bons éleveurs que cultivateurs); de l'achat de bijoux et de la thésaurisation pure et simple.

IV. EFFETS SOCIAUX DE L'EMIGRATION

Ces effets dits économiques de l'émigration sont liés de toute évidence à ses effets dits sociaux.

Etant donné l'importance du nombre des émigrants par rapport à leur classe d'âge, il a paru logique d'en rechercher d'abord à cet égard les éventuelles conséquences démographiques. Aucune des approches essayées n'a abouti au moindre résultat.[1] Les difficultés des jeunes hommes à cet égard dans la société sarakollaise sont celles qu'ils rencontrent dans toute société polygame de type gérontocratique caractérisé; le premier effet de l'émigration est donc d'abaisser non d'élever l'âge du mariage. L'impression recueillie sur place est qu'en tous cas la société sarakollaise est particulièrement nataliste.

Au-delà de cet aspect les questions auxquelles on a cherché à répondre étaient essentiellement les suivantes. Comment la

---

[1] Les pyramides du recensement administratif sont de toutes façons aberrantes.

société locale voit-elle l'émigration et quels sont les avantages qu'en attendent les divers groupes sociaux? Comment les émigrants eux-mêmes la voient-ils et quel est l'effet de l'émigration sur les émigrants? Quel est l'impact de l'émigration sur la société?

Non seulement la société dans son ensemble ne voit aucun désavantage à l'émigration (réaction unanime de tous les groupes questionnés et jamais démentie par la suite); mais elle en a fait une partie *intégrante* de son mode d'existence.[1] Les mérites des émigrants sont proclamés par les griots en partie au prorata des cadeaux qu'ils en reçoivent; mais pas uniquement. Cependant, les avantages espérés diffèrent suivant les groupes d'âge et le sexe.

Les *anciens* y voient l'accomplissement du devoir traditionnel qu'ont les Jeunes hommes d'assurer par leur travail la sécurité et la nourriture de tous. Notamment le repos et le confort des hommes plus âgés. L'émigration prend figure de Sécurité Sociale. En aucun cas, ni en groupe ni individuellement au cours de l'étude, les anciens n'ont évoqué la dureté des conditions d'existence en France pour leurs émigrants, et pas davantage les difficultés d'adaptation à ces conditions.[2]

Les *femmes* A et B (le groupe en général; le groupe des femmes d'émigrants en particulier) ont signalé avec insistance le confort des maisons et l'allègement des tâches domestiques. Les bijoux et les enfants mieux nourris n'ont été mentionnés qu'ensuite.[3]

Les *jeunes* n'ayant pas (pas encore) émigré, ne manifestent qu'une préoccupation: partir à leur tour.

Le groupe des émigrants, rentrés ou en congé, définit les avantages matériels dans l'ordre même qui correspond à celui de leurs instructions aux correspondants de confiance. Le tableau des avantages non strictement matériels est aussi nuancé suivant le niveau de prospérité atteint.

Au village B, avant même tout avantage matériel, le groupe des émigrants a mentionné la possibilité de se marier mieux.

---

[1] La question 'y a-t-il des émigrants dans votre famille' a suscité une indulgence amusée. Interprétée comme exprimant un doute désobligeant, elle aurait provoqué de l'indignation.

[2] Celles-ci doivent pourtant avoir été aigues, en tous cas dans les années 1954 à 1960, si on en juge par le nombre de cas de déséquilibre mental signalés notamment par les responsables de sociétés d'entr'aide pour cette période.

[3] La chanson évoquée précédemment n'est pas moins révélatrice à cet égard.

En A, il a fallu poser la question qui a été accueillie par des haussements d'épaule.

Le prestige conféré n'a pas été évoqué sur place en groupe. Mais il l'a été avec insistance au cours de conversations individuelles avec des émigrants, dans les villages et au chef-lieu; et par tous les correspondants et notabilités sarakollais interrogés.

Le tableau est encore plus nuancé en ce qui concerne les connaissances et techniques acquises en émigration. En matière d'alphabétisation et de français (on n'oubliera pas que le taux de scolarisation *national* au primaire est d'ordre de 10% donc insignifiant en brousse et que l'enseignement y est dispensé en français), les ex-émigrants parlent presque tous français, beaucoup savent le lire et l'écrire. Mais il ne paraît pas y avoir de lien mental entre cette acquisition et la vie au village.[1] Le potentiel de connaissances techniques et d'habiletés acquis est relativement élevé (cependant le pourcentage observé de 20%, au cours de l'enquête n'est pas significatif). Les émigrants interrogés se sont tous montrés conscients de la valeur de ce potentiel. Mais sauf une seule exception, ils pensent 'que cela ne peut pas servir au village'.

Tout se passe comme si les émigrants se contentaient à leur retour de vivre mieux dans leur milieu traditionnel, en profitant de certains aspects de la société de consommation, greffés assez artificiellement sur leur société d'origine. A deux exceptions près (deux leaders du groupe des émigrants en A), aucun n'a témoigné de difficultés au moment de sa réintégration. Dans quelle mesure cependant et sous quels aspects les émigrants conçoivent-ils l'avenir de leur région? Dans quelle mesure ont-ils le désir d'imprimer à celle-ci un mouvement, et dans quelle direction?

Deux points paraissent acquis. Aussi longtemps qu'ils sont en France, les émigrants rencontrés, qui s'y regroupent autant que possible par villages et en tous cas par ethnie, 'en parlent tous les jours'. D'autre part, aucun n'envisagerait de repartir (ou n'aurait envisagé de partir) s'il y avait eu des perspectives intéressantes sur place. La nature du changement désiré est

---

[1] La question 'à quoi cela sert-il?' n'a reçu qu'une seule positive, au village B 'Il y en a un qui gagne de l'argent en écrivant les lettres' (à destination des migrants en France = circuit fermé).

peu explicite, mais l'obstacle à surmonter clairement identifié; il s'agit de résistance sociale. La réaction est de respect pour la tradition et ses porteurs, non une manifestation de fatalisme en A moins encore qu'en B.

Pour le moment au moins en apparence, rien n'est changé dans la vie traditionnelle. Les décisions de toutes natures sont encore prises au niveau du village par le chef de celui-ci (ou son représentant) assisté dans les mêmes conditions par le Conseil des Anciens. Les Jeunes n'y prennent la parole qu'en dernier lieu, s'ils y sont invités, et non sans s'en excuser. Les méthodes culturales, de toute évidence, sont aussi restées les mêmes. Tous les jeunes émigrants rentrés qui ont été interrogés, en groupe ou individuellement, ont déclaré avoir repris la tâche exactement dans les mêmes conditions qu'avant leur départ. (Il resterait à savoir si leur temps de travail est resté le même: c'est en effet improbable.) Mais cette constatation générale doit être semble-t-il fortement tempérée.

Les besoins ressentis de l'ensemble du groupe social sont profondément modifiés. Ils sont—pour une partie curieusement sélective—ceux de la société de consommation. Les anciens émigrants entre eux gardent une cohésion qui se fonde largement dans leur commune expérience, et qui est différente de la cohésion traditionnelle du groupe d'âge des Jeunes sans être incompatible avec elle.[1] Ils détiennent une manière de domaine réservé, qui comprend l'ensemble des acquisitions faites à l'étranger, qu'elles soient matérielles ou non. L'existence de ce domaine réservé contribue à atténuer les tensions qui commencent à apparaître.

CONCLUSION

L'étude qui vient d'être résumée pèche évidemment par son caractère pointilliste. Que représentent quelque 25.000 habitants par rapport à la population concernée par le mouvement migratoire africain?

De surcroît ce qui donne à l'observation un certain poids économique, c'est-à-dire une masse d'épargne annuelle guère inférieure à 500 millions de CFA, lui enlève toute portée

[1] Bien entendu, il s'agit des Jeunes au sens de la société traditionnelle, qui n'a que peu de rapports avec le calendrier, et aucun avec le contenu que la société occidentale donne à ce terme.

exemplaire.[1] En ce sens la migration vers les pays développés appartient à une catégorie à part. Tout simplement parce qu'elle permet une accumulation d'épargne hors de proportion avec le revenu local, et avec celle des autres types de migration, à condition de s'accompagner d'un sacrifice de type sarakollais.

Cependant, si on fait intervenir le facteur cumulatif du temps, le cas étudié est peut-être instructif tout de même. Dans une première étape, l'épargne remplit des fonctions de sécurité. Réserves pour le paiement de l'impôt, stockage de mil, achat de troupeaux, thésaurisation d'or et de bijoux: autant d'utilisations peu conformes aux exigences de la rentabilité, mais parfaitement justifiées pour la société concernée dont la pression est irrésistible, parce qu'il s'agit pour elle de vie ou de mort. C'est seulement au-delà de ce premier seuil (peut-être seule l'émigration vers un pays développé permet elle de le dépasser) que la population peut envisager d'autres utilisations. Elle les envisage en effet au Guidimaka. Le problème se pose alors en termes qui n'ont plus rien de spécifique à la migration, et qui sont ceux du développement dans les régions concernées.

Summary

THE SARAKOLESE MIGRATION TO FRANCE

The 'Sarakole' are a coherent ethnic group, strongly traditional along segmentary lines, based on extended families of up to thirty and forty members who reside and work together. A major subgroup lives on both banks of the Senegal river. Just before and after the First World War, there had been some migration from this subgroup to France. From 1954 to 1969, the flow expanded fast, mostly for employment in the automobile industries; because of government restrictions, it levelled off in 1970/1. Migration is from two to four years at a time.

On the Mauritanian bank of the river, both this migratory movement and the ethnic group are strongly concentrated in one 'département' (administrative subdivision). Circumstances

---

[1] On rappellera ici pour mémoire que la Mauritanie figure parmi les pays dont le PIB est de l'ordre de 70 $ US par habitant; l'application qu'il faut en faire pour une zone complètement rurale est bien connue. Cela signifie, en gros, que le revenu par tête de la population concernée est plus que doublé, par le mouvement migratoire.

described in the study, including the specific social mechanisms of migration, made it possible to identify and isolate the factors relevant to the migratory flow, the amount of savings and their uses, and the effects in this area.

Total annual savings of the migrants for 1970/1 were estimated to be 335 million CFA in money alone, and conservatively estimated at around 480 million CFA including goods and commodities (around 1,900,000 US). They accrue to a population of slightly over 25,000 inhabitants. This means that total savings per head in the area are as much as GDP and that the great majority of the men in the young age-groups are involved. Identified uses appeared to be largely standardized: taxes; food; housing and household commodities; clothing and jewellery; cattle as a safe capital, not as a profit-making investment. An unknown amount of hoarding should be added. Further analysis showed that preferences changed over time with cumulative savings at family and village levels, and moves from the beginning to the end of the above list. Recently some interest in buying plots and shops in town and also agricultural equipment has appeared.

Consequences are manifold and sometimes striking. More basic food is available; houses, household equipment and clothing have substantially improved. Considerable importing of foreign goods is obvious. Other marked features are the monetization of most trade, a switch from basic food crops to cattle breeding, and some development of modern crafts and trade.

At first, women and children replace the missing agricultural manpower; later wage-earning seasonal migrants from neighbouring Mali work in the millet fields and Peul herders tend the cattle. Less basic food is exported from the area (to other Mauritanian regions where more is badly needed) and total cultivated areas may be decreasing.

In social relations nothing has changed so far, at least in appearance: village Chiefs and family Elders still hold full authority. Agricultural techniques and distribution of work continue as in the past. But there is much cohesion between former migrants; what they do with their savings is their own choice. This is still traditional, with some selected items of modern consumption added to their own way of life which remains otherwise unchanged. Until a high level of cumulative savings has been reached, these will be devoted to security—quite realistic behaviour in the light of past history and present conditions in the area. What happens in the future will largely depend on the new national development policies and how far they benefit the area.

IX

Population movements and land shortages in the Sokoto close-settled zone, Nigeria

A. D. GODDARD

Rural areas in the savanna zone of West Africa have long been recognized as a major area of population movements which are characteristically short term, repetitive or cyclical in nature, and adjusted to the annual agricultural cycle.[1] Peoples from this area have traditionally taken part in movement of many kinds. Among the Hausa, Islam has taken men on the Haj to Mecca and on lesser pilgrimages to receive instruction from notable Koranic scholars and traders have penetrated to all parts of West Africa. Both these groups are held in high esteem, and mobility is recognized as being part of the normative structure of society. Labour circulation is of more recent origin, but as a demographic phenomenon has developed into one of the most striking forms of population mobility. Berg (1965) notes that it is rooted essentially in Colonial history, dependent upon the growth of a demand for labour from government, commerce and industry; stimulated by the imposition of taxes and the availability of new consumer goods; and facilitated by the maintenance of law and order and the building of new transport networks. Prothero (1959) argues that the rate[2] of movement from Sokoto was comparatively small before

---

[1] Zelinsky (1971) argues that these movements which lack 'any declared intention of a permanent or long standing change of residence' on the part of those involved should be described as circulation rather than migration. The absence of resultant long-term changes in the distribution of population, and the dominance of the climatic seasons in regulating the periodicity of movement makes 'seasonal labour circulation' an appropriate term. (Goddard, Gould and Prothero, 1972).

[2] Mitchell (1959) makes an important distinction between rate and incidence in labour circulation. Whereas the rate is a measure of the total movement in numerical terms, the incidence refers to 'the set of unique circumstances which induces a particular emigrant to leave his rural area'.

the 1930s. However, it subsequently developed in association with a rapid increase in rural population and the resultant pressure this placed upon land resources and the indigenous agricultural system.

Land shortage is a recurrent theme in the literature on labour circulation. Grove (1961) suggests an association between grain deficits and the occurrence of seasonal labour circulation among Hausa in Katsina. Gulliver (1955) states in Tanzania that 'the tribes and areas which regularly supply large numbers of migrant workers are those whose current resources are poor—almost too poor in fact to satisfy even the low standard of living of their peoples'. Pauvert (1958) argues that it is basically the inability of the land to support the population which stimulated the large movement of Kabre from Togo to Ghana. Skinner (1965) notes that the annual exodus of Mossi from Upper Volta results from rural poverty. Mitchell (1969) asserts 'it is rarely possible for men living within the framework of a tribal system in Rhodesia to obtain the cash required over and above those of bare food and shelter. A combination of a high population density in tribal areas, poor agricultural soils, and relatively unsophisticated agricultural techniques militate against cash cropping or extensive cattle ranching.'

Much of the literature on labour circulation to date has focused attention upon the areas to which migrants move. There have been few detailed investigations of the factors influencing rural migrants and the relationship between farming and rates of labour circulation. An attempt is made in this paper to place labour circulation within a general framework of alternative strategies evolved by farmers in response to land shortages. This leads to a fuller appreciation of the relationship between labour circulation and farming in the study area, and the likely changes that may result from the spread of improved productivity in agriculture foreseen in the 'green revolution'.

POPULATION DENSITIES IN NORTHERN NIGERIA

By West African standards, population densities in the northern states of Nigeria are high. The rate of natural population growth has increased markedly since the beginning of the colonial era in 1900, and especially during the last thirty years. The lack of reliable census estimates since 1952 make precise analyses of population distribution, growth and movement impossible. However, it appears that the present average population density approximates 100 per square mile. This average conceals important contrasts between rural densities rising to over 600 in the Kano and Sokoto close-settled zones and extensive areas which are virtually uninhabited. Although the rates of natural increase may vary from place to place, all areas show overall increases. Urbanization and industrialization are insufficient to absorb more than a small proportion of this increasing labour force, the majority of which must be employed in the rural economy.

THE SURVEY AREA[1]

The only systematic census of labour migration in the northern states of Nigeria was attempted for Sokoto province in the dry season of 1952–3 (Nigeria, 1954). At this time it was estimated that between 25 and 33% of the male working population[2] of the whole province were involved, rising to more than 50% of those from the districts containing the highest population densities in central Sokoto. In this census, 60% of migrants enumerated were travelling outside the northern states, western Nigeria and Ghana together being the most popular destinations (Prothero, 1959).

The present survey relates to the rural economy in three villages located in the zone with the highest rates of labour circulation identified in the 1952–3 census. A micro-scale investigation was justified on the grounds that relationships between land and population are of a complex nature only susceptible to analysis at a detailed level. Two factors were known fundamentally to affect the local economics of villages in this area: accessibility to markets and to riverine land capable of cultivation throughout the dry season. Location was

[1] The survey was undertaken by the Rural Economy Research Unit, Ahmadu Bello University. Field-work was conducted between January 1967 and September 1968 investigating population structure and social organization; land use and size of holding; economic inputs and outputs during the agricultural year April 1967–March 1968; and details of labour circulation for the twelve months following the 1967 millet harvest. A report on the first section of the survey has been published (Goddard, Fine and Norman, 1971) but details of the input–output and labour circulation sections are still being analysed.

[2] Between the ages of fifteen and forty-nine.

therefore the fundamental distinction made in the selection of study villages: one was eleven miles from Sokoto on a main road and therefore having reasonable access to the city market, a second located immediately adjacent to one of the main river valleys, and the third relatively remote from either the city or the major valleys. Population densities in the areas in which these villages are located ranged from 250 to more than 500 per square mile.

THE AGRICULTURAL SYSTEM IN CENTRAL SOKOTO

Two environmental factors dominate indigenous agriculture in central Sokoto:

(i) The climate is semi-arid with a short wet season of 4–5 months. Rainfall is normally adequate for cereal growth, but variability is high, adding to the uncertainties of farming. Those conditions restrict the length of the farming season of rain-fed land, and consequently the choice of crops which can be grown satisfactorily.

(ii) Farmers distinguish between two fundamental types of land: upland and *fadama*. Upland is by far the most extensive, and comprises free-draining sandy soils, poor in carbon and possessing very low clay and silt fractions. Despite their low fertility, these soils are easily worked and support the staple food crop, millet, which together with sorghum and cowpeas comprise the basic crop complex. The rainfall regime ensures that upland can be cultivated for at most a few months each year. *Fadama* on the other hand is low-lying land situated in river floodplains, alongside streams or in depressions. It is subject to seasonal flooding or waterlogging and its high water table makes it capable of cultivation throughout the dry season. In central Sokoto *fadama* rarely constitutes more than 5% of the cultivated area except in villages adjacent to the flood-plains of the Rima and Sokoto rivers. *Fadama* comprises heavy clay and clay-silt soils favoured for the production of higher value, more labour-intensive crops, particularly rice, sugar-cane, onions, vegetables and tobacco. These are the main cash crops sold.

There is, therefore, a highly seasonal pattern of agriculture. The main activity on upland farms commences at the beginning of the rains in late April or May with the planting of millet followed by sorghum. It rises to a peak in June, July and August when weeding is the main activity and tails off after the millet harvest in September followed by sorghum and cowpeas in October and November. In riverine villages where *fadama* may comprise 40% of the average farm holding (Table 1), the planting of a wet season crop of rice in the floodplain extends the farming season with a secondary peak in labour demand occurring at harvest in November and December. Since a landless labouring class does not exist in the rural areas, the bulk of the labour is provided from family sources, primarily male adults. Islamic tradition militates against women participating in heavy farm work, and their contribution is negligible (Table 1).[1]

THE PROBLEM OF LAND SHORTAGES

There are several features to suggest that land is in short supply (Table 1). More than 80% of the land is cultivated. Only between 1 and 7% of farmland is fallow and this is restricted to short periods of one or two years. This proportion appears to be due to accidents such as sickness, rather than to systematic fallowing (Goddard, Fine and Norman, 1971). Although the basis of the land tenure system was communal, demand for land has encouraged the trend towards individualization and this is expressed in a considerable degree of permanence in the pattern of landholdings. Land has become a transferable economic commodity and sale is common. Inheritance laws encourage the subdivision and fragmentation of holdings, processes which appear to be proceeding at a faster rate than counteracting movements, and the average size of holding decreases as population densities increase (Goddard, 1972).

Associated with the diminishing size of holding has been a parallel movement towards intensification of agriculture. In particular, labour inputs per acre have been increased, and manure inputs from domestic animals and compound sweepings are used to maintain fertility. In the remote village, which

[1] Where hired labour is used its contribution is greatest on the large upland farms of the remote village and on the intensively cultivated *fadama* in the riverine village.

Table 1

Some Comparisons of Land and Labour Characteristics between the Survey Villages

Variable specification*	Type of village		
	Accessible	Riverine	Remote
Population density (per square mile)†	538	557	332
Land characteristics:			
Size of holding (acres)	7.2	6.7	14.8
per cent upland	97.9	61.5	98.0
per cent *fadama*	2.1	38.5	2.0
per cent purchased	23.2	29.4	19.1
Land utilization:			
Per cent total land cultivated	89.6	81.6	85.1
Farm: per cent total fallow	6.8	0.9	5.2
per cent upland fallow	6.7	0.0	4.6
per cent *fadama* fallow	9.1	2.3	38.9
Labour utilization on family farm:			
Male adults per family	1.6	1.5	1.5
Total man-hours‡	1,315	1,641	1,715
Family labour:			
per cent male adults	84.5	71.6	60.2
per cent female adults	0.9	0.7	1.6
per cent large children	7.8	3.0	15.4
Per cent hired labour	6.8	24.7	22.8
Inputs per cultivated acre			
Man hours‡	193.1	247.9	120.2

* Where relevant these are expressed in terms of an average farm.

† Population densities are calculated on the basis of land suitable for cultivation under present conditions.

‡ The work undertaken by family members was converted to man-hour terms as follows: one hour of work by a male adult (more than 14 years old) equals 1.0 man-hour, by a female adult (more than 14 years old) equals 0.75 man-hour, and by a large child (7 to 14 years old) equals 0.5 man-hour.

also has the lowest population density, very large acreages are kept under annual cultivation using only a hoe, with very small manure inputs. Yields are low on these infertile sandy soils which are subject to wind erosion, and the agricultural system has yet to be satisfactorily adapted to the rising population density (Prothero, 1962). The higher population densities of the two other survey villages are associated with a more intensive farming system.

In terms of income, preliminary results from the input–output survey suggest that as population density increases net farm incomes have decreased despite the greater output per acre resulting from intensification. It also appears that diminishing returns using traditional inputs result in less time being spent on upland farms *in total*. A growing proportion of the population are living on farms too small to provide their food and cash requirements at present levels of production. Within this apparently Malthusian situation the small farmer has other choices open to him than the abandonment of his holding and a move to an area where land is more plentiful.

FARMERS' STRATEGIES AND THE ROLE OF LABOUR CIRCULATION IN HIGH-DENSITY AREAS

It is generally recognized that among low-income groups food is normally the largest item of expenditure. Lipton (1968) has stressed the uncertainties of both the physical and economic environments in which traditional agriculture functions. This lack of certainty appears to be of extreme importance in determining the basic strategy of the farmer to produce the staple food requirements of his family. It may be argued that the bulk of crops grown on upland farms each year in central Sokoto— i.e. millet, sorghum and cowpeas—fulfil essentially a subsistence need although in any one year a proportion does enter the market. Intensification of upland farming in both the accessible and riverine villages appears essentially to be a response to this need. On the other hand, cash incomes may be derived from a number of alternative sources which are in competition one with another. These are:

    (i) the growth of cash crops;
   (ii) the pursuit of off-farm employment based in the village;
  (iii) the practice of labour circulation.

The household economy may therefore be viewed as falling into two distinct sectors: a subsistence sector which is given priority in the allocation of time and other resources to provide food for family consumption; and a commercial sector in which the farmer attempts to maximize his cash returns applying the principles of marginal analysis to a choice of possible incomes. *It may be expected, therefore, that the rate of labour circulation will be determined not so much by the degree of land shortage in the area, but rather by the relative profitability of the alternative sources of cash income.* Marketing procedures are limited by the rudimentary nature of the transport network and the problems of mobilizing rural surpluses from a myriad of small producers. In these circumstances the net price received by a farmer for his crops, craft products or services depends to a great extent on the location of the village relative to the market.

Evidence in support of these relationships is presented at three levels of investigation:

(i) by contrasting the rural economies of the two largest concentrations of population in Hausaland—the Kano and the Sokoto close-settled zones;
(ii) by investigating the rates of labour circulation from the three survey villages in central Sokoto;
(iii) and by discussing the land-holding characteristics of farmers involved in labour circulation during the survey year compared with those not thus involved.

THE RURAL ECONOMIES OF THE KANO AND THE SOKOTO CLOSE-SETTLED ZONES

Although labour circulation is not unknown from the rural areas surrounding Kano (Rowling, 1952), it is on a very small scale compared with Sokoto (Mortimore and Wilson, 1965). This is despite the fact that densities are generally higher than those found in the Sokoto close-settled zone, and consequently average farm sizes are smaller. While emphasizing the priority given by farmers to food production, Mortimore (1971) notes that farmers in the zone of highest population densities immediately surrounding Kano city produce larger amounts of groundnuts for market, and earn more from off-farm activities than do farmers living in lower density areas more remote from the Kano market. In other words, the farmer has responded to the very high population densities by intensifying his agriculture to continue to produce both food and a cash crop, and to supplement his income by selling traditional craft products and fuel in the city market. There is little need for him to contemplate labour circulation to satisfy his present needs.

The contrast between the rural economy of Kano, with its low rate of labour circulation, and Sokoto, where up to 50% of men of working age may be involved, can only be understood in terms of their respective histories and the ensuing locational advantages of the former. Despite the lower rainfall in Sokoto, environmental conditions in the two areas appear to offer similar opportunities to farmers. Kano is probably the oldest population focus in Hausaland and has been a leading political and trading centre for a considerable period of history. Its central position ensured early incorporation into the modern transport network of Nigeria. The building of the railway in particular stimulated rapid growth both in the city and in agriculture where good communications facilitated the widespread and profitable production of groundnuts (Hagendorn, 1966). Accessibility to this large and growing urban market proved an important factor in the successful intensification of agriculture, particularly in the supply of manure, and in providing a market for agricultural products, fuel and rural crafts (Goddard, Mortimore and Norman, forthcoming).

The high population densities in the Sokoto close-settled zone are of more recent origin than those of Kano, resulting from the establishment of the Fulani empire centred on Sokoto at the beginning of the nineteenth century (Last, 1967). The site of the capital was chosen for strategic reasons, and the area became a focus for immigration throughout the nineteenth century. However, it never became a centre of trade comparable with Kano. The conquest of Sokoto and its integration into Nigeria in 1903 produced a dramatic change of fortune for the area. From being the capital of an extensive empire receiving tribute from its surrounding vassal states, Sokoto was thrown back on its own limited resources and became relatively remote and inaccessible by-passed by the railway to the south-east. Inaccessibility has been an important factor inhibiting the development of cash-crop farming, particularly of groundnuts and cotton. With its tributary area severely truncated Sokoto town tended to stagnate, and in the absence of an urban market of the size and dynamism of Kano, farmers have found fewer opportunities to market their traditional off-farm crafts and services or to find employment in the modern sector of the economy. Faced with poor returns from export crops and limited local opportunities for off-farm activities, a large proportion of men of working age have supplemented their incomes by exporting their labour to more favourable localities during the long dry season.

THE RATE AND DURATION OF LABOUR CIRCULATION IN THE SURVEY VILLAGES AND THEIR RELATION TO FARMING

A summary of the characteristics of labour circulation from the survey villages during the twelve months following the 1967 millet harvest is given in Table 2.[1] These movements are practised almost entirely by men. The highest proportion was found in the most active age-groups, with a definite peak between the ages of 20 and 29, falling markedly after the age of 40. Expressed as a proportion of men of working age (15–49 years) a marked contrast was found between the villages in the rate of labour circulation. This increased from 16% in the riverine village to 45% in the accessible village, and 66% in the remote village. These men included a significant proportion of household heads, ranging between 14% in the riverine village and 41% in the remote village.

The average time spent away from the village during the survey confirms the relative importance of labour circulation in each village. Only 11% were absent more than six months; of these only half did not return within the year. The period usually spent away was between two and three months, and one-quarter of the migrants from each village were away for this period. However, there was a marked contrast in the average length of absences between the villages, with a greater proportion of migrants from the remote village away for longer periods and with men from the riverine village away for short spells.

The rate and duration of labour circulation in the survey villages appears to be independent of the availability of land. There is, however, a clear inverse relationship between migration and local opportunities for earning cash incomes:

> (i) It has already been noted that the extent of cultivated *fadama* in the riverine village is an important factor increasing the range of crops which may be grown, particularly those of a high value which constitute the most

---

[1] All movement involving a period of more than a day away from the village were recorded throughout this period excluded visits to market and those of a purely social nature. The movements of labourers, traders, craftsmen and Koranic scholars were all included.

Table 2

Some Comparisons of Rates and Duration of Labour Circulation in the Survey Villages

Variable specification	Type of village		
	Accessible	Riverine	Remote
Rate of labour circulation			
Percentage of all men aged 15–49	45·3	16·1	65·9
Percentage of all household heads	19·6	13·9	40·7
Percentage travelling with wives	7·4	4·0	6·8
Age of migrants (per cent)			
Aged 20–29	35·7	37·1	40·7
Aged 15–40	83·9	74·3	86·4
Period spent away from village (per cent)			
Less than two months	32·1	51·4	14·8
2·1–3·0 months	25·0	28·6	27·2
3·1–6·0 months	32·2	17·1	43·2
6·1–12·0 months	8·9	2·9	3·7
Not returned after twelve months	1·8	0·0	11·1
Frequency of trips (per cent)			
1	67·9	47·1	61·0
2	28·3	44·1	31·7
3 and more	3·8	8·8	6·3
Season of travel (per cent)			
Dry season only	53·6	18·6	79·0
Wet season only	10·7	28·6	0·0
Both dry and wet seasons	35·7	42·8	21·0

profitable cash crops. The river also provides good fishing for five months of the dry season, and the fish is sold in the urban market. The local environment therefore offers the farmer remunerative employment for most of the year and few supplement their incomes by migration despite the small size of holding. The wider range of crops and the additional resource of fishing have the additional benefit of offering greater security against possible crop failure.

(ii) The reduced *fadama* acreage limits the opportunities for cash farming in the accessible village, and the rate and duration of labour circulation is significantly greater. Proximity to a major road and urban centre does, however, provide local opportunities for off-farm employment. The roadside location provides an outlet for trading, and weaving for the Sokoto market remains an important occupation.

(iii) The location of the remote village inhibits both dry

season *fadama* farming and off-farm activities due to problems of marketing. Thus nearly 40% of *fadama* is uncultivated (Table 1) and most men leave the village each dry season for a substantial period.

Although production of cash crops from *fadama* farms, and local off-farm employment are competitive with labour circulation, wet season farming is not. This is reflected in the timing and duration of movement. Most migrants leave their villages after completing the harvest of their upland food crops, return before the planting rains and make no further trip before the following harvest. This pattern was particularly evident in the remote village, where the absence of labour for substantial periods of the year nevertheless made little or no impact upon upland farming. The relatively high rate of wet season movements from the riverine and accessible villages involves small numbers by comparison, but indicates the greater importance of men with small farms travelling for short periods as farm labourers in these villages. Fishermen also make short trips down the Sokoto river to Argungu where opportunities are better in this season. Movements are usually organized to avoid the critical weeding period for millet. Labour circulation for the large majority of migrants is therefore carefully organized not to conflict with the labour requirements for food production on their own upland farms.

MIGRANTS' OCCUPATIONS AND SAVINGS

The fact that movements largely reflect a shortage of opportunities for cash earnings in the migrants' home villages is further supported by the occupations and destinations chosen (Table 3). Only 4% of migrants found employment in the modern sector of the economy, and none of these held skilled jobs. The great majority found employment in the traditional sector either as labourers, or in trading, pursuing crafts and providing services typical of rural off-farm activities throughout Hausaland. Indeed, very few went to any of the large urban centres of Nigeria, the majority travelled to rural destinations except for migrants from the remote village who were attracted to small urban centres. More than 80% remained in Sokoto Province, and only 5% ventured beyond Hausaland.

The predominant influence of cash needs as a stimulant to labour circulation is confirmed by the migrants themselves. On being asked 'why did you leave the village this year', the spontaneous response of 90% of migrants was 'to obtain money'. The pattern of spending of migrants' savings further supports this view (Table 3). Tax was the most important item, with 75% using at least part of their money for this purpose—70% bought clothes and 33% put money towards ceremonial expenses. Very few farmers had brought back modern consumer goods. Investment in farming, particularly in hired labour, accounted for part of the savings of 28% of migrants. Only 14% of the total purchased grain for family consumption although this rose to 17% in the riverine village and 19% in the accessible village.[1] Compared with the total number of men using labour circulation to satisfy cash needs for consumption and investment purposes, the number purchasing grain was small, which is consistent with the notion that all farmers attempt to meet family food requirements from their own farms.

LAND-HOLDING CHARACTERISTICS OF MIGRANTS AND NON-MIGRANTS

The hypothesis that the rates of labour circulation may be determined by land shortages would demand that migrants be largely derived from two particular sectors of the community, namely farmers with smallholdings and young men still working with their fathers whose labour on the family farm is superfluous for much of the year. That this is not so is shown in Table 4 which compares the landholding characteristics for migrant and non-migrant households. There is little difference between either farm sizes or the composition of farm holdings between the groups. If anything there is a tendency for the *land per person* ratio to be higher in those households containing

[1] The higher incidence of men purchasing grain in the riverine and accessible villages corresponds to the greater number of migrants away for short spells as farm labourers during the wet season. This is the season when food is most scarce before the millet harvest and the granaries of many of the poorer farmers are empty (Hill, 1968). Thus it may be argued that farm labouring may provide a supplementary source of grain for the family's needs above that provided on their own farms, and in contrast to other forms of off-farm employment which normally supply cash needs. Forde (1946) noted that 'working on other men's farms during the farming season . . . is felt to be a shameful sign of distress, and if undertaken at all, is generally done in another village.'

Population movements and land shortages

Table 3
Occupations, Destinations and Patterns of Spending of Migrants from the Survey Villages

Variable specification	Type of village		
	Accessible	Riverine	Remote
Occupation of migrants (per cent)			
In modern sector:	6·4	2·9	2·8
In traditional sector:			
Agriculture	21·3	37·1	15·5
Fishing	0·0	28·6	0·0
Manufacture	10·6	0·0	67·7
Trade	23·4	5·7	0·0
Services	38·3	15·7	14·0
Destinations (per cent)			
Provincial centres	14·3	8·6	6·9
Small urban centres	15·5	18·6	59·3
Rural centres	70·2	62·8	33·8
Distance (per cent)			
Within Sokoto province	74·7	82·9	95·8
Elsewhere in Hausaland	17·0	5·7	4·2
Beyond Hausaland	8·5	11·4	0·0
Frequency of migrants (per cent) spending part of their savings on:			
Tax	80·5	62·9	77·1
Clothes	78·0	54·3	72·8
Ceremonial expenses	28·2	11·1	44·9
Modern consumer goods	9·7	3·8	5·6
Investment in farming	33·4	14·8	30·4
Grain for consumption	19·0	17·2	7·0

Table 4
Average Landholding Characteristics of Migrant and Non-migrant Households in the Survey Villages

Village	Accessible			Riverine			Remote		
Household type*	(1)	(2)	(3)	(1)	(2)	(3)	(1)	(2)	(3)
Total holding (acres)	6·99	6·88	7·53	8·02	5·71	5·38	15·76	14·28	13·36
Fallow	0·39	0·53	0·34	0·00	0·00	0·10	0·46	0·30	0·70
Upland	6·44	6·12	7·05	4·93	4·15	3·08	14·95	13·73	12·43
Fadama	0·16	0·23	0·14	3·09	1·56	2·20	0·35	0·25	0·23
Family size	5·30	4·76	6·00	6·39	5·34	4·27	5·83	5·51	5·80
Land per person	1·32	1·45	1·26	1·26	1·07	1·26	3·70	2·59	2·30
Cultivated upland per person	1·22	1·29	1·18	0·77	0·78	0·72	2·56	2·49	2·14

* Household types: (1) All households containing at least one migrant.
(2) Those in group (1) where the household head migrated.
(3) The remaining households which contained no migrants.

migrants, although none of the differences are statistically significant at the 95 per cent level.[1]

CONCLUSION

Rising population densities and land shortages in themselves are not sufficient to explain differences in rates of labour circulation. Experience from the Kano close-settled zone suggests that traditional farming systems may be successfully adapted to these conditions through intensification by altering the ratios of *existing* factors of production. Kano farmers are able to produce both food and cash crops despite some of the highest rural population densities in Africa. It is argued that the uncertain physical and economic environments in which traditional agriculture operates has led the farmer to distinguish in his priorities between the production of food crops for his family and the earning of a cash income. The farmer adopts a security orientated strategy by giving priority to his subsistence production, but is then prepared to organize his remaining resources to maximize his cash earnings. Given the need to increase output per acre in the face of rising population densities to satisfy his needs, the farmer has to decide:

(i) whether to increase labour and manure inputs to produce both crops for consumption and for sale; or
(ii) to intensify his farming only to the extent necessary to produce his food requirements and to seek a cash income from off-farm employment.

Locational factors, particularly in relation to transport networks and to markets play an important role in determining the relative profitability of growing cash crops, engaging in traditional forms of off-farm employment based in the village, or engaging in labour circulation.[2] Thus the greatest rates of

[1] Only in the riverine village is the land per person ratio smaller for families in which the household head migrated. A comparison of the size of upland and *fadama* holdings suggests that a number of farmers have substituted migration for *fadama* farming which is again consistent with the hypothesis that migration is competitive with *fadama* cultivation and a source of cash, but not with upland food production.

[2] A fourth alternative is, of course, for the farmer to abandon (or sell) his holding, and to move to an area where land is more plentiful. No adequate official statistics are available to measure this movement in Nigeria, but some idea of its importance may be judged from the fact that in the three survey villages 19 per cent of married

labour circulation are found in those areas which have the least opportunities for earning an equivalent income in other ways.

The nature of the movements also reflects the priority given by farmers to their production of upland food crops. Both the duration and timing of movements reflect the needs of millet production, the dominant food crop. The exclusion of women from farming demands that the migrant confine his movements either to the dry season, or to slack periods in the wet season. The breakdown of families into small units (Goddard, 1969), and the absence of lineage land from the tenure system adds to the need for the migrants to maintain an annual presence in the village if he wishes to maintain his home links and the security provided by his upland farm.

The short distances travelled by migrants in the present survey contrast markedly with the long distance internal and international movements recorded in the early 1950s. Fluctuations in monetary exchange rates and the growth of nationally protected labour markets have affected patterns of international movements. Internal conditions have also changed. The growth of the urban sector has provided increased markets for rural produce and labour. On the other hand there has been a continual erosion of the local market for traditional crafts and services with the increasing availability of modern consumer goods. Migrants have shown themselves to be responsive to these developments by a substantial alteration in the pattern of movements.

The rate and duration of labour circulation in high-density rural areas may therefore be seen as a response to a particular set of economic and locational factors. The practice provides the migrant with a secure source of food production combined with an acceptable level of cash income (Elkan, 1959) *where local economic opportunities are limited*. Panofsky (1963) argues 'we still do not know . . . whether increased agricultural productivity will stimulate or hamper emigration'. It appears from the relationships discussed in this paper, however, that seasonal labour circulation would be likely to diminish in importance given

---

sons had left their father's household and emigrated. The distribution of this permanent movement conformed closely to the relative incidence of labour circulation, rising from 14 per cent of married sons in the riverine village, to 19 per cent in the accessible village and 24 per cent in the remote village.

improved incomes in agriculture. In these circumstances it may be expected that farmers would find it profitable to make the necessary increases in inputs and adopt the necessary technical changes demanded by the 'green revolution' or by the proposed development of modern irrigation agriculture in the Rima-Sokoto basin (United Nations, 1969).

REFERENCES

Berg, E. J.
    (1965) The economics of the migrant labour system, in Kuper, H. (ed.), *Urbanisation and migration in West Africa*. Berkeley, California University Press, pp. 160–81.

Elkan, W.
    (1959) Migrant labour in Africa: an economist's approach, *American Economic Review 49*, pp. 188–97.

Forde, D.
    (1946) The North, the Hausa, in Perham, M. F. (ed.), *The Economics of a Tropical Dependency: Vol. 1: The Native Economics of Nigeria*. London, Faber and Faber, pp. 119–79.

Goddard, A. D.
    (1969) Are Hausa-Fulani family structures breaking up? *Samaru Agricultural Newsletter 11*, pp. 34–48.

Goddard, A. D.
    (1972) Land tenure, land holding and agricultural development in the central Sokoto close-settled zone, Nigeria, *Savanna 1*, pp. 29–42.

Goddard, A. D., Fine, J. C. and Norman, D. W.
    (1971) A socio-economic study of three villages in the Sokoto close-settled zone: 1. Land and people, *Samaru Miscellaneous Paper 33*. Samaru, Institute for Agricultural Research, Ahmadu Bello University.

Goddard, A. D., Gould, W. T. S. and Prothero, R. M.
    (1971) *Space and time dimensions in the study of population mobility in tropical Africa*. Paper presented at the Conference on African Populations, International Union for the Scientific Study of Population, Accra.

Goddard, A. D., Mortimore, M. J. and Norman, D. W.
    Some social and economic implications of population growth in rural Hausaland. Forthcoming in Caldwell, J. C. (ed.), *Population Growth and Socio-Economic Change in West Africa*.

Grove, A. T.
 (1961) Population densities and agriculture in northern Nigeria, in Barbour, K. M. and Prothero, R. M. (eds.), *Essays on African Population*. London, Routledge and Kegan Paul.

Gulliver, P. H.
 (1955) Labour migration in a rural economy, *East African Studies No. 6*. Kampala, East African Institute of Social Research.

Hagendorn, J. S.
 (1966) *The Origins of the Groundnut Trade in northern Nigeria*. Unpublished Ph.D. thesis, University of London.

Hill, P.
 (1968) The myth of the amorphous peasantry: a northern Nigeria case study, *The Nigerian Journal of Economic and Social Studies 10*, pp. 239-60.

Last, D. M.
 (1967) *The Sokoto Caliphate*. London, Longmans.

Lipton, M.
 (1968) The theory of the optimising peasant, *Journal of Development Studies 4*, pp. 327-51.

Mitchell, J. C.
 (1959) The causes of labour migration, *Bulletin of the Inter-African Labour Institute 6*, pp. 12-47.

Mitchell, J. C.
 (1969) Structural plurality, urbanisation and labour circulation in Southern Rhodesia, in Jackson, J. A. (ed.), *Migration*. Cambridge, Cambridge University Press, pp. 156-80.

Mortimore, M. J.
 (1971) Population densities and systems of agricultural land use in northern Nigeria, *Journal of the Geographical Association of Nigeria 14*, pp. 3-15.

Mortimore, M. J. and Wilson, J.
 (1965) Land and People in the Kano close-settled zone, Report to the Greater Kano Planning Authority, *Department of Geography Occasional Paper 1*. Ahmadu Bello University, Zaria.

Nigeria Department of Statistics
 (1954) *Report on Labour Migration, Sokoto Province*. Lagos (Mimeographed).

Panofsky, H. E.
 (1963) Migratory labour in Africa: a bibliographical note, *Journal of Modern African Studies 1*, pp. 521-9.

Pauvert, J. C.
 (1958) Migration of workers from Togo to Ghana, *Migration News 4*, pp. 4-7.

Prothero, R. M.
  (1959) *Migrant Labour from Sokoto Province, Northern Nigeria.* Kaduna, Government Printer.
Prothero, R. M.
  (1962) Some observations on dessication in north west Nigeria, *Erdkunde XVI*, pp. 111–19.
Rowling, C. W.
  (1952) *Report on Land Tenure: Kano Province.* Kaduna, Government Printer.
Skinner, E. P.
  (1965) Labour migration among the Mossi of Upper Volta, in Kuper, H. (ed.), *Urbanisation and migration in West Africa.* Berkeley, California University Press, pp. 60–84.
United Nations, Food and Agricultural Organisation
  (1969) *Soil and Water Resources of the Sokoto Valley, Nigeria.* Rome, U.N.D.P. F.A.O.
Zelinsky, W.
  (1971) The hypothesis of the mobility transition, *Geographical Review*, *61*, 219–49.

Résumé

MOUVEMENTS DE POPULATION ET PENURIE DE TERRES DANS LA ZONE DE PEUPLEMENT DENSE DE SOKOTO, NIGERIA DU NORD

Les mouvements de population répétés ou cycliques adaptés au cycle agricole annuel dans la zone de savane d'Afrique de l'Ouest, dépendent de la croissance de la demande de main-d'œuvre de l'Etat, du commerce et de l'industrie. Ils sont également encouragés par la fiscalité et par l'offre de nouveaux biens de consommation et sont facilités par le maintien de l'ordre public et la mise en place de nouveaux réseaux de transport.

Le rapport entre la pénurie de terres dans les zones rurales et les taux de circulation de la main-d'œuvre est un thème qui revient fréquemment dans les ouvrages. Ce document présente la thèse selon laquelle ce rapport n'est pas aussi simple. Il tente de placer les mouvements de main-d'œuvre dans le cadre général des différentes stratégies mises au point par les paysans face à la pénurie de terre.

L'étude porte sur l'économie rurale dans trois villages situés dans la zone où ont été relevés, dans le cadre du recensement effectué dans la Province de Sokoto au cours de la saison sèche 1952-3 (Prothero, 1959), les taux de circulation de main-d'œuvre les plus élevés. Une étude sur une micro-échelle se justifiait du fait que les rapports entre la terre et la population sont complexes et nécessitent d'être analysés de façon détaillée. On sait que deux facteurs ont influencé de façon fondamentale les économies locales des villages de cette zone: la commodité d'accès aux marchés et aux terres riveraines susceptibles d'être cultivées pendant la saison sèche.

Le niveau des précipitations au cours de la brève saison humide qui dure quatre à cinq mois suffit normalement pour la culture de céréales, mais les pluies sont très variables et intensifient ainsi les incertitudes de l'exploitation agricole. Ces conditions limitent la durée de la saison des cultures sur les terres arrosées (que l'on appelle les hautes terres) qui sont consacrées à la culture vivrière essentielle, le mil. Un second type de terre, *les fadama* saisonnièrement inondées ou marécageuses avec un niveau hydrostatique élevé, peut être cultivé pendant la saison sèche. Au Sokoto du centre, *la fadama* représente rarement plus de 5% des terres cultivées, sauf dans les villages adjacents aux bassins inondés des fleuves Rima et Sokoto. Elle est favorable à la production de cultures plus rentables, et exigeant l'utilisation d'une main-d'œuvre plus nombreuse. Il s'agit là des principales cultures marchandes.

Plusieurs caractères laissent supposer que la terre est rare (Tableau 1). Plus de 8% des terres sont cultivées. Peu de terres exploitées sont laissées en jachère et cette jachère se limite à des brèves périodes d'un ou deux ans. La terre est devenue un bien économique et il est courant de la vendre. Les lois de succession encouragent le partage et la fragmentation des exploitations, tendances qui semblent progresser plus vite que les mouvements contraires; d'autre part les dimensions moyennes de l'exploitation agricole diminuent avec l'accroissement des densités de population (Goddard, à paraître). A cette diminution des dimensions de l'exploitation correspond un mouvement parallèle d'intensification de l'agriculture.

Les résultats préliminaires de l'enquête sur les entrées et sorties suggèrent que lorsque la densité de population croît, les revenus agricoles nets décroissent, malgré l'élévation de la production par acre résultant de l'intensification. Une proportion croissante de la population vit sur des fermes trop petites pour satisfaire ses besoins alimentaires et monétaires, compte tenu des niveaux de production actuels. Dans cette situation apparamment malthusienne, le petit agriculteur n'a d'autre choix que d'abandonner son exploitation et d'aller dans une région où la terre est plus abondante.

Il semble que les incertitudes du milieu tant physique qu'économique dans lequel fonctionne l'agriculture traditionnelle sont d'une importance extrême dans la détermination de la stratégie de base de l'agriculteur. On peut considérer l'économie familiale comme comportant deux secteurs distincts: un secteur de subsistance (au Sokoto, l'exploitation des hautes terres) auquels on accorde la priorité dans l'affectation du temps et d'autres ressources en vue d'assurer la nourriture nécessaire à la consommation familiale, et le secteur commercial dans le cadre duquel l'agriculteur tente de maximiser son revenu monétaire par la vente des récoltes, la recherche d'emploi hors de l'exploitation dans le village ou la pratique de la circulation de la main-d'œuvre. On pourrait s'attendre à ce que le taux de circulation de la main-d'œuvre soit déterminé non pas tant par le degré de pénurie de terres dans la région, mais plutôt par la rentabilité comparative des différentes autres sources de revenu monétaire. Le prix net perçu par un fermier pour ses récoltes, les produits d'artisanat de ses services dépend dans une grande mesure de la situation du village par rapport au marché.

Le faits avancés à l'appui de ces rapports sont présentés à trois niveaux d'étude: dans une opposition des économies rurales des deux plus grands centres de population du Hausaland—zone de Kano et les zones de peuplement dense, dans une étude des taux de circulation à partir des villages du Sokoto central sur lesquels porte l'enquête; et dans une étude des caractéristiques de la propriété foncière chez les migrants et les non-migrants dans les villages concernés.

Bien que les densités de population soient plus élevées dans les zones rurales autour de Kano que celles trouvées à Sokoto, les mouvements de main-d'œuvre n'interviennent que sur une échelle beaucoup plus petite, ce qui peut s'expliquer par la situation favorable de Kano, qui lui a assuré et lui assure une croissance continue. Le vaste marché urbain en extension a permis à l'agriculteur de réagir devant les densités de population très élevées, en intensifiant son agriculture et en continuant à produire des cultures vivrières et marchandes et en complétant son revenu en vendant les produits de l'artisanat traditionnel et des combustibles sur le marché de la grande ville. Ancienne capitale de l'empire Fulani, Sokoto est maintenant relativement éloignée et inaccessible, puisqu'elle est contournée par le chemin de fer qui va vers le Sud-Ouest. La ville de Sokoto et la zone agricole qui l'environne ont donc tendance à stagner. Compte tenu des possibilités locales limitées d'exportation des récoltes et du caractère limité des activités non-agricoles, une grande proportion des hommes en âge de travailler ont complété leurs revenus en exportant leur travail pendant la longue saison sèche dans des localités plus propices.

On s'est rendu compte que le taux et la durée des mouvements de main-d'œuvre dans les villages étudiés (Tableau 2) n'étaient pas en rapport avec les dimensions moyennes des exploitations agricoles, mais en rapport avec la situation des villages par rapport aux possibilités locales d'emploi loin de l'exploitation.

La période passée loin du village traduit nettement la priorité accordée à l'exploitation des hautes terres. La plupart des migrants quittent leur village à la fin de la récolte des cultures vivrières sur les hautes terres et reviennent avant les pluies des semailles et ne font pas d'autre voyage avant la récolte suivante. Tous les mouvements qui ont lieu pendant la saison humide étaient fixés de façon à éviter tout conflit avec la période critique de désherbage en vue de la culture du mil. Les mouvements migratoires, chez la majorité des migrants, étaient ajustés aux besoins en main-d'œuvre en vue de la production vivrière sur leurs propres exploitations dans les hautes terres. Toutefois, pendant la saison sèche, ces mouvements concurrençaient nettement l'exploitation des *fadamas*. L'épargne accumulée au cours de ces migrations étaient en grande partie utilisée pour satisfaire des besoins monétaires. Peu nombreux étaient ceux la consacraient à l'achat de grain (Tableau 3).

Le Tableau 4 compare les caractéristiques de la propriété foncière dans les familles de migrants et de non-migrants. Il y a très peu de différences entre les deux groupes en ce qui concerne soit les dimensions moyennes de l'exploitation agricole, soit la composition de l'exploitation. Il semble que l'incidence des mouvements de main-d'œuvre est indépendante des dimensions de l'exploitation agricole des hautes terres et par conséquent de la production vivrière.

L'élévation des densités de population et la pénurie de terres ne suffisent pas en elles-mêmes à expliquer les différences de taux de circulation de la main-d'œuvre. L'agriculteur donne la priorité à sa production de subsistance et ensuite se sert des ressources qui lui restent pour maximiser ses gains monétaires. Les facteurs de lieu s'agissant en particulier de la proximité des réseaux de transport et des marchés, jouent un rôle important dans la détermination de la rentabilité comparative de la production agricole marchande, des formes traditionnelles d'emploi loin de la ferme, au village ou de la migration.[1] On trouve des taux élevés de circulation de la main-d'œuvre dans les régions qui offrent le moins d'occasions de gagner autrement un revenu équivalent.

La nature des emplois traduit également la priorité qu'accordent les agriculteurs à la production vivrière des hautes terres. Ainsi, la durée et la période des mouvement reflètent les exigences de la production de mil. Il ne faudrait pas prétendre, comme le fait Skinner (1965) pour la Haute Volta, que la circulation de la main-d'œuvre a des effets néfastes sur l'agriculture, en excluant des cultures telles que le coton qui étendent les besoins en main-d'œuvre de l'exploitation à une période avancée de la saison sèche. Ce genre de culture n'est exploité que là où la culture marchande peut rentablement remplacer la migration. Les mouvements de main-d'œuvre saisonniers verront probablement leur importance diminuer avec l'amélioration des moyens de transport et de commercialisation et l'accroissement de la productivité agricole que laisse prévoir la 'Révolution Verte'.

[1] Une quatrième solution consisterait, évidemment, pour l'agriculteur à abandonner (ou vendre) son exploitation et à aller dans une région où la terre est plus abondante. Nous ne disposons pas de statistiques officielles suffisantes pour mesurer l'ampleur de ce mouvement au Nigéria, mais le fait que dans les trois villages étudiés 19% des hommes mariés avaient abandonné le foyer de leurs pères et émigré, donne une idée de son importance. L'importance de ces mouvements permanents dans les différentes zones est en rapport étroit avec l'incidence relative des mouvements de main-d'œuvre. Le pourcentage des hommes mariés émigrants, de 14% dans le village riverain, passe à 19% dans le village accessible et à 24% dans le village éloigné.

X

Migration, urbanization, and national development in Nigeria

LESLIE GREEN

INTRODUCTION

The aim of this paper is fourfold: (i) to draw attention to the changes occurring in the growth and spatial distribution of Nigeria's population since the end of the Second World War; (ii) to analyse the nature of these changes in terms of migration by major ethnic group, area and volume; (iii) to describe certain major consequences of this migration, including rapid urbanization, rural depopulation and a widening disparity of development from area to area; and (iv) briefly to assess the planning response of government to the resulting problems of development, and suggest ways of improving that response.

NIGERIA IN TRANSITION

The thesis of this paper is that, since the end of the Second World War, Nigeria has experienced an accelerating transition from what may be termed a colonizing phase of migration—characterized by movements of population from more developed to less developed areas—to a phase of migration characterized increasingly by an emergent and polarizing urbanization. The theoretical justification of this thesis lies mainly in research undertaken within the Department of Geography, Ibadan University, especially by Mabogunje,[1] and within the Physical Planning Research Division of the Nigerian Institute of Social and Economic Research, especially by Milone and myself.[2] The practical justification lies, firstly, in a conspicuous massing of people in the nation's major cities, resulting in congestion of

---

[1] Mabogunje, 1968 and 1970; Udo, 1970.
[2] Green, 1969a, 1969b, 1970, 1971a; Milone, n.d.

land uses, chaotic traffic, problems of law and order, large-scale unemployment, and quickly-rising demands for social services and utilities. Secondly, it lies in a noticeable, progressive emptying of rural settlements falling within the immediate shadow of the chief urban centres.

In terms of population *size*, the rank order of Nigeria's towns and cities changed appreciably between 1952 and 1963; in terms of population *growth-rates*, it changed fundamentally, and a new urban hierarchy was firmly established by the end of that period. In 1952, out of 115 towns in northern Nigeria, Kano alone possessed more than 100,000 inhabitants; in eastern Nigeria, out of seventy-nine towns, none fell into this category; in western Nigeria (including Lagos), six out of 115 towns did so. By 1963, there is substantial evidence that northern Nigeria now had four such towns, eastern Nigeria also had four, but western Nigeria had no more than seven.[1] In terms of population size, the rank order had changed from that of Ibadan, Lagos, Ogbomosho,[2] Kano, Oshogbo, Ife and Iwo, to that of Metropolitan Lagos,[3] Ibadan, Kano, Abeokuta,[4] Port Harcourt, Zaria, Onitsha, Ife, Maiduguri, Kaduna, Enugu, Oshogbo, Aba and Benin. In terms of population growth-rates since 1952, Metropolitan Lagos, Kaduna and Port Harcourt now ranked first, with rates of over 10% per annum each; Kano, Aba, Enugu and Onitsha ranked second, with rates of over 7% per annum each; and the remainder had rates falling below 6% per annum each, with Ibadan registering not more than 3% per annum.

The transition has thus been revolutionary. Indeed, the general orientation of migration has been reversed by movements of population which, in their tempo and magnitude, have outstripped any previously recorded in Africa. In total, between 1952 and 1967 well over 1·5 million persons[5] migrated to Nigeria's urban areas. Thousands more moved from the remoter peripheral parts of the country dominated by subsistence farming to areas of groundnut, cocoa and other cash-crop pro-

[1] See Mabogunje, 1968, pp. 327–30.
[2] The 1952–3 census total for Ogbomosho was most probably inflated.
[3] As defined by Mabogunje, op. cit., pp. 267–71.
[4] Estimated. According to Milone, n.d., p. 48, Abeokuta had 126,409 rooms in 1963.
[5] Green, 1971*b*, pp. 7 and 8.

duction lying closer to the principal urban nodes. Large-scale, sectoral changes in investment, employment and output paralleled these population movements.

It follows that the transition from a colonizing phase to an urbanizing phase of migration has been associated with a widening disparity of economic advance from area to area, and an aggravation of incipient problems of development inherent in a country experiencing since the end of the Second World War a continually increasing rate of population growth, which has probably reached an average of at least 3% per annum today.[1]

MIGRATION: THE COLONIZING PHASE

By the use of a multiple regression analysis of the census data of 1952-3, Mabogunje[2] has clearly demonstrated that colonization was the main component of movement in the migration pattern of Nigeria at that time. Making due allowance for census weaknesses—such as movements within ethnic areas, movements of the smaller ethnic groups, lack of time sequence of the migration flows, failure to distinguish between in-migrants and children born locally to them, and underassessment of seasonal movements (which were predominantly rural-to-rural in character)[3]—he concludes that migration had been strongly determined by economic factors. The most important of these had been *per capita* income.

Since the distribution of population reflected in the 1952-3 census was the result of earlier population movements, Mabogunje's analysis may be viewed as describing the type of migration occurring up to that time, and apparently since at least the First World War.[4] In that case, prior to 1952-3, migration in Nigeria—where vacant land was abundant and the economy almost entirely devoted to agriculture—had been characterized generally by flows of population from areas of relatively high income per head to areas of relatively low income per head. There had been a net shift from the more developed southern regions of the country south of the Niger and Benue rivers to the less developed northern region beyond those rivers.

[1] Caldwell, n.d., pp. 5-7.
[2] Mabogunje, 1970, p. 251 ff.
[3] Prothero, 1958; Lloyd, 1963.
[4] Grove, 1961.

In the northern region itself, since 1910 growth of population had been a characteristic of rural rather than urban areas.[1] According to Mabogunje's analysis,[2] migration had tended to take place from a more developed central zone, identified as embracing the provinces of Kano, Katsina, Zaria, Plateau and Bauchi, to less developed peripheral areas of Adamawa, Sokoto, Niger, Benue and Bornu provinces, which were relatively sparsely settled and often empty. In the south-eastern region, a central zone comprising the provinces of Onitsha and Ogoja had experienced similar outflows to a less developed periphery comprising Benue, Owerri and Calabar provinces. Only in the south-western region had migration tended to flow in an opposite direction, that is, from areas of low income per head in the provinces of Abeokuta, Oyo, Ilorin, Kabba, Delta and Benin, to areas of high income per head in Ondo, Ibadan, Ijebu and Colony provinces, where the economy was dominated by cocoa production.

While, especially in the south-western region, there had been a considerable urbanism since the end of the First World War—in the sense of people living at a relatively high density in relatively large, permanent settlements—there had been little urbanization—in the sense of a significant, permanent shift of the country's population from rural areas to such settlements. Mabogunje's general conclusions[3] are that, throughout the colonial period, Nigerian towns had remained basically trading and commercial centres; in the northern and south-western regions they had also remained centres of dwindling traditional crafts. Where they had grown in size, they had offered increasing opportunities for non-agricultural activities, but growth had not been ubiquitous. A readjustment of economic roles had been proceeding, resulting in migration to settlements located on the new rail and road networks, and along the coast and navigable reaches of major rivers. This readjustment had reflected a reorientation of trade initiated by the colonial régime, and had diminished the economic role of large traditional centres. In general, therefore, a substantial, overall urbanization of the country's population had not occurred.

[1] Ibid.
[2] Mabogunje, 1970, p. 255 ff.
[3] Mabogunje, 1968, p. 137 ff.

Migration, urbanization, and national development 285

Although the migrant population of Nigeria probably totalled about 1·5 million people at the time of the 1952–3 census,[1] it followed that during the previous thirty years most population movements had been rural-to-rural in nature.[2] A comparison of the 1952–3 census returns and population estimates made in 1921 yields a growth-rate of approximately 1·8% per annum for the population as a whole. Over the same period, the best estimate for Ibadan (which, with a census population of about 460,000 persons in 1952–3, was then the largest town in Nigeria) is a growth-rate of 2·1% per annum. Kano (with a population of 131,316 in 1952–3) had most probably experienced a comparable rate of expansion,[3] and both towns thus appear to have owed much more of their growth to natural increase than to in-migration. Of the other towns having more than 100,000 inhabitants in 1952–3, only Lagos may definitely be said to have experienced a tangible degree of urbanization.[4] Accounting for 267,407 persons in the 1952–3 census, its population had risen at a rate of 3·3% per annum since 1921. Even so, this rate was slightly less than twice the national growth-rate.

In spite of the facts that, prior to 1952, all census statistics were estimates outside Lagos, that unusual features of urbanism in Yorubaland still prevent a clear distinction between urban and rural populations,[5] and that Mabogunje's work on migration refers only to the census returns of 1952–3, it is, nevertheless, clear that migration in Nigeria during the first half of the twentieth century was essentially colonizing in nature. The principal population movements took place from more developed to less developed areas of an agricultural country possessing vast and virtually uninhabited tracts of virgin land. Urbanization was not a dominant feature of these movements which, whether permanent or seasonal, were primarily rural-to-rural in character.

---

[1] Estimated. Mabogunje gives a possible total of 1,378,190 (1970, p. 250).
[2] See Grove, op. cit.; Green and Fair, 1962, pp. 30–6, and authorities quoted therein.
[3] Mabogunje, 1968, pp. 160–2 and Fig. 17.
[4] Although urbanization in Oshogbo cannot be ruled out (see Green and Fair, op. cit., p. 17, Table 1).
[5] Mabogunje, op. cit., pp. 198–9; Lloyd, op. cit.; Milone, op. cit., pp. 3–6. Yorubaland may be equated with Western Nigeria.

MIGRATION: THE URBANIZING PHASE

Between the censuses of 1952–3 and 1963, a remarkable urban revolution swiftly transformed the character and magnitude of migration in Nigeria. Foreshadowed in Lagos where, between censuses of 1950 and 1952–3, a population growth-rate of 5·5% per annum was recorded, this transformation was intimately connected with the economic impact of the Second World War. Allied demands for primary products of strategic value greatly stimulated the production and export of cash crops, and their marketing and transportation. Between 1936 and 1953, the value of Nigerian exports rose by 771% from £15·5 million to £135 million.[1] They consisted overwhelmingly of cocoa, groundnuts, palm oil and palm kernels.

At the same time, the rate of growth in the country's population accelerated appreciably. From an estimated 1·8% per annum between 1921 and 1952, it rose to an estimated 2% per annum at the time of the 1952–3 census.[2] This rate was subsequently considered to be too low, however, and Government statisticians began to use a growth-rate of 2·5% per annum when estimating population after 1963. By contrast, Eke[3] has calculated the average rate of growth in the inter-censal period to lie between 2·6% and 2·8% per annum, Okonjo[4] has supported the latter rate, Caldwell[5] has suggested rates rising from 2·5% per annum in 1952–3 to 2·8% in 1963, and, for national and regional planning purposes, I myself have found good grounds for assuming an average rate of 2·8% per annum *throughout* such period.[6] On this assumption, the nation's annual population growth-rate rose by 56% after 1952, and an analysis of census data reveals that, in the next fifteen years, a massive rural-to-urban shift of this rapidly expanding population accounted for an estimated net migration of at least 1·5 million persons into three core-areas alone.

It is acknowledged that serious deficiencies exist in the census

---

[1] Green and Fair, op. cit., p. 6.
[2] A growth-rate of 2% per annum was used to adjust census returns taken in 1952 with those taken in 1953.
[3] Eke, 1966.
[4] Okonjo, 1968.
[5] Caldwell, n.d.
[6] Green, 1969a, pp. 12–14.

data of 1952, 1962 and 1963. These deficiencies have been well exposed by many enquiries, and, in efforts to produce data for national and regional planning, members of the Physical Planning Research Division of the Nigerian Institute of Social and Economic Research have been especially concerned with them since 1968.[1] The Division's work in this field is briefly outlined in the reference notes at the end of this paper.[2] The work is not yet completed, but it is sufficiently advanced to provide a realistic picture of the major demographic changes occurring between 1952 through 1963 to 1967, and even beyond 1967. A series of population models has been developed for these years which undoubtedly confirms the fundamental nature of the changes taking place in the pace and pattern of migration since 1952.

In the present paper, attention is focused on major movements of population derived from the models which appear to have differed significantly from those characterizing the colonization phase. It is necessary to observe, therefore, that the models do continue to indicate substantial rural-to-rural migrations, examples of which are given in the reference notes.[3] Nevertheless, in spite of these movements of possibly 500,000 persons in only eleven years, which probably indicate a sharp rise in the rate of such type of migration, rural-to-urban movements appear to have been at least three times as great. Indeed, the most fundamental research results are the identification of three urbanizing core-areas of high population increase which now constitute the three major growth poles of national development. These comprise (i) in the south-west, the port-city, Federal capital and industrial complex of Metropolitan Lagos, which is the commercial and transport hub of Nigeria; (ii) in the north, a central close-settled zone focused on the cities of Kano, Zaria and Kaduna, which includes the administrative, commercial, manufacturing and transport nodes of northern Nigeria, and in its rural parts is intensively farmed for market and cash-crop production; and (iii) in the south-east, a network of urban places, well knit together by road, rail and river communications, dominated by Port Harcourt, Onitsha, Aba and

[1] See, for instance, Green and Milone, op. cit.
[2] See Reference Note 1, p. 296.
[3] See Reference Note 2, p. 298.

Enugu, and again primarily industrial, commercial and administrative in character.

Between 1952 and 1963, the population models show Lagos city to have grown at a rate of over 8·6% per annum to a population of 665,246 persons, and to have overflowed its boundaries to form a metropolitan complex of 1,089,868 persons,[1] growing at a rate of 11·5% per annum. In the north, the population of Kano rose from 131,316 to 295,432 persons, at a rate of 7·6% per annum. Kaduna grew from 42,647 to an estimated 129,133 persons,[2] at an even higher rate of 10·6% per annum. Situated between them, Zaria expanded more slowly from 92,434 to 166,170 persons, at a rate of 5·5% per annum. If an outlying eastward extension around Jos is included, the urban population of the central core-area of northern Nigeria grew to 685,186 persons at a combined rate of 7·6% per annum. In the southeast, according to the census returns of 1963, Port Harcourt grew from 59,548 to 179,565 persons at a rate of 10·5% per annum, Aba from 58,251 to 131,003 persons at a rate of 7·6% per annum, Enugu from 63,212 to 138,457 persons at a rate of 7·4% per annum, and Onitsha from 77,087 to 163,032 persons at a rate of 7·0% per annum. These complementary urban centres thus accounted for 616,110 persons by 1963, and had grown at a combined rate of 8·2% per annum since 1952.

Elsewhere in Nigeria, migration accelerated to provincial capitals and to towns located in the eastern parts of the western Nigerian cocoa belt. Although Ibadan grew to only 635,011 persons at a relatively slow rate of just under 3·0% per annum, Maiduguri increased by 4·8% per annum, Ilorin by an estimated 4·0%, Katsina by 5·0%, Sokoto by 5·9%, Benin by 5·8% and Calabar by 4·5%. Allowing for census errors, there is good reason to hold that this category of towns at least grew at rates of between 4% and 5% per annum. In the result, by 1963 a hierarchical pattern of urbanization had emerged, which the models show to have been firmly consolidated by 1967. Today, at the apex of the hierarchy stands Metropolitan Lagos, with an urban population expanding at not less than

---

[1] On the basis of Mabogunje's statistics, 1968, pp. 267–71.

[2] If the population of the Kaduna capital territory is estimated in the manner used to estimate provincial totals in the population models. The 1963 census gives a total of 140,000 persons.

Migration, urbanization, and national development

four times the national rate of growth. Second in rank come the core-areas of northern and south-eastern Nigeria, with urban populations expanding at about three times the national rate of growth. Third in rank follow provincial capitals and other locally important towns with urban populations expanding at approximately twice the national rate of growth.[1]

Necessarily, these rates of urbanization have been sustained only by massive in-migration. The models indicate that between 1952 and 1963, 644,000 persons migrated to Metropolitan Lagos at a rate of nearly 59,000 a year. Of these, nearly 510,000 (or 79%) are estimated to have been members of the Western ethnic group[2] and to have originated from the former Western region, especially from the surrounding Colony province and the southern divisions of Abeokuta and Ijebu provinces. Over 106,000 (or 16%) are estimated to have been members of the Eastern group[3] migrating from the former Eastern region and essentially from the Ibo-speaking areas; over 23,000 (or 4%) are credited to the mid-western group[4] and region, especially Benin and Urhobo divisions; and over 6,000 (or 1%) are accounted for by members of the Northern group[5] originating from the former Northern region, chiefly, it seems, from the close-settle zone of Kano–Zaria–Kaduna, and for commercial purposes. From several local studies,[6] there is good reason to believe that the great majority of the in-migrants have been

---

[1] If the national growth-rate is estimated at 3% per annum after 1967.

[2] Defined as consisting of all Yoruba-speaking persons, including the Egun and Keta enumerated separately in Egbado and Badagry divisions by the 1952–3 census.

[3] Defined as consisting of the Ibo, Ibibio, Ijaw, Efik, Annang, Ekoi, Ogoni, Andoni, Yalla, Ukelle, Elemea, and Ejgham, in so far as they are indentifiable in the censuses.

[4] Defined as consisting of the Urhobo, Itsekiri, Iba, Edo and Isoko, in so far as they are identifiable in the censuses.

[5] Defined as consisting of the Hausa, Fulani, Kanuri, Nupe, Tiv, Idoma, Igala, Igbirra, Gwari, Mumuye, Alago, Higgi, Jaki, Bura, Chamba, Shuwa Arab (Ashuwa), Kaje, Jari, Kambari, Eggon, Kobehi, Angas, Karekare, Birom, Yergam and other peoples shown by the censuses as belonging in the majority to the former Northern region, in so far as they are identifiable in the censuses.

[6] Such as that of the Otta-Ifo-Ilaro area of southern Abeokuta province made by an ILO team (ILO Pilot Project for Rural Employment in the Western State, Ibadan, 1966 onwards); of the employees of a major beer factory in Ikeja, Metropolitan Lagos (which yielded an average age of twenty-seven years and an average family of between three and four persons); and of the Western State made personally in the field by Milone and myself in 1966 for regional planning purposes.

young, falling into the fifteen to thirty years old age-group, and either single or relatively newly married. While distance from Lagos (as in the case of western Nigeria) and pressure of population upon land resources (as in the case of eastern Nigeria) do appear to have played important roles in the origins and magnitudes of these movements, cultural factors affecting mobility have undoubtedly been involved. For example, the Ibo State Union certainly assisted and organized the massive out-migration of Ibo-speaking persons from the former Eastern region.[1]

In northern Nigeria, the models compute a net in-migration from the south between 1952 and 1963 of 124,989 persons having the following broad destinations: (i) a central core-area (of Kano, Zaria and Jos divisions, and Kaduna capital territory), which accounted for 54% of the in-migrants; (ii) a surrounding belt peripheral to the core-area which accounted for a further 41% of the in-migrants; and (iii) extensive fringe areas to the north, east and west of the peripheral belt which accounted for only 5%, and in some cases recorded no net in-migration at all. Of these in-migrants, 110,742 are computed to have originated from the former Eastern region, and to have consisted overwhelmingly of Ibo-speaking persons. Commercial, industrial, and mining destinations in the core-area accounted for a little over 50% of their inflow. The rest were destined for rural areas lying mainly between the core-area and southern Nigeria.

During the same period, intra-regional migration within northern Nigeria is computed to have added 67,653 persons net to the inflow into the central core-area (less Jos). And within the core-area itself, the models indicate a further net movement of 100,116 people from the rural areas of Kano, Zaria and Jos divisions to the three main cities of Kano, Zaria and Kaduna. Of the total number of 167,689 persons thus indicated as moving from within northern Nigeria to these three cities, nearly 60% originated from within the central core-area, and local divisional reports and planning surveys have commented on the low average age of these migrants.[2]

---

[1] By 1960 the Ibo State Union had 56 branches in Western Nigeria, 74 in Eastern Nigeria, 94 in Northern Nigeria, 26 in Cameroon and 15 in Ghana. See Nzimiro, 1965.

[2] Cf. Principal Agricultural Officer, *Provincial Stock-Taking Report, Katsina Province, 1969–74* (Kaduna: Ministry of Agriculture, Northern Region, 1966, unpublished); Trevallion, 1963; Lock, 1967.

Thus, apart from continuing rural-to-rural movements of Fulani/Hausa-speaking people, which the models cannot quantify, urbanization exerted a strong influence on migration in northern Nigeria between 1952 and 1963, and factors very similar to those operating in the case of Metropolitan Lagos characterized the major movements. Organized migration from the Ibo heartland to ensure a reverse flow of foodstuffs through Onitsha and other eastern markets, and to secure urban employment in the fastest developing northern city, was reflected in (i) the substantial migration of Ibo-speaking persons to nearby rural areas in the southern divisions of the former Northern region, and (ii) the fact that over 19% of the in-migrants to the city of Kaduna originated from the former Eastern region (as against under 13% in Kano and under 10% in Zaria). Moreover, the 'pull' of the three principal urban areas was most strongly felt in the surrounding rural portions of not only the central core-area but of the contiguous peripheral belt as well. Even in the case of Kaduna, 68% of its Northern in-migrants came from these combined areas;[1] and the models compute an overall proportion of 78% (i.e. nearly 60% from the core-area less Jos, and a little over 18% from the peripheral belt).

By contrast, accepting the 1963 census returns in the instances of Port Harcourt, Onitsha, Enugu and Aba, by far the great majority of the 262,000 migrants to their urban areas between 1952 and 1963 originated from the rural areas of Iboland, or what is now the East Central State. Indeed, any long-distance in-migration from the rest of Nigeria was more than offset by an inter-regional out-migration of mainly Ibo-speaking persons, resulting in an estimated net outflow of some 630,000 persons[2] from eastern Nigeria during this period. In principle, Nzimiro[3] has substantiated these findings, observing that migration to urban areas had become the salient feature of Ibo geographical

[1] Lock, ibid.

[2] 536,000, if an apparent influx of Ijaw-speaking persons from the former Eastern region into the former Mid-Western region is omitted because of doubtful census data.

[3] Nzimiro, op. cit. He cites as local reasons for such movements (i) land hunger, particularly around Onitsha, Awka, Okigwi and Orlu; (ii) a dearth of fertile land, as among the Nnewi near Onitsha; (iii) rising costs of farming, as in the Oguta area where 41% of the inhabitants of five villages had migrated; and (iv) a desire among the 'educated élite' to seek new occupations in public administration, industry and commerce.

mobility by 1965, although, undoubtedly, a large migration to new farmlands had continued to be another major characteristic.

Between 1963 and 1967, the trends in migration obtaining during the previous decade undoubtedly persisted and the rate of urbanization rose in at least the three major population growth poles. The models indicate that, all told, between 1952 and 1967 townward migration most probably accounted for between 6% and 8% of the country's rural population recorded in the 1952–3 census. In only fifteen years, the proportion of Nigerians living in settlements of at least 5,000 inhabitants had risen from 19% to a conservative estimate of 25%, or by about one-third.

DISPARITIES IN DEVELOPMENT: THEIR PLANNING IMPLICATIONS

These fundamental changes in the growth and distribution of Nigeria's population have been associated with equally fundamental changes in the fields of industry, commerce, transport and administration. Between 1958 and 1966, the sectors of the economy in which the rate of growth in gross domestic product fell below the overall national growth-rate of 5·6% per annum, were those of agriculture (3·3% per annum) and general government (3·3% per annum). By contrast, oil production (over 35%), manufacturing (9·4%), electricity and water supplies (18·2%), transport (5·5%) and distribution (5·8%) each equalled or surpassed the national average, as did education (9·2%) and health services (11·1%).[1] Moreover, in spite of the relatively slow growth of the agricultural sector as a whole, the export of cocoa and groundnut products increased in value by 9% per annum, and the gross domestic product of the fishing industry rose by over 10% per annum.[2]

Disparity in growth from sector to sector of the economy, however, measures only one dimension of the changes that have occurred. Of far more significance for migration is the spatial dimension. Investment in marketing, transport and export services associated with cash-crop production has gravitated overwhelmingly to the three core-areas. Investment in manu-

[1] For these estimates, see Akiwowo et al., 1969.
[2] Ibid.

facturing industries has been attracted to the same centres, for marketing, transport, employment and political reasons. Investment in the oil industry has been limited to the Port Harcourt area, and to the Warri area in mid-western Nigeria, largely for geological reasons.

At the beginning of the Second World War, virtually all industrial plants of any importance had been raw-material oriented, with their location determined mainly by geology or climate. By 1965, less than 30% could be regarded as falling within this category; the great majority were by now market-oriented in their location. Thus, 32% of Nigeria's total manufacturing plants were concentrated in Metropolitan Lagos and some 48% were accounted for by the core-areas of northern and eastern Nigeria.[1] Since 1965, 50% of all new industrial investment (outside eastern Nigeria) has been located in Metropolitan Lagos and 25% in the Kano–Zaria–Kaduna zone.[2] In commerce, whereas in 1958 only 19% of the trade by road between northern and western Nigeria (including Lagos) had originated from Kano and only 19% had ended in Lagos, by 1964 as much as 39% began in Kano and 71% was destined for Lagos.[3] In eastern Nigeria, by 1963 Port Harcourt (36%), Aba (25%), Enugu (19%) and Onitsha (18%) together accounted for 97% of all registered businesses.[4] Generally speaking, during the last two decades the growth sectors of the economy have tended to be characterized by a progressive concentration of activities in certain nodal areas which have also been the principal seats of government.

These spatial disparities in development, and the waves of migration accompanying their growth, have resulted in a rapidly rising urban congestion on the one hand, and rural depopulation on the other. In Metropolitan Lagos, chaotic traffic conditions have now become endemic; demands on the water supply have begun to outstrip its maximum capacity; power cuts have become chronic as industrial and domestic requirements have escalated; public transport has been inundated; port facilities have been stretched to their limits; the congestion

[1] Aboyade, 1968.
[2] Private communication from Dr. L. H. Schatzl, NISER.
[3] Hay and Smith, 1970.
[4] Official figures quoted by Ukwu, 1965.

of housing and land uses has visibly worsened; and the city government has threatened to seize up among charges of corruption, mismanagement and financial incompetence. Moreover, although employment opportunities have multiplied, there is no doubt that thousands of young in-migrants have been unable to find work, and the potential for civil disturbance has increased.[1]

In the rural hinterland of Lagos, an estimated exodus of over 750,000 people from western Nigeria to the metropolitan area between 1952 and 1967 has undoubtedly exerted a depressing effect upon population growth-rates, the rural economy and revenue-producing capacity. In the southern districts of Abeokuta and Ijebu provinces, and in Colony province, the average age of the rural population has risen[2] and numbers have become stationary and even declined, in spite of a normally high rate of natural increase. Some districts are marked by derelict oil mills, empty houses, broken bridges and deteriorating roads.[3] In 1971, the Western State's financial position was described as 'most unsatisfactory' by the Military Governor, with public expenditure rising against income since 1968 and a deficit of nearly £3 million being incurred in the capital estimates for 1970/1.

In northern Nigeria, four States which have become net exporters of population face similar financial problems. By contrast, Kano and North-Central States, which together embrace the central core-area (excluding Jos), are financially strong, net importers of population and enjoy diversifying economic bases. Even so, because of in-migration, Kano, Zaria and Kaduna cities have begun to experience urban problems similar to those already occurring in Lagos. Lacking the educational facilities of the latter, they are faced with serious shortages of skilled manpower, in spite of their large pools of unemployed in-migrants. Lacking tax bases geared to their sharply-rising demands for social services, they face the probability of a deterioration in physical and social conditions. Meanwhile, migration to this

[1] This description of Lagos is based on Green, 1971*b*, pp. 12 and 13.
[2] Relevant statistics are given in several reports of the ILO Pilot Project for Rural Employment in the Western State, Ibadan, 1966 onwards.
[3] See reports of the ILO Pilot Project for Rural Employment in the Western State, Ibadan, 1966 onwards. Field surveys by Milone and myself made in 1966 for regional planning purposes confirm these reports.

growth pole has exerted a depressing impact on growth-rates in the rural districts of Zaria, Kano and Katsina divisions, and especially in the two latter divisions, which have lost many thousands of their younger people.

The causes of these interrelated repercussions and widening disparities in development from area to area have received scant attention in economic planning, which has been focused much more on sectoral than spatial growth. Indeed, since 1960 the investment programmes of the national and regional (or state) governments have tended to exacerbate the disparities and their consequences, partly because of lack of knowledge about the extent and nature of migration and the urban revolution, and partly because, until recently, disciplinary boundaries have virtually eliminated from orthodox economics most of the fields of spatial analysis and urbanization.[1]

For example, the first Nigerian National Development Plan (1962–8) contained no national strategy for urban and regional development; it omitted any analysis of the process of urbanization under way since at least 1952; and it made no assessment of the consequences of its sectoral investment decisions area by area and in terms of migration, urbanization and rural depopulation. In spite of including a section on physical planning, with the declared purpose of promoting 'even development' from area to area, the Second National Development Plan (1970–4) also contains no articulate strategy of urbanization, regional growth or migration. Moreover, investment decisions in the industrial, transport, power and water supply sectors are to be guided in their location by economic considerations which strongly imply a further stimulus to the concentration of development in the major growth poles.

These circumstances call urgently for an infusion into national and state policies of the concepts and techniques of urban and regional planning. The aims of this type of planning may be summarized as follows: (i) to establish the nature, location and dimensions of the changes now taking place in the development of the rural and urban areas of Nigeria, with emphasis on the spatial aspects of such changes; (ii) to identify the problems of development being thrown up by these changes,

[1] See, re urban economics, Thompson, 1965, p. v; re spatial analysis, Tinbergen, 1968, p. 73 ff.

especially in regard to their location, their repercussions on the country's expanding physical framework of cities, towns and villages and interconnecting road and rail networks, and their implications for the rapidly growing movement of people and goods from place to place; and (iii) to formulate possible public policies in regard to the future location of investment in economic activities, urban and rural infrastructure, communication networks and the like, which are designed to attack such problems where and as they arise, and before they become serious threats to national, regional or local interests.

To emphasize a present need for planning of this kind is not to deny the continued importance of economic planning. The objective of public planning is to assist human development towards the more effective achievement of its goals, that is, to assist such development to become better organized in their pursuit. Whether, at any particular time, emphasis is to be placed on economic, social, physical, political, sectoral, spatial or other aspects of the organization of man and his environment, or on a combination of some of these aspects, and whether immediate or long-term problems are to be emphasized, depends upon analysis of the total current situation. In Nigeria today, analysis clearly shows that, in public planning, much greater emphasis now needs to be placed on long-term spatial and physical aspects of development, and on long-term problems of migration, urbanization and rural depopulation.

REFERENCE NOTES

1. Research has been undertaken in two directions. On the one hand, it has been undertaken by myself 'downwards' from the national level through the regional to the provincial and divisional levels. Population models for 1952 and 1963 have been prepared on the general basis of the 1952–3 census, and within the framework of assumptions about this census and that of 1963 which, on the basis of tax returns and past and present enquiries made by various research workers in various disciplines and institutions for various purposes, may be judged to be realistic (subject to their modification where further analysis or research strongly suggests the contrary). Incorporating the findings of these enquiries, and census material considered by authoritative persons to be usable (whether modified or unmodified), this re-

Migration, urbanization, and national development 297

search has produced population estimates for national and regional planning for Nigeria as a whole, for the four former administrative regions, and for nine of the present twelve states, covering the period from 1952 through 1963 to 1967 (except in the case of the Mid-Western region and State, where census problems limit the models to the period from 1952 to 1963). The research has been particularly concerned with rates of growth and movements of the population on a spatial basis, as an indication of contrasting rates of development according to areas of the economy instead of according to its sectors.

On the other hand, Milone has undertaken research 'upwards' from individual dwellings and settlements to district (and thus divisional) areas, but only for western Nigeria (including Lagos) as of 1963, through lack of sufficiently comprehensive data elsewhere and because the methods used are necessarily extremely time-consuming. All settlements and individual dwellings shown on a new series of 1 : 50,000 topographical maps prepared from air photographs taken at a scale of 1 : 40,000, have been counted and compiled according to districts, and the developed area of each settlement has been measured. Formulae have then been determined relating developed area and population, making allowance for variations in building densities revealed by Federal housing surveys of Lagos and Ibadan, and by the 1 : 40,000 air photographs. In the larger settlements, however, the air photographs have not permitted the differentiation of individual dwellings from the built-up mass. Fortunately, thirty-four towns have been photographed from the air at scales from 1 : 4,800 to 1 : 12,000. Counts have been made of all dwellings in these towns according to size, and sample surveys have been undertaken in other settlements. From these photographs and surveys, and by reference to other research studies, estimates have been made of the number of habitable rooms in each size of dwelling, and of the average number of persons occupying each habitable room, in order to calculate the population of each of the larger settlements on the basis of the number of dwellings and their size. This exercise has also assisted in determining the formulae relating developed area and population.

The preliminary result of this second method of estimation is a median total population for the former Western region of

Nigeria in 1963 of 7·5 million people. This total is only 6% greater than a preliminary estimate of 7·04 million arrived at by the first method, and is thus an indication of the latter's utility for at least the Western and Lagos States (if not the Mid-Western State). Although Milone's research has not been extended to other parts of Nigeria for the reason given, so that a similar check is not available in their cases, the estimates arrived at by the first method have in fact been rigorously compared with the annual district returns of population compiled for local taxation purposes in the former Northern region, with local surveys made for town-planning purposes in Kano and Kaduna, and with the results of all known local research studies undertaken in northern Nigeria for various academic reasons. The estimates arrived at for 1963 are fully compatible with the data of these returns, surveys and research studies. Thus, while the population models upon which estimates for 1963, 1967 and post-1967 have been based stand to be modified (if necessary) in the light of further research, they may claim to produce results which are entirely reasonable in the light of available knowledge.

2. Between 1952 and 1963, well over 57,000 people of Mid-Western group origin are computed to have moved from Benin, Urhobo and Ishan divisions of the former Mid-Western region to Ondo, Owo and Ekiti divisions of the former Western region, which comprised the expanding portion of the cocoa-belt. Making every allowance for census inaccuracies, it must still be concluded that this period witnessed a further colonizing wave of in-migrants from the former Eastern region. Fanning out westwards and south-westwards from bases previously established in Asaba and Aboh divisions into Urhobo, Warri and Benin divisions, on the most conservative estimate this continuing surge of migration into the former Mid-Western region accounted for nearly 188,000 persons, almost all of whom were Ibo-speakers whose land hunger in their home areas has been well established and whose destinations were mainly rural.

There is every indication, too, of nearly 55,500 Tiv-speaking persons moving between 1952 and 1963 from Tiv division of the former Northern region into mainly the rural areas of Lafia, Wukari, Idoma, Lowland and Muri divisions in the same region; of over 30,000 Igbirra-speakers migrating for farming purposes from Igbirra division of the former Northern region into mainly Afenmae division of the former Mid-Western region and Ekiti and Owo divisions of the former Western region; of nearly 44,000 Kanuri-speakers moving within the former Northern region from Bornu and Dikwa divisions into mainly Bauchi, Gombe, Kano Northern, Bedde and Lafia divisions, for what can only have been rural activities; and, in the same region, of nearly 17,000 Nupe-speakers leaving Bida division for mainly Abuja and Kontagora divisions, where no large towns exist. At the same time, many thousands of Hausa-speaking people undoubtedly continued to migrate from Sokoto division for agricultural and trading purposes to Gombe, Bauchi and Kontagora divisions, both seasonally and permanently, although the population models fail to compute these numbers with sufficient degree of accuracy to suggest their actual magnitude.

REFERENCES

Aboyade, O.
  (1968) Industrial location and development policy: the Nigerian case, *The Nigerian Journal of Economic and Social Studies*, X, 3, November.
Akiwowo, A. A. et al.
  (1969) Economic and social survey 1958 to 1968, *Proceedings*, Conference on National Reconstruction and Development in Nigeria (Ibadan, N.I.S.E.R., March 1969).
Caldwell, J. C.
  (n.d.) *The Population outlook in Nigeria* (Ife University Demographic Unit).
Eke, I. I. U.
  (1966) Population of Nigeria: 1952–63, *Nigerian Journal of Economic and Social Studies*, VIII, 2, July.
Green, Leslie
  (1969a) *Nigeria: population models for national and regional planning, 1952–67*. Ibadan: N.I.S.E.R.
  (1969b) *Lagos State: population models for national and regional planning, 1952–67*. Ibadan: N.I.S.E.R.
  (1970) *Northern Nigeria: population models for national and regional planning, 1952–67*. Ibadan: N.I.S.E.R.
  (1971a) *Mid-Western Nigeria: population models for national and regional planning, 1952–63*. Ibadan: N.I.S.E.R.

(1971b) *Urban and regional planning in Nigeria.* Ibadan: N.I.S.E.R., May 1971.

Green, L. P. and Fair, T. J. D.
   (1962) *Development in Africa.* Johannesburg: Witwatersrand University Press.

Grove, A. T.
   (1961) Population densities and agriculture in Northern Nigeria, in Barbour, K. M. and Prothero, R. M. (eds.), *Essays on African Population.* London: Oxford University Press.

Hay, A. and Smith, R.
   (1970) *Inter-regional trade and money flows in Nigeria, 1964.* Ibadan: N.I.S.E.R.

Lloyd, P. C.
   (1963) *Yoruba land law.* London: Oxford University Press.

Lock, Max
   (1967) *Kaduna—1917, 1967, 2017: a survey and plan of the capital territory for the government of Northern Nigeria.* London.

Mabogunje, A. L.
   (1968) *Urbanization in Nigeria.* London: University of London Press.
   (1970) Migration policy and regional development in Nigeria, *The Nigerian Journal of Social and Economic Studies*, XII, 2, July.

Milone, V. M.
   (n.d.) Western Nigeria: population models for settlements and districts. Ibadan: N.I.S.E.R. (unfinished).

Nzimiro, I.
   (1965) A study of mobility among the Ibos of Southern Nigeria, *International Journal of Comparative Sociology*, VI, 1, March.

Okonjo, C.
   (1968) A preliminary medium estimate of the 1962 mid-year population of Nigeria, in Caldwell, J. C. and Okonjo, C. (eds.), *The Population of Tropical Africa.* London.

Prothero, R. M.
   (1958) *Migrant labour from Sokoto Province, Northern Nigeria.* Kaduna.

Thompson, W. R.
   (1965) *A preface to urban economics.* Baltimore: Johns Hopkins Press.

Tinbergen, J.
   (1968) Links between national planning and town and country planning, *Urbanization in Developing Countries.* The Hague: International Union of Local Authorities.

Trevallion, B. A. W.
   (1963) *Metropolitan Kano: report on the twenty-year development plan, 1963–1983.* London.

Udo, R. K.
  (1970) Implications of the pattern of internal migrations for rural planning in Nigeria, *Nigerian Opinion*, VI, 5–7, July.

Ukwu, U. I.
  (1965) Markets in Iboland, Eastern Nigeria. University of Cambridge, unpublished Ph.D. thesis.

Résumé

MIGRATION, URBANISATION ET DEVELOPPEMENT NATIONAL AU NIGERIA

Depuis la fin de la Deuxième Guerre Mondiale, le Nigéria traverse une période de transition accélérée de la phase coloniale de migration a une phase qui se caractérise de plus en plus par l'urbanisation. Cette transition a été accompagnée de courants migratoires sans précédent en Afrique de par leur rythme et leur ampleur; d'un dépeuplement accéléré de vastes régions rurales; de l'apparition de graves problèmes posés par l'urbanisation rapide des villes principales; et de la création d'une hiérarchie urbaine nouvelle qui restera le cadre fondamental de la croissance nationale pendant nombre d'années à venir. Cette transition a été associée à un déplacement croissant d'investissements, d'emplois et de la production du secteur agricole vers les secteurs industriel, commercial et de transport de l'économie et, au sein même de l'agriculture, vers la production agricole marchande et la pêche. La disparité du progrès économique s'est accrue d'une zone à l'autre, ce qui a entraîné une aggravation des problèmes naissants du développement national, régional et local.

Outre les mouvements saisonniers, avant 1952, au Nigéria — pays où les terres inoccupées étaient abondantes et où l'agriculture de subsistance occupait la quasi-totalité de l'économie — la migration était en général caractérisée par des mouvements de population portant des zones aux revenus par habitant relativement élevés, vers les zones à faibles revenus par habitant. Il en est résulté un déplacement net des régions du Sud plus développées vers les régions du Nord moins développées. Dans la région Nord, l'accroissement démographique a été depuis 1910 une caractéristique des régions rurales plutôt que des régions urbaines. La migration avait tendance à intervenir entre une zone centrale développée et des régions périphériques moins développées, qui étaient relativement sous-peuplées et souvent non-peuplées. Dans la région du sudest, une zone centrale a connu un exode semblable vers une périphérie moins développée. Ce n'est que dans la région de production cacaoyère du sud-ouest que la migration a eu tendance à intervenir dans le sens opposé, c'est-à-dire, des régions à faible revenu par habitant vers les régions à revenue par habitant élevé.

Depuis la Première Guerre Mondiale il n'y avait guère eu d'urbanisation dans le sens de migrations importantes des zones rurales vers les villes. En 1952, la population migrante totale s'élevait a environ 1,5 million de personnes et durant les trente années précédentes, les courants migratoires ont été pour la plupart orientés de campagne à campagne. Une comparaison des résultats du recensement de population de 1952-3 et des estimations de population de 1921 nous donne un taux de croissance annuel de la population globale d'environ, 1,8%. Durant la même période, l'estimation la plus optimiste du taux d'accroissement démographique annuel dans la ville Sud d'Ibadan était de 2,1%. Au Nord, l'expansion démographique de Kano n'avait pas été plus élevée et pour les deux villes la croissance démographique semble avoir été le résultat de la croissance naturelle plutôt que de l'absorption de migrants. En fait, ce n'est qu'à Lagos qu'avait été noté un degré sensible d'urbanisation, la population s'étant accrue au taux de 3,3% par an depuis 1921.

Entre les deux recensements de 1952-3 et 1963, une révolution urbaine remarquable a eu lieu. S'étant d'abord manifestée à Lagos où entre 1950 et 1952-3 on enregistrait un taux de croissance de 5,5% par an, cette révolution a été étroitement liée à l'impact économique de la Deuxième Guerre Mondiale. Elle a été suivie d'un accroissement du taux de croissance démographique qui, d'environ, 1,8% par an est passé à 2,8%; et elle s'est traduite par l'exode massif vers les villes de plus de 1,5 million de ruraux en quinze ans seulement.

Malgré les lacunes sérieuses que l'on a relevées dans les données produites par le recensement, il est possible de faire une analyse démographique réaliste de neuf au moins des douze états de la Fédération. Cette analyse montre que, en 1963, une nouvelle structure hiérarchique d'urbanisation a fait son apparition. Au sommet de cette hiérarchie se trouve la ville métropolitaine de Lagos avec une population estimée à 1,1 million d'habitants s'accroissant à un taux quatre fois supérieur au taux de croissance national estimé. Au second rang viennent les zones centrales du Nigéria du Nord (Kano—Zaria—Kaduna) et du Nigéria de l'Est (Port Harcourt—Aba—Onitsha—Enugu) avec des populations urbaines s'accroissant à un taux trois fois supérieur au taux de croissance national. Viennent au troisième rang les capitales provincials et autres villes d'importance locale dont les populations urbaines se sont accrues à un taux deux fois supérieur environ au taux de croissance national.

Il est possible de déterminer l'origine des personnes immigrant dans les trois zones centrales par grand groupe ethnique, zone administrative et volume. Bien que l'éloignement de la métropole de Lagos et la pression démographique locale sur les ressources en terres semblent avoir été les facteurs qui ont déterminé les mouvements de population vers cette zone centrale, les facteurs culturels étaient tout aussi importants (par exemple l'union de l'Etat Ibo). Et certains faits prouvent que la majorité des immigrants étaient âgés de 5 à 30 ans. Il en va de même pour le Nigéria du Nord.

Par contre, au Nigéria de l'Est, la grande majorité des personnes émigrant vers la zone centrale venait du pays Ibo (l'actuel Etat du Centre-Est). Le mouvement de population était donc, au contraire, de nature locale.

Ces changements fondamentaux de la répartition de la population du Nigéria sont intervenus parallèlement à une évolution également fondamentale de l'industrie, du commerce, des transports et de l'administration publique. Dans le secteur agricole qui continuait a être le plus important de l'économie nationale, les cultures industrielles se sont développées rapidement, ce qui a encouragé l'investissement dans la commercialisation, les transports et l'infrastructure d'exportation qui se concentraient dans les trois zones centrales. Les investissements dans l'industrie ont aussi été attirés vers les mêmes centres. Les secteurs de croissance de l'économie ont donc été caractérisés par une concentration progressive des activités dans certaines zones nodales qui se trouvaient être aussi les principales capitales administratives, ce qui a entraîné le surpeuplement des villes et le dépeuplement des campagnes.

On a peu fait cas de ces disparités grandissantes du développement dans la planification économique qui s'était concentrée sur le développement sectoriel plutôt que spatial. En fait, depuis 1960, les programmes d'investissements des gouvernements national et régional ont eu tendance à accroître ces disparités. Une telle conjoncture exige l'introduction immédiate, dans les politiques nationales et étatiques, des concepts et techniques de planification urbaine et régionale, particulièrement ceux qui sont associés aux aspects du développement.

XI

Development and in-migration in Upper Volta

JOEL W. GREGORY

INTRODUCTION

Demographic data indicate that urban areas are growing more rapidly than rural areas in the whole of West Africa. While this tendency is especially pronounced in some of the coastal countries, the same phenomenon can be observed in the interior. This urban growth is the result of two factors: (1) the natural increase in the present and expanding urban population, and (2) in-migration to the cities from rural areas. The second factor accounts for most of the difference between rates of urban population growth and rates of rural population growth.

A rate of urban growth which far surpasses the overall demographic growth of a region poses many challenges for development policy. Conventionally, internal migration has been viewed as a phenomenon by which the labour force moves itself from one sector or region to another. This is seen as a 'natural' response to changing economic conditions. This explanation merits reconsideration. Perhaps in-migration should be studied as the responses of West Africans (and other 'developing' peoples) to the introduction of foreign institutions and values. This is not to imply that in-migration is necessarily 'irrational' or 'bad'. Yet to the extent that some foreign institutions and values do not serve the needs of West African development, then 'natural' responses to those institutions and values retard genuine development.

Immediately we are obliged to ask the question, 'what is genuine development?' In particular we would like to know the implications of rapid urbanization[1] in relation to genuine development.

In terms of urbanization, there seem to be two types of development which are currently advocated. The first, and more dominant, is a form of development based on industrial and urban agglomerations. The economic benefits to be reaped from the economies of scale, the economies of agglomeration, and the economies of location are enormous. These benefits frequently dictate an urbanizing development policy (either conscious or unconscious, centrally-planned or non-centrally planned). The urbanizing pattern of development has been particularly successful in generating growth of national income.

If growth of national income is the primary goal of development, an urbanizing policy would appear to be rational. Indeed, the need for such a policy is seldom articulated because the logical force of the various 'economies of urbanization' is so strong that an urbanizing tendency seems to exist wherever mankind is trying to increase his income (through private or public entrepreneurship).

All this, of course, means that in-migration from rural areas to cities is a logical and necessary ingredient in development. The population both as a labour force and as a market, is rationally concentrated rather than dispersed.

The validity of this conventional pattern of 'development' for West Africa is yet to be totally understood. Even if growth of the national income is the primary goal of development, are all countries well served by an urbanizing policy? Perhaps the majority of increases in national income in West Africa in the past ten to fifteen years have come from the urban sector. But is this increase primarily an increase in the wealth of African nations or an increase in the wealth of foreign interests (public and private)?

Concern about this question, basically a question as to the extent of imperialistic and neo-colonialist interests, helped spawn a second, alternative model of development, based more heavily on a rural strategy.

There are at least two justifications for a rural-based develop-

---

[1] Urbanization is used in a demographic sense in this paper; 'rapid urbanization' meaning a rapid increase in the proportion of a country's population which lives in urban areas.

ment strategy. First, it may well be that the economic rationality of an urbanizing strategy depends on the existence of poorer regions, which serve as markets for manufactured goods, as well as providing natural resources which cannot be produced more cheaply by the rich regions. Essentially, this argument assumes that the view of the world as an economic system dominated by rich regions behaving in an imperialistic fashion is a correct view. In strictly economic terms, therefore, the urbanization of West African countries (and other regions which are poor) may only serve to increase the wealth of those regions which are already rich. An urban class is necessary in order to create a market for the manufactured goods of the rich regions and to run the economic and political institutions which provide a stable and reasonably efficient atmosphere for foreign economic activity.[1]

A second, or alternative justification for a rural-based development strategy, is the goal of equity. Even if an urbanizing strategy of development is economically rational—which, as we have seen, is debatable—it leads to greater inequity. In particular, economic benefits and political power are concentrated overwhelmingly in urban areas. Meanwhile, rural areas provide cheap agricultural goods and raw materials which are exported with little profit being returned to rural areas in the form of money, goods or services. Even if an urbanizing strategy provides substantial increases in indigenous wealth (which is probably rarely the case), increases in wealth would be disproportionately in the hands of an urban elite. Such an increase in wealth cannot easily be called development when the urban elite are a small minority of an urban population which itself accounts for only 5, 10 or 20% of a country's population.

Rural–urban migration, in this context, takes on an entirely different meaning. Instead of providing the labour force and the market for an increase in national wealth, rural–urban migration provides the labour and the market for an increase in foreign wealth. Instead of sharing in the wealth concentrated in the cities, the in-migrant is almost always barred from the urban elite, which monopolizes whatever wealth exists. In addition, out-migration has substantial negative effects for

[1] This 'rich/poor' or 'foreign/indigenous' relationship may be either international or internal.

many rural areas, where the young of the agricultural labour force, the educated and the ambitious are tempted or forced to abandon a countryside relatively impoverished in opportunities, goods and services (public and private) as compared to most cities.

Far from being a 'natural' adjustment in the distribution of the population, rural–urban migration may be highly detrimental to genuine development. If the world economic system is indeed a system where the rich benefit from the continued existence of poverty, if the goals of development are not only an increase in economic wealth, but also an increase in equity, rural–urban migration might be one aspect of an inappropriate response of poor people in poor regions to the limited rationality of an urbanizing strategy of development.

II. THE CASE OF UPPER VOLTA

While the data necessary to support the thesis of this paper far surpass the amount of space allotted, a brief discussion of urbanization and development in Upper Volta provides some support for these assertions. These data are incomplete and are being supplemented by research under way in Upper Volta and Niger.

(a) Rates of urbanization and per cent of population urbanized

The rate of natural increase for Upper Volta as a whole, in 1960, was 18/1,000 (or 1·8% per annum).[1] Ideally we would like to know the comparable rate for Ouagadougou. Both the 1961 and the 1968 sample censuses were unable to establish a rate of natural increase for the capital, although in 1961 a crude birth rate of over 60/1,000 was suggested, and in 1968, a rate of 50/1,000 seemed possible.[2] Let us assume that the crude birth rate in Ouagadougou is the same as for the country as a whole,[3] and that the crude death rate is 10/1,000 less in the

[1] République de Haute Volta, *Enquête Démographique par Sondage en République de Haute Volta 1960–1961*, vol. I, p. 30. Adjusted crude birth rate (50·0/1000) minus adjusted crude death rate (32·0/1000).

[2] République Voltaïque, *Recensement Démographique, Ouagadougou, 1961–1962*, p. 44; *Bulletin Mensuel d'Information Statistique et Economique: Enquête Démographique, Ouagadougou, 1968*, p. 20.

[3] This assumes that any tendency towards lower birth rates (delayed marriage due to schooling, higher cost of living, etc.) in Ouagadougou is offset by an age structure which is disproportionately large in the child-bearing years.

Development and in-migration in Upper Volta

Table 1
Urbanization in Upper Volta

Population	Time 1		Time 2	
Ouagadougou	59,126	(1961)[1]	105,000	(1970)[5]
Bobo-Dioulasso	52,450			
	54,260	(1959)[2]	94,583	(1970)[6]
Koudougou	21,000	(1959)[3]	42,566	(1970)[6]
All secondary centres	74,130	(1960–1)[4]	164,342	(1970)[6]
All Upper Volta	4,460,000	(1960)[4]	5,303,000	(1970)[4]

Annual rates of growth

	%
Ouagadougou	6·6
All Upper Volta	1·35

Sources: 1 République Voltaïque, *Recensement Démographique Ouagadougou 1961–1962*, p. 11. 2 République de Haute Volta, *Etude Socio-Economique de Bobo-Dioulasso*, p. 42. 3 Republique Française, *Afrique Noire, Démographie Comparée*, vol. II, p. 73. 4 République de Haute Volta, *Enquête Démographique par Sondage en R.H.V. 1960–61*, vol. II, p. 313. 5 *Bulletin Mensuel d'Information Statistique et Economique: Enquête Démographique Ouagadougou, 1968*, p. 21. 6 Estimates, Direction de la Statistique et de la Mécanographie, 1970.

capital than in the country as a whole, because of better health care. This would give a rate of natural increase of 28/1,000 per annum for Ouagadougou (50/1,000 minus 22/1,000). In turn this yields a net annual rate of in-migration of 3·4% (6·2% minus 2·8% during the years 1961–8). While this estimate is crude it seems evident that in-migration accounts for at least half of the annual growth of Ouagadougou, perhaps more. In terms of actual numbers, this rate of in-migration would have produced approximately 3,000 in-migrants (3·4% time 90,000) in the year 1968.

Obviously, Ouagadougou is not nearly as large as many West African capitals. But its recent rate of growth indicates that Ouagadougou alone, and the next group of larger towns and

Table 2
Per cent of population which is urban in Upper Volta

	1960[1]	1970	1980[3]
	%	%	%
Ouagadougou	1·3	2·9 (1968)[1]	2·7
Three largest cities	3·3	4·1[2]	5·8
All urban	4·2	6·2[2]	12·8

Sources: 1 Same as Table 1. 2 Estimates based on adjustments in administrative censuses, Direction de la Statistique et de la Mécanographie. 3 Estimates, République de Haute Volta, *Plan Cadre 1967–1970*, vol. I.

cities, will account for an increasing percentage of the total population of Upper Volta (Table 2).

The general picture, therefore, is one of low *overall* urbanization, with moderate to substantial *rates* of urbanization and in-migration.

(b) Present development strategy

The present development strategy in Upper Volta is in the process of being redefined by a new plan, which is due to take effect in 1972. Meanwhile, development has been guided by the *Plan Cadre 1967–1970* and the *Plan Cadre—Année Intérimaire, 1971*. The *Plan Cadre*, at the time of its conception was as much a basis for financial reorganization as a development plan. Actual development strategy, however, was not overlooked. The plan gave first priority to actions 'which result in the increase of (rural) production. The goal to be attained is the augmentation of the standard of living of the masses and the growth of resources of the state.'[1] These goals were to be achieved through training of rural manpower, by modernization of livestock exports, and by the introduction of more commercial institutions in the rural sector.[2]

Table 3 summarizes investments proposed by the *Plan Cadre*. It is difficult to determine what percentage of investments proposed by the *Plan Cadre* were to have *direct* benefit for the rural sector, but the following observations can be made. The largest bloc of projected expenditures was for 'economic infrastructure', more than half of which was planned for roads. The goal was to improve liaison between the rural and the urban sectors

Table 3
Summary of Investments Projected by the Plan Cadre
(in millions of francs CFA)

			%
I	Rural development	9,122	27·6
II	Development of the modern sector	5,954	18·1
III	Economic infrastructure	11,400	34·6
IV	Social sector	4,836	14·7
V	Information	216	0·7
VI	Research	1,454	4·4

Source: République de Haute Volta, *Plan Cadre*, vol. I, p. 301.

[1] Author's translation, République de Haute Volta, *Plan Cadre 1967–1970*, vol. I, p. 8.
[2] Ibid., p. 9.

in order to modernize cattle exports and to commercialize the rural economy. Of the 6·7 billion francs to have been spent on roads, however, only a little over one billion was reserved for secondary roads. The rest was for the study and construction of primary roads, most of which link Bobo-Dioulasso and Ouagadougou with the larger towns of Upper Volta. One of these roads was to connect Ougadougou and Pô, providing Upper Volta with an all-weather route to Ghana.[1] The second largest bloc was reserved for 'rural development', most of which was planned for the nine Rural Development Offices (ORD). These investments were primarily to be actual investments in rural areas: fungicides, insecticides, seeds, animal vaccinations, and the construction and maintenance of rural trails.[2] The remaining investments ('modern sector', 'social sector', 'information' and 'research'), totalling over 12·5 billion francs, were overwhelmingly destined for the towns and cities of Upper Volta.

The impression that emerges is that an effort was made to concentrate substantial investment in the rural sector. This was difficult to achieve, however, as revealed by the example of investment in roads. The purpose of this investment was to aid rural development through improved transportation; the result may well be the growth of major towns to which the roads lead, and greater profits for the transporters and for the middlemen who purchase rural crops to sell in the cities. Of the 1·2 billion francs to have been invested in livestock, as another example, at least 0·5 billion was projected as expenditures in towns and cities.[3] Of course these investments will probably have substantial secondary benefits to the rural areas as well as directly benefiting the economy of the towns and cities of Upper Volta. These examples suggest some of the problems involved when a rural strategy of investment is attempted: large expenditures still occur in the cities. An accurate rural/urban breakdown is difficult to calculate from the plan document, but a rough estimate gives a figure of 21·7 billion francs CFA (two-thirds of the total projected investment) for expenditure in towns and cities.[4]

[1] Ibid., p. 185.
[2] Ibid., pp. 37–70.
[3] Ibid., pp. 321–2.
[4] The 'urban' total is calculated as follows: sector 1—680 million francs; sector 2—5900 m.f.; sector 3—10,000 m.f.; sector 4—4000 m.f.; sector 5—216 m.f.; sector 6—1000 m.f.

After four years, the results of the *Plan Cadre* were analysed, giving the results shown in Table 4. At first glance, it is obvious

Table 4

Investments Projected and Investments Achieved during the Plan Cadre
(*in millions of francs CFA*)

	Per cent projected	Per cent achieved	Investments projected (revised)	Investments achieved	%
Rural development	26·5	21·7	8,884	4,071	46
Development of modern sector	17·7	21·3	5,954	3,857	65
Economic infrastructure	35·4	29·1	11,878	5,474	46
Social sector	14·4	20·4	4,832	3,923	80
Research	6·0	7·5	2,028	1,411	70
Total	100·0	100·0	33,576	18,680	56

Source: République de Haute Volta, *Bilan du Plan Cadre*, pp. 5–8.

that the rural sector fared least well in terms of investments actually achieved. A more detailed breakdown yields the following results. For the ORD, nearly 18% of the investments achieved were in expatriate salaries. In herding, 61% of the investments went to the construction of buildings: an office in Ouagadougou for the Direction of Livestock; a school for veterinary nurses in Ouagadougou; and an experimental ranch in the North-east. In road construction only 32 million francs were invested in secondary roads (3% of planned investment) while 2,155 million francs were expended on new national roads and on the upkeep of national roads (46% of planned investment). Of the total spent on infrastructure, only 1·1% can be called rural investment (secondary roads, district road sheds, and dykes for a rice project). In the social sector, rural education received 673 million francs (52% of planned investment), while education in general received 1,842 million francs (62% of the projected investment).[1] In terms of investments achieved, the urban sector fared far better than the rural sector.

The *Plan, Cadre, Année Intérimaire, 1971* attempts to redress the balance slightly in favour of the rural sector (see Table 5).

[1] République de Haute Volta, *Bilan du Plan Cadre, 1967–1970*, pp. 34–121.

Table 5
Investments Planned for 1971, Année Intérimaire, Plan Cadre
(in millions of francs CFA)

Rural development	2,000
Development of the modern sector	1,700
Economic infrastructure	3,700
Social sector	600
Research	500

Source: République de Haute Volta, *Plan Cadre de Haute Volta, Année Intérimaire, 1971*, p. 5.

(c) *Does Upper Volta have a rural development strategy or an urbanizing strategy?*

Some conclusions regarding the type of development strategy in Upper Volta can be drawn. Basically Upper Volta is a country where the potential in terms of natural resources (land and livestock) and in terms of human resources lies primarily in the rural sector. At the same time the capital city and other urban centres are growing more rapidly than the country as a whole, owing to in-migration. Avowed development policy favours the rural sector, while planned and actual investments continue to favour the urban sector. Thus, despite a conscious desire for a rural development strategy, actual events favour development of the urban sector. It is not surprising, therefore, that the capital and other urban areas are receiving large numbers of in-migrants from rural areas. If the cities are the primary beneficiaries of 'development' investment, a rural resident is responding 'naturally' to the fact that in the city he finds more schools, better health care, adequate water, electricity, recreation, and ideally, a salaried job. Until a way is found to divert public and private resources away from urban areas to the rural sector, the intention of a rural development strategy will remain only an intention.

(d) *Who is being served by the present train of events in Upper Volta?*

This is the last and the most difficult question to answer. Ideally, to support the thesis of this paper, it would be appropriate to document the benefits received by foreign interests with investments and markets in Upper Volta, and the benefits received by the urban elites of Ouagadougou and Bobo-Dioulasso. Needless to say, such data are difficult to collect.

Data which are available indicate the concentration of 'modern' economic resources. First of all, a very small number of persons are found in the wage/salary sector. In 1970 there were 32,034 salaried employees in Upper Volta, with a mean income of 223,217 francs CFA per annum. Total active population was estimated as 2,847,891.[1] The *per capita* income of Upper Volta is difficult to estimate, as a large part of the income of Voltaïques is non-monetized, but a figure frequently used is 12,500 francs CFA per annum.[2] In other words 1·1% of the active population was collecting an average *salary* almost eighteen times as large as the average income (in money and kind) of a Voltaïque citizen. Most of these salaried positions are concentrated in Ouagadougou (14,018 in 1970) and Bobo-Dioulasso (6,281).

This is not to imply that the entire urban population is well-off. While the salaries are probably more than adequate for a 'comfortable' life in Ouagadougou and Bobo-Dioulasso, only a minority of the 'active' urban population have jobs in the salaried sector, as can be seen from the data above. This salaried group, along with those who have an independent income (roughly 16% of those aged 15 to 59, 1968),[3] are also obliged to divide their income to support those who are unemployed and those who are too young or too old to work.

Obviously similar data can be assembled for any country where a large majority of economic activity rests outside the monetized sector. In this sense, they only emphasize the existence of a 'dual economy'. The fact that a small salaried class exists alongside a large self-employed agricultural sector is a colonial inheritance, about which Upper Volta has had little choice. In fact, Upper Volta has made a larger effort than most francophone African countries to maintain relatively low salaries in the public sector. Yet, if equity is one goal of development, the concentration of cash income along with the concentration of most public and private services in the urban sector, means that the gross inequities of the colonial era have been only slightly modified.

[1] République de Haute Volta, Direction du Travail de la Main d'Œuvre et de la Formation Professionnelle, *Statistique, 1970*.
[2] *Europe France Outremer*, 'Haute Volta 1971', août–septembre, 1971, nos. 499–500, p. 51.
[3] *Bulletin Mensuel d'Information Statistique et Economique*, op. cit., pp. 15–16.

Development and in-migration in Upper Volta

There are also data on industrial location, indicating the concentration of 'modern' economic resources. Most industries are located in Ouagadougou and Bobo-Dioulasso. In Bobo-Dioulasso industries include a groundnut-oil and karite-oil plant, a soap factory, a candy factory, a brewery and a soft-drink bottling plant, a cigarette factory, a cotton-ginning plant, a motor-bike and bicycle assembly plant, and an inner-tube factory. In Ouagadougou are found additional cotton-ginning facilities, as well as a shoe assembly plant, a clothing factory, a paint factory, a match factory, a farm implements assembly plant, a tannery, and a brick factory. The only textile mill was opened in 1970 in Koudougou, the third largest town; and a sugar refinery and a flour mill operate in Banfora, the southernmost town, located in a rich agricultural region.[1]

Upper Volta, therefore, has a small assortment of industries (many of which are related to agriculture) concentrated in the two largest towns. Neither the type of industries nor their location is surprising. The few industries which do exist are located primarily to minimize transportation costs (on the rail line, in the population centres), and perhaps secondarily to provide a comfortable environment for expatriate businessmen and their families.

Who benefits from the activities of these industries? Large amounts of foreign capital were involved in the construction of most of these factories, and many of the imputs (bicycle and motor-bike parts, wood and sulphur for the matches, refined rubber, bottles, farm implement parts, plastic for shoes) are purchased outside the country. The value added in Upper Volta for most of these products is undoubtedly very low. Most likely, the principal contribution of these industries to the Voltaïque economy is in the form of a few thousand jobs and slightly less expensive goods.

III. CONCLUSIONS

From these incomplete data, what can be concluded about development in Upper Volta and its relation to rural–urban migration?

First of all, Upper Volta has a conscious policy of rural development. Part of this policy is a widespread rural education

[1] Ediafric, *L'Industrie Africaine en 1970*, vol. II, 'Haute Volta', pp. 349–82.

system, designed to prepare young villagers realistically for the tasks of agricultural modernization. The limited success of Upper Volta's rural development policy has been due, in part, to the fact that the majority of economic resources are still spent in the two largest cities. This is reinforced by the types of foreign credit available, and by the fact that urban investments are more easily visualized and more 'rational' economically (according to currently practised location theory). Meanwhile the difficult task of identifying potential types of rural investments (transport co-operatives, rural water supply systems, inexpensive or free distribution of farm implements, public works programmes and human investment programmes in the off-season, etc.) and programmes favouring the rural sector (tax policies discriminating in favour of the rural farmer and against the salaried sector, rural adult education, etc.) has only begun.

That many people, and in particular the young, migrate to the cities of Upper Volta is hardly surprising. The long-standing migration of Voltaïques to Ghana and to the Ivory Coast has been well studied and documented, and the detrimental effects (potential or otherwise) on Voltaïque agriculture have been understood. Now a similarly important movement towards Ouagadougou and other cities is gaining force, for many of the same reasons and with the same potential effect of further draining the rural sector of its most productive and ambitious young men and women. As long as Ouagadougou and other cities benefit from a highly disproportional amount of 'development' funds, in-migration is bound to continue. Indeed, as an individual, the in-migrant is behaving rationally. In terms of national development needs, however, the concentration of resources in the cities and continued in-migration is irrational.

In my opinion, Upper Volta's best development potential—in terms of economic growth, but more importantly in terms of equity, in terms of improved health and nutrition, in terms of the creation of more meaningful employment[1]—lies primarily in the rural sector. Like most African nations, Upper Volta's present richness lies in her self-employed families working their own land. Unlike the peasants of Latin America and Asia, unlike some of the coastal plantation workers in West Africa, the

[1] For a comprehensive definition of development see Seers, 1970.

Voltaïque farmer seldom exists as a labouring class working for an expatriate and/or absentee landlord. The potential for creating a more healthy and more satisfying way of life based on the traditional collective forms of work has been recognized in a few African countries, most notably in Tanzania.[1] The abrupt adoption of an urbanizing model of development—either consciously or unconsciously—risks destroying the greatest richness possessed by Africa, her tradition of collective production and distribution. This is not to suggest that Africa should choose to remain egalitarian and poor, or to suggest that traditional African society is perfectly egalitarian. Rather, it suggests that Africa should choose to develop on the basis of the best of her egalitarian traditions. In this author's opinion, the place to begin is in the rural sector, with attempts being made by the governments to distribute resources more equitably among regions, according to their population and their needs. This demands enormous changes in the way we think about development, and creative, innovative, and firm action on the part of African governments and their people.

REFERENCES

Ediafric, *L'Industrie Africaine en 1970*, vol. II, 'Haute Volta', pp. 349–82. Paris, 1971.

Europe France Outremer, 'Haute Volta, 1971', nos. 499–500, août–septembre 1971.

Nyerere, Julius K. (1968), *Uhuru na Ujamaa: Freedom and Socialism*. Dar es Salaam: Oxford University Press.

République Française, Ministère de la Coopération and I.N.S.E.E., *Afrique Noire: Démographie Comparée* (2 vols.). Paris, 1968?

République de Haute Volta, *Plan Cadre 1967–1970* (2 vols.). Paris, 1968.

République de Haute Volta, Ministère du Plan de l'Industrie et des Mines, *Bilan du Plan Cadre 1967–1970*. Ouagadougou, 1971.

République de Haute Volta, Ministère du Plan et des Travaux Publics, *Bulletin Mensuel d'Information Statistique et Economique*, Supplement, 'Enquête Démographique, Ouagadougou, 1968', 1969.

République de Haute Volta, Ministère du Travail et de la Fonction Publique, Direction du Travail de la Main d'œuvre et de la Formation Professionnelle, *Statistique, 1970*. Ougadougou, 1971.

---

[1] See, for example, Nyerere, 1968.

République de Haute Volta, Ministère des Travaux Publics de la Construction et des Transports; Société Centrale pour l'Equipement de Territoire—Coopération. *Etude Socio-Economique de Bobo-Dioulasso* (2 vols.). Paris: Société d'Etudes pour le Développement Economique et Social, 1961.

République de Haute Volta, Présidence de la République, *Plan Cadre de Haute Volta, Année Intérimaire, 1971*. Ouagadougou, 1970.

République de Haute Volta, Service de la Statistique et de la Mécanographie, *Enquête Démographique par Sondage en République de Haute Volta, 1960–1961* (2 vols.). Paris: I.N.S.E.E. and Sécrétariat d'Etat aux Affaires Etrangères, 1970.

République de Haute Volta, Service de la Statistique et de la Mécanographie. Population estimates and adjustments. (Unpublished computer print-out, 1970.)

République Voltaique, Service de la Statistique Générale, *Recensement Démographique Ougadougou, 1961–1962, Résultats Définitifs*. Paris: Ministère de la Coopération and I.N.S.E.E., 1964.

Seers, Dudley (1970), Challenges to development theories and strategies, *International Development 1969*, Proceedings of the Eleventh World Conference, Society for International Development, pp. 5–20, Washington.

Résumé

DEVELOPPEMENT ET LA MIGRATION RURALE–URBAINE EN HAUTE VOLTA

Les données démographiques indiquent que les centre urbains grandissent plus que la zone rurale en Afrique Occidentale. La différence entre le taux d'accroissement des centres urbains et la zone rurale est surtout le résultat de la migration rurale–urbaine. Normalement la migration rurale–urbaine a été considérée comme phénomène naturel de développement par lequel le travailler se déplace d'une région à une autre. La relation existant entre la migration rurale–urbaine et le développement en Afrique Occidentale doit être évaluée de nouveau. Peut-être la migration rurale–urbaine doit être étudiée comme la réponse des Africains aux institutions et moeurs de l'étranger qui ne servent pas toujours les besoins d'un développement réel.

Actuellement deux modèles de développement sont préconisés par les planificateurs, économes, et politiciens: le premier est une stratégie urbaine, le deuxième est une stratégie rurale. La stratégie urbaine est beaucoup plus employée et pour les pays socialistes et pour les pays capitalistes bien que celle-ci ne soit pas toujours articulée. La force logique de toutes les 'économies d'urbanisation', surtout en faisant accroître le revenu national, rend cette stratégie très pratiquée. Cependant, il y a des pays comme la Chine, le Cuba, et la Tanzanie qui essayent actuellement de suivre une stratégie rurale de développement. Probablement cette deuxième stratégie est plus raisonnable pour la plupart de pays africains. Et la majorité de la population et une grande partie des richesses indigènes se trouvent dans la campagne. Dans beaucoup de pays Africains le développement industriel et urbain ne bénéficie que les intérêts économiques de l'étranger et une élite qui n'est qu'une petite minorité de la population urbaine.

Un coup d'œil donné au développement et à l'urbanisation en Haute Volta peut soutenir ces revendications. En Haute Volta, le pourcentage de la population qui se trouve dans les centres urbaines est encore petit tandis que le taux d'accroissement des villes est important.

La politique de développement articulée favorise la zone rurale tandis que les investissements prévus et achevés continuent à favoriser le secteur urbain. Donc, ce n'est pas étonnant que la capitale, et probablement les autres centres urbains, reçoivent beaucoup de migrants venant de la campagne.

L'activité économique 'moderne'—l'industrie et les salariés —est énormément concentrée dans les deux grandes villes, Ouagadougou et Bobo-Dioulasso. Sans doute, cette concentration sert les étrangers qui ont fourni les capitaux de bases pour ces industries, et la minorité urbaine qui est salariée. Si les villes reçoivent la plupart d'investissements du développement, un campagnard réagit d'une façon rationnelle au fait qu'en ville il peut trouver plus d'écoles, un meilleur service médical, suffisamment de l'eau, de l'électricité, des moyens de se distraire, et si possible, un travail salarié.

D'après l'auteur, le meilleur potentiel pour le développement Voltaïque se trouve dans la zone rurale. Ce fait est bien reconnu par le *Plan-Cadre*. Il est aussi répété dans les discours officiel au sujet du développement. Si la définition d'un vrai développement comprend égalité, bonne alimentation et bonne santé, métiers satisfaisants, aussi bien que l'accroissement de la richesse économique, c'est même plus possible que le vrai potentiel de développement existe dans la zone rurale. Le potentiel pour le développement de l'agriculture et de l'élevage en Haute Volta, ne peut pas être réalisé avant que les fonds investis ne coïncident avec une politique le développement rural, qui risque de n'être qu'une politique parlée.

XII

Migration and the opportunity structure: a Ghanaian case-study[1]

J. K. HART

INTRODUCTION

The object of this paper is to analyse the Ghanaian opportunity structure in rural and urban areas with reference to a highly mobile ethnic group, the Frafras of north-east Ghana. Although it is widely recognized that rural economic activity is not all agricultural and that the 'modern sector' is by no means wholly identifiable with urban areas, the practice of most observers has been to link a number of overlapping typologies within the framework of one ideal typical pair of opposites. These crude two-sector developmental models are inadequate for classifying opportunities to would-be migrants in a situation as complex as modern Ghana. Concepts of 'modernization', 'urbanization' and the like contain within them ideas which need refining for analytical purposes. This the author has attempted in another study and has applied to the interpretation of the situation of the Frafras in the opportunity structure on contemporary Ghana.

We here consider the main features of the constraints and choices facing one category—Frafra males aged between fifteen and forty-five years, the body of illiterate manual workers who make up the majority of long-distance migrants in this ethnic group.

FRAFRAS AND THE GHANAIAN OPPORTUNITY STRUCTURE

Background[2]

The Frafra district of north-east Ghana lies some 500 miles from

[1] Field-work for this case study was undertaken in Ghana during 1965–8 in the course of work for a University of Cambridge Ph.D. in Social Anthropology.
[2] The social organization of Frafra migrant life is treated in greater detail in my unpublished thesis (Hart, 1969) and in another article (Hart, 1971).

the coast, near the border with Upper Volta. Its inhabitants have come to be known throughout Ghana as 'Frafras', though the term embraces three (or perhaps four) distinct socio-linguistic groups—Gurensi (including Bosi), Nabdams and Tallensi. The latter, of course, have been fully described in Fortes's studies of the 1930s.[1] He provides an account of a society recently introduced to colonial rule, but still relatively isolated, homogeneous and stable—far removed from the rapid developments affecting Ashanti and the Colony and little changed either by the temporary participation of some of its males in the labour force of the South or by institutional innovations in the home area.

The post-war period, however, has seen radical changes to this picture. Today[2] experience of urban conditions and long-distance migration need no longer be synonymous for Frafras. The nature of their homeland has been transformed by the emergence of a booming entrepôt and administrative centre in Bolgatanga. A marketing town of some 10,000 population standing at one of West Africa's main road junctions, the capital since 1961 of Ghana's Upper Region, a centre for religious and educational institutions, a factory and thriving public works industry—all of this has sprung up within an hour's walking distance of Fortes's Tongo and less than twenty miles from the remotest Frafra village. The nearest major town is therefore not hundreds of miles away, but on every villager's doorstep.

Moreover, lorries and traders link Bolgatanga with all parts of the district. Educational, social welfare and missionary services have permeated everywhere. Scores of minor irrigation schemes, village co-operatives, new cash crops and many technological innovations have transformed agricultural production. A major dam scheme, factories for processing meat and tomatoes, increased public sector employment and the Bolgatanga market/lorry park complex have all changed the pattern of local opportunities. Improved communications, too, have much reduced the gap between North and South in Ghana—a factor reflected in increased migration rates.

Fortes speaks of an adult male absentee rate in the 1930s of

[1] See Fortes (1945) and (1949) and a further paper of particular relevance to this topic (Fortes, 1936).
[2] The ethnographic present, where used, refers to the time of field-work, i.e. the late 1960s.

Migration and the opportunity structure

between 7% and 15% depending on the time of year (Fortes, 1945: 72n and 1936: 39). The 1948 Census enumerated less than 5% of the total Frafra population as resident outside the home area. But in 1960 the Frafra district showed a unique population decrease of 8·2% over the intervening period, and out of 187,000 Frafras 23% were recorded away from home—11,000 of these lived in the Northern Region and 31,000 beyond in southern Ghana, mainly in Accra, Kumasi, Takoradi and the mining areas. The vast majority of migrants were males in the 15–45 years age range: the absentee rate for men as a whole was invariably 50% or more. Population growth and fixed land resources partly account for this dramatic rise. A comparison between Fortes's Tongo survey and my own reveals that the adult male population had more than doubled from an average of 2·6 men per compound in 1934 to one of 6·0 in 1967. But of these six men, only half were at home working on the farm—the rest were away. While home numbers remained stable, actual personnel fluctuated rapidly as labour circulated between home and migrant areas. Permanent settlement in the South was still rare in the 1960s, but no family was unaffected by migration on the part of some of its members. Frafras were thus able, through their high rate of geographical mobility, to participate fully in the overall Ghanaian opportunity structure, both rural and urban.

The rural opportunity structure

The Frafra system of production is traditionally regulated by lineage organization in a way which has by now become familiar through descriptions of African unilineal descent groups.[1] The two main principles of this system are sibling co-operation and submission to paternal authority. Consequently production methods tend to be collective, being managed by a compound head who owes his position to genealogical seniority, and individual property rights are not highly developed. The product of family labour and land, whether used for subsistence consumption or for investment and other forms of consumption, is largely at the disposal of older men. The main body of the work force—young men in their prime—only achieve a measure of independence when they become 'fatherless' (Gurni: *kiibega*), i.e. when, not only their actual fathers, but all males of the

[1] See Fortes (1953).

parental generation in their family are dead. Meanwhile, monopolistic control of religious power and of access to marriage via bride-wealth, gained through stewardship of ritual sacra and lineage herds, enables the elders to bring moral pressure to bear on would-be dissidents.

Within this broadly gerontocratic structure, it has always been possible for a few to gain wealth and status without waiting for the benefits conferred by inheritance and succession. Provided that a man worked hard enough and struck a benevolent farming cycle, he could aspire to the traditional stereotype of success, the *'nera gu'la'*—a wealthy farmer, with substantial herds raised from small beginnings and a growing family of wives and children, possibly earning supplementary income from specialization in a craft, like divination, leatherwork or medicine, and undoubtedly engaged in trading of some kind. More often than not, however, such a person would also be a lineage elder: the young usually had to acquiesce and wait their turn.

Today, individualism and the hierarchical lineage system are still in conflict, but the scope of rural opportunities is much widened.[1] Urban developments like the growth of Bolgatanga have gone far to integrate town and countryside; the ubiquitous bicycle (with its effective range of 10–15 miles) and 'mammy lorry' ensure that the majority of the inhabitants of the Frafra area may participate simultaneously in both rural and urban milieus. Town-dwellers have farms and villagers commute to town jobs—both types of environment are combined in the daily experiences of many. The main contrast is not so much between town and countryside as between partially urbanized, but predominantly rural regions and wholly urbanized metropolitan areas like Accra-Tema.

Despite this process of urban growth, much the largest share of income generated in the Frafra district is still from family- or lineage-based food farming and other forms of primary production in the villages. Selective adoption of new techniques has led to great diversity of productivity levels in agriculture, from the Bongo tomato co-operative's annual yields of £300–£400 per acre to the inadequate scratchings of exhausted land

[1] The extent to which individual self-interest transcends collective sentiments is the subject of a critique of Fortes's interpretations by Worsley (1955).

Migration and the opportunity structure

by weakened and poverty-stricken hoe-farmers. Wage labour and non-food production are peripheral in Frafra agriculture, though there is some hiring of casual labour at periods of peak production and tobacco farming has enjoyed a mild success in the area. It is through migration to the forest areas of the South that Frafras find regular employment as contract labourers or sharecroppers on cocoa and maize farms. Some find their own farms elsewhere in northern Ghana; but rural–rural migration is no longer as common as it was for Frafras.[1]

Even in the villages, the uneven demands of the farming schedule release labour for other tasks during long periods of the year and secondary occupations are normal. The manufacture of tourist souvenirs (basketry, hats, leatherwork, bows and arrows, carvings, etc.) has become a boom industry in the Frafra area. Other specialists such as blacksmiths, potters, tailors, drummers, singers and barbers earn sizeable cash incomes from activities which normally supplement the main business of farming. Diviners and similar ritual and medical specialists, as well as holders of traditional offices, are sometimes paid well for their services—as are rural artisans such as roofing and hut-building experts. In this way specialist roles have come to acquire considerable market value today.

Raising of livestock, trading of all kinds, manufacture and retail of beers and spirits, hiring out and servicing of corn-mills, bicycles, sewing machines, bullock ploughs and the like—all of these non-farm informal activities are extensively practised by the inhabitants of rural areas. Labour and capital inputs (and income returns) vary widely, of course, but these occupations, singly or in multiple combinations, are potentially a source of great material self-improvement. The existence of Bolgatanga's large permanent market/lorry park complex and diversified economic structure provides expanded opportunities of this kind in the secondary and tertiary sectors—bakeries, bars, cafés, trolley-hire, craft industries, vehicle repair, building contracting, brokerage, rented accommodation, trade in kola, cattle, millet and so on. Entry to these occupations is more easily gained by locals whose homes are on the spot, but any youth from the outlying districts may start off with casual work as a porter, odd-job man, lorry park messenger, trader in kola left-

[1] See Fortes (1936, pp. 40–2).

overs, bicycle repairs or some such job. And trade and transport links between the urban centre and surrounding villages are yet another source of informal income.

Finally, there is wage employment in the formal sector which, for the Frafra district, means almost exclusively public sector employment. The local councils engage large numbers of road-menders, caretakers, drivers and similar unskilled and semi-skilled manual workers. But it is as a regional centre for public works, agricultural development, police, administrative and other government departments that Bolgatanga has really expanded in this respect. Leaving aside the growing bureaucracy and openings in education, health and religion (for this paper is concerned with opportunities to illiterates), wage employment has become a highly significant element in the opportunity structure of predominantly rural regions like the Frafra district.

This impressionistic account has emphasized the diversity of rural opportunities, in contrast to the usual monolithic picture of depressed agriculture. But the actual range, differential availability and size of rural income returns in relation to the total resident population may only be compared with the urban economies of the major Southern cities through a detailed analysis impossible here. The general point will have been made, however, if it is recognized that 'average or marginal productivity in agriculture' constitutes an inadequate summary of the rural opportunity structure.

The urban opportunity structure

The full range of urban employment opportunities, both formal and informal, for Frafra migrants has been described in a recent paper which may be summarized briefly in this context (Hart 1973).

The low-income segment of the urban workforce into which most illiterate Frafra migrants are drawn is heavily dependent on earnings from non-wage employment. Thus, in the 1960s, over half of Accra's economically active population was listed as 'self-employed, non-wage earning and unemployed'. For those who had wage jobs, the range of incomes in domestic, labouring and similar occupations lacking high skill requirements, was both low and narrow, with a median of around £10

Migration and the opportunity structure

per month and a ceiling of £15. Moreover, urban real incomes in Ghana came under severe pressure in the 1960s under the twin impetus of fierce wage restraint and rampant price inflation. The chronic imbalance between the wage incomes and expenditure needs of urban workers could be partly mitigated by running up debts and sponging off kin and friends, but most turned to supplementary income sources outside wage employment. For the increasing surplus to the labour requirements of the wages sector ('the reserve army of underemployed and unemployed') these informal opportunities represented their sole source of income. The informal opportunity structure offered the chance of capitalist accumulation, 'the way out', as evidenced by the success of some migrants in trade, transport and other services. Consequently, the economic life of Accra's slums was characterized by a high degree of informality, by a preference for diversification of income sources (including the combination of wages and other incomes, both casual and regular) and by extreme irregularity in both productive activities and consumption.

In the formal (wages) sector, the private and public sectors had a roughly equal share of employment, and transfer payments (such as pensions and unemployment benefits) were not significant. As crime was a prominent source of income for Frafra migrants, the classification of informal opportunities distinguished between legitimate and illegitimate activities as follows:

A. *Legitimate*

　i. Primary and secondary activities (e.g. market-gardening, self-employed artisans, beer brewers, etc.).

　ii. Tertiary enterprises with relatively large capital inputs[1] (e.g. housing, transport, commodity speculation, etc.).

　iii. Distribution (e.g. market operatives, petty traders, dealers, etc.).

　iv. Other services (e.g. traditional specialist roles, barbers, shoeshiners, night soil removers, brokers, etc.).

　v. Private transfer payments (e.g. gifts, borrowing, begging).

[1] For a discussion of these indigenous tertiary enterprises, see Hart (1970).

B. *Illegitimate*
  i. Services (e.g. hustlers of all kinds, prostitution, drugs-peddling, bribery, receiving stolen goods, etc.).
  ii. Transfers (e.g. petty thefts, larceny, embezzlement, etc.).

Informal employment covers a wide range from marginal casual activities to large enterprises, but it produces a differentiation of wealth within the slum which is far greater than one would suppose by looking at wage incomes alone. I have argued that constraints on entry to legitimate informal occupations are greater than is often assumed, owing to capital, skill, time and other requirements; whereas, entry to many forms of illegitimate activity (particularly theft) was extremely easy owing to the saturation of criminals and low disapprobation of crime in slum areas.

This leaves a large question-mark over the meaning of underemployment and unemployment in such a situation: and I raise the possibility that the urban informal sector may be growing at a rate which enables the majority of a rapidly increasing urban work force to earn a tolerable living of the kind that wage employment alone rarely provides. The common view of wage-earners as an 'aristocracy of labour' is much undermined by this analysis, and, while not denying that most urban workers (in both formal and informal occupations) are poor by any standards, this paper illustrates the need for more careful investigation before policy conclusions are offered as solutions to the 'problem of the urban unemployed'. Whatever the case, non-wage employment is a dominant feature of the urban opportunity structure for Frafra migrants and many like them.

Rural–urban links

The last element in this picture of the Ghanaian opportunity structure from the viewpoint of the Frafra migrant concerns activities which bring together rural and urban fields. In this interstitial category we may place rural–urban trading and transport networks, the two-way transfer of money, goods and services between city and countryside, the distribution of personnel between home and migrant areas and the articulation of rural and urban economic organization. The underlying themes throughout are the relative ease of modern communications in Ghana, the co-ordination of Frafra lineages both at home and abroad and the essential flexibility, even instability of income flows and residential arrangements.

Whereas in the thirties a Frafra migrant had to walk for two or three weeks in convoy over inhospitable territory in order to reach Kumasi, 330 miles away, today he can join a lorry or bus in Bolgatanga and for no more than £2 be transported the 500 miles to Accra before the day is out. Moreover, the mobilization of personal networks known in lorry parks as the 'collector system' usually allows him to travel on credit with the promise that someone will pay at the other end of the journey. Long-distance trade and other forms of mobile employment are made so much easier by this erosion of distance between Ghana's regions. Similarly, visits in either direction are commonplace and Frafras hop around the country probably more often than many citizens of developed nations. Very few have never been outside their immediate home area and most have a habitual knowledge of southern Ghana gained from visits of varying length and frequency.

Almost all migrants maintain strong links with their home lineage, mainly because they conceive of themselves as temporary absentees with a long-term stake in joint property and the village community. Transfer payments within the elementary family (i.e. flows occasioned by dependency) are not limited to one milieu, but urban–rural remittances, especially those involving extended kin ties, are rarely regular—urban workers are always too pressed financially to make spontaneous payments. Like the flow of dependents between home and migrant areas, the exchange of goods and services is highly irregular rather than routinized, and the two are often combined: visitors from home make claims on migrants which must be met before they will consent to leave and the temporary return of a migrant on a business matter often involves the transfer of a wife or brother's child one way or the other. Similarly migrants invest in enterprises managed by siblings at home and the village economy depends occasionally on migrant relatives to relieve pressure on domestic resources or to fill consumption and investment needs.

The Frafra lineage has thus expanded to embrace a network

of more or less co-operative kin distributed throughout Ghana, which is constantly changing in respect of the location of its personnel. In this way, for Frafras at any rate, rural and urban environments now substantially constitute a single, integrated field. The national market economy provides a unified context within which individual and collective decisions are made.

FRAFRA MIGRATION

Changing patterns of migratory behaviour

The post-war period has seen a decline in short-term 'target' migration with a limited objective: it is no longer common for Frafras to migrate seasonally or for periods of less than a year, in order to fit in the needs of the domestic farming cycle. Although a few still work for six months during the dry season on Ashanti cocoa farms or in the food bars of Kumasi, for the majority long-term residence in the South (often of an intermittent nature) is the norm. The reasons for this lie partly in the difficulty of getting work in urban areas at times of labour supply surplus (once you have a job, you hold on to it for a while—excess supply reduces turnover), partly in the expansion of lineage numbers owing to rapid population growth (so that some men are simply not needed at home) and partly in changing aspirations. Most migrants today have a long-term aim of improving their living standards on a permanent basis by moving South and, as we have seen, this is by no means easy. As a result, they stay for a number of years in pursuit of a goal which is, for many, unrealizable; but why go home if the lineage farm is already overpopulated? A further stabilizing influence is the practice of rewarding lengthy service with gratuities and pensions—this makes the public sector especially attractive to migrants, although there are similar long-term pay-offs in working for Europeans and, to a lesser extent, for Ghanaian firms in the private sector.

Employment preferences in the urban labour market (formal and informal) vary greatly between different social categories. Frafras, for instance, are extremely conservative in their choice of work—they normally utilize some personal network with its origins in their rural home areas, when looking for a job. Consequently, one finds a high concentration of migrants from one village section in a particular line of work, e.g. twenty out of twenty-two Accra residents from one section working as cooks/stewards, half of another working as construction labourers and so on. This occupational clustering contrasts with the ethnic heterogeneity of Accra's slums as residential areas where there is little spatial clustering of migrants of identical backgrounds. Similarly, one finds a small niche in the distribution system dominated by the members of one ethic group—Frafras may be seen throughout Ghana selling fowls, straw and leather artefacts and bread. The urban opportunity structure thus looks very different from the subjective viewpoints of actors located in various ethnic, religious and other social categories.

But most significant perhaps are the attitudes of migrants to formal and informal occupations. Although most Frafras are willing, indeed anxious to engage in informal activities, including crime, most of them express a desire for a wage job as long as it does not interfere too radically with their other arrangements. The reason for this preference lies mainly not in absolute income returns, but in the relative security and stability of a wage for the provision of subsistence needs. Informal income returns may be sometimes high, but they often also involve a high risk factor, combined with an uneven and unpredictable distribution of earnings over time. So, in considering the choice of wage employment as a priority by migrants, we need not assume that potential income returns *per se* in alternative occupations are lower—they may merely be less reliable.

Finally, what changes are to be observed from a comparison of Tallensi migration in the 1930s (Fortes, 1936) and Frafra migration in the 1960s? The first impression is of the essential spontaneity of migration decisions under modern conditions, in contrast with the traumatic severance of communications and relationships which seems to have characterized pre-war mobility. Today, at every harvest time and throughout the dry season, a flood of women, youths and children as well as adult males leave home to join relatives in the South. Some of these visitors stay for years without having intended to stay more than two weeks in the first place; some take a rest at a town *en route* and decide to stay because they like it there. The whole process of physically uprooting oneself seems to be so casual these days. Some migrants, of course, are much more committed to roots established in the urban South, but I have very little information on the long-term stabilization of migrants away from home, owing to the recency of large-scale migration for Frafras and the absence of significant numbers of second-generation city-dwellers.

The main difference from the past may be summarized as a reduction of the gap between South and North, between city and countryside, in recent decades. What for Fortes's Tallensi was a mysterious, faraway place is today part of the everyday awareness of Frafra schoolchildren. There has been a reduction in the physical, cultural, psychological and economic gap between home and migrant areas. The break with home is much lessened by improved transport facilities, nationwide mass media, easy flows of information and personnel, and the successful integration of rural and urban members of a lineage corporation. This reduction of the gap has led to conflicting effects on migrant rates—migration is now easier, but rural-urban economic differences have lessened, as evidenced by the encroachment of urbanization and increasing differentiation of the opportunity structure in the Frafra district itself. So that, as obstacles to migration are removed, it also becomes less necessary.

The picture presented here thus becomes more and more confusing. Poverty is said to be characteristic of life in rural and urban areas, at the same time as attention is drawn to the scope for informal capitalist endeavour at all levels; urban wage jobs are seen as desirable, while non-wage incomes represent the main source of substantial material improvement in living standards; population pressure on land is accompanied by economic and technological diversification in rural production. There is no simple, single factor explanation of relative income trends in the Frafra case, since a number of influences are simultaneously at work in opposite directions. Only a sophisticated, multivariate analysis of this highly differentiated process will lead us to an adequate explanation of current trends. This paper does not offer such an analysis, but some attempt to introduce a semblance of order must be made.

A comparative evaluation of rural and urban opportunities

One theory which includes the urban labour market situation in a comparison of rural and urban real income differentials is

Todaro's often-quoted two sector model for East Africa.[1] In Todaro's formulation, migration will occur when expected urban real incomes exceed rural real incomes at the margin. Hence, marginal productivity in agriculture is compared with the marginal urban wage (taken as the government minimum wage) modified by the probability of obtaining a job at this level (i.e. the number of wage jobs divided by the total active urban work force); several other factors are introduced in order to make these *real* income measures. In the absence of empirical evidence at the time of writing, it is assumed that, as rural–urban migration continues steadily, this income differential is already substantial and probably increasing; the derived policy conclusion is that any increase in total wage labour demand (either by raising wage levels or adding to the number of existing modern sector jobs) will elicit further rural–urban migration and add to the pool of urban unemployed and underemployed.

Obviously there are many other variables which might be legitimately included in the model; the proof lies in the proportion of observed variance explicable by these alone. Similarly, criticisms of empirical technicalities do not invalidate the logic of formulation. But I shall argue that the entire conceptual apparatus of this and many less sophisticated models betrays a stereotyped and unwarrantably narrow view of African economies, with the consequence that the policy conclusions may be either mistaken or right for the wrong reasons. In particular, rural opportunities are not all agricultural and, even in agriculture, an individual's product is not necessarily the same as his disposable income; second, modern sector wage jobs are not the only significant element in the urban opportunity structure and, while the government minimum wages serves, in this case, as a realistic indicator of the lower range of wage incomes, growth in the urban informal sector may be independent of movements in total wage expenditure.[2]

The points about rural diversity and the urban informal sector have been sufficiently made already. It should perhaps be emphasized that access to non-farm incomes varies widely within the home area. Thus Bolgatanga had an adult male absentee rate in 1967 of 25%, compared with Tongo's 50% and

[1] See Todaro (1969) and Harris and Todaro (1968).
[2] This suggestion is explored more fully in Hart (1973).

a figure of 75% in some villages. This is attributable to the advantages of being on the spot when local urban development takes place: hence the joke, 'If you find a Bolga man working in the South, he must have been on a trading trip and gone broke'. Apart from this problem of differential access to home opportunities, however, a serious error lies in the fact that measures of marginal or average productivity in agriculture generally ignore the income distribution effects of the rural lineage system which, in many an African case, controls production and consumption.

Several writers have urged the significance of rural domestic institutions in the motivation of the young to leave traditional agriculture, but the message does not seem to have penetrated very far.[1] Young men, who are in a position of genealogical inferiority which is independent of educational status, must cede to older men rights of disposal over that part of their product which is surplus to subsistence needs. If the family head, often a non-worker, decides to invest savings in cattle rather than buy bicycles for his sons, there is little they can do about it—school-leavers and illiterates are all in the same boat. Moreover, the range of possibilities for income-generating employment outside agriculture, although widening, often seems narrow in comparison with the metropolis, and taking up non-farm employment does not provide an escape from the intimidating pressures of local obligations.

These young men migrate, therefore, because of perceived opportunities for personal accumulation in the South, in order to be their own men and to spend all their earnings as they themselves see fit. It could be that employment at the minimum urban rate would be for less (in money or real income terms) than the total value of their marginal product, even perhaps less than the average product in home agriculture; but owing to the unequal distribution of income derived from that product, their disposable earnings in town would be greater. Allowing for difficulties in making rural–urban comparisons on a unitary real income scale, it is my guess that there was very little difference in the living standards of most Frafras whether at

---

[1] Foster (1965) and Hutton (n.d.) have both argued this case for *educated* young Africans; my contention is that the age and genealogical variables may be more significant than exposure to Western education in predisposing so many young people to seek work away from home.

home or in Accra; the main difference lay in the ability of a few young men to achieve relative wealth in Bolgatanga or Accra which was virtually unattainable in the villages alone. A decision to leave the village would then have some rational motive if, despite the paucity of formal employment opportunities, the migrant could look to the prospect of accumulation, with or without a job, in the urban informal sector, a prospect which the home economy can offer only to those whom age or genealogical primacy grants stewardship and control of lineage assets.

At the risk of losing any clarity gained so far, it must be pointed out that any model of actor rationality which emphasizes individual pecuniary motivation (even if wrapped up in relatively transcendental notions of self-assertion and freedom) has to be reconciled with the evidence of collective decision-making within the lineage framework. Thus, I have demonstrated that Frafra labour circulation accommodates the need to maintain numbers on the family farm and that migrants who retain a stake in lineage property frequently act in accordance with this continuing corporate interest. It seems reasonable, however, to assert that Frafras, whether individually or collectively, take migration decisions which are primarily concerned with the prospects for improving their living standards in the short and long run. What they choose to do with their earnings and how their general levels of aspiration are set may involve cultural and social factors which an income approach cannot adequately cope with. But even the income or material welfare dimension, when taken by itself, has many facets, as this paper has shown. If we are therefore to arrive at a satisfactory explanation of migration flows over time in a given case, it is useless to rely on simplified models which merely distort the reality which they seek to interpret.

CONCLUSIONS

The above analysis highlights the need for a reappraisal of the theoretical, empirical and policy foundations of the study of urban drift.[1] Is the transformation of traditional economies best

---

[1] A recent attempt to introduce some coherence in this field is Knight (1971). Mention should also be made of Caldwell's useful but limited study of Ghanaian rural–urban migration (Caldwell, 1969).

summarized within an 'urbanization' framework or through an application of the 'rationalization' approach—by both or by neither? What is the pattern of sectoral development in an economy like Ghana's? How significant is the shift from primary to tertiary activities (*vide* the growth of services in town and country) without industrial development of any magnitude? Where is labour most productively employed? Is the indigenous population's share of national income going up, remaining static or being eroded? What proportion of GDP is attributable to informal activities? It is clear that, while development economists consistently ignore the world of productive and distributive activities outside the wage economy and agricultural production (i.e. anything which is not conveniently measured) and while sociologists fail to provide a comprehensive account of the subjective and objective dimensions of economic behaviour, answers to these questions will remain lacking.

When we turn to specific theories of economic development and underdevelopment, we find a never-never land of ideological polarization, conceptual sterility and empirical ignorance. The hackneyed, ethnocentric schemata of neo-Keynesian and neo-Marxist economics are equally inadequate as a basis for understanding the real world, since both treat as peripheral to the main analysis (and therefore dispensable) any discussion of those informal sectors of the economy which are so dramatically evident in underdeveloped countries and which represent a neglected aspect of our own economic history.[1] Thus, some bemoan the cultural and institutional obstacles to *laissez-faire* economic growth, (the 'scarcity of entrepreneurs' myth) or speak of slack in the economy caused by 'urban unemployment', while others emphasize foreign capitalist dominance of the underdeveloped economies, insisting that cities like Accra drain the resources of the countryside in the interests of metropolitan countries.[2] In my study I found indigenous capitalist endeavour aplenty (e.g. Hart, 1970), but how far overall levels of poverty are fixed by external constraints remains as yet a moot point. It is necessary to look more closely at the interrelationships be-

[1] See Jones (1971) and Mayhew (1851).
[2] See Frank (1969), especially Chapter 2, 'The Sociology of Development and the Underdevelopment of Sociology.'

tween rural and urban sectors and between formal and informal sectors in both, as well as at external influences, before any firm conclusions may be drawn.

Empirical problems of measurement are intimidating. It has long been maintained that the value of existing methods of calculation, based on regular statistical enquiries, lies in their provision of tangible time-series data for practical central planning. The trouble is that the indicators used are founded in an inadequate conceptualization of economic processes; so that, when short-term correlations are apparently established, false causal theories are adduced to explain the observed trend. Even more dangerous is the practice of estimating unestablished parameters from the logic of some approved formula, as when it is suggested that the level of urban unemployment in a particular case may be calculated from imperfect measures of rural–urban real income differentials, using Todaro's model (1969).[1] No wonder that economists are nonplussed by the coincidence in Ghana during the 1960s of rapid urban growth, a stagnant modern sector, declining urban real wages and rising rural real incomes.[2] One missing factor ('ingredient X') lies undoubtedly in the vast area of informal economic activity outside the enumerated sectors of the economy.

Finally, what about government planning in the face of continuing rural–urban migration?[3] When theoretical formulations and empirical measurements are so far removed from reality, what hope can there be for a genuine appraisal of policy alternatives? If 'excessive' urban drift really is the most pressing crisis for the third world in the 1970s, the development of development studies needs to be both radical and rapid—otherwise it is inevitable that policy prescriptions will continue to be ill-founded and misleading.

[1] This suggestion has actually been made by Singer (1971); Todaro is more circumspect, though the paper written with Harris (1968) builds a bold analysis of policy alternatives from the causal implications of the model.

[2] Godfrey (1971) makes an attempt to explain this phenomenon in terms of a modified Lewis-type model.

[3] I am much indebted to Rimmer (1970) for a comprehensive review of Ghanaian wage policy over the years and for some penetrating insights on many aspects of economic life in West Africa.

REFERENCES

Caldwell, J. C.
 (1969) *African rural–urban migration*, Canberra; Australian National University Press.

Fortes, M.
 (1936) Culture contact as a dynamic process, *Africa*, IX, 24–55.
 (1945) *The dynamics of clanship among the Tallensi*. London; Oxford University Press.
 (1949) *The web of kinship among the Tallensi*, London; Oxford University Press.
 (1953) The structure of unilineal descent groups, *American Anthropologist*, LV, 19–41.

Foster, P.
 (1965) *Education and social change in Ghana*, London; Routledge & Kegan Paul.

Frank, A. G.
 (1969) *Latin America: underdevelopment or revolution*. New York; Monthly Review Press.

Godfrey, E. M.
 (1971) Demand and supply in the food and labour markets of a low-income economy: a model for Ghana. University of Manchester (unpublished Ph.D. thesis).

Harris, J. R. and Todaro, M. P.
 (1968) Urban unemployment in East Africa: an economic appraisal of policy alternatives, *Discussion Paper No. 71*, Nairobi, Institute of Development Studies.

Hart, J. K.
 (1969) Entrepreneurs and migrants: a study of modernization among the Frafras of Ghana, University of Cambridge (unpublished Ph.D. thesis).
 (1970) Small-scale entrepreneurs in Ghana and development planning, *Journal of Development Studies* (July), pp. 103–20.
 (1971) Migration and tribal identity among the Frafras of Ghana, *Journal of Asian and African Studies*, VI, 21–36.
 (1973) Informal income opportunities and urban employment in Ghana, *Journal of Modern African Studies*, XI, 1, 61–89.

Hutton, C.
 (1973) *Reluctant farmers? A study of urban unemployment and planned rural development in Uganda*. Nairobi: East African Publishing House.

Jolly, R. and Cruise O'Brien, R. (eds.)
  Urban unemployment in Africa (forthcoming).
Jones, G. S.
  (1971) *Outcast London*, London; Oxford University Press.
Knight, J. B.
  (1971) Measuring urban–rural income differentials. Paper presented at a Conference on urban development in Africa, I. D. S. Sussex, September 1971.
Lewis, W. A.
  (1954) Development with unlimited supplies of labour, *The Manchester School* (May).
Mayhew, H.
  (1851) *London Labour and the London Poor*, London; George Woodfall & Sons (2 vols.).
Rimmer, D.
  (1970) Wage politics in West Africa, *Occasional Paper No. 12*, Faculty of Commerce and Social Science, University of Birmingham.
Singer, H. W.
  (1971) Rural unemployment as a background to urban unemployment. Paper presented at a conference on urban development in Africa, I. D. S., Sussex, September 1971.
Todaro, M. P.
  (1969) A model of labour migration and urban unemployment in less developed countries, *American Economic Review* (March).
Worsley, P. M.
  (1955) The kinship system of the Tallensi: a revaluation, *Journal of the Royal Anthropological Institute*, pp. 38–75.

Résumé

MIGRATION ET STRUCTURE DES PERSPECTIVES:
ETUDE DE CAS RELATIVE AU GHANA

La structure des perspectives dans les zones rurales et urbaines est analysée ici du point de vue d'un groupe ethnique très mobile, les Frafras du Ghana du N.E. Bien que l'on admette en général que l'activité économique rurale n'est pas entièrement agricole et que le 'secteur moderne' ne peut en aucune façon être entièrement identifié aux zones urbaines, la plupart des observateurs ont en fait relié un certain nombre de typologies qui se chevauchent, dans le cadre d'un ensemble idéal typique comportant deux éléments opposés. Ces modèles sommaires de développement à deux secteurs ne se prêtent pas à une classification des perspectives offertes aux migrantes éventuels dans une situation aussi complexe que celle du Ghana moderne. Il est nécessaire 'd'opérationaliser' des termes vagues comme 'modernisation', 'urbanisation', 'industrialisation', 'développement économique' et 'occidentalisation' en échelles de mesures indépendantes et objectives ou en series de caractéristiques fictives à partir desquelles pourra être établie une typologie croisée. Ce n'est que, lorsque la structure des perspectives aura été totalement définie tant sur le plan subjectif que sur le plan objectif, que nous pouvons commencer à saisir la dimension revenu ou bien être matériel dans la migration des campagnes vers les villes.

Ce document compare l'évolution récente en milieu Frafra au rapport de Fortes portant sur une partie de ce même groupe dans les années 1930. L'empiètement de l'urbanisation et la diversification économique de la région de départ a réduit l'écart entre la ville et la campagne au Ghana moderne. Les taux de migration se sont également rapidement accrus depuis la guerre, l'amélioration des moyens de transport ayant permis de réduire la 'distance' entre le Nord et le Sud.

La structure des perspectives en milieu rural est encore dominée par le système lignager de production agricole. Mais tant dans les villages que dans les communes en croissance, les revenus non-agricoles sont de plus en plus la source de différenciation dans les régions rurales.

La structure des perspectives en milieu urbain en ce qui concerne les travailleurs manuels analphabètes est caractérisiée par une absence de formalité, y compris des possibilités énormes de verser dans le crime. Le tableau d'un secteur des services urbains en prolifération hors du cadre salarial présente beaucoup de contrastes avec la conception courante qui considère les personnes bénéficiant d'un emploi comme formant une 'aristocratie ouvrière' et le vaste reste de la population active urbaine comme étant 'sous employé et en chômage'. Enfin j'étudie dans ce document l'articulation entre la zone de départ et de migration à travers le commerce rural–urbain et les rapports similaires.

La transformation des structures de migration peut être ramenée à une réduction de l'écart physique, culturel, psychologique et économique entre la ville et la région rurale. La rupture avec la région d'origine est très atténuée par les moyens de transport meilleurs, les moyens de communication de masse étendus, les échanges faciles d'informations et de personnel sur de longues distances et l'intégration effective des membres ruraux et urbains d'une société lignagère. Aujourd'hui la migration est donc plus aisée, mais la réduction des différences économiques entre zones rurale et urbaine a également rendu cette migration moins nécessaire. Le tableau global des tendances actuelles est par conséquent extrêmement confus, plusieurs influences agissant dans des directions opposées.

Je souligne l'erreur contenue dans le modèle de migration rurale urbaine en Afrique de Todaro, erreur qui consiste à supposer que dans l'agriculture, le produit marginal résume les perspectives rurales et que les emplois au salaire minimum offert par l'Etat sont le seul élément important de la structure des perspectives en milieu urbain. Les effets de distribution de revenu découlant du contrôle lignager de l'agriculture sont une source puissante de désenchantement pour les jeunes instruits ou illétrés, qui constituent la majorité de la population migrante. Ils quittent leur région d'origine, à cause de possibilités d'accumulation personnelle qu'ils perçoivent dans le Sud, afin de dépenser tous leurs gains comme bon leur semble.

Mes conclusions font ressortir la nécessité d'une réévaluation des bases théoriques, empiriques et politiques de l'étude de l'exode vers les villes. Les économies néo-keynésienne et néo-marxiste ne constituent pas une base adéquate de compréhension du monde réel, toutes deux considérant comme marginale, (donc superflue), par rapport à l'analyse principale, toute discussion de ces secteurs non conventionnels de l'économie qui sont une évidence dramatique dans les pays sous-développés et que laisse de côté également l'histoire économique occidentale. Il est nécessaire d'étudier de façon plus approfondie les rapports récipreques entre les secteurs rural et urbain et entre les secteurs conventionnel et non-conventionnel dans les deux secteurs précédents, avant de pouvoir tirer des conclusions de politiques fermes

XIII

Some sociological aspects of modern migration in Western Africa

OSHOMHA IMOAGENE

Since the turn of the century, West Africa has undergone profound socio-economic changes resulting from increased contact with the Western world. Although trade with West European countries dates back to about three centuries, trading contacts did not significantly affect the traditional social structure before the close of the nineteenth century. Until then it was extremely meagre and consisted mainly of slaves and later palm oil. These items were obtained through exchange at the coast and the European traders did not need to penetrate the interior. The traditional ways of life remained largely unaffected by trading contacts. The trade in primary commodities which developed in place of the slave trade from the middle of the nineteenth century was in several respects the beginning of West African urbanization.

At first, the trading-posts served as assembly and storage points for commodities many of which were produced in the hinterland. It soon became clear that a minimum of administrative control was necessary for peaceful trade. To protect the interests of their traders, the metropolitan countries converted their trading-posts into colonies. It was not immediately realized that peace in the interior was a prerequisite to trade at the coast. The fears of increasing the cost of administration and the uncertainty of effective intervention in interior affairs made the traders confine their interests for a long time to coastal towns. In many cases, these had been created by the traders themselves and had no host groups as such. Everyone was an immigrant and had to adjust to the ways of other immigrants. In discussing migration to these trading centres which later became cities, sufficient distinction has not been made between labour migration, i.e. for wages as such, and what we would call 'psycho-social migration', i.e. for participation in the amenities of urban life.

GROWTH OF WEST AFRICAN CITIES

For purposes of this paper, we distinguish between 'new' towns and cities and 'old' West African towns, the latter term referring to, for example, traditional Yoruba towns which, apart from being generally characterized by stable if sometimes declining population, are essentially traditional communities in social organization and fall outside the scope of this analysis. On the other hand, 'new towns' have grown out of the contact with western Europe either as colonial administrative centres or as economic or industrial centres. They include, for example, all the capital cities of West African countries, nearly all of which have developed as artificial ports built on vacant or very sparsely populated sites. The growth of Abidjan, capital of Ivory Coast, is typical of the modern growth pattern of West African cities. In 1934, it had less than 12,000 people. However, this had increased to 17,143 by 1937; to 46,000 by 1946, and to 125,153 by 1955.[1] That is, the population increased by 730·5% between 1937 and 1955, an annual average increase of 40·6%. This rapid rate of growth of the new cities of West Africa has important implications for migration. Although the growth rate does tend to fall off as a city matures, it has remained considerably above national rate of increase as shown in Table 1.

As can be seen in Table 1, the average annual rate of growth for Abidjan population has fallen markedly from 40·6 to 11·7. This rate has also declined for all the other cities. But the rates of growth are still considerably above the national rates, indicating continuance of substantial waves of immigration into the cities.

Not only capital cities or only cities situated on the coast grew rapidly. Nearly all West African towns which developed in the colonial era as administrative, industrial or commercial centres

[1] Harrison-Church, 1961, p. 350.

grew equally fast. Sapele, an inland port, in Mid-Western Nigeria was only a village on a rather small river, Ethiope, in 1905 when a telegraph line is said to have passed through it to link Warri and Benin. Here trade in rubber and timber developed in the twenties and the population grew to 4,143 in 1931.[1] With a trade boom during and after the Second World War, the township population reached the 33,638[2] mark in 1952 and 61,007 in 1963; increases of about 712% between 1931 and 1952 and 81% between 1952 and 1963, or an average annual increase of 33·9% during the initial years of development and 7·4% thereafter.[3] The old towns tended to decline demographically except where they acquired new functions. In such cases the rate of growth compares favourably with that of the new towns. For example Kumasi, the capital of Ashanti in the former Gold Coast, is an old town which had a population of 5,500 in 1898. According to Busia, 'The historical records suggest that it was a homogeneous population comprising mostly of Ashantis who were mostly farmers...'[4] With commercial and industrial development, Kumasi population grew as follows:

'In 1906, five years after the British had taken over the administration of Ashanti, the population of Kumasi was only 6,250 but by 1911 it had grown to 18,853. Ten years later, in 1921, it had increased by nearly 5,000 to 23,694... and in 1948 a population of over 70,000 was returned at the census.'[5] Thus population increased by 1,020% between 1906 and 1948 giving an average annual rate of 24·3%. By 1966 (UN estimated) it had reached 249,200.[6] In other words, it increased by 256% at an average rate of 14·2% per annum. Again the growth figures compare well with those of Abidjan and Sapele. The first point that emerges from these examples is that the rapid growth of West African towns is principally a function of commerce and industrialization. Old towns which could not perform these new

---

[1] Cox, 1932, p. 24.
[2] Regional Census Office, Ibadan. *Population Census of the Western Region of Nigeria 1952*. Bulletin No. 9, Lagos: Government Printer, 1953, p. 27.
[3] Regional Census Office, Benin: Unpublished Population Census of Mid-Western Nigeria, p. 22.
[4] Busia, 1953, p. 31.
[5] Ibid., p. 32.
[6] *United Nations Demographic Yearbook*, 1966.

Table 1
Growth Rate of West African Capital Cities[2]

Country	Capital city	Base year (i.e. last but one) Census figures	Latest Census figures		No. of years between base and current year	Increase in city population between base and current year (percentages)	Annual average growth rate (percentages)	Annual average growth rate of country between 1958—66 (percentages)
Cameroon	Douala	127,816	200,000	(1965)	3	56.4	18.8	2.2
Nigeria	Lagos	409,959	834,625	(1963)	11	103.6	9.4	2.0
Dahomey	Cotonou	86,000	109,238	(1964)	2	27.0	13.5	2.7
Togo	Lome	73,600	125,000	(1967)	9	69.8	7.7	2.7
Ghana	Accra	337,828	521,900	(1966)	6	54.4	9.1	2.7
Ivory Coast	Abidjan	155,000	300,000	(1966)	8	93.6	11.7	3.0
Liberia	Monrovia	41,391	80,992	(1962)	6	95.6	15.9	1.6
Sierra Leone	Freetown	128,000	148,000	(1966)	3	15.6	5.2	1.2
Gambia	Bathurst	27,809	29,780	(1965)	2	7.1	3.5	1.9
Senegal	Dakar	374,700	400,000	(1963)	2	6.8	3.4	1.2

INITIAL GROWTH AND LABOUR MIGRATION

The case of Sapele previously referred to shows how the increase in employment opportunities created through the multiplication of industrial and commercial establishments can cause a phenomenal increase in town population. By the turn of the century, Sapele was simply a riverside village and remained so till about the First World War. In 1917 Miller Brothers established an export timber trade with a small saw-mill at Koko on the Benin river. In 1929 the United Africa Company took over the saw-mill and later shifted the site of operations to Sapele. The increased demand for wood products during the Second World War led to a large modernization scheme which expanded the scope for employment considerably. Other timber concerns also grew up each with its own saw-mill and employing in some cases three hundred workers or more.[1] These were followed by a large number of smaller partnerships and industrial entrepreneurs. There was also a boom in the rubber trade with the result that rubber and crêpé-processing factories were established. With employment opportunities abundant, the population increased from 4,143 in 1931 to 33,638 in 1952. It consisted mainly of labour migrants, i.e. males within the age range of 15–49. Table 2 depicts two of the features of a migrant labour population typical of the initial phase of city development.

Table 2

Age/Sex Structure of Sapele Township Population (1952)

Males		Females	
0– 6 years	3,557	0– 6 years	3,482
7–14 years	3,276	7–14 years	2,082
15–49 years	11,728	15–49 years	8,716
50 years +	434	50 years +	363

Sixty per cent of the total population in 1952 fell in the productive age-group of 15–49 years. It is middle heavy and

---

[1] Imoagene(1970), p. 49. For the performance of the economy of this community especially in the years before the civil war, see this article on socio-economic conditions in Sapele.

comprises mainly workers and job seekers. Only 2·4% of the population were above fifty years of age. This is indicative of the small number of native-born as compared to immigrant population. A second indication of the migrant nature of the population is the preponderance of males over females especially in the productive age-group. Although males and females between 15 and 49 years make up 60·8% of the total population, it can be observed in Table 2 that the sex ratio within the 15–49 years category is nearly 6 : 4. Not only are many of the migrants unmarried, there is also the tendency for the married to leave their wives behind in the village rather than face the uncertainties of town life with their families. It must be noted that some migrants are seasonal labour migrants and regard their stay as temporary. There is also a second category consisting of those usually referred to as short-term migrants who stay for anything between six months and two years in town. In either case it is more convenient for such migrants to leave their families at home in the village.

With their families in the home village, labour migrants necessarily regard the town as an extension of the village community and reduce rural–urban migration to a mechanical process involving forward and backward movement between town and country. 'While in town, they keep up all the channels of communication with home people through regular visits, letters, messages and gifts etc. . . . By means of an unbroken channel of communication, the forced migrants keep themselves typically within their rural network of social relations. At the end of their career in town, the forced migrants quickly resume their tribal ways in the village as if they have never left it. For them there is a purpose and meaning in the tribal way of life which does not exist in the new, i.e. town way of life.'[1] Labour migration which tends to characterize the initial phase of West African town development involves little, if any, learning. This is not only a result of the habits of migrants but also due to the nature of the urban community itself, all the more so since such towns grow out of the need to establish a centre for trade and administration resulting from foreign contacts rather than a direct connection with the lives of an indigenous population. Gutkind and Southall's description of the social conditions in Kampala

[1] Imoagene, 1967b.

in the early years of its development is also typical of city life in the new towns of West Africa at the same stage of growth. During its initial years of development, the authors observed that the influx of labour migrants into Kampala led to a breakdown of tribal life.[1] This was to be expected since there was little or no provision made to care for the social and cultural needs of migrants who were required as a labour force in the new urban centre. In other words the initial phase of development in West African new towns, many of which had no significant host groups, is characterized to a lesser degree or greater extent by a breakdown of cultural norms and values. City life in those early years is aptly summarized by Chinn when he says that 'the need to provide facilities and amenities to enable the new townsman to adjust himself to a new set of values is one of the major problems of urbanization. The problem is sometimes considered as the need to re-integrate the individual into a new environment. *It should perhaps be stated the other way round—the need to create an environment in which integration is at all possible*'[2] (emphasis mine). In other words, the urban environment during the early years of city growth is not conducive to integrating labour migrants who are attracted to them. This inadequacy is no less physical than cultural. Physically, the emergent city is inadequately equipped to provide its citizens with the amenities which are needed to enable them to adjust to a new set of values. Culturally, there is a sort of vacuum which results from the breakdown of traditional norms and values with nothing yet to take its place. Under these conditions, the loyalties of migrants are to the village and/or the traditional way of life.

As the city matures, there begins to develop a distinctive pattern of life which contrasts with the traditional culture. Not only has the physical environment improved, i.e. sanitary facilities, roads, street lighting, health services including clinics, hospitals, community centres and so on, but rudiments of urbanism also emerge as a way of life in contrast to the traditional way of life. It is during the early part of this later phase that the 'bright light' theory of migration becomes relevant in the sense that migrants tend to be attracted by the new facilities. The

[1] Southall and Gutkind, 1957.
[2] Chinn, 1963, p. 93.

theory however does not suggest any change of loyalties on the part of migrants as such since it is possible for them to adopt the trappings of the new life without changing their attachment to traditional norms and values.

LATER GROWTH AND 'PSYCHO-SOCIAL' MIGRATION

In the later stages, a fundamental change begins to take place in the cultural life of the town. As schools, libraries, recreational and other facilities for the cultural expression of urban life multiply, the town begins to develop a distinct way of life. At this point the influence of the new town begins to be felt in the outlying districts. The economy of the outlying villages, for example, begins to be town-oriented in the sense that production is geared to its needs. A subsistence economy begins to be replaced by a money economy, e.g. through the sale of crops. In the traditional system very few of the crops were sold in the market. Although the young men in the extended family worked hardest in the farm, the elders managed the product of their labour on behalf of the family group since it was the latter which bore the costs of the major ceremonies in the life-cycle of individual members. With increasing commercialization, the tradition of social co-operation and the network of rights and obligations which it entails begins to be replaced by individualism. Other forces emanating from the town which tend to undermine traditional life in the outlying villages are education and religion. Evangelists tend to be based in the towns making occasional missionary visits to the outlying districts. These missionaries teach converts to approach God directly through prayers rather than through the medium of ancestors which leads to further loosening of the bonds tying the individual to the family, a process of disintegration which has also been hastened by Western education in the sense that it upsets pre-existing role relationships by re-defining them in terms of merit rather than ascription. Education also creates needs which cannot be realized in the village community.

In a stable and well-ordered society, the network of interaction is dictated by the culture which in itself provides for stabilized social relations in the formal sense, i.e. the normative framework which defines the expectations of individuals in a given social situation. They are able to anticipate particular responses and to plan for the future as long as their needs and aspirations remain unchanged. When the villages surrounding a town begin to undergo disruptive changes, the traditional pattern of expectations breaks down. In other words when, as we have noted elwhere, 'the needs and aspirations of people are transformed in such a way that the normative framework is no longer reflected in their internalized attitudes',[1] a conflict situation results.[2] Changing social conditions cause ego to change his need-dispositions and to prefer new values. Since these new ends cannot be attained within the traditional framework a conflict tends to develop between one set of norms and values and another which is now seen as better and more desirable. This conflict situation leads to maladjustment to the local community which may result in a decision to migrate to the city. This differently motivated type of migration which we distinguish as 'psycho-social migration' produces a class of migrants which we have called 'genuine migrants' differing essentially from those concerned only in labour migration. It results from the cultural disorganization of rural life caused by a clash of civilizations, i.e. town versus traditional culture. There is very little of it at the initial period of town growth when we cannot yet talk of the culture of the town *per se* as distinct from that of the outlying villages. 'Psycho-social' must not also be confused with 'bright light' migration to urban communities. The latter, which is possible in the first phase of urban growth, results from the experience of and/or stories told by labour migrants concerning urban amenities. One must also distinguish

---

[1] Imoagene, 1967*b*, p. 379.
[2] We have to distinguish here between conflict which results from problems of allocation as distinct from that involving the integrative aspects of the society. Allocation problems may be internal to the personality such as when an individual is inherently unable to cope with the existing social order, or external as when the system itself becomes too competitive. In either case the conflict is not with the existing norms and values as such. The latter are accepted. Rather it is with the system of allocation. By contrast, integrative conflict is one of opposing sets of norms and values. At a lower level integrative conflict may be internal to the individual, i.e. the individual could be a victim of cross pressures resulting from opposing values and he may be so confused that he is unable to make up his mind. At a higher and more explosive level integrative conflict would imply that the individual has made up his mind but that he sees the society as constituting the obstacle to his self-realization. This is the type of conflict referred to in this paper, i.e. a conflict of organized facts in which aspects of Western norms and values stand opposed to and are preferred to traditional norms and values.

between 'psycho-social' and 'labour migration'. The former offers explanation for the rate and incidence of rural–urban migration, while the latter explains only rates. For example, since labour migrants leave home mainly in search of wage employment, it is logical to expect that the more impoverished sections of a rural district will tend to lose more of its population to the town than the wealthier areas. In the same way the higher the level of urbanization attained, the greater its impact on rural life and the greater the possibility of psycho-social migration. The two forms of migration differ, however, in the sense that two cities X and Y at the same level of development may exert the same pull in terms of labour requirements although their impact on the cultural life of the surrounding district may be markedly different. Assuming that city X is situated in West and Y in South Africa, the differences in attitude to the new civilization resulting from the absence of racial discrimination in the one and its presence in the other will tend to affect the learning process and through that the incidence of psycho-social migration.

It is important also that we distinguish psycho-social migration from that which results from personal and normative factors. Personal factors which may sometimes induce people to migrate include unique circumstances or some specific crisis in the life of the individual such as when he is accused of witchcraft, quarrels with members of the local community or wants to escape from some arduous task. In this case there is no suggestion of change in the need-dispositions of the individual. It is simply a matter of inability to cope with the traditional system. Similarly, normative factors which induce people to migrate to towns from rural areas do not imply any change in the migrants' need-dispositions. On the contrary, such factors imply that the traditional norms and values are known and accepted. For example, the act of going to town by itself may be a *rite de passage* and a mark of status. In that case migration need not be motivated by economic or social gains to be realized in the urban environment. Rather it is induced by a wish to conform to the prevailing norms and values in the village. In other words normative factors imply that far from being socially disorganized, the normative framework and patterns of expectations of the traditional system are known and

Some sociological aspects of modern migration

accepted. The point to be noted about normative and, to a lesser extent, personal migration, however, is that they tend to characterize the initial phase of urban development when the culture of the town is as yet underdeveloped and exerts little or no influence on the socio-cultural life of the surrounding villages and towns.

'Psycho-social migration' tends to characterize the later rather than the initial phase of urban development. This must not be construed as a sort of unilineal explanation as it does not suggest, for example, that 'labour migration' is completely absent in the later phase. The implication, of course, is that labour migration tends to fall off as a town matures, for a number of reasons. The least of these is the natural growth of the urban population. As a result of the imbalance between the sexes and the speed with which most towns develop, recruitment through natural increase is necessarily negligible.

The more important reason why labour migration tends to fall off as the urban community matures is the fact that an increasing proportion of the migration from rural areas at that stage not only tends to be psycho-socially rather than labour motivated, but that migration is also augmented from lesser urban centres. In the later phase the urban culture which develops in the major centres affects not only villages but also the lesser towns, i.e. people in the smaller urban communities begin to be attracted by the way of life of the bigger towns. Table 3 illustrates the pull effect which the culture of bigger cities can have on inhabitants of small towns. It summarizes part of the responses to the question, 'Would you like to leave . . . (again) to live elsewhere? Where do you want to go . . .' which we asked in our research on some of the socio-psychological aspects of urbanization in Sapele.

More than half of those interviewed indicated a wish to migrate to larger urban centres. Asked why they wanted to move to these centres only a very few (six in all) talked about labour and employment. Many talked about life being more abundant at the communities of their choice. Some claimed that in bigger towns they will be remote from the extended family and its many obligations. The rest said that bigger towns offered greater opportunities for enjoying life than was possible in Sapele. The capital city of Lagos was mentioned by nearly every respondent as the larger urban centre he would like to go to. Again, looking at Table 3, it is clear that the wish to migrate to larger urban centres tended to increase with increasing urban involvement, i.e. those who were more involved in the sociocultural life of Sapele community were more inclined to migrate

Table 3

Relations between Urban Involvement and Inter-Urban Migration[1]

Nine-point scale of urban involvement	Respondents who indicated a wish to migrate to some larger urban centres	Respondents who indicates no wish to migrate to larger urban centres	Total sample
1	2	1	3
2	1	5	6
3	5	8	13
4	9	6	15
5	10	9	19
6	11	4	15
7	8	5	13
8	4	2	6
9	1	1	2
	$p = 51$	$q = 41$	$N = 92$

$Mp = 5.254$; $Mq = 4.595$; 6 of all cases $= 1.085$. The biserial correlation coefficient (r_{bis}) is 0.39. The Standard error is ± 0.12 and the confidence limits 0.27 and 0.51.

[1] For a full description of the methodology of the research, including the systematic random sample which was drawn to cover the whole of the urban population, reference should be made to Imoagene, 1967a, p. 54.

to larger urban centres. For purposes of this research involvement was defined as 'the extent to which the migrant can be said to have internalized the "new" values. It is a concept which ... lays an equal stress on the network of social ties, cultural change and need-disposition of the migrant.'[2] In other words, the tendencies on Table 3 can be explained in terms of the integrated nature of an action system and the wholeness of a culture both of which form the basis of psycho-social migration. The drive for maximum gratification which induces psycho-social migration from rural areas also explains the inclination for the more involved townspeople to migrate to larger urban centres. One consequence of this trend is the tendency for a few

[2] Imoagene, 1968, p. 403.

big towns in West Africa, especially the capital cities, to grow out of proportion to the second largest, some of which are traditional towns as can be seen from Table 4.

A high degree of disproportion can be observed in Table 4 between the capital and second largest towns. This is accounted for by the fact that capitals are often the most highly urbanized, sociologically speaking, in many West African countries. As

Table 4

Comparison of Second Largest to Capital Cities in West Africa[1]

Country	Second largest towns	Latest Census figures	Ratio of second largest to capital city given the population of the latter as 100
Cameroons	Yaounde	101,000	50·5
Nigeria	Ibadan	627,379	94·3
Dahomey	Porto-Novo	69,500	63·6
Togo	Vogan	15,400*	20·9
Ghana	Kumasi	249,200	47·8
Ivory Coast	Bouake	45,000*	29·0
Liberia	Harbel Plantation	31,730	39·2
Sierra Leone	Bo-Town	26,613*	20·8
Senegal	Koalack	72,000	18·0

[1] The table has been adapted from *The United Nations Demographic Yearbook*, 1966. In the case of the starred items, it was not possible to get the latest census figures for the second largest towns. We have, therefore, used the last but one census data in which both figures were quoted.

a result of such factors as heterogeneous population, high density and speed of growth many of them have developed a style of life which not only contrasts with the traditional but is seen as the very expression of the 'new' life offering maximum opportunities for self-fulfilment.

This tendency for 'psycho-social' motivation to supplant labour migration with increasing urbanization seems to have major policy implications. Policy-makers have sometimes sought to control migration to big towns by undertaking rural development programmes aimed at making the countryside economically viable. Such programmes are likely to be effective in the initial stages of urbanization when the urban culture *per se* is as yet underdeveloped and attraction to the towns for migrants is simply wage employment. But as the major towns become characterized by urbanism as a way of life, they tend to influence the outlying villages and smaller towns so that migration becomes motivated principally by non-economic factors. At that point rural development programmes cease to be effective means of controlling migration. The best policy, it seems to us, will be one that aims at providing the facilities and amenities to enable the new townsmen to adjust themselves to a new set of values.

REFERENCES

Busia, K. A.
- (1953) The impact of industrialisation on West Africa, *Proceedings of the second annual conference of the West African Institute of Social and Economic Research*, Ibadan, March 1953.

Chinn, W. H.
- (1963) Social problems of rapid urbanisation with particular reference to British Africa. *Urbanisation in African social change*. Proceedings of the inaugural seminar, Centre of African Studies, University of Edinburgh, 3–7 January 1963.

Cox, H. B.
- (1932) *Census of the Southern Provinces*. Vol. 8 of the Census of Nigeria, 1931. London: Crown Agents.

Harrison-Church, R. J.
- (1961) *West Africa*. London.

Imoagene, S. O.
- (1966) Select problems and mechanisms of immigrant adjustment in a West African town (some socio-psychological aspects of urbanisation). University of Ibadan, unpublished M.Sc. dissertation.
- (1967a) Mechanisms of immigrant adjustment in a West African urban community, *Nigerian Journal of Economic and Social Studies*, 9, 1, March.
- (1967b) Psycho-social factors in rural–urban migration, *Nigerian Journal of Economic and Social Studies*, 9, 3, November.
- (1968) Urban involvement and rural detachment, *Nigerian Journal of Economic and Social Studies*, 10, 3, November.
- (1970) Sapele: an emergent city in depression. *Ibadan*, 28, July.

Southall, A. W. and Gutkind, P. C. W.
- (1957) *Townsmen in the making: Kampala and its suburbs*. Makerere: East African Institute of Social Research.

Résumé

QUELQUES ASPECTS SOCIOLOGIQUES DE LA MIGRATION MODERNE EN AFRIQUE OCCIDENTALE

Le document a trait aux aspects sociologiques de la migration moderne en Afrique Occidentale et à l'étude en particular du rapport entre ce type de migration et le développement des centres urbains. Les contacts entre l'Afrique Occidentale et l'Europe Occidentale ont commencé avec la traite des noirs. Les comptoirs commerciaux dont la plupart étaient installés le long de la côte sont devenus rapidement des villes et des communes. Le document traite également de la rapidité avec laquelle beaucoup de villes et communes se sont développées plus récemment. La localisation ne semble pas avoir été une condition nécessaire à la croissance rapide. Quelque soit leur emplacement, elles tendent à croître rapidement si elles fonctionnent comme des centres industriels et commerciaux. Le document étudie l'implication de cette croissance rapide de villes pour la migration de la main-d'œuvre. Ayant été bâties sur des sites inhabitées auparavant, beaucoup de villes sont devenues une grande attraction pour les migrants en quête d'emploi. Les activités culturelles étaient, au début, très peu développées dans ces centres urbains et n'avaient presqu'aucune influence sur les villages et les petites villes avoisinantes. A ce stade la migration se limitait à un simple mouvement mécanique effectué entre la ville et la campagne par des gens dont la fidèlité et la croyance en la tradition restaient inchangées.

A mesure qu'elle s'épanouit, chaque ville developpe une culture urbaine distincte et sa propre attraction. A ce stade la migration 'psycho-sociale' commence à remplacer la migration motivée auparavant par 'la recherche d'un emploi'. Le document explique aussi les différences qu'il y a entre la migration 'psycho-sociale' d'une part et la migration individuelle et normative d'autre part. A mesure qu'elle developpe une culture distincte, la communauté urbaine devient une attraction non seulement pour les populations rurales mais également pour les populations des petites villes et ce sont les implications politiques de ces tendances qui sont étudiées dans le document.

XIV

External migration in Togo

TOM K. KUMEKPOR and SYLVERE ISSIFOU LOOKY

The migration of Togolese outside their national boundaries has been influenced by a number of precipitating factors notable among which are the following:

I. EFFECTS OF CHANGES IN COLONIAL ADMINISTERING AUTHORITIES

The history of the social and economic development of the Republic of Togo is intimately tied up with the earlier changes and uncertainties in its colonial administration. The extensive and far-reaching economic development projects initiated by the German Colonial Government which made Togoland the first African country to balance its National Budget in 1908, came to an unfortunately sudden and abrupt end with the defeat and expulsion of the Germans from Togoland after the First World War. The country passed under British Colonial rule for a very brief period and then for about forty years French Colonial Administration with a vaguely defined political status under the League of Nations (and later the United Nations) Trusteeship Council. This trusteeship status which created uncertainty as to the prospects of the Administering Authority in Togo led to an almost total neglect of the development and exploitation of the natural resources of the country and a subsequent lack of investment in any viable economic and industrial superstructures in the country. This led to a stagnation (lack of growth) in the employment opportunities in the country during most of the post-German administration when the population was growing at a fast rate.

A second factor leading to the lack of employment opportunities in Togo during the period immediately following the departure of the Germans is the large number of Dahomeans that the French brought with them to occupy positions in the Civil Service and other paid employments in Togo. Dahomeans continued to flock to Togo for paid employment since the French preferred them as French speakers to the Togolese. However, the stress by the former German Administration on the acquisition of practical skills, such as carpentry, masonry and tailoring on the one hand and on the dignity of hard work, instilled by the teachings and practical life of the German Administrators, equipped most Togolese who found it difficult to secure local employment to adventure outside their own country. Land-locked Upper Volta to the North, itself a labour market for plantations in Ivory Coast, did not appeal to the would-be Togolese migrant. On the other hand, rich Gold Coast (now Ghana) offered attractive prospects to those willing to work. The 'Gold Coast', part of which shares many cultural and linguistic characteristics with Togo, thus became a dreamland to many an adventure-seeking Togolese. In this respect, it is worth noting that the 1960 Population Census recorded 2,341 males and 1,370 females, a total of 3,711 Togolese of thirty-five years and above, born in Ghana. These are no doubt children of the early migrants to Ghana. The same source recorded 17,461 Togolese of fifty years and above as born outside Ghana. These figures give an indication of the extent of the early migratory movements of Togolese towards Ghana.

II. THE POLICY OF 'FORCED LABOUR' AND THE HARSHNESS OF FRENCH ADMINISTRATION IN TOGO DURING THE SECOND WORLD WAR

The French Administration compelled many villages to produce predetermined quantities of palm oil, palm kernel, rubber, etc., free of charge, under rigid and brutal military regimentation to help the French fight the war. The policy was carried out in such an inhuman way that it led to a great exodus of many able-bodied adults, especially from the 'Oil Palm Belt' of the Maritime Region to settle permanently in Ghana, visiting home only occasionally. This led to wholesale movements of entire or an appreciable proportion of communities and their transplantation into Ghana, accounting for the many 'Togolese villages' found in parts of the Eastern and Greater Accra regions. (These villages are the subject of another paper in this Seminar.)

III. THE PARTICULAR CONDITIONS CREATED BY THE PARTICULAR EDUCATIONAL SYSTEM INTRODUCED BY THE FRENCH

Unlike the German school system which devoted a considerable part of the early years in school to a study of the local language and institutions, the French system introduced the child (around 5–6 years of age) straight into the Elementary (Primary) School stream which lasted only six years. Thus the majority of those who went to school early completed their Elementary School education in Togo by the time they were 12–13 years old but were usually considered too young to be gainfully employed. At the same time, educational facilities beyond the Elementary School (up to the early fifties) were very limited indeed. Many young children coming out of the Elementary Schools therefore either turned to Ghana to continue their education or went to Ivory Coast to seek employment. It in fact became fashionable from the thirties, and is still common today, for parents to encourage their children to continue in a school in Ghana after completing the Elementary School in Togo. In this respect it is worth noting that the 1960 Population Census recorded 2·4% of the Togolese resident in Ghana as 'students', in addition to 3·4% of those in employable ages as 'apprentices'. The proportion designated as 'students' (2·4%) is high indeed and second only to the indigenous Ghanaian population (4·4%) especially in view of the fact that only 1·5% of all foreigners in Ghana were 'students'. Naturally, most of those Togolese who have come to Ghana for educational purposes have either continued in Secondary School and beyond, after which they have sought employment in Ghana or have entered the labour force immediately after completing the elementary school. This particular environment created by the peculiarities of the educational system in Togo precipitated migration possibilities for the educated Togolese who now do not look only to Gold Coast (Ghana) for adventure in search of jobs but can and do now move to other French-speaking countries, especially to Ivory Coast. The hostilities to other

External migration in Togo 361

West Africans resident in Ivory Coast in 1958 which led to a mass repatriation of over 8,000 Togolese from Abidjan in particular, gives but a faint idea of the extent of the Togo–Ivory Coast migratory movements.

IV. SEMI-PERMANENT SETTLEMENT IN FRANCE

Apart from a large number of Togolese immigrants found throughout the Western Coast of Africa and the Congo, a large number of Togolese go to France either for higher education or to work and then settle there. Those who go to France (particularly for higher education) and remain in France, do so not so much because they prefer France to their own country but because they prefer working conditions in France to the shabby treatment given to them in their own country which is constantly being flooded by young, inexperienced and incompetent 'Petits Français' sent there by 'Mother France' as experts. As a result of the factors enumerated above and others not discussed here, there is a continuous exodus of Togolese to other countries promising opportunities of steady employment. Notable among these countries for out-migration of Togolese are Ghana and Ivory Coast.

Unfortunately, the study and documentation of external migratory movements of Togolese have been neglected. There is very little information upon which to base an exhaustive treatment of the subject. We shall, however, utilize three main sources in order to draw some conclusions.

(1) The Monthly Statistical Bulletins publish statistics of 'arrivals' and 'departures' by air and sea. The figures for 1956–66 are presented in Table 1 below. Although they do not include the large amount of unrecorded movements to and fro across the borders with the neighbouring countries, they nevertheless give some indication of the situation being discussed.

The excess of passengers entering the country over those leaving over a period of eleven years (1956–66) was 12,358 of which 8,420 were recorded in 1958. It should be noted that the year 1958 is important for the mass hostility to West Africans resident in Ivory Coast, especially Abidjan, resulting in the mass repatriation of many Togolese normally resident in Ivory

Table 1

Passenger Arrivals and Departures by Air and by Sea 1956–66

Year	Arrivals by (1)			Departures by (2)			Differences (1)–(2)
	Air	Sea	Total	Air	Sea	Total	
1956	2,530	3,436	5,966	2,639	2,575	4,214	+1,752
1957	1,966	4,007	5,973	2,016	2,980	4,996	+977
1958	4,767	9,272	14,039	2,500	3,119	5,619	+8,420
1959	2,345	2,062	4,407	2,519	1,899	4,418	−11
1960	3,145	2,226	5,411	2,935	1,871	4,806	+605
1961	2,875	2,473	5,343	2,461	1,882	4,343	+1,005
1962	2,933	2,847	5,780	2,913	2,039	4,952	+828
1963	4,192	2,565	6,757	4,767	2,883	7,650	−893
1964	6,241	2,777	9,018	6,352	3,770	10,122	−1,104
1965	6,867	2,314	9,181	6,939	1,670	8,609	+572
1966	6,395	2,129	8,524	6,651	1,666	8,317	+207

Source: Monthly statistical bulletins—Statistics of arrivals and departures for the years 1956–1966.

Coast. If these figures are excluded on the basis that they were the results of an accidental and exceptional occurrence, we then have, for a period of ten years, an average excess of 400 arrivals over departures per annum.

(2) Our second source of information on external migration, the 1961 Demographic sample survey, also shows a net gain of arrivals over departures. Analysis of Table 2 below shows that the proportion of people born outside Togo, other than Ghana and Dahomey (border states with Togo) represents only 0·9% of the total resident population while those born in Ghana and Dahomey account for 5·8% of the total resident population. Thus exchange of population between Togo and its two border states (Ghana and Dahomey) is more than six times as high as those with all other countries.

Table 2

Foreign-born Population Enumerated in Togo in 1961

Country of birth	Absolute numbers			Per cent		
	Male	Female	Total	Male	Female	Total
Born in Ghana	23,235	27,445	50,680	3·2	3·4	3·3 ⎫ 5·8
Born in Dahomey	17,880	20,870	38,750	2·4	2·6	2·5 ⎭
Born in other foreign country	7,110	6,790	13,900	1·0	0·8	0·9
Total born outside Togo	48,225	55,105	103,330	6·6	6·8	6·7
Total population	730,745	811,805	1,542,550	47·4	52·6	100·0

External migration in Togo

(3) Our third source of information on External Migration in Togo is the 1960 Population Census of Ghana which recorded more than 280,000 Togolese resident in Ghana in 1960. Of this number more than 175,000 were born outside Ghana, most probably in Togo, that is, for every five people enumerated in Togo in 1961, there was one Togolese enumerated in Ghana.

Table 3

Togolese Enumerated in Ghana in 1960 by Sex and Age Groups

Age group	Togolese enumeration in Ghana in 1960				% born outside Ghana by sex and age group		Difference males and females born outside Ghana
	Males		Females				
	Total	Of which born outside Ghana	Total	Of which born outside Ghana	Males	Females	
0–4	27,047	5,090	26,932	5,013	18·8	18·6	+77
5–9	20,509	6,944	19,627	7,333	33·8	37·4	−389
10–14	13,846	7,175	12,457	6,825	51·8	54·8	+350
15–19	11,933	8,404	11,190	7,898	70·4	70·6	+506
20–24	12,565	10,024	14,801	11,986	79·8	81·0	−1,962
25–29	14,550	12,509	14,366	12,256	86·0	85·3	+253
30–34	12,796	11,427	10,408	9,254	89·3	88·9	+2,173
35–39	10,734	9,763	6,867	6,251	90·9	91·0	+3,512
40–44	8,058	7,545	4,551	4,213	93·6	92·6	+3,332
45–49	5,993	5,662	2,635	2,474	94·5	93·9	+3,188
50–54	4,105	3,928	1,946	1,857	95·5	95·4	+2,071
55–59	2,381	2,286	981	942	96·0	96·0	+1,344
60–64	2,299	2,209	1,024	980	96·0	95·7	+1,229
65+	3,892	3,728	1,614	1,531	95·8	94·9	+2,197
Total	150,708	96,694	129,399	78,813	64·2	60·9	+17,881
15+	89,306	77,485	70,383	59,642	86·5	84·7	

On the assumption that children follow the migratory movements of their parents, we may summarize the consequences of these migratory movements, trends and patterns for the Togolese population as follows:

(a) Togo–Ghana and Ghana–Togo migratory movements are of varying importance to, and have different implications for, the Togolese population and economy as a whole. The extent of this migration between the two countries can be estimated in terms of the number of nationals of one country (say Togo) resident in the other (say Ghana) and vice versa. From the scanty data available, it could safely be estimated that for every three Togolese leaving for Ghana, only one would be expected to be coming in from Ghana to Togo. The 1961 Demographic Sample Survey enumerated about 50,000 Togolese resident in Togo but born in Ghana. An analysis of the foreign-born population recorded in the 1960 Population Census of Ghana and the 1961 Demographic Sample Survey of Togo gives some clues to the possible extent of population exchanges between the two countries, especially the extent of the movements of Togolese to Ghana. The results of this analysis show that:

	Males	Females	Total
(a) Born in Togo and resident in Ghana in 1960 were	96,700	78,800	175,500
(b) Born in Ghana and resident in Togo in 1961 were	22,800	27,800	50,600
(c) Togolese net immigration to Ghana, therefore is	73,900	51,000	124,900

In terms of the resident population in Togo in 1961, this migration to Ghana meant a loss of 11% of the male population and only 6% of the females, i.e. 8% of the total population.

(b) Apart from reducing the total population of the country of origin (Togo) such migratory movements and patterns as discussed above do introduce an imbalance between the sexes of the resident population. More men than women migrate to Ghana, resulting in a sex ratio of 123 males to 100 females Togolese migrants to Ghana, while that of returning Togolese born in Ghana is almost the opposite, i.e. 100 males to 122 females. This phenomenon, moreover, helps to explain the imbalances between the sexes recorded for the population of Togo in 1961 (i.e. 90 males to 100 females) as well as in the Togolese population enumerated in Ghana in 1960 (i.e. 116 males to 100 females). Thus while the recorded sex ratio for ages under ten years in Togo in 1961 is in the neighbourhood of 100%, that of ages ten years and over (i.e. the population mainly affected by migration) is 84 males to 100 females as compared with 124 male to 100 female Togolese resident in Ghana in 1960.

(c) Table 3 reveals that the proportion of girls migrating to Ghana is higher than that of boys between the ages of 10–15 years but thereafter decreases much faster than that of the males.

(d) A sociological study conducted by Orstom at the end of 1964 in the plains of Mo-Fazao reports a similar phenomenon up to age fourteen. This information lends support to this phenomenon recorded locally in Togo although the Togolese data and those of Mo-Fazao do not refer to the same dates and cannot claim the same degree of accuracy in the estimation of the ages of those enumerated. A further support for this observation is that the distribution by sex, age and region of residence of the Togolese born in Ghana follows a similar pattern to that of the Togolese migrants to Ghana. This may mean that either children follow the migration patterns of their parents or stay as close as possible to their parents' region of residence or that Togolese are attracted to particular regions of Ghana, notably the Volta, Eastern and Greater Accra regions.

(e) The different ethnic groups in Togo are differently exposed to the effects of migration (see Table 4 below). For

Table 4

Togolese Enumerated in Ghana in 1960 but Born Outside Ghana by Sex and Ethnic Origin

Ethnic Group	Absolute numbers			Percentage		
	Males	Females	Total	Male	Female	Total
1. Ewe	50,760	39,530	90,290	52·0	49·3	51·1
2. Kotokoli	10,190	11,820	22,010	10·6	14·8	12·8
3. Tchamba	7,540	7,440	14,980	7·8	9·3	8·5
4. Gourma	4,600	2,860	7,460	4·8	3·6	4·2
5. Konkomba	2,370	2,510	4,880	2·5	3·1	2·8
6. Pilapila	1,730	1,890	3,620	1·8	2·4	2·0
7. Yoruba and Ibo	1,580	1,420	3,000	1·6	1·8	1·7
8. Mande	1,010	680	1,690	1·0	0·8	1·0
9. Akan	880	600	1,480	0·9	0·7	0·8
10. Anyi Bawle	810	590	1,400	0·8	0·7	0·8
11. Songhai (Zabrama)	1,250	190	1,440	1·3	0·2	0·8
12. Mole Dangbani	940	330	1,270	1·0	0·4	0·7
13. Central Togo Tribes	540	660	1,200	0·6	0·8	0·7
14. Grussi	210	70	280	0·2	0·1	0·2
15. Ga Adangbe	140	90	230	0·1	0·1	0·1
16. Other tribes	11,910	9,450	21,360	12·3	11·8	12·1
Total	96,460	80,130	176,590	100·3	99·9	99·9

Based on 1960 Population Census of Ghana. Special Report 't' Table 9.

Table 5 (Part I)
Employment Status of employed persons in Ghana (aged 15 years and over) by sex and Place of Origin—1960 (percentages)

Employment status	Urban			Rural			All Togolese		
	M	F	T	M	F	T	M	F	T
Employers and self-employed	5.8	6.1	11.9	22.0	12.1	34.1	27.8	18.3	46.0
Employees public sector	4.7	0.1	4.8	3.4	0.0	3.4	8.1	0.1	8.2
Employees non-public sector	5.7	0.3	6.0	15.5	1.5	17.0	21.1	1.9	23.0
Family workers total	0.2	0.3	0.5	4.0	7.2	11.2	4.2	7.5	11.7
Apprentices total	1.9	0.1	2.0	1.2	0.2	1.4	3.0	0.4	3.4
Caretakers in agric.	0.1	0.0	0.1	7.0	0.5	7.5	7.1	0.5	7.5
All employed total	18.3	7.0	25.3	53.1	21.6	74.7	71.3	28.7	100.0
N-total No.	19,756	7,597	27,353	57,451	23,428	80,879	77,207	31,025	108,232

Source: 1960 Population Census of Ghana, Vol. III, Table II.

Sources:
1. *Service de Statistique Générale, Lomé:*
   (a) 1960 Population Census of Togo; (b) 1961 Demographic Sample Survey of Togo.
2. M. Vlassenko: Population active et emploi au Togo.
3. T. K. Kumekpor and S. I. Looky: The Demographic Situation in Togo prior to 1970.
4. The 1960 Population Census of Ghana, Vol. III.

Table 5 (Part II)

Employment Status of employed persons in Ghana (aged 15 years and over) by sex and Place of Origin—1960 (percentages)

Employment status	All foreign population			Ghanaian population			Total population		
	M	F	T	M	F	T	M	F	T
Employers and self-employed	32·0	14·6	46·6	34·4	32·1	66·5	34·1	29·1	63·6
Employees public sector	8·5	0·2	8·7	6·6	0·6	7·2	6·9	0·6	7·5
Employees non-public sector	28·1	21·1	29·2	8·0	0·8	8·8	10·9	0·9	11·8
Family workers total	3·7	4·1	7·8	6·4	8·0	14·4	6·0	7·4	13·4
Apprentices total	1·5	0·1	1·6	1·6	0·3	1·9	1·5	0·3	1·8
Caretakers in agric.	5·8	0·3	6·1	1·1	0·1	1·2	1·8	0·1	1·9
All employed total	79·5	20·5	100·0	58·1	41·9	100·0	61·3	38·7	100·0
N-total No.	299,912	77,402	377,314	1,268,053	914,016	2,182,069	1,567,965	991,418	2,559,383

Source: *1960 Population Census of Ghana*, Vol. III, Table II.

Sources:
1. Service de Statistique Générale, Lomé:
   (a) 1960 Population Census of Togo; (b) 1961 Demographic Sample Survey of Togo.
2. M. Vlassenko: Population active et emploi au Togo.
3. T. K. Kumekpor and S. I. Looky: The Demographic Situation in Togo prior to 1970.
4. The 1960 Population Census of Ghana, Vol. III.

example, about half the Togolese migrants to Ghana (51%) are Ewe, followed by the Kotokoli (13%), the Tchamba, the Gourma and the Konkomba, all ethnic groups bordering Ghana. Thus, ethnic groups who are near the Ghana border tend to migrate to Ghana more than others, while some ethnic groups, such as the Cabrais, scarcely move beyond the national borders.

Analysis of the records of the 1960 Population Census of Ghana by type of economic activity shows that 25% of Togolese resident in Ghana were in urban employment as against 75% in rural employment. An analysis of their employment status (Table 5 below) reveals that the majority (46·6%) of those employed were self-employed or employed others to work for them, usually as skilled artisans. Those employed mostly found employment in the non-public sector (23%) as against only 8% who were employees in the public sector. A significant proportion, 7·6%, went to Ghana as farm labourers.

A number of factors however contribute to the relatively high non-return rate of Togolese migrants to Ghana, especially those born in Ghana. Among them are:

(1) The high fluctuations in the rate at which the CFA franc, the official currency of Togo, is exchanged for cedis (Ghana currency) at the Ghana–Togo Border by the Yorub money-dealers. The system works adversely for the returning migrant since the value of his earnings in terms of the CFA franc is greatly reduced, sometimes by 50–60%.

(2) The distance between most Togolese home towns and their Ghanaian residences is usually not great, in most cases shorter than the homes of Ghanaians from regions such as Ashanti, Brong-Ahafo and the Northern Region who are resident in Accra. The distance factor makes it easy for most Togolese resident in Ghana to pay frequent visits home while maintaining semi-permanent residence in Ghana.

(3) The language factor—most Togolese born in Ghana do not speak French—makes it impossible for them to seek employment in Togo where the official language is French. Thus, even where they are willing to return, this

compels them to remain in Ghana at least for the period of their working life. The influence of this factor was clearest during the enforcement of the Aliens Compliance Order in 1969. Those who have had higher education in Ghana also usually find it difficult to obtain decent jobs in Togo since the level of their professional French may not be high enough for them to work efficiently in that language. The majority therefore remain in Ghana where they find it easier to get work. This explains the considerable number of educated Togolese migrants to Ghana who 'go Ghanaian' by unofficially changing their citizenship.

The external migratory movements and patterns discussed in this paper result in an ageing of the populations of the out-migration zone and a younger population structure in the zones of population attraction. They also adversely affect the male population in the 'active age-group' (labour force) and that of the females in the reproductive age-groups. The implications (both positive and negative) of these for the labour force and for the fertility of Togo should not be underestimated. When the results of the 1970 Population Census and the 1971 Demographic Sample Survey are released, the situation should be reviewed, using the recorded migration figures supplemented by a survey of the causes, duration and direction of these migratory movements.

Résumé

MIGRATIONS EXTERNES AU TOGO

Plusieurs facteurs fondamentaux ont contribué à l'accélération des migrations externes au Togo. Après la première guerre mondiale, le Togo est passé sous tutelle française; cette tutelle a été vaguement définie devant la Société des Nations (et ensuite devant l'ONU). Cette imprécision a abouti à une négligence quasi-totale du développement et de l'exploitation des ressources du Togo et à une stagnation relative du marché de l'emploi. Après le retrait des Allemands, les français ont installé au Togo grand nombre de Dahoméens qui ont occupé des postes administratifs, les togolais ne parlant pas français à cette époque. D'autre part, les togolais qui avaient reçu une formation solide dans le cadre de l'enseignement allemand ne trouvant pas de travail au Togo se sont risqués à en rechercher dans d'autres pays, principalement dans la séduisante Gold Coast.

Dans la guerre la politique brutale et inhumaine des français, imposaient la production de quantités d'huile de palme, de palmiste, de caoutchouc et fixées d'avance, en vue de l'aide à la France. Le raccourcissement de la durée de l'enseignement par les français, au moment de la tutelle allemande, l'enseignement élémentaire était plus long et pratique. Les français ont réduit sa durée à 6 ans seulement, si bien que l'entrée sur le marché du travail intervenait à un âge précoce (12–13 ans). D'autre part, les possibilités de poursuivre des études étaient très limitées jusqu'en 1950. C'est pourquoi la majeure partie des jeunes devait se rendre au Ghana pour poursuivre leurs études ou en Côte d'Ivoire pour chercher un emploi. Beaucoup de togolais vont en France et y restent parce qu'ils préfèrent les conditions de travail offertes dans ce pays. Dans leur propre pays, ils se sentent maltraités par 'les petits français' envoyés par la métropole française comme experts.

Les principaux pays d'arrivée de l'émigration togolaise sont le Ghana et la Côte-d'Ivoire. Les sources consultées indiquent que 5,8% de la population non née au Togo, mais y résidant, sont nés au Ghana et au Dahomey. Pour les autres pays ce pourcentage est de 0,9%. S'agissant des mouvements migratoires Togo–Ghana et Ghana–Togo, il a été établi que sur trois togolais émigrant au Ghana, un seul revenait au Togo. En termes de la population togolaise, cette émigration au Ghana représente un pourcentage important d'hommes (11%) et des femmes (8%) avec l'effet qui en découle sur le rapport des sexes. En ce qui concerne les différentes ethnies, on a constaté que les Ewe représentant 51,2% de l'émigration totale, suivis par les Kotokoli (12,8%) et les Gourma (8,5%).

Les principaux facteurs qui expliquent que les émigrants togolais ne reviennent pas du Ghana sont: le taux de change peu favorable du cédi par rapport au franc CFA. Le cédi perd environ 50–60% de sa valeur lorsqu'il est converti en francs CFA; le facteur-distance: les togolais du Ghana ne vivent pas loin de leur lieu d'origine et peuvent donc s'y rendre fréquemment, tout en vivant au Ghana; le facteur linguistique: la majorité des togolais nés au Ghana ne parlent pas français.

XV

Migration des pionniers Mourid wolof vers les terres neuves: role de l'économique et du religieux

ELISABETH N'DOYE

Le mouvement de migration vers les Terres Neuves a eu et a conservé un rôle primordial dans le développement de l'agriculture arachidière sur laquelle est fondée depuis l'ère coloniale la politique d'exploitation du sol sénégalais. Ce mouvement est le plus souvent dénommé 'mouvement des pionniers mourid wolof vers les Terres Neuves', ainsi tous les méfaits et les bienfaits en sont attribués aux mourid wolof donc à un mouvement de migration religieux.

Au début du siècle, le territoire dénommé Terres Neuves recouvrait la quasi totalité de l'actuel bassin arachidier, le phénomène migratoire est donc lié à l'extension des terres cultivées. A. Vanhaeverbeke (1970) nous donne une explication économique du phénomène migratoire. A son avis, l'émigration correspond au départ d'une capacité de main-d'œuvre inutilisée dans les terroirs d'origine après l'ouverture de nouveaux débouchés à l'agriculture d'exportation (grâce à la mise en place d'infrastructure des transports et à l'augmentation de la demande d'arachide par la métropole). Il détermine un niveau de population rurale optimale de 27 habitants au Km2 en zone wolof nord, 50 au sud de cette zone et 60 en zone sérer, taux à partir desquels l'extension territoriale devient nécessaire dans le cadre de l'utilisation de techniques traditionnelles. Selon lui ces taux de population maximale furent atteints selon les régions: entre 1900 et 1910 en zone wolof nord; entre 1920 et 1930 au sud; entre 1930 et 1940 en zone sérer.

Or selon P. Pelissier (1966) les migrations commencèrent à

peu près durant ces périodes dans les trois régions ainsi les premiers départs des wolof mourid commencèrent vers 1912. L'explication des migrations est donc également économique, elle tient au fait notamment que, l'administration pour régler le problème posé par l'apparition du goulot d'étranglement-terre, préfère l'extension agricole aux investissements énormes que demanderait le choix d'une agriculture intensive.

Parmi les premiers à émigrer, on trouve les wolofs dès 1912 et surtout les wolof mourid. Cette coincidence entre mouvements religieux et économique peut être la raison pour laquelle on a fait du mouvement général un phénomène purement mourid wolof. Seule, une étude démographique portant sur l'ensemble du territoire révèlera l'importance numérique actuelle des Mourid et elle sera encore insuffisante à montrer leur importance historique. Deux enquêtes de M. Cros (1968), et Baldé (1970) effectuées pour les services de l'Aménagement du Territoire permettent de penser qu'actuellement les Mourid wolof ne seraient plus majoritaires sur le front pionnier. Pour M. Baldé, même, il y a plus eu mouridisation des migrants après leur installation en zone d'établissement des wolof mourid qu'immigration de Mourid en Terre Neuve. Pour M. Pélissier, les Mourid wolof furent les initiateurs mais il ajoute qu'à partir de 1927 ils furent rejoints par des colons indépendants Tidjan du Cayor Septentrional (entre 1932 et 1934 et entre 1942 et 1944) et par la suite par les sérer. Il est donc intéressant de voir voir ce qui a permis aux Mourid wolof de se singulariser au point de dominer et d'influencer les autres migrants.

MOURID WOLOF: ORGANISATION DES MIGRATIONS

1. Organisation de la progression

'Amadou Bamba disait que tout le monde doit aller vers l'Est pour travailler. Cette parole je la tiens des vieux.' 'Ce conseil concerne tous les mourides, tous les musulmans' dit le marabout fondateur de Darou Kharim, village mourid. Ainsi, on a coutume d'attribuer à Amadou Bamba le choix de l'orientation du mouvement général de migration, certains faits historiques confirment cette thèse notamment les premiers départs des Mourid s'effectuèrent vers l'Est ainsi fut créé le croissant du mouridisme Touba—Diourbel—Darou-Mousty. Cependant il est à peu près certain que les intérêts économiques devinrent rapidement la cause essentielle de l'orientation du mouvement. Après 1927, la progression devint un mouvement plus organisé et le caractère économique fut alors mis à jour de plus en plus, car ce qui attirait les migrants, ce furent les infrastructures (le chemin de fer et les puits et forages) et la recherche de vastes étendues inexploitées qu'offraient notamment les forêts du Ferlo, le Sine Saloum (au sud). Si au début les Mourid wolof se contentaient de suivre leurs marabouts obeissant ainsi aux dogmes religieux, par la suite comme l'indique Saliou Baldé, et peut-être sous l'influence des migrants wolof Tidjan moins fanatiques, à partir de 1932, les migrations ne se firent plus en groupes religieux mais le plus souvent en familles. Ainsi, il arrivait que l'on ne suive même plus son cheikh comme le veut la religion, mais un autre parce que les avantages offerts par ce dernier étaient plus grands. Actuellement, et nous ne pouvons dire depuis quand, le marabout pour attirer des talibés à sa suite doit accepter certains sacrifices monétaires (du fait de l'endettement des paysans et parce qu'avant le départ les migrants tiennent en général à s'équiper).

Les nécessités économiques ont fait disparaître le caractère religieux qu'avait sans doute le mouvement du point de vue de son orientation à l'origine. A l'extrême, certains propriétaires terriens ont une influence assimilable à celle des cheikhs sur les migrants mourid wolof.

La qualité de la terre est sans doute le facteur essentiel d'implantation en terre neuve. Ce choix de la terre doit être fait le plus judicieusement possible car la solidité du lien qui unit le propriétaire du sol et ceux qui le mettent en valeur en dépend. Le cheikh joue donc ici un véritable rôle d'aménagiste, son action porte sur la prospection des terres dans le but d'obtenir les terres les plus vastes et les meilleures et sur l'organisation de l'accueil des *talibés*. En ce qui concerne l'organisation de l'accueil, la mise en place d'équipements d'infrastructure dépend de l'importance qu'il a aux yeux de l'administration et donc notamment du nombre de ses *talibés*. Pour ce qui est de la prospection ce qui singularise le cheikh Mourid wolof c'est la possibilité qu'il a d'être assisté par ses *talibés* grâce à une règle du mouridisme qui veut que le *talibé* 'suive' son cheikh et qui, réinterprétée intelligemment finit par signifier que le *talibé* doit 'aller où son cheikh l'envoie'. Ainsi les *talibés* peuvent annexer au cours de leur progression de nouvelles terres et les essayer à la culture au profit du cheikh. Ces terres s'ajoutent à celles que le marabout s'est lui-même approprié et les renseignements que les *talibés* lui procurent sur la qualité des terres viennent compléter ceux qu'il a obtenus au cours de ses déplacements et tournées religieuses ou auprès de l'administration. Seul le lien de dépendance mourid permet d'utiliser l'attachement religieux à des fins devenues aujourd'hui presqu'entièrement économiques, du moins pour certains cheikhs qui profitent de l'obéissance aveugle que doit le talibé au cheikh qu'il s'est choisi. Dans les autres confréries religieuses sénégalaises en effet cette forme 'd'obligation ne permettant pas la discussion' n'existe pas.

2. *Etablissement en terre d'immigration*

'Un homme courageux doit fonder un village'. 'Quand Sérigne Touba était là, il le faisait, Sérigne Modou Moustapha le faisait, Sérigne Falilou le faisait (...). Tous ont fondé des villages et ont conseillé à leurs *talibés* de les imiter' (Rocheteau, 1970). La construction d'un village est donc un acte de courage pour le Mourid wolof. Il est certain qu'au moment de leur fondation, ces villages ont une forme précaire ce qui permet de penser que lorsque les aspirations religieuses dominaient les nécessités matérielles, le *daara* était la règle.[1] Les études de l'ORSTOM en milieu arachidier sénégalais, nous apprennent que la fixation dans un endroit ne devient définitive qu'après que la qualité de la terre ait été jugée satisfaisante. La transformation du *daara* en village par l'arrivée des familles de *tackders* notamment dépend en effet de la productivité de la terre. Il faut que la production puissent faire vivre les *tackders* et leur famille sans que la part destinée à l'exportation et à la commercialisation diminue. Cette transformation du *daara* en village correspond sans aucun doute à un relachement de l'influence religieux du marabout sur les ruraux, seul le *daara* peut être cette 'association coopérative agricole à base confessionnelle' dont parle en 1913

[1] Village mourid traditionnel; sans femme, peuplé d'adultes (*tackders*) qui se sont donnés au marabout pour lui prouver leur attachement. 'La vie matérielle n'étant plus pour eux qu'un accessoire'...'et toute richesse, travail, produit, récolte sont apportés et livrés au Sérigne sans aucune condition' (P. Marty, Les Mourides d'Amadou Bamba).

A. Marty où 'le cultivateur devient une simple unité productive dans la grande famille mouride' ou 's'il n'a pas de terre on lui assigne la parcelle qu'il cultivera, on lui donne la quantité de semences nécessaires, on met à sa disposition les animaux ou les instruments voulus: il doit aider ses frères ou en être aidé dans les moments de presse' et ou 'lors de la récolte le cheikh entre en possession de tous les produits et leur donnera un écoulement régulier et rémunérateur' (Marty, n.d.); Au contraire dans le cadre du village qui est celui que l'on rencontre le plus fréquemment actuellement le marabout fondateur règle l'accès aux terres qui entrent dans son patrimoine, donc a toujours certains pouvoirs, mais, comme la migration est devenue un phénomène familial comme nous dit Saliou Baldé, le paysan peut se trouver sur le territoire d'un village dont le marabout fondateur n'est même pas son cheikh donc avec lequel il n'a aucun lien religieux. Le marabout fondateur pour attirer des migrants même Mourid wolof auprès de lui doit réunir certaines garanties économiques. Son pouvoir sur les villageois wolof mourid passe cependant avant celui des autorités civiles le plus souvent notamment en matière de partage du territoire et du contrôle foncier, il joue le rôle d'arbitre que devrait normalement jouer le chef du village.

Ainsi donc les Mourid wolof, au cours de leur progression, disposent de moyens techniques plus grands que les autres migrants. Ceci est l'un des attraits du mouridisme et pourrait expliquer le fait qu'en nombre suffisant ils auraient pu être les seuls 'pionniers' c'est-à-dire les seuls migrants vers les Terres Neuves. Mais comme nous l'avons vu les intérêts religieux ayant été remplacés par des intérêts purement économiques, le mouvement de migration religieux a été remplacé par un mouvement économique et les Mourid wolof sont devenus de simple ruraux en déplacement avec peut-être plus d'avantage que les autres puisque leurs cheikhs ont eu la possibilité de s'approprier les terres sans doute les plus vastes et de la meilleure qualité qu'il soit. La mouridisation n'est qu'un moyen d'acquérir ces avantages: l'économique l'emporte ici sur le religieux.

MOURID WOLOF ET ORGANISATION DU TRAVAIL

L'organisation du travail agricole chez les Mourid donne lieu tantôt à un jugement admiratif, tantôt à de violentes critiques.

Pour certains, la sanctification du travail en milieu mourid permettrait aux adeptes du mouridisme d'avoir un niveau de productivité incomparable.

Amadou Bamba quant à lui n'a jamais ni sanctifié le travail ni stigmatisé la paresse, dans ses écrits du moins. Il est possible cependant que des interprétations ultérieures de sa pensée aient transformé la sanctification du travail en un dogme du mouridisme. Dans ce cas, la pratique religieuse entrainerait les mourid à avoir éventuellement une activité agricole exemplaire. Cette pratique nous l'avons étudié à travers diverses enquêtes de l'ORSTOM en milieu arachidier. Ces études ont été effectuées sous forme de monographies de village donc ne sont que des exemples non généralisables tant qu'un travail d'ensemble n'aura pas confirmé leur résultat. Ces études ont permis de comparer l'effort agricole moyen du Mourid à celui du paysan ordinaire. G. Rocheteau (1969) a calculé l'indice d'effort agricole moyen du Mourid à Darou Rahmane II selon une norme conventionnellement établie en tenant compte des jours normalement chômés et d'une base de 8 heures de travail par jour, norme qui est fixé à 2512 heures par an et 192 heures par mois (1 jour et demi chômé en 1968, année de référence bissextile). Cet indice pour être élevé devait être supérieur à 0,80, or il est de 0,50 donc le paysan ne fournit pas tout l'effort dont il est capable, son effort est même médiocre. G. Rocheteau montre que cet effort agricole moyen était inférieur à celui du paysan sérer (1966-7).

Donc, même si sa religion sanctifie le travail, dans la pratique, le Mourid wolof ne diffère pas des autres paysans. A Darou Rahmane II les Mourid wolof occupent un quartier du village, il eut été interessant d'avoir une étude de la mesure de l'effort dans un *daara*, cela nous aurait donné une idée de l'effort du paysan Mourid quand l'influence de la religion est très forte comme, nous le supposons, c'était le cas au début du mouvement des pionniers Mourid wolof.

Par ailleurs, la critique la plus violente qui est faite au mouridisme est que cette doctrine par son organisation a conduit à l'exploitation de l'homme (le *talibé*) par l'homme (son cheikh): 'La vie matérielle n'est plus alors pour eux (les *talibés*) qu'un accessoire et toutes ces richesses, travail et produits récoltes sont apportés et livrés au Sérigne sans aucune condition' nous dit

P. Marty en parlant de la vie dans les villages mourid en 1913. Dans le cadre du daara d'adulte, en effet toute l'activité agricole des tackders profite au marabout fondateur qui est responsable en contre partie de leur entretien. Mais, à notre avis, même là, l'exploitation de l'homme n'est imputable ni au mouridisme ni au Mourid wolof. En effet, le lien de dépendance qui soumet le *talibé* à son cheikh est créé par un acte de sujétion *volontaire* du talibé et il peut y mettre fin sans cérémonie. Donc, même s'il est rare qu'un *talibé* désavoue son cheikh, le mouridisme ne permet pas cette exploitation, on est loin en effet du lien féodal qui attachait le serf à la glèbe.

Il n'y a aucune preuve de l'obligation en travail, il semble même qu'originellement les *daaras* aient essentiellement eu pour fonction d'être des écoles coraniques. L'obligation en travail n'est prévue que pour remplacer éventuellement l'obligation en nature: l'aumone. Ce n'est donc pas le mouridisme qui prêche l'exploitation de l'homme par l'homme, c'est l'homme qui, pratiquant une doctrine toute laïque, se sert de l'étiquette religieuse pour justifier sa malhonnèteté.

Dans la pratique actuelle, le cadre de vie agricole est le village où à côté des exploitations maraboutiques on trouve des exploitations ordinaires. Le produit du travail des exploitations ordinaires revient à leur population sans une faible portion qui sous forme de dons en nature ou numéraire (souvent constituant l'obligation du *talibé* envers le marabout: *haddya*) est donnée au marabout de la famille (qui n'est pas forcément le fondateur du village rappelons le). Dans le cadre de son exploitation le wolof mourid est avant tout un paysan.

Il y a deux formes d'exploitations maraboutiques: celles cultivées par tous les villageois qui dépendent du marabout en tant que *talibés*: exploitations communautaires du champs du mercredi ou des da'iras dont le produit lui revient entièrement; celle qui est sa propriété personnelle en tant qu'exploitant individuel et où il installe ses daara de tackder (adolescents le plus souvent maintenant) sous la responsabilité d'un diawrigne.

Le *tackder* travaille presqu'essentiellement pour le marabout. Les villageois au contraire travaillent d'abord pour eux puis pour le marabout comme le montrent G. Rocheteau (1969) et J. Roch (1969). L'effort agricole que le paysan Mourid wolof accorde au marabout est dans les cas étudiés inférieurs à deux pour cent même chez les Mbaye Fall de Koassara (Baol) les plus orthodoxes des Mourid: il est à Darou Rahmane II de 9,7% et à Kaossara de 5,7%. Par contre le travail sur le champ du carré (dans l'exploitation ordinaire) constitue 89% de l'activité des villageois de Rarou Rahmane II et 92,7% de celle des habitants de Kaossara. Le travail pour le marabout est même inférieur à celui fait, sous forme d'entraide villageoise ou intervillageoise, au cours des saantanes pour lesquelles l'effort consenti est de 16% à Darou Rahmane. Donc, l'organisation de l'exploitation du sol n'aboutit pas à l'utilisation maximale de l'effort de l'agriculteur wolof Mourid. Toutes les formes d'abus qui profitent aux cheikhs ne découlent pas des obligations nées de la structure de la confrérie, mais en fait, de la structure socio-économique pyramidale du système productif avec schématiquement au sommet la classe des propriétaires et à la base les masses actives—ouvrières ou paysannes—exploitées consciemment ou non, et, dans ce dernier cas, se contentant de souffrir en silence. En tous cas, l'exploitation du monde des *talibés* par les marabouts wolof Mourid n'a pas été un frein à la mouridisation des migrants déjà installés en terres d'immigration car il ne s'agissait que de changer le nom de l'exploitant direct, le véritable exploitant restant le même pour tous.

MIGRATION DES MOURID WOLOF ET ADMINISTRATION TERRITORIALE

(*a*) L'administration coloniale, acheteur de la production arachidière et l'administration actuelle, offreur de cette production ont certainement des attitudes et des problèmes de natures différentes du fait de l'émigration des wolof Mourid et des autres ruraux.

Le mouridisme parce qu'il permet de regrouper les populations à grande échelle par le jeu du lien de dépendance étaient un phénomène à combattre pour l'administration coloniale. Du fait de la dépendance totale des *talibés* envers leur cheikh et leur détachement des richesses terrestres, l'administration et les commerçants privés français surtout craignent de voir une perte en quantités des produits d'importation vendus sur le marché interieur, les cheikhs achetant toujours autant de choses mais par correspondance. Enfin la nécessité d'une action destinée à éviter les conflits agraires créés par les Mourid se fait sentir déjà en 1913 (P. Marty la préconise), pourtant, aucune transformation brutale n'a eu lieu en ce domaine. En général en effet, la France n'a pas agi car ce qui lui importait avant tout c'est que le mouridisme permettait le drainage de populations vers les Terres Neuves à mettre en valeur, la France ne s'intéresse qu'aux rendements agricoles, alors, elle n'intervenait que quand la 'paix française' était menacée au point de gêner ces rendements. Donc, plutôt que de réprimer les excès des Mourid, elle laissa faire et même utilisa le mouvement.

(b) Si les migrations furent pour la puissance coloniale un moyen de rompre le goulot d'étranglement-terre qui gênait la croissance de la production arachidière dont elle avait besoin, tout comme la monoculture arachidière, les mourid wolof furent un mauvais héritage pour la jeune République du Sénégal. Pourtant, l'administration actuelle ne lutte pas contre le phénomène migratoire et la culture de l'arachide s'effectue toujours de façon extensive. Bien que, malgré l'établissement des zones de forêts classées, la progression ait dégarnie entièrement ou presque les forêts du Ferlo et que la pratique des feux de brousse aient rendu certaines terres inutilisables, l'administration par sa politique d'aménagement partiel du territoire encourage le mouvement néfaste pour l'économie dans son ensemble. Il eut fallu, au moment de l'indépendance, faire deux choses—briser d'une part la force politique que représentaient les marabouts wolof Mourid et si la nécessité de bénéficier des voix qu'ils détenaient n'avaient pas primé, cela aurait été réalisable—briser, dans l'enthousiasme général, le droit de propriété dont jouissaient les chefs religieux sur la terre et non attendre 1964 pour faire voter la loi sur le domaine national alors qu'aucune action autoritaire n'était plus possible, le pouvoir des cheikhs sur l'administration et leur emprise sur le monde paysan s'étant renforcé.

Aujourd'hui le succès de toutes actions d'aménagement dépend de la volonté des cheikhs, la loi sur le domaine national astucieusement interprétée est une protection de plus pour les premiers défricheurs (en général wolof mourid).

Le mouvement d'émigration se poursuit car en fait la solution: monoculture arachidière et extension de l'agriculture ne sert toujours que l'ex-métropole en lui permettant de répondre à la demande d'arachide par ses industries et surtout de tirer des revenus de l'ancienne colonie. En effet grâce à la sous-estimation des prix des produits, en vertu de la péréquation mondiale des taux de profit, les termes de l'échange factoriels doubles (indice du prix réel salarial sur indice de la productivité dans la production et les transports d'arachide) s'étant détériorés pour l'arachide sénégalaise, une marge de profit est réexportée vers l'ancienne métropole, écart qui équivaut à la différence entre la valeur qu'auraient eue les arachides sénégalaises si les termes de l'échange ne s'étaient pas détériorés et leur valeur dans la situation actuelle. Actuellement, si l'exode rural s'intensifie malgré les efforts de l'aménagement du territoire destinés à fixer la population en zones rurales, c'est parce que le problème n'est plus un problème de 'goulot d'étranglement-terre', pour le Sénegal, c'est un problème de revenus car la stagnation des prix de l'arachide bloque les revenus par tête du monde rural entre 8.000 et 12.000 francs CFA par an. La solution est une politique de revenus réelle, dont dépendent la politique de diversification et l'arrêt des mouvements migratoires vers l'Est et vers les villes. La transformation du pouvoir religieux des marabouts, wolof mourid en particulier, en un pouvoir économique en est la preuve, car les masses mourid wolof ou autres plus que le partage de la baraka dans l'au-delà attendent de leurs cheikhs une assistance économique et financière immédiate.

REFERENCES

Baldé, Saliou
   (1970) Les migrations rurales vers la zone arachidière orientale (Terres Neuves de Koungheul) Tome II. Dakar, avril 1970. Ministère du Plan et du Développement.
Cros, C.
   (1968) Les migrations rurales vers la zone arachidière orientale (1968). Ministère du Plan et du Développement de la République du Sénégal.
Dumont, R.
   (1968) Essai sur la pensée religieuse d'Amadou Bamba (1850–1927). Université de Dakar: thèse de doctorat (ronéo.).
Marty, P.
   (n.d.) Les mourides d'Amadou Bamba. Archives Nationales de la République du Sénégal.

Pélissier, P.
   (1966) *Les paysans du Senegal*. St. Yrieux: Fabrègue.
Roch, J.
   (1969) Emploi du temps et organisation du travail agricole dans un village mouride: Kaossara (Baol-Sénégal). ORSTOM, Centre de Dakar, juillet 1969.
Rocheteau, G.
   (1969) *Doctrine du travail chez les mourides*. ORSTOM.
   (1970) Pionniers mourides au Sénégal: changement technique et transformation d'une économie paysanne. ORSTOM, juillet 1970.
Vanhaeverbeke, A.
   (1970) *Rémunération du travail et commerce extérieur*. Louvain.

Summary

MIGRATIONS OF THE WOLOF MOURIDE PIONEERS TO THE NEW LANDS: THE PART PLAYED BY ECONOMICS AND RELIGION

A certain confusion reigns between the migratory movement of Senegalese peasants as a whole to the new lands and that of the Wolof Mourides to the same area. During the colonial era, these two movements led to a solution of the land scarcity problem, by making use of a volume of manpower until then untapped in the traditional areas just at a time when groundnuts production was being developed for commercial purposes. In recent researches some authors have maintained that although the Wolof Mourides initiated the movement, they are not the only migrants to the new lands. It even seems that 'Mouridism' was developed on the pioneering front, most often, after the arrival of the migrants of other sects, the 'Tidjans' in particular. On the other hand, the colonizer who bought the groundnuts produced, a crop whose production was favoured by migrations, and the present administration which supplied the groundnuts produced adopted different attitudes to the migratory movements.

   The influence of Mouridism and of religion may be seen in the organization of migratory progression and in the way of settlement in the area of immigration. Religious origin is attributed to the eastward trend of the Wolof Mouride movement which would correspond to the precepts of Amadou Bamba himself. It is certain that economic interests quickly became a fundamental cause of this trend, and since 1927 migrants have been first and foremost attracted by modern amenities (railways, wells and boreholes), the work of the colonizer, as well as by the search for unexplored large areas which may be found particularly in the Ferlo Forests (in the east) and in the Sine Saloum (in the south). To attract followers (*talibés*) at the present time, a marabout even has to make some monetary sacrifices; we are therefore very remote from the religious origin of the eastward movement; the determining factor in the choice of locations in the immigration areas is the quality of the land on which depends the closeness of the ties between the landowner and the farmer. If a cheikh, on that account wishes to spread his numerical influence on the world of the *talibés* farmers, he has to play the true role of a planner. He has an advantage over the marabouts of other confraternities in that he can double his action by that of his *talibés*; thanks to a regulation of Mouridism which stipulates that the *talibé* must 'follow' his cheikh and which enables the latter to send his *talibés* on a prospecting tour, the latter taking possession of the lands which will later become the cheikh's property. He also has to welcome migrants by providing the necessary amenities. The importance which the Administration attaches to the cheikh depends on his numerical influence and this importance, as a result of the facilities obtained from the administration, determines his influence on the *talibés*.

The form of settlement of the Wolof Mourides in the immigration area is the village *daara* founded after the example of Amadou Bamba. It is possible that the *daara* peopled by adult bachelors (*tackders*) living in a community under the direction of a cheikh was essentially of a religious character. Its transformation into a less precarious and settled village depends on the productivity of the land and thus corresponds no doubt to a slackening of the religious tie. Even at the present time, the founding marabout sometimes no longer enjoys any particular religious influence, but by reason of his right as the first clearer, he regulates access to the land.

Various ORSTOM surveys have shown that the average agricultural effort produced by the Mouride peasant (with a conventionally established norm of 2,512 hours of work a year and of 192 hours a month in 1968) is poor compared with that of the average peasant. On the other hand, the allegation that Mouridism will lead to exploitation has been disproved since the tie of dependence between the *talibé* and his cheikh is created by the former who may later destroy it in the case of abuses by the cheikh. The compulsory labour attached to this is, at the most, only a substitute for the *haddaya*, an obligation in kind or in cash. According to the findings of ORSTOM, the working conditions of the 'Wolof Mourid' are similar to those of other Senegalese peasants; any exploitation of one man by another arises not from Mouridism but rather from the abuses of some cheikhs.

The fact that the Mouride migrations enabled the colonial administration to solve the land scarcity problem caused it to adopt a *laissez-faire* policy regarding these migrations. Nevertheless, its fear of Mouride pyramidal organization as well as the 'indiscipline' of its adepts compelled it to limit the development of the movement.

The Wolof Mourides and the migrations were a bad heritage for the young Republic of Senegal. The production of a single crop (groundnuts) and the practice of extensive farming still make it possible for the former colonizer to benefit from a profit margin which is re-exported; at the same time, it is an obstacle to the peasant's annual *per capita* income, which ranges from 8,000 to 12,000 CFA Francs. The result of this is rural depopulation. Furthermore, the territorial administration has not been able to benefit from the general euphoria which followed independence so as to crush the political force represented by the Wolof Mouride marabouts. The latter have increased their power and now represent an economic force; on the other hand, the law on State property came in too late to break the right of property enjoyed by its cheikhs, which enabled them to regulate the access to new lands. For that reason, the success of every action of the Physical Planning Department depends on the cheikh's will—but these actions do not bring any solution to the major problem of rural depopulation, which may only be solved by adopting a real incomes policy.

XVI

Réalités et effets de l'émigration massive des Voltaïques dans le contexte de l'Afrique Occidentale

AMBROISE SONGRE, JEAN-MARIE SAWADOGO, et GEORGE SANOGOH

INTRODUCTION

L'Emigration Voltaïque, parce qu'elle constitue l'un des phénomènes sociaux les plus marquants de la Haute Volta et de l'Afrique Occidentale mérite une place particulière dans les études et recherches entreprises au niveau de la Région—Ouest Africaine. L'analyse détaillée de ce phénomène d'une ampleur peu commune, la détection de ses diverses implications, la découverte de ses causes fondamentales constitueront sûrement un apport appréciable pour la recherche des voies et solutions d'une part pour la Haute Volta elle-même et d'autre part, pour les pays affrontés à des problèmes analogues. De ce fait, cette étude, loin d'être un exposé de thèses officielles se veut tout simplement être une contribution à la solution d'un problème social et économique grave auquel est affrontée la Haute Volta.

Replaçant le phénomène migratoire dans le contexte voltaïque et interafricain, nous tenterons tour à tour d'en décrire l'évolution historique, d'en analyser les causes et les effets et enfin de proposer des voies de recherches en vue de parvenir à une utilisation rationnelle de la force de travail de la population active œuvrant dès lors bâtir son propre édifice économique.

I. EVOLUTION HISTORIQUE DE L'EMIGRATION VOLTAÏQUE

La propension du Voltaïque à la découverte du nouveau puise ses racines au tréfonds de l'histoire: le processus du peuplement

Réalités et effets de l'émigration massive

de la Haute Volta et particulièrement la colonisation et ses diverses formes d'exploitation ont été les premiers facteurs décisifs qui ont imprimé chez le Voltaïque cette propension à émigrer. Actuellement, et ce, depuis la décennie des Indépendances, les déséquilibres économiques qui apparaissent au niveau des secteurs, des Régions des Nations et des deux blocs: Tiers-monde et pays développés, la stagnation de l'économie Voltaïque ont pour corollaire le maintien de la Haute Volta à l'Etat de pays réservoir et fournisseur de main-d'œuvre.

Aussi, l'évolution historique de l'émigration Voltaïque peut —elle être analysée en deux phases: de la colonisation à l'Indépendance: de l'Indépendance à nos jours.

1. De la Colonisation à l'Indépendance

L'histoire du peuplement de la Haute Volta montre que les actuelles ethnies résidant actuellement dans ce territoire sont en grande majorité venues d'ailleurs grâce d'une part à un processus de glissement et d'autre part à des guerres de conquête qui ont eu pour effet la constitution des grands empires tel celui du Mossi.

Mais la colonisation avec ses diverses formes d'exploitation aura contribué plus que tout autre facteur aux déplacements massifs des Voltaïques à l'étranger: le travail forcé, le système d'exploitation des grandes concessions détenues par les Sociétés Privées, les grands travaux d'infrastructure entrepris par le colonisateur, l'enrôlement sous les drapeaux principalement durant les deux guerres mondiales, le système du 'Volontariat' et enfin les motivations économiques ont provoqué une émigration massive des Voltaïques dans presque tous les pays d'Afrique Occidentale: Mali, Sénégal, et plus particulièrement Ghana, anciennement Gold Coast et Côte-d'Ivoire.

L'ampleur de l'émigration Voltaïque en direction du Ghana et de la Côte-d'Ivoire mérite une attention particulière.

(a) L'Emigration Voltaïque vers le Ghana

Les départs de Voltaïques vers le Gold Coast sont signalés par l'Administration Française dès 1919. Les causes principales tiennent en partie à la famine de 1914 et aux recrutements militaires opérés durant la première guerre mondiale. Ce mouvement ira s'accentuant du fait du travail forcé instauré par le colonisateur pour assurer ses grands travaux d'infrastructure: port, ponts, routes, chemin de fer Abidjan—Niger et Bamako—Thiès.

Si l'ampleur de l'émigration Voltaïque en direction de la Gold Coast revêt une importance considérable, cependant elle ne peut être évaluée de façon chiffrée. Notons pourtant qu'un document officiel Britannique de 1929 évalue à plus de 60.000 le nombre de Voltaïques entrés en Gold Coast en 1928. En 1931 un autre document officiel Britannique dénombre 287.483 émigrés en Gold Coast entre 1921 et 1931 sans qu'il ne soit possible de chiffrer la part d'émigrés Voltaïques. En 1934, de source officielle Britannique, 34.400 Voltaïques ont pénétré en Gold Coast alors que ce pays était en pleine crise économique.

En 1937, le Consulat de France à Accra estime entre 80.000 et 100.000 les ressortissants des Colonies Françaises émigrés en Gold Coast. On dispose de très peu d'informations chiffrées concernant les migrations Voltaïques vers la Gold Coast durant la seconde guerre mondiale. Cependant en 1944 le rapport CLAP faisant le point de la situation estime à 200.000 environ le nombre de ressortissants des Colonies Françaises travaillant en Gold Coast: sur ce chiffre 50% seraient définitivement installés.

Mais petit à petit l'émigration des Voltaïques vers la Côte-d'Ivoire prendra le pas sur celle s'effectuant en direction de la Gold Coast.

(b) L'émigration des Voltaïques vers la Côte-d'Ivoire

Tandis que l'émigration des Voltaïques vers la Gold Coast a toujours été volontaire, celle qui s'est effectuée par contre vers la Côte-d'Ivoire a revêtu dans une première phase un caractère contraignant. De ce fait, il serait plus judicieux de parler de déplacements forcés de main-d'œuvre que d'émigration.

Déplacements forcés de main-d'œuvre

Traditionnellement reconnue comme réservoir d'hommes, la Haute Volta a été le champ par excellence des recrutements forcés de main-d'œuvre tant de la part de l'Administration pour assurer les travaux d'infrastructure que de la part des compagnies privées détentrices de grandes concessions en Côte-d'Ivoire. Seules les grandes endémies, telles que la trypanosomiase, auront été de temps à autre un frein aux recrutements massifs.

Réalités et effets de l'émigration massive

En 1936 les exploitations européennes de Côte-d'Ivoire comptaient environ 20.000 travailleurs Voltaïques dont 50% recrutés autoritairement et 50% dits 'libres'. En tout état de cause, leur condition était la même, celle du semi-esclavage. Aussi la suppression du moins formelle du recrutement forcé intervenue en 1936 à la faveur des réformes sociales Françaises verra-t-elle la désertion massive des travailleurs des chantiers et des plantations. Cependant, le nombre de travailleurs 'libres' augmente régulièrement en Côte-d'Ivoire du fait de l'afflux de 'volontaires' contraints par l'Administration et la Chefferie à se rendre en Côte-d'Ivoire.

Durant la seconde guerre mondiale, le recrutement reprend avec vigueur sous l'impulsion du Gouverneur Général Cayla.

Les chiffres suivants donnent une idée de l'ampleur du phénomène:

1940: 6.228 travailleurs recrutés et 3.021 Volontaires.
1941: 14.897   ,,   ,,   24,668   ,,
1942: 36.300   ,,   ,,   78,860   ,,
1943: 55.000   ,,   ,,
1944: 58.555   ,,   ,,

Il est à noter qu'à la même époque est entreprise la colonisation des terres de l'Office du Niger au Soudan, l'actuel Mali.

J. Suret Canale rapporte dans 'Afrique Noire, l'ère coloniale' p. 319 'la Mission Béline de 1919 à 1922 n'envisageait pas moins que la transplantation de 1,5 millions de Mossi à l'Office du Niger. En 1937 on parlait d'en implanter 800.000. A la veille de la seconde guerre mondiale les recrutements répétés n'avaient permis d'en installer que 8.000'.

L'émigration libre

En 1946 intervient la suppression effective du travail forcé. Cette mesure aura provoqué dans un premier temps la désertion des chantiers de Côte-d'Ivoire. Avec la reconstitution du territoire de Haute Volta survenue en 1947, les mouvements migratoires son profondément modifiés et prennent désormais un caractère individuel et spontané. Cette spontanéité ne couvrant pas en totalité les besoins en main-d'œuvre des planteurs ivoiriens, ces derniers furant amenés à fonder en 1951 le SIAMO (Syndicat Interprofessionnel pour l'Acheminement de la

Main-d'Œuvre). Ce syndicat subventionné par le budget territorial se chargea de recruter sur place en Haute Volta des manœuvres destinés aux plantations ivoiriennes.

Selon les rapports statisques annuels publiés par le Ministère du Travail de Haute Volta, les effectis de travailleurs Voltaïques recrutés et acheminés en Côte-d'Ivoire par le SIAMO furent les suivants:

1952: 30.941	1956: 16.713
1953: 19.088	1957: 15.710
1954: 20.553	1958: 18.389
1955: 23.472	1959: 18.143

Mais devant les graves abus perpétrés par le SIAMO rééditant purement et simplement quelques unes des formes du travail forcé, le Gouvernement de Haute Volta décréta l'interdiction des activités du SIAMO en 1960. Par cet acte, le Gouvernement Voltaïque entend désormais défendre les intérêts de ses ressortissants à l'étranger et même organiser et contrôler les mouvements migratoires. C'est ce qui se produisit avec la signature de la Convention Bilatérale (Haute Volta–Côte-d'Ivoire) du 9/3/60 dite 'Convention relative aux conditions d'engagement et d'emploi des travailleurs Voltaïques en Côte-d'Ivoire'.

Aux termes de cette convention, les planteurs ivoiriens expriment leurs besoins en main-d'œuvre à l'Office de Main-d'Œuvre de Côte-d'Ivoire qui les répercute aux services du travail de Haute Volta. Ainsi les Centres de Main-d'Œuvre Voltaïques ont pour tâche de recruter la main-d'œuvre volontaire pour acheminement en Côte-d'Ivoire. Les travailleurs migrants dont le contrat est établi pour six mois renouvelables sont théoriquement garantis au point de vue salaire, logement, nourriture, et l'Etat Voltaïque reçoit de son homologue Ivoirien des redevances très modiques ayant pour but de couvrir les frais d'hébergement, d'entretien, de visites médicales et de vaccinations engagés par la Haute Volta durant le passage des migrants dans les Centres de Main-d'Œuvre.

2. *De l'Indépendance à nos jours*

Les données de l'émigration Voltaïque au cours de la décennie de l'Indépendance n'ont pas fondamentalement changé par rapport au passé récent: seule la motivation économique a pris le pas sur les autres motivations à l'émigration. Comme par le passé, le gros des migrations Voltaïques continue à s'effectuer en direction du Ghana et de la Côte-d'Ivoire. En dehors de ces deux pays seule une infime minorité de commerçants et d'intellectuels constituant une faible diaspora s'éparpille à travers les autres Etats Africains dont le Niger et le Mali notamment.

(a) L'Emigration Voltaïque vers le Ghana

Le Ghana absorbe les migrants en provenance des populations voisines de la frontière Ghana—Haute Volta. En l'absence d'accord de main-d'œuvre entre ces deux pays ainsi que de contrôle statistique aux frontières, l'importance de cette émigration peut être chiffrée. Elle est néanmoins beaucoup moins importante que du temps colonial en raison de la disparité des zones monétaires, de l'état de concurrence Ghana–Côte-d'Ivoire jouant en faveur de cette dernière, des difficultés économiques que connaît le Ghana ces dernières années et enfin de la récente politique que mène ce pays à l'égard des étrangers.

D'après le recensement de 1960, on estimait à 8% de la population totale Ghanéenne le pourcentage des personnes nées à l'étranger. Ainsi pour une population de 6.730.000 habitants 538.000 personnes seraient nées en dehors du Ghana. Sur ce dernier chiffre, les Voltaïques représenteraient 194.590, soit 36% des personnes nées à l'étranger et viendraient en second rang après les Togolais, les Nigérians venant en troisième position.

En 1970 cependant, d'après recensement de la Commission Economique des Nations Unies pour l'Afrique, les ressortissants Nigérians constituent le groupe le plus important.

Il s'avère impossible de connaître ou même d'évaluer l'importance des mouvements migratoires année par année.

(b) L'Emigration Voltaïque vers la Côte-d'Ivoire

L'Evaluation statistique de l'Emigration Voltaïque en direction de la Côte-d'Ivoire rencontre des obstacles insurmountables du fait de la défectuosité des techniques de quantification mises en place et de la carence d'une politique de contrôle de l'émigration.

Il est cependant sans conteste que la Côte-d'Ivoire absorbe

l'essentiel des migrants Voltaïques d'une part du fait de l'existence d'une Convention Bilatérale de Main-d'Œuvre, d'autre part, à cause de la Communauté de zone monétaire et enfin par suite de la vigoureuse expansion économique que connaît la Côte-d'Ivoire depuis cette dernière décennie, le rapport de force économique Haute Volta—Côte-d'Ivoire jouant de ce fait en faveur de cette dernière.

Si l'émigration Officielle, celle qui est contrôlée du fait de l'application de la Convention du 9 Mars 1960, est parfaitement connue, celle qui est par contre 'Spontanée' et qui de loin intéresse la très grande majorité des sujets à l'émigration ne peut être statistiquement chiffrée.

Les données de l'émigration officielle[1]

De 1961 à 1971, les effectifs suivants ont été envoyés en Côte-d'Ivoire par les Centres de Main-d'Œuvre Voltaïques:

1961: 5.042	1956: 2.269
1962: 2.117	1967: 4.011
1963: 2.680	1968: 5.032
1964: 2.603	1969: 5.032
1965: 4.597	1971: 4.747

Tentative d'évaluation globale

L'étude de l'importance globale de l'émigration Voltaïque en direction de la Côte-d'Ivoire peut être abordée à travers deux catégories de documents et recherches:

L'enquête démographique 1960–1 réalisée en Haute Volta.

Autres documents et études réalisés sur les migrations voltaïques.

L'enquête démographique de 1960–1

La seule source scientifique dont dispose la Haute Volta jusqu'à ce jour est l'enquête démographique 1960–1.

Cette enquête démographique effectuée par sondage a été étendue à l'ensemble du territoire National à l'exclusion des deux centres urbains: Ouagadougou et Bobo-Dioulasso.

Dans le champ d'étude, 12 centres secondaires à caractère urbain ont été recensés, au 1/10ème et le reste, soit 7.055 agglomérations au 1/50ème. Les informations sur les mouve-

[1] Source: *Rapports Statistiques annuels du Ministère du Travail de Haute Volta*.

Réalités et effet de l'émigration massive 391

ments migratoires ont été établies à partir de l'enregistrement des personnes absentes de leur domicile au moment de l'enquête. Par rapport à l'ensemble de la population Voltaïque, les absents représentent:

Désignation	Haute Volta	Etranger	Inconnu	Total
Hommes	5,4	6,2	0,2	11,8
Femmes	5,0	0,9	0,2	6,1
Total	10,4	7,1	0,4	17,9

Ainsi, les déplacements internes et externes de population représentent respectivement 10,4 et 7,1 de la population totale Voltaïque. Dans l'hypothèse du maintien de ces taux, 388.400 individus pour une population totale de 5.470.500 se seraient absentés de Haute Volta durant l'année 1971. Les migrations internes auraient par contre affecté 568.900 sujets.

En classant les absents par durée d'absence, on découvre les données suivantes:

Désignation	1 mois	1–2 mois	6–11 mois	1 an	2–3 ans	4 ans et plus	Total
Hommes	23,3	26,7	6,7	14,3	22,0	7,0	100
Femmes	40,2	23,7	6,1	10,4	15,4	4,2	100

Si les absences de 1 mois et même de 1 à 2 mois ne sont nullement significatives, on peut cependant admettre l'hypothèse que les absences de 6 à 11 mois traduisent des mouvements à dominante saisonnière liés au caractère saisonnier des cultures occupant le paysan Voltaïque de Mai à Octobre. Au-delà de 1 an, elles constituent des migrations temporaires.

Quant à l'âge des migrants, facteur déterminant dans l'étude des migrations, il est déterminé par le tableau ci-après:

Groupe D'âges	% d'absents tous lieux par rapport à la population		% d'absents en Haute Volta par rapport à la population		% d'absents à l'étranger par rapport à la population		Proportion des absents à l'étranger par rapport à l'ensemble des absents	
	H	F	H	F	H	F	H	F
–10 ans	5,1	6,1	4,2	5,3	0,8	0,6	15,2	10,3
10–19 ans	18,1	8,5	8,0	6,0	9,8	1,6	54,3	19,0
20–29 ans	28,6	8,4	5,9	6,1	20,1	2,1	77,3	24,6
30–39 ans	14,1	4,7	6,2	4,0	7,7	0,5	54,7	11,2
40–49 ans	6,3	3,1	4,2	2,9	2,0	0,1	31,2	3,0
50–59 ans	2,6	2,5	2,1	2,4	0,5	—	18,7	—
60 ans et +	1,5	2,9	1,3	1,9	0,2	—	12,6	—
non déclarés	45,9	67,6	30,9	40,4	13,6	3,8	29,5	34,7
Tous âges	11,8	6,1	5,4	5,0	6,2	0,9	52,0	15,5

On observe que l'émigration affecte essentiellement les groupes d'âge jeune: 10–19 ans, 20–29 ans, et 30–39 ans qui totalisent 41,8% de la population totale à l'étranger, 4,2% de ce taux étant constitués par des femmes.

La situation matrimoniale des absents de plus de 14 ans est décrite à travers le tableau ci-après:

Situation matrimoniale	HOMMES % de résidents absents		FEMMES % de résidentes absentes	
	Au total	Depuis plus de 6 mois	Au total	Depuis plus de 6 mois
Célibataires	29,8	18,3	6,4	2,5
Veufs	6,6	2,9	6,3	2,1
Divorcés	17,2	7,3	2,7	0,7
Mariés	9,5	3,5	4,1	1,3
dont monogames	11,3	4,3	—	—
polygames	5,8	1,9	—	—
Ensemble	16,4	8,6	5,9	1,9

Il apparaît ainsi que les célibataires se déplacent plus que les mariés et ceci, pour une durée plus longue: viennent ensuite les divorcés. Les sujets les moins enclins aux déplacement sont les polygames, confirmant l'hypothèse suivante: 'moins les charges de famille sont grandes, plus la propension au déplacement est grande'.

Telles sont en synthèse les données fournies par l'enquête démographique 1960–1 sur les mouvements migratoires. Ces données sont-elles confirmées par les autres documents et études réalisés sur les Migrations Voltaïques?

Autres Documents et Etudes réalisées sur les Migrations Voltaïques

Nous pouvons tenter d'évaluer quelle est à l'heure actuelle, l'importance quantitative des Voltaïques en Côte-d'Ivoire à travers les études de Samir Amin,[1] de la Banque Africaine de développement[2] et enfin de G. Remy de l'ORSTOM[3] sur la population et l'activité des étrangers africains en Côte-d'Ivoire, étude elle-même fondée sur l'exploitation de divers documents Ivoiriens.

[1] Samir Amin, *Le développement du Capitalisme en Côte-d'Ivoire*, Paris: Ed. Minuit, 1967; et *L'Afrique de l'Ouest bloquée*, Paris: Ed. Minuit, 1971.
[2] B.A.D., 'Etudes des possibilités de coopération entre le Ghana, la Côte-d'Ivoire, la Haute Volta, le Niger, le Dahomey et le Togo', 1969.
[3] G. Remy, Etude non publiée.

En 1965, les étrangers africains résidant en Côte-d'Ivoire (sont résidents les étrangers habitant une zône rurale depuis plus de 5 ans ou une zone urbaine depuis plus de 6 mois) représentaient 17% de la population Ivoirienne, soit 700.000 personnes, masse à laquelle il convient d'ajouter les étrangers ruraux flottants (moins de 5 ans de résidence) estimés à 300.000.

Sur les 700.000 résidents, 300.000 vivaient en milieu rural et 400.000 en milieu urbain. Les Voltaïques résidents sont au nombre de 300.000 (165.000 en milieu rural et 135.000 en milieu urbain). Compte tenu des ruraux non résidents (moins de 5 ans) et de leurs familles, l'importance de la Colonie Voltaïque en Côte-d'Ivoire en 1965 se chiffrerait à un minimum de 500.000 personnes auxquelles il convient d'ajouter les flux de migrants saisonniers. L'importance de cette catégorie de migrants est considérable mais ne peut être chiffrée. D'après l'enquête démographique 1960-1, ces migrants représenteraient environ 30% des absents à l'étranger, soit 116.500 en 1971. Ainsi est-il raisonnable d'estimer le flux actuel des migrations saisonnières à 120.000-150.000 personnes par an.

Après cette rétrospective historique qui nous a conduit à l'évaluation quantitative de l'émigration Voltaïque des temps présents, une question fondamentale se pose dès lors: Pourquoi la Haute Volta a-t-elle connu et connaît encore une émigration d'une telle ampleur?

II. CAUSES ET EFFETS DE L'EMIGRATION VOLTAÏQUE

Deux voies de recherches s'ouvrent à nous: si la Haute Volta a connu et connaît encore une émigration d'une telle ampleur, cela tient semble-t-il d'une part au confinement de ce pays, depuis le temps colonial à la périphérie du développement et d'autre part au sentiment général selon lequel, à l'heure actuelle, l'émigration en tant que mal nécessaire des temps présents constituerait cependant un facteur positif de croissance économique sur le plan national et interrégional.

(1) *L'émigration comme effet de la non mise en valeur économique de la Haute Volta*

Depuis le temps colonial, la Haute Volta a été réduite au rôle de réservoir de main-d'œuvre pour la mise en valeur de la basse-côte en particulier de la Côte-d'Ivoire. Considérée comme territoire non viable, elle fut démantelée en 1932 au profit de la Côte-d'Ivoire, du Soudan (l'actuel Mali) et du Niger, puis reconstituée en 1947 sous l'influence de diverses pressions.

La Haute Volta est ainsi le type même du pays de l'intérieur qui n'a connu aucune mise en valeur coloniale mais qui par contre, riche en hommes, a fourni aux économies primaires des pays de la Côte (Côte-d'Ivoire et Ghana) l'essentiel de leur main-d'œuvre active. Si la force de travail voltaïque a largement contribué notamment à ce qu'il est convenu d'appeler 'le miracle ivoirien', la Haute Volta, elle l'a payé par une stagnation économique caractérisée dont les traits peuvent être analysés à travers le 'développement' de l'économie de subsistance et celui du Secteur Moderne.

(a) L'économie de subsistance en Haute Volta

L'économie de subsistance est caractérisée par sa faible intégration dans les circuits de l'économie mondiale. En effet, selon les comptes économiques établis pour l'année 1964, le Produit Intérieur Brut serait de 56,5 milliards de Francs CFA dont 68% soit 38,4 milliard au compte de l'économie traditionnelle: agriculture et élevage (31,3 milliards) artisanat, construction et services traditionnels (6,1 milliards). La production agricole reste presque entièrement consacrée à l'autosubsistance. Malgré les améliorations mineures de productivité obtenues grâce à des actions 'ponctuelles' de développement agricole, la Haute Volta connaît périodiquement des carences en produits vivriers. De 38,4 milliards en 1964, le produit des activités traditionnelles serait passé à 42,4 milliards en 1970, accusant un taux de progression de 10,4 par rapport à 1964, soit un taux d'accroissement annuel de 1,7%.

(b) 'Le Secteur Moderne'

En 1964, la valeur ajoutée au coût des facteurs se serait élevée à 11,7 milliards pour économie moderne, le commerce fournissant 50% de cette valeur ajoutée, l'industrie 11%, le bâtiment et la construction 14%, les transports 15% et les services divers 10%.

Le produit global au coût des facteurs du 'Secteur Moderne', produit des services administratifs et domestiques compris (6,4 milliards) aurait atteint 18,1 milliards en 1964 contre

38,4 milliards pour le secteur traditionnel. En 1970, le produit global de ce 'Secteur Moderne' aurait atteint 29,1 milliards accusant un taux de progression de 60,7% soit 10% l'an par rapport à 1964.

Il est à noter qu'en 1970, la part de l'industrie dans le P.I.B. aurait été d'environ 5%, soit 3.575 millions de francs CFA.

Le tableau ci-après résume les progrès enregistrés par l'économie Voltaïque de 1964 à 1970.

	1964	1970	Progression absolue	Progression relative
Secteur Traditionnel*	38,4	42,4	+4	10% soit 1,7% l'an
Secteur Moderne*	18,1	29,1	+11	60,7% soit 10% l'an
Produit Intérieur Brut*	56,5	71,5	+15	26,5% soit 4,4% l'an
Population totale	4 760 000	5 363 000	693 000	12,6% soit 2,1 l'an
Produit par tête d'habitant	12 000 soit 48$	13 000 soit 54$	1 400	11,6% soit 1,9% l'an

* En milliards de francs CFA (1 Franc CFA = 0,02 Franc Français).

Ainsi, compte tenu du retard économique dans lequel s'est confinée la Haute Volta depuis le temps colonial et compte tenu également de l'accroissement démographique, le progrès économique réel n'est guère apparent; ceci s'est traduit par une relative stagnation du niveau de revenu par tête d'habitant. Notons que dans d'autres Etats Africains le PIB accuse des taux annuels de croissance beaucoup plus forts qu'en Haute Volta: un peu plus de 10% en Côte-d'Ivoire; 9,8% au Gabon; 6% au Sénégal etc. . . .

Cet état de l'économie Voltaïque a pour corollaire une grave crise dans la situation de l'emploi des secteurs traditionnel et moderne.

(2) *Effets économiques et sociaux de l'Emigration Voltaïque*

On serait tenté de présenter les effets de l'émigration sous forme de balance avec solde bénéficiaire ou déficitaire. Cette tentative en réalité s'avère malaisée sinon impossible compte tenu de l'imprécision des données et compte tenu également d'éléments non quantifiables touchant aux domaines psychologique, sociologique et physique.

(a) *Pour les Pays d'accueil*

Il est difficile de calculer sur le plan de l'économie nationale du Ghana ou de la Côte-d'Ivoire la part de production assurée par les Voltaïques et de dégager la quantité de plus value que confèrent les Voltaïques à ces deux économies. Il est cependant, reconnu, en ce qui concerne la Côte-d'Ivoire, que 'le développement de ce pays au cours des quinze dernières années a été et est encore presque exclusivement fondé sur le travail de non-ivoiriens'. C'est ainsi que 'dans les zônes de plantation au sens strict du terme les étrangers constituent de la moitié aux deux tiers de la main-d'œuvre active.'[1] De même, selon le Memento de l'Economie Africaine, Edition 1972,[2] dans le Secteur Moderne de l'Economie Ivoirienne, le pourcentage d'Ivoiriens est de 47,5% et celui des autres africains de 46,6%. Du fait que les pays d'accueil ne supportent aucunement les coûts sociaux de formation des émigrés, il revient à dire que les pays exportateurs de main-d'œuvre financent le développement des pays importateurs de main-d'œuvre.

L'étude de la Banque Africaine de Développement déjà citée avance, P/16 que l'emploi de la main-d'œuvre salariée laisse au planteur une rente considérable. 'Le manœuvre recevant une rémunération de 60 à 80 cents par jour, le planteur réalise par journée de travail un profit net de 1,2 à 2,3 dollars.' Ainsi donc pour un effectif de 100.000 manœuvres Voltaïques travaillant 275 journées dans l'année, les planteurs ivoiriens réalisent un profit net de 33 à 63 millions de dollars soit 8,2 à 15,7 milliards de francs CFA.

Ces quelques brèves indications permettent d'entrevoir l'étendue des profits que peuvent tirer les pays dont le développement se trouve basé sur les forces de main-d'œuvre étrangère migrante.

(b) *Pour la Haute Volta*

Les effets de l'émigration peuvent s'analyser sous le double point de vue micro et macro économique.

Le migrant économiquement motivé effectue un calcul de rentabilité, évaluant les avantages personnels qu'il pourrait tirer de son activité à l'étranger sans entrevoir les incidences de son acte sur le plan économique global de son pays d'origine. Ces profits escomptés se situent essentiellement sur le plan

[1] Samir Amin, *Le Développement du capitalisme en Côte-d'Ivoire*, pp. 43 et 44.
[2] Ediafric, *Memento de l'Economie Africaine*, 7e Edition 1972, p. 95.

pécunier: l'acquisition de revenus monétaires résultant d'une activité salariée permettant au migrant d'une part de satisfaire ses propres besoins économiques et sociaux et d'autre part de soutenir la famille restée au pays afin que cette dernière puisse s'acquitter de ses impôts et subvenir à divers besoins. En réalité l'émigré voltaïque, parce qu'il exerce une activité très peu qualifiée perçoit un salaire très bas se situant entre 60 et 80 cents (150 et 200 Francs CFA) par jour tant les plantations Ghanéennes qu'ivoiriennes. Il est de même à noter les migrants pour la plupart ne bénéficient d'aucun régime de Sécurité Sociale.

Au point de vue macro économique peut-on comptabiliser le volume de monnaie et évaluer la quantité de biens rapatriés par les migrants en Haute Volta? Aucune méthode d'approche n'a donné des résultats satisfaisants. Les chèques postaux eux-mêmes ne peuvent déterminer la part de transferts monétaires effectués par les migrants Voltaïques. Le seul procédé efficace aurait été l'application stricte de l'article 13 de la Convention du 9 Mars 1960 étendue à tous les migrants. Cet article stipule que 'sur la demande du travailleur formulée lors de la signature de son contrat, une partie de son salaire s'élevant à 1.000 (mille) francs par mois sera versée mensuellement par l'employeur à un livret de la Caisse d'Epargne de la République de Haute Volta ouvert à son nom. L'office de Main-d'Œuvre de la République de Haute Volta assurera le contrôle de la régularité des versements'.

Cet article étant resté, lettre morte, nulle détermination des économies rapatriées n'est possible.

Au Ghana, cette tentative est presque vaine. En ce qui concerne la Côte-d'Ivoire cependant, une approche du problème peut être abordée à travers l'examen de la balance des comptes Haute Volta–Côte-d'Ivoire. Selon une étude non encore officielle de la BCEAO (Banque Centrale des Etats de l'Afrique de l'Ouest) la balance des comptes de Haute Volta—à engistré au cours de ces dernières années des soldes qui dégagés suivant contrôle de la circulation des billets émis par les divers Etats ne s'expliquent pas:

1968: 3,2 milliards de francs CFA
1969: 3,9 milliards de francs CFA
1970: 5 milliards de francs CFA.

Ces soldes, d'après la BCEAO, correspondraient vraisemblablement aux transferts d'argent réalisés par les migrants de Côte-d'Ivoire en Haute Volta.

Cette hypothèse est-elle plausible? La question reste posée. Il est cependant certain que d'importants transferts s'effectuent de Côte-d'Ivoire en Haute Volta; mais quel peut en être le montant? aucun procédé pour le moment ne permet de l'évaluer.

Au côté positif de l'émigration répond le côté négatif aux diverses composantes.

1. Le manque à gagner subi par la Haute Volta du fait de l'absence d'une fraction si importante de sa population active est considérable: dans bien des régions la campagne s'est vidée de sa sève jeune: seuls les enfants et les personnes âgées tentent d'assurer la mise en valeur des terres.

2. Il est à se demander dans quelle mesure les transferts monétaires ne provoquent pas une certaine inflation et une hausse des prix en Haute Volta étant entendu que ces rapatriements de monnaie sont directement affectés à la consommation immédiate et non à l'épargne et à l'investissement.

3. L'importation en Haute Volta de nouvelles mentalités et de nouvelles échelles de valeur pas forcément constructives inhibent le développement du pays. En effet, les migrants pour la plupart jeunes, rapportent de l'étranger non pas tant un 'esprit de développement' fondé sur des techniques de production et de gestion qu'une mentalité de consommateur insouciant. C'est pourquoi le courant migratoire est entretenu et se renforce par la migration.

4. Enfin, à l'examen des activités exercées par les migrants, peu d'entre eux acquièrent une qualification professionnelle susceptible de valoriser et de rentabiliser leur activité une fois de retour en Haute Volta. L'enquête démographique 1960–1 donne à travers le tableau ci-après l'évolution des activités exercées par les Voltaïques à l'étranger.

Activités	avant 1923	1924 à 1932	1933 à 1939	1940 à 1945	1946 à 1950	1951 à 1955	1956 à 1960	Ensemble
Manœuvre de Plantation	15,1	21,8	23,7	40,7	51,0	61,2	70,1	51,8
Manœuvre de l'industrie	14,9	14,8	22,5	27,6	27,9	28,2	21,1	23,9
Gendarme, militaire, etc.	67,4	59,0	49,5	26,5	12,5	4,8	2,8	18,1
Total des activités principales	97,4	95,6	95,7	94,5	91,4	94,2	94	94,1

Réalités et effets de l'émigration massive 399

Ainsi, au fil des années, la 'qualification professionnelle' des migrants n'a cessé de se dégrader et à l'heure actuelle, la très grande majorité des migrants est affectée à des emplois de manœuvre sans spécialisation de l'industrie et particulièrement de l'agriculture. On sait de même qu'une minorité occupe des emplois des services domestiques.

En définitive, l'émigration comme signe et facteur de crise sociale est de plus en plus perçue comme un mal profond portant tort à la Haute Volta en raison de son ampleur, des sujets qu'elle affecte et du faible profit qu'en tire la Nation. Elle est cependant un mal nécessaire pour les moments présents et devrait autant que cela est possible être organisée en vue du développement. Il importe dès lors de rechercher les voies et moyens en vue d'une part de rentabiliser l'émigration et d'autre part, de parvenir à une utilisation rationnelle de la force de travail de la population active au sein de la Nation.

III. VOIES ET ORIENTATIONS DE RECHERCHE

La question fondamentale qui se pose est la suivante: l'émigration Voltaïque peut-elle être un facteur de développement pour la Haute Volta? De la réponse à cette question dépendront les options qui pourront être prises.

L'émigration Voltaïque, particulièrement en direction de la Côte-d'Ivoire, est essentiellement, comme il a été montré, un épiphénomène des déséquilibres économiques qui se manifestent entre les deux pays. Si elle a quelques effets positifs, elle est avant tout un facteur négatif aux conséquences désastreuses pour le pays exportateur de main-d'œuvre qui en définitive finance le développement des pays importateurs de main-d'œuvre. En effet les 'bienfaits' de l'émigration tels que les transferts monétaires servent à entretenir la société sujette à l'émigration et à perpétuer ce mouvement migratoire. On assiste dès lors à la paupérisation progressive du pays exportateur de main-d'œuvre qui n'a pour rôle que d'être un réservoir de force de travail et qui ne peut être que confiné à la périphérie du développement.

(1) *L'émigration en vue du développement*

En replaçant l'émigration dans le cadre global des migrations de population, il apparaît que la tâche qui s'impose est de définir la nature et les conditions d'une stratégie du développement élaborée en fonction de la distribution de population la plus convenable possible aux niveaux national, régional et même interafricain.

Si less migrations internes spontanées ou provoquées ne soulèvent aucun conflit d'intérêt d'Etat à Etat, par contre, les migrations externes font nécessairement naître de telles oppositions et il importe que les intérêts des pays concernés soient au mieux sauvegardés à travers une organisation concertée de ces migrations. L'organisation des migrations dans un cadre national ou multinational requiert en premier lieu que soient analysées les transformations économiques et sociales attendues de ces déplacements de population.

En second lieu, et ceci découle du premier, il importe de définir les allocations de population souhaitables pour opérer les tranformations économiques ainsi attendues.

A partir de ces impératifs, un contrôle strict de l'émigration sera alors instauré à travers les conventions bilatérales ou multilatérales de main-d'œuvre déterminant les obligations des parties contractantes. Toute entrée et sortie de personne sera enregistrée et les durées de séjour seront contrôlées. Ainsi le pays exportateur de main-d'œuvre servira ses intérêts en contre— partie du manque à gagner qu'il subit du fait de l'absence de ses nationaux et le pays d'accueil ne sera pas contraint de recevoir des éléments indésirables ou de recourir à des expulsions massives.

Dans le cadre des instruments ainsi ratifiès, des garanties seront accordées aux migrants et au pays exportateur de main-d'œuvre.

—Les migrants bénéficieront des dispositions de la législation du travail et de la Sécurité Sociale au même titre que les travailleurs nationaux et auront la possibilité de transférer leurs biens et économies dans leur pays d'origine.

—Le pays exportateur de main-d'œuvre pourrait constituer un fonds national de développement alimenté par un système d'épargne généralisé étendu à tous les travailleurs migrants qui de ce fait se porteront actionnaires du développement national.

—La Convention du 9 mars 1960 conclue entre la Haute Volta et la Côte-d'Ivoire devra être immédiatement révisée compte tenu des exigences ainsi énoncées.

A ces conditions, l'émigration sera un facteur de progrès économique sur le plan national et macro-régional en même temps qu'elle sera facteur de régulation de la croissance démographique.

Il demeure cependant que dans les temps présents, les particularismes micro-nationaux secrètent des réactions défensives et compromettent une éventuelle intégration économique sur le plan de la macro-région Ouest Africaine. Le repli progressif de chaque micro-Etat sur soi-même si insensé que cela paraisse commande que chaque Etat parvienne à une utilisation rationnelle de la force de travail de toute sa population active à l'intérieur de ses frontières tout en restant ouvert aux tentatives d'intégration économique macro-régionale.

(2) *Pour une utilisation rationnelle des ressources humaines*

S'il s'avère, comme il a été montré, que les déséquilibres économiques engendrent des déplacements d'une main-d'œuvre qui tente d'échapper au chômage et au sous-emploi, toute politique en matière d'émigration passe nécessairement par une politique de l'emploi prenant corps dans une planification nationale globale ayant pour pierres de touche l'application d'une politique des investissements et des revenus et la promotion de l'emploi industriel, rural, et artisanal.

A cet effet, il revient à l'Administration Centrale du Plan de mettre en place une Division des Ressources Humaines chargée d'élaborer sur le plan national le schéma d'équilibre global de l'emploi compte tenu des besoins prévisionnels en main-d'œuvre nés de la croissance économique. Afin de réaliser cet équilibre global de l'emploi, cette Division des Ressources Humaines, en coordination avec les départements ministériels et les partenaires économiques et sociaux intéressés, aura pour tâches:

— de connaître la situation actuelle de l'emploi.

— d'effectuer toutes prévisions et projections de la demande future de main-d'œuvre et de l'offre future d'emploi.

— d'effectuer tous ajustements nécessaires en liaison avec les institutions de formation.

Ainsi pourront être définis les besoins en main-d'œuvre du secteur moderne en même temps que seront définies les allocations souhaitables de population en vue de la mise en valeur des régions agricoles.

Les projets tel que celui de la mise en valeur des vallées des fleuves Volta requièrent une véritable planification des ressources humaines du monde rural en même temps que devront être créées les structures d'accueil des populations déplacées.

L'émigration Voltaïque constitue sans conteste une saignée des forces vives Voltaïques compromettant le développement de la Haute Volta. La maîtrise des mouvements migratoires s'avère être un impératif absolu conditionnant l'élaboration des alternatives de développement de la Haute Volta. L'objectif de plein emploi entrainera certainement des déplacements de population au niveau national. Seule une politique de l'emploi prenant corps dans une planification nationale globale serait à même de parvenir à une utilisation rationnelle de la population active voltaïque tournée dès lors vers un développement auto-centré.

Summary

THE MASS EMIGRATION OF UPPER VOLTA CITIZENS IN WEST AFRICA: FACTS AND EFFECTS

Because of its massive scale and significance, emigration from Upper Volta deserves the greatest attention in any study of migration in West Africa.

The movement may be divided into two periods:

1. *From colonization to independence:* Colonization, using its various methods of exploitation, was undoubtedly the major factor in this period. There are two important aspects of the situation in Upper Volta:

(*a*) Emigration to Ghana: this is difficult to assess quantitatively. An official British document estimated, in 1929, that the number of Upper Volta citizens to have entered Ghana in 1928 was around 60,000. In 1934, another official British source gave a figure of some 34,000 immigrants from Upper Volta.

(*b*) Emigration to the Ivory Coast: this is also on a large scale. Initially, migration was the result of compulsion: the 'migrants' were in fact forced labourers who were sent to work on the big plantations and on public works projects. In 1936, the European plantations in the Ivory Coast employed some 20,000 people from Upper Volta, 50% of whom were there in a situation of forced labour.

Between 1936 and 1939, forced labour was formally abolished, but during the Second World War compulsory recruitment was once again introduced. Between 1940 and 1944, 277,000 migrants entered the Ivory Coast from Upper Volta, 171,000 as forced labourers, under this recruitment programme.

Subsequently, migration was free after the real abolition of forced labour in 1946. With the movement of labour becoming unpredictable, the Ivory Coast planters set up the 'Syndicat Interprofessional pour l'Acheminement de la Main d'Œuvre' (SIAMO) in 1951 for the specific purpose of recruiting labour in Upper Volta. Between 1952 and 1959, a total of 163,000 labourers were recruited by SIAMO and went to work in the Ivory Coast. The recruitment was carried out in such a ruthless manner that in 1960 the Government of Upper Volta prohibited SIAMO from continuing its operations. Subsequently an agreement was signed between the U.V. Government and that of the Ivory Coast laying down all the required conditions for the transfer of Upper Volta workers to the Ivory Coast.

2. *From independence to the present day.* As in the past, the main movement is to Ghana and the Ivory Coast. It is impossible to give a figure of the number of emigrants to Ghana, but the movement in that direction is on a much smaller scale than in the past, owing to the fact that Ghana is in a different monetary zone, competition from the Ivory Coast, Ghana's own economic difficulties and her recently adopted anti-foreigner policy. Ivory Coast absorbs by far the larger proportion of migrants because of the bilateral agreement on the migration of labour within the monetary community and the rapid economic expansion of the Ivory Coast. Between 1961 and 1971, a total of 39,130 workers from the main labour pools in Upper Volta were sent to the Ivory Coast.

Two categories of data are available for making an overall assessment of migration from Upper Volta: the 1960–1 population census and other documents on migration.

The census is the only scientific source and it shows:

(*a*) that internal and external movements represent, respectively 10·4% and 7·1% of the total population of Upper Volta.

On the assumption that these rates were maintained, 388,000 people would have left the country while 568,000 would have been involved in internal migration movements during the ten-year period. The total population is estimated at 5,570,500; (*b*) that 73% of all emigrants remain away for a year or more (43% men, 30% women); (*c*) that the migrants come primarily from the youngest age-groups: (10–19, 20–29, 30–39), accounting for 41·8% of the total number of Upper Volta citizens abroad; (*d*) that single people are more inclined to migrate than married ones.

The other documents show that in 1965, there were some 300,000 Upper Volta citizens living in the Ivory Coast. If one also takes into account the non-resident agricultural labourers, the Upper Volta colony in the Ivory Coast may well be as large as 500,000. According to the census, seasonal migration is said to account for 30% of the population abroad, hence the present flow of seasonal labour would be between 120,000 and 150,000 per annum.

Upper Volta was considered as a 'non-viable colony', dissolved in 1932 and reconstituted in 1947. The country is typical of land-locked countries: it underwent no colonial development whatsoever, and being rich in manpower, supplied labour to the coastal countries (Ivory Coast and Ghana).

The first and foremost cause of migration is thus economic stagnation. The subsistence sector represented 68% of the GDP in 1964 and in 1970 it was still 59%. GDP *per capita* only advanced by 1·9% per annum during the same period.

With regard to the economic and social effects, they may be studied both in the host country and in Upper Volta. It is difficult to assess the contribution of Upper Volta to the economy of the host countries (Ghana and Ivory Coast), but the following data may give an idea: (*a*) In the traditional plantation economy of the Ivory Coast; foreigners constituted one-half to two-thirds of the labour force. (*b*) In the modern sector of the economy of the Ivory Coast, foreign labour represents 46·6% of the labour force.

It has also been estimated that an unskilled worker receives a daily wage of 60 to 80 cents (of a US Dollar), while the planter makes a net daily profit on his labour of 1·2 to 2·3 dollars. Thus with 100,000 Upper Volta labourers working for 275 days,

Ivory Coast planters make a profit of between 33 and 63 million dollars.

Two observations may be made with regard to Upper Volta itself. At micro-economic level, the migrant makes a profit and loss calculation and decides to go to work for between 150 and 200 CFA francs per day, in order to help his family remaining behind. At macro-economic level, one could take into account the assets brought or sent back to Upper Volta by the migrants. But it is practically impossible to calculate their value, particularly since the bilateral agreement which stipulates that a sum of 1,000 CFA out of the wages of each worker shall be deposited every month in the Savings Bank of Upper Volta, has remained a dead letter.

The BCEAO has given the following figures for money transferred from the Ivory Coast to Upper Volta: 1968, 3·2 thousand million CFA; 1969, 3·9 thousand million CFA; 1970, 5 thousand million CFA.

The negative aspects of emigration are: (*a*) loss of earnings due to the absence of such a large portion of the population; (*b*) the possibility that the transfer of funds might be causing a certain amount of inflation; (*c*) the import of new attitudes and scales of values which are not necessarily constructive and hold back the development of the country; (*d*) very few of the migrants acquire professional qualifications which could be useful on their return to their own country.

At this juncture the main question is whether migration from Upper Volta can be a factor in that country's development. Two factors should be considered: emigration as a factor for development and the rational use of human resources. With regard to the former, migration has to be seen in terms of the total population and one needs to define the nature and conditions of a strategy of development, established on the basis of the most suitable population distribution at regional, national and inter-African level.

On the basis of such a strategy, a strict control could be established, through bi- or multilateral agreements, laying down mutual obligations and guarantees. In this way, emigration could become a factor for regulating the population growth.

The second fact is linked to, or coincides with a coherent employment policy. Any emigration policy necessarily involves an employment policy which is part of an overall national plan. This would require the setting up of a Department of Human Resources which would determine the manpower requirements of the modern sector and the desirable allocation of labour for the development of agricultural regions.

Index

NOTE: numbers referring to entries in English version of Introduction and in summaries are italicized.

Aba, 282, 287, 288, 291, 293, *303*
abawa (Ghanaian work contract), 164–5
Abeokuta town/province, 282, 284, 289 & n, 294
Abidjan, 15, *76*, 192n; expulsion of Voltaian students from University, 220; growth of, 344, 345, 346; mass repatriation of Togolese from, 361–2
Abidjan–Bobo-Dioulasso railway, 216, *224*
Abidjan–Niger and Bamako–Thiès railway, 386
Aboaboagya village, 144
Aboh division (Nigeria), 298
Abrebrese village, 144
Abuja division, Nigeria, 299
abusa labourers (Ghana), 143, 144–5, 148–9, 151, *154*, *155*
Accra, 15, *76*, 146, 157, 164, 166, 323, 324, 329, 335, 336, 360, 368, 386; employment opportunities in, 326–7, 331; growth rate, 346
Adamawa, 10, 17, 20, *71*, *78*, *81*, 284
Adangbe, 157
Adepoju, Aderanti, 127–37
administration, administrative workers, 50, *109*, 172, 176, 292, 303, 326, 394; expenditure, 199, 204, *213*, *214*
Adomako-Sarfoh, J., 60, *118*, 132–55
Adu Yeboa village, 144
Afenmae division, Nigeria, 298
African Development Bank (ADB) *see* Banque Africaine de Développement

Africanization, 171n, 176, 178, 179, 180, *189*
age classes, of Oshogbo migrants, 128, 129–30, 132–3; Sarakolese, 240, 251, 252, *256*; Frafra. 323–4
agrarian capitalism, 32, 34–8, *94–8*
agricultural colonization *see* migration of colonization
agrarian revolution (in Western Europe), effect on migration, 32–3, *92–3*
agriculture, agricultural development, 6, 333; role of factors of production, 25, 26, *85*, *86*; Senegal, 25–7, *86–8*, 371–80, *381–3*; three types of rural areas, 33–5, *94*; and push-pull effects, 35–8, *95–8*; effect of seasonal migration on, 39–40, *98–100*; and of expulsion of migrant workers from Ghana on, 140–52, *153–5*; Togo migrants in Ghana, 157–8, 160–4, 166–7; Sarakolese, 241, 249–50, 251; Sokoto, 260, 261–74, *276–80*; Nigerian, 282, 283, 284, 286, 287, 292, *301*, *303*; Upper Volta, 308, 311, 312, 315, 316–17, *319–20*, 394; Frafra (Ghana), 322, 324–5, 326, 334, *340*, *341*: influence of new urban centres on, 350
Ahafo *see* Brong-Ahafo
Ahianyo-Akakpo, Dr. A., 40, 44, 46–7, *100*, *103*, *105*, 156–69
Ahooja-Patel, Mrs. K., 60, *117*, 170–87
aide extérieure *see* foreign aid
Akan, 365; language, 58, *116*
Akassa, 166

Akosua Tiwaa (No. 1) village, 144
Akwapim, 157, 167; cocoa farms in Ghana, 146, 149, 150
Akwetana-Kisema (Ghana), 157
aliens *see* non-nationals
Aliens Compliance Order (Ghana: 1969–70), 138–41, 151, 152, *153, 154, 155,* 369
Allen, Christopher, 50, *109*
allocations familiales *see* family allowances
allocation of resources, 45, *103,* 264; new approach to, 62, *120*
Amangfrom (Ghana), 157
Amin, Samir, 392
anciens *see* elders
Anlo Ewe, 54, *112*
annual labourers (manœuvres annuels), on Ghana cocoa farms, 143, 145, 146–7, 149–50, 151, *154, 155*
A.O.F. *see* French West Africa
apartheid, 51, *110*
Argungu, 269
artisans (craftsmen/tradesmen), 265, 266, 273, *279*; Togolese migrants in Ghana, 166; Sarakolese, 250, *256*; Frafra, 324, 325, 327
Asaba division (Nigeria), 298
Asante (Ashanti), 158, 227, 322, 345, 368; cocoa farmers, 141, 142, 146, 149, 150, *155,* 158, 330
Assabat, 241, 250
assimilation, 4, 15, 57–60, *66,* 76, *115–18*
authority (decision-making), Sarakolese, 240–1, *256*; Frafra, 323–4, 334, 335

backward zones (zones retardées), contribution of migration to development, 191–212, *212–14*
BAD *see* Banque Africaine de Développement
Bakel, 245, 247, 248, 249, 250
balance of payments deficit, Ghanaian, 139

Baldé, Saliou, 45, 46, *104, 105,* 372, 373, 375
Bamba, Amadou, 372, 376, *381, 382*
Bambara, 45, *104,* 249
Bandama, 4, *66*
Banfora, 315
bank accounts (comptes en banque), 204
Banque Africaine de Développement (BAD), 46, *105,* 392, 396
Banque Centrale des Etats de l'Afrique de l'Ouest (BCEAO), 397–8, *405*
Bassari, 30, 32, 37, *91, 92, 97,* 157
Bathurst, 346
Bauchi division (Nigeria), 284, 299
Bawku (Ghana), 150
Bedde division (Nigeria), 299
beer, brewing, 315, 325, 327
Bekwai (Ghana), 158
Benin town/province, 54, 284, 288, 289, 298, 345; river, 347
Benué province, 20, *81,* 284
Benué river, valley, 27, *88,* 283
Berg, Elliott, 21, 39–40, *82, 98–9, 100,* 168, 258
bétail *see* cattle
bicycles, Frafra, 324, 325, 326, 334
Bida division (Nigeria), 299
biens de consommation *see* consumer goods
bilateral agreements (on migration), 174 & n, 181, 184, 186–7, *190*; between Upper Volta and Ivory Coast (1960), 60, *118,* 217–20, 223, *224,* 388, 390, 400, *403, 405*
blocage des prix d'achat *see* price freeze
blocage des salaires *see* wage freeze
Bobo, Bobo–Dioulasso, 216, 217, 220, *224,* 309, 311, 313, 314, 315, *319,* 390
bois, coupe du *see* timber
Bolgatanga, 150, 322, 324, 325, 326, 329, 333, 334, 335
Bongo tomato co-operative, 324
Bornu, 20, *81,* 299
Bosi, 322

Bo-Town, 355
Bouaké, 355; CATAF centre at, 222 & n
brain drain (exode des cervaux), 7, 10, 56–7, *69*, *71*, *114–15*
'bright light' theory of migration, *95*, 349–50, 351
Brong-Ahafo, cocoa farming in, 141, 142, 144–5, 146, 147, 148–50, *154*, *155*, 368
Bugnicourt, M. J., 36, 41, *96*, *100*, 191–214
building construction, 173, 394
Burundi, 176
Busia, K. A., 345

cadres *see* brain drain; professional workers
cadres moyens *see* middle-level workers
Caisse Nationale de prévoyance mauritanienne (Mauritanian national savings bank), 241
caisses d'épargne *see* savings banks
Calabar town/province, 10, 17, 20, 52, *71*, *78*, *81*, 284, 288
Caldwell, J. C., 131n, 286
Cameroon, expulsion of Nigerian migrants from, 138; cocoa industry, 140; employment of non-nationals, 185; growth of new cities in, 346, 355; *see also* Western Cameroon
Canale, J. Suret, 387
candy factory (Upper Volta), 315
caoutchouc *see* rubber trade
Cape Verde, Cape Verdeans, 10, 15, 18, 52, 56, 60, *71*, *76*, *111*, *118*
capital, conventional theorists' approach to, 24–5, *85–6*
Casamance region (Senegal), 25, *86*
cash crops (*cultures de rapport*), 35, *95*, 259, 350; Sokoto, 261, 264, 265, 266, 267–9, 272, 273; Nigerian, 282, 286, 287; Frafra (Ghana), 322, 325
cassava, 145
casual labourers (manœuvres occasionnels), employed on Ghanaian cocoa farms, 143, 145, 147, 150, 151, *154*, 166
CATAF (Centre d'Affectation des travailleurs agricoles et forestiers), 222n
cattle/livestock (bétail), 204, 227, *237*; Senegal, 26, *86*; Sarakolese, 246, 247, 249n, 250, 251, 255, *256*; Upper Volta, 310, 311, 312, 313, *320*; Frafra, 325, 334
Central African Republic, 175, *189*
cereals, 166, 261, *277*
Chad, 177, 186
chickens (poulets), 194
Chinn, W. H., 349
chômage *see* unemployment
Christiankopé (Ghana), 157
circulation de main-d'œuvre saisonnière *see* seasonal labour circulation
Citroën, 244
clandestine migration, 222 & n, *225*, 244
CLAP report (on migrants in Gold Coast), 386
climate, 258n, 261, *277*
cocoa production, cocoa belt, 46, *105*, 227, *237*; Ghana, 7–8, 10, 46, *69*, *71*, *105*, 139, 140–52, *153–5*, 156, 157, 158, 160–1, 162, 164, 166–7, 325, 330; Nigerian, 10, 17, 20, 52, *78*, *81*, *111*, 282, 284, 286, 288, 292, 298, *302*; Cameroon and Ivory Coast, 140
cocoyams, 145
coffee (café), 27, *88*, 156, 164
'collector system' (Frafra travel credit), 329
colonization, colonialism, 4, 7, 8, 10, 66, *69*, *71*, 258; in Nigeria, 10, 22, 32, *71*, *92*, 259, 284; rural labour reserves formed by, 34, 35–7, 38, *94*, *95–7*; in Upper Volta, 37, 215–16, 224, 385–8, 393–4, *402–3*; in Senegal, 27, 53, *88*, *111*, *112*, 378–90; emphasis on tribalism, 59, *117*; in Ivory Coast, 216; growth

of West African cities under, 343, 344, 345, 347; in Togo, 358–60; *see also* migration of colonization
Colony province (Nigeria), 284, 289, 294, 322
commerçants *see* merchants
commerce de détail *see* retail trade
commerce (trade), 258; Hausa, 10, 56, *71*, *114*, 164, 258, 266; traditional, 55, *113*; employment of non-nationals in, 172, 173, 177, 179; in backward zones, 196–7, 205, 206, *213*, *214*; Zarma, 227, *237*; Sarakolese, 241, 249, 250; Sokoto, 264, 266, 268, 269, 271, *276*, *278*, *280*; Nigerian, 284, 287, 292, 293, *301*, *303*, 347; Upper Volta, 310, 311, *394*; Frafra (Ghana), 322, 324, 325–6, 327, 328–9; West European trading posts, 343–4, *357*; growth of West African cities and, 344, 345, 347, *357*
communications de masse *see* mass media
comptes chèques postaux *see* post-office accounts
comptes en banque *see* bank accounts
comptoirs commerciaux *see* trading posts
conflict, distinction between allocation and integrative, 351n
Congo, Republic of, employment of non-nationals in, 176, 185, 187
consumer goods (biens de consommation), 258, 270, 271, 273, *276*
'contractors' (in Ghana cocoa farming), 143, 147
contrat de travail *see* work contract
conventions bilatérales *see* bilateral agreements
La Convention d'établissement Algérie-Tunisie, 174n
cooperatives, 47, *106*, 205, 322, 324
'correspondants de confiance', Sarakolese (confidential correspondents), 242, 246, 248
cost-benefit analysis of migration (coûts-bénéfices), 23, 33, *84*, *93*; criticisms of, 39–52, *98*–*110*
Côte-d'Ivoire *see* Ivory Coast
Cotonou, 346
cotton, 35, *95*; Northern Nigeria, 22, 34, *83*, *94*; francophone West Africa, 22, *83*; Upper Volta, 28, *89*, *280*; Sarakolle country, 241
cotton-ginning plant (Upper Volta), 315
cowpeas, 262, 264
crime, as source of income for Frafra migrants, 327, 328, 331, *340*
Cros, C., 372
cultural traditions, 57–8, *115*–*16*; urban culture v., 37–8, *97*, 349–56, *357*
cultures de rapport *see* cash crops
cultures maraîchères *see* market produce
culture vivrière *see* subsistence agriculture

daara (traditional Mouride 'village'), 374, 376, 377, *382*
Dahomey, Dahomeans, 15, 34, *76*, *94*, 168, 170, 172; migration of skilled labour, 10, 56, *71*, *114*; population, 18, *79*; brain drain to France, 56, *115*; expulsion from Upper Volta of migrants from, 178; growth of new cities in, 346, 355; migratory flow between Togo and, 359, 362, *369*, *370*
Dakar, 15, 58, 60, *116*, *118*, 231, 244, 245, 346
Dallol Bosso valley, 227, *237*
Darou Kharim (Mouride village), 372
Darou Rahmane II, (Mouride village), 376, 378
debts, 244, 327
Delta province (Nigeria), 284
Dendi, 227
Densuso (Ghana), 157
Diarra, Fatoumata Agnes, 46, *105*, 226–38

Deniel, Raymond, 215–23, *223–5*
development, development planning, Nigeria, 281, 292–9, *301, 304*; urbanizing v. rural-based policies, 305–8, *318–19*; Upper Volta, 310–17, *319–20*, 399–402, *405–6*; *see also* economy
Dikwa division (Nigeria), 299
Dioula migrants, 10, 51, 55, 71, *109, 113*
Dioula-Soninke, 56, *114*
distance (of migrations), 6–7, *68–9*
distributive trade, 172, 292
diviners, 324, 325
divorce, 234, 392
Dosso, 228
Douala (Cameroon), 346
double nationality, 220, 222n
duration (of migrations), 6, *68*; of Zarma men and women, 232, *238*; Sokoto, 267–9, 273
Dussauze-Ingrand, Elizabeth, 40, 41, 44, 45, *100, 103, 104*, 239–57
Dyerma, 226

East Africa, 333
écarts de revenue *see* income, divergence
economic marginalism, 24, 29, 33, 52, *85, 89, 93, 110*
'economic rationality', 26–7, 28, *87, 88–9*
economies of urbanization, 306, *319*
economy, economic development, 168, *169*; effect of expulsion of foreign migrants from Ghana on, 138–52, *153–5*; national employment policy, 170–87, *188–90*; Zarma, 228–9; effect of migration in Sarakolese region, 248–51, *256*; Sokoto and Kano rural economy, 260, 265–6, *276–7, 278–9*; Nigerian, 281, 292–9, *301, 303–4*; urbanizing v. rural-based development strategies, 305–8, *318–19*; Upper Volta, 310–17, *319–20*, 393–402, *404–6*; Wolof Mouride migrations to Senegalese new

territories and, 371–80, *381–3*; Ivory Coast and Ghana, 395–6
education, Ibo, 21, *81, 214*, 304–5; francophone countries, 21, *82*; Nigerian, 23, *83*, 292, 294; effects on migration of, 36, 38, *96, 97*; brain drain, 56–7, *114–15*; of Oshogbo migrants, 128, 134, 135; employment of non-nationals in, 173, 180; Sarakolese, 253; Upper Volta, 312, 313, 316, *319*; Ghana, 322, 326, 369; influence on traditional life, 350; French system in Togo, 360–1, *370*
effets d'imitation *see* imitation effects
Ejigbo (Yoruba town), 56, *114*
Eke, I. I. U., 286
Ekiti division (Nigeria), 298, 299
elders (anciens), 350; Sarakolese, 240, 252, 254, *256*; Frafra, 324
electricity, 292, 293, 295, *319*; *see also* hydro-electricity
Elkan, Walter, 32, 51, *92, 109*, 273
employment (emploi), regulations in West Africa governing, 170–87, *188–90*; Sokoto off-farm employment, 264, 265, 268, 269, 270n, 272; Nigerian, 283, 293, 294, *301*; Ghanaian opportunity structure (structure des perspectives), 321–37, *339–42*; in Togo, 358–9, *369*; employment status in Ghana, 366–7, 368; Upper Volta, 401–2, *405–6*
entrepreneurs, entrepreneurship, 61, *118*, 171, 180, 306
Enugu, 19, *80*, 282, 288, 291, 293, *303*
envois d'argent *see* remittances
Equatorial Guinea, 174n
état-nation *see* nation-state
Ethiopia, 174n
Ethiope river, 345
'ethnic distance', 7, *68–9*
European Economic Community (EEC), 184
Europe, Europeans, employment of non-nationals in, 173, 181–2;

trading posts, 343–4; growth of 'new towns' in West Africa and, 344, 345, *357*; *see also* colonization; individual countries
European technical and managerial personnel, 171
Ewe, 149, 150, 157, 365, *370*; language, 58, *116*
exode des cervaux *see* brain drain
exploitation, awareness by migrants of, 201, 205, *214*
exports, export-oriented economy, 51, *110*; Nigerian, 22, 286, 292, *303*, 347; agricultural, 25, *85*; Senegal, 27, *87*; rural areas organized for large-scale, 34, *94*; migration's essential role in, 39, 48–9, *98*, *107–8*; traditional commerce and, 55, *113–14*; Upper Volta, 310, 311
expulsion of foreign migrants, 170, 178 & n, 180; from Ghana, 14, 56, 60, 75, *114*, *118*, 138–52, *153–5*, 168, 170, 178, 228, *237*; of Voltaian workers from Ivory Coast, 220; of Togolese from Abidjan, 361–2; *see also* non-nationals
ex-soldiers (anciens militaires), return to village of, 46, *105*

factors of production, allocation of, 24–5, 28–9, 47, 62, *85–6*, *88–9*, *106*, *119*, *168*
fadama (low-lying land, in Sokoto), 261, 262, 263, 267, 268, 269, 271, 272n, *277*, *279*
Falilou, Sérigne, 374
family allowances (allocations familiales), Sarakolese, 241, 245
Fanti, 149
Ferlo Forests (Senegal), 373, 379, *382*
Fernando-Po, 10, *71*
filtered water, 48, *107*
Fine, J. C., 262
First World War (première guerre mondiale), recruitment of Voltaians into French army, 215–16, 385
fish, fishing, 27, *88*, 166, 268, 269, 292, *301*
flour mill (Upper Volta), 315
Fomema (Ghana), 158
food crops/production *see* subsistence agriculture
food processing industry, 322
force de travail *see* labour
forced labour, forced migration (travail forcé, déplacements forcés), 37, *96*, 216–17, *224*, 359–60, *370*, 385–7, *402*, *403–4*
Forde, D., 270n
foreign aid (aide extérieure), role in Africa, 26, *87*
foreign investment laws, 171, 175
foreign qualified staff, 172, 173
'foreign' workers, distinction between non-nationals and, 170n
Fortes, M., 322–3, 331, 332, *340*
Foster, P., 334n
Fougeyrollas, M. P., 59, *117*
Fouta Djallon, 15, *76*
Frafra (Ghana), 321–39, *339–42*; social and economic background, 321–3; rural opportunity structure, 323–6; and urban opportunity structure, 326–8; rural-urban links, 328–30; changing patterns of migratory behaviour, 330–2; comparative evaluation of rural and urban opportunities, 332–5
France, French, 170; effect of Agrarian Revolution on migration from, 32–3, *92–3*; West African brain drain to, 56, *115*; immigration conventions with West African countries, 186; Sarakolese migration to, 239–55, 255–7; automobile industries in, 244, *255*; Togolese semi-permanent settlement in, 361
francophone Africa, migratory flow from interior to coast, 10–17, *72–8*; population, 10–11, 18, *72–3*,

79; urbanization, 15–17, *76–8*; education, 21, *82*; migration of skilled labour, 56, *114*; employment of foreigners in, 174; effect of language factor on Togolese migrants, 369–70; *see also* French West Africa

Freetown, 346

French West Africa (A.O.F.), French colonialism, 16, 22, 36, 56, 77, 78, *114*; Upper Volta, 37, 215–17, 385–8, 393–4, *402–3*; Togo, 358, 359–60, *369–70*; Senegal, 378–80, *381*; Ivory Coast, 216–17

Fulani *see* Peul

functionalism, 31–3, *91–3*

Ga, 157

Ga Adangbe, 365

Gabon, 168, 177, 395

Gambia, 9, 12, *71*, 74, 174n, 346

Germans, German colonial administration (Allemands), 33, *93*; in Togo, 358, 359, 360, *369*, *370*

Ghana (formerly Gold Coast), 9, 54, 71, *112*, 216, 259, 311; cocoa production, 7–8, 10, 46, *69*, *71*, *105*, 139, 140–1, 142–52, *154–5*, 156, 157, 158, 160–1, 162, 164, 166–7, 325, 330; population, 10–11, 14–15, 18, *72–3*, 76, 79, 139, 389; migratory flow from interior to coastal regions, 10–17, 20, *72–8*, *81*; foreign migrants expelled from, 14, 56, 60, *75*, *114*, *118*, 138–52, *153–5*, 178, 228, *237*; Nigerian migrants in, 14, 56, 76, *114*, 143, 144, 146, 147, *154*, 168, 178, 228, *237*, 389; and migration from Upper Volta to, 14, *75*, 139, 141, 143, 144, 145, 146, *153*, *154*, 168, 178, 316, 385–6, 389, 394, 395–6, 397, *402*, *403*, *404*; urbanization in, 16–17, 77–8, 345, 346, 355; cost-benefits of immigration to, 43, 46–7, *102–3*, *105–6*; Akan as main language in, 59, *116*; expulsion of fishermen from Sierra Leone, 138, 178; impact on village society of Togo immigration, 156–69, *169*, 360; employment of non-nationals in, 170, 173, 175–6, 177, 178, 185, *189*; Zarma migration to, 227, 229, 230, 234, *237*, *238*; and Sokoto emigration to, 260; Frafra migrants and the opportunity structure in, 321–30, *339–42*; Togo migration and, 359–69, *370*, 389

Ghanaian Business Promotion Act, No. 334, 175–6, 185

GNP (Gross National Product: PIB), % cost-benefits of permanent migration, 42–3, 46, 52, *102–3*, *105*, *110*

Goaso, 145, 149

Goddard, A. D., 28, 89, 258–80

Gold Coast *see* Ghana

gold, gold mines (mines aurifères), 158, 204, 255

Gombe division (Nigeria), 299

Gourma, 365, *370*

Gourmanche, 227

Great Britain, British colonialism (Grande Bretagne), 170; in Nigeria, 22, *83*, 347; effect of Agrarian Revolution on migration from, 32–3, *92–3*; in Gold Coast, 345, 386, *402*; in Togoland, 358

Green, Leslie, 19, 22, *80*, *83*, 281–304

Green Revolution (Revolution Verte), 259, *280*

Gregory, Joel W., 62, *120*, 305–20

groundnuts (arachides), 35, *95*; Senegalo-Gambia region, 4, 9, 12, 15, 22, 25–7, 34, 44, 52, 53, *65*, *71*, 74, *83*, *86–7*, *88*, *94*, *97*, *103*, *111*, 371, 376, 378–80, *381*, *383*; Nigeria, 22, 34, *83*, *94*, 265, 266, 282, 286, 292; Ghana, 162; Sarakolle country, 241; Upper Volta, 315

Grove, A. T., 259

Guidimaka (Mauritania), Sarakolese emigration to France from, 239–55, *255–7*
Guinea, Guineans (Guinée), 9, 12, *71*, *73–4*; population, 18, *79*; expulsion of migrant workers from Ghana, 138; employment of non-nationals in, 185, 187
Gulf of Guinea, 227
Gulliver, P. H., 259
gum (gomme), 241
Gurensi, 322
Gutkind, P. C. W., 348–9

Hagendorn, J. S., 266
Harbel Plantation, 355
haricot beans, 166
Hart, J. K., 48, *107*, 321–42
Hausa, Hausaland, 13, 22, 29, 52, 74, *82*, *83*, *89*, *111*, 259, 269, 291, 299; traders, 10, 56, *71*, *114*, 164, 258; language, 58–9, *116*; religious pilgrimages, 258; rural economies, 265–6, *278*
hautes terres (Sokoto) *see* uplands
le Havre, 244
health services, 292, 316, *319*, 326
henna (henné), 241
high-level manpower (main-d'œuvre hautement qualifiée), 171, 172, 175, 176, *188*
Hill, P., 270n
hoarding (thésaurisation), 196, 204, 248, 251, 255, *256*
home households, revisits of Oshogbo migrants to, 127, 128, 130–2, 135; *see also* return of migrants
Houphouet-Boigny, Félix, 216, 217, 222n, *224*
housing and household commodities (l'habitat, l'équipment des maisons), 173–4, 246–7, *256*, 294, 297, 327
Hutton, C., 334n
Hwidiom, 145
hydro-electric power, 26–7, *86–7*, 322

Ibadan town/province, 17, 19, *78*, 282, 284, 285, 288, *302*, 355
Ibadan University, Department of Geography, 281
Ibo, Iboland, 10, 17, 19, 20, 21, 52, 56, 60, *71*, *78*, *80*, *81*, *82*, *111*, *114*, 289, 290, 291–2, 298, *303*, 365; massacre of, 22–3, *83*; language, 58–9, *116*; refusal to integrate in N. Nigeria of, 60, *118*; and political manipulation of, 61, *118–19*
Ibo State Union, 290, *303*
identity cards (cartes d'identité), 174, 177; *188*
IDEP (Institut pour le développement et planification), ix–xi, 61, 62, *119*
Idoma division (Nigeria), 298
Ife, 282
Igbirra, 298–9
Ijebu province (Nigeria), 284, 289, 294
ILO (International Labour Office: BIT), *189*; African Advisory Committee, 178n, 181; Pilot Project for Rural Employment in the Western State, Nigeria, 289n, 294n; Third and Fourth Africa Regional Conferences, 178n
Ilorin, 20, *81*, 284, 288
imitation effects (effets d'imitation) of remittances from migrants, 197, 206, 208, *213*, 239
immigration laws and regulations, 171, 174–7, 185–6; *see also* bilateral conventions
Imoagene, S. O., 37–8, *97*, 343–57
importation, effect on Sarakolese region, 248, *256*
import substitution (substitution d'importation), 48, 49, *107*, *108*
'improvement unions' (South-Western Nigeria), 135
income (revenu), urban–rural disparities, 30–1, 33, 37, 49–50, 51, 90–1, 96, 108–9, *110*, 332–3; unequal distribution of, 50, 51–2,

109; of Oshogbo migrants, 128, 133, 136; Sokoto farm income, 263-4, 267-9, 270, 273-4, 277-8, *279, 280*; Nigerian, 283, 284, *301, 302*; urbanizing development and, 306; Upper Volta, 314, *319*; Frafra, 324, 325, 326-8, 329, 331, 332, 333, 334, *340, 341*
inconvertibility, 49, *108*
Indians, Asians, 172, 179
indigo, 241
individualist approach to migration theory, 29-33, *89-93*
industries de transformation *see* manufacturing industries
industry, industrialization, 204, *214*, 260; high wages in modern sector of, 48, 49, *107, 108*; employment of non-nationals in, 172, 173, 177; Nigerian, 292, 295, *301, 303*; urbanization and, 306, 345; Upper Volta, 315, *319*, 394, 395; Ghana, 322
infant mortality, 48
information, investment in Upper Volta in, 310, 311
inheritance laws, 262, 277, 324
insecticides, fungicides, 311
intensive farming (agriculture intensive), 25, 28-9, *86, 89*, 261, 262-3, 264, 265, 272, 277, 287
inter-ethnic relations, 57-60, *115-18*
International African Institute (IAI), ix-xi, 61, 62, *119*
International Labour Conventions Affecting Migrant Workers, 182, 187
International Seminar (Dakar: 1972), ix-xi, 61-4, *119-21*
inter-regional friction, effect on migration of, 37, *96*
inter-urban (urban-urban) migration, 6, 8, *67-8, 69*, 353-5, *357*
investment (investissements), Nigerian, 283, 292-3, 295, 296, *301, 303, 304*; Upper Volta, 310-13, *319, 320*

irrigation, 25-8, 44, *86-8, 103*, 148, 274, 322
Ishan division (Nigeria), 298
Islam, 58, 59, *116, 117*, 233 & n, 258, 262; Mouridism and, 53, *111-12*, 371-80, *381-3*
Italy, 33, 47, *93, 106*
Ivory Coast (Côte d'Ivoire), 4, 9, 13, 14, 15, 20, 37, *65-6, 71, 74, 75, 76, 94, 96*; migration from Upper Volta to, 12, 53, *73, 114*, 215-23, *223-5*, 316, 359, 385-400, *402-5*; urbanization, 16, 77, 344, 345, 346, 355; population, 18, *79*, 393, *404*; education, 21, *82*; cost-benefits of migration to, 43, *102, 103*; migration of colonization, 53-4, *112-13*; Nigerian traders in, 56, *114*; migration convention between Upper Volta and, 60, *118*, 217-20, 223, *224*, 388, 390, 397, 400; cocoa production, 140; migrant workers in Ghana from, 143; employment of non-nationals, 173; backward zones, 192n; colonial rule, 216-17; Zarma migrations to, 227, 229, 234, *237, 238*; and Togolese migrations, 360-2, *370*
Iwo, 282

Jenks, C. W., 178n
jeunes *see* young men
jeunes filles *see* young girls
jewellery (bijoux), 204; Sarakolese, 246-7, 251, 252, 255, *256*
Jews, 55, *113*
Jos division (Nigeria), 288, 290, 291, 294

Kabba province (Nigeria), 20, *81*, 284
Kabre population movement, 259
Kaduna, 282, 287, 288, 289, 290, 291, 293, 294, 298, *303*
Kampala, 348-9
Kano town/province, migration rate, 28-9, *89*, 272; changing

population rate and distribution, 260, 282, 284, 285, 287, 288, 289, 290, 291, 293, 294, 295, 298, 299, *302, 303*; rural economy, 265–6, *278–9*
Kanuri, 10, 17, *71, 78*, 299
karité oil industry (Upper Volta), 315
Karma, 227
Katambara (Togo), 157
Katsina, 259, 284, 288, 295
Kayes railway, 216, *224*
Kedougou region revolts, 216
Kenke, 166
Kenya, 30; rural labour reserves in, 36, *95*; employment of non-nationals in, 173, 175n, 176, 180
Kilby, Peter, 21, *81*
Kilimanjaro, 30, 32, *91, 92*
Koalack, 355
Koassara, 378
Koforidua, 157, 164
kola (cola), 227, *237*, 325
Kontagora division (Nigeria), 299
'Koron Busia', 228
Kotokoli, 258, 365, *370*
Koudougou, 309, 315
Koukya dynasty (Zarma), 226
Kovie (Togo), 157
Koviepe (Togo), 157
Krobo, 54, *112*, 150
Kumasi, 32, *92*, 147, 149, 150, 151, 323, 329, 330, 345, 355
Kumasi City Management Committee, abuse of office by members of, 140
Kumekpor, Tom K., 358–70
Kwabena Nsia village, 144
Kwahu, 146
Kwame Opon village, 144

labour, labour force, labour market (main-d'œuvre, force de travail, marché travail), conventional theorists' approach to, 24–5, *85–6*; seasonal migration and, 39–40, *98–9*; migrants as source of cheap labour, 50–1, *109–10*; on Ghanaian cocoa farms, 143–51, *153–5*; effect of emigration from backward zones on, 193–5, *212–13*; clandestine recruitment of Voltaians, 222 & n, *225*; Zarma women, 235, *238*; Sokoto seasonal labour circulation and land shortages, 258–74, *276–80*; Wolof Mouride organization of work, 375–8; rational use of human resources in Upper Volta, 401–2, *405–6*; *see also* forced labour
labour migrations (migrations de main-d'œuvre), definition and criteria, 4–9, *66–70*; patterns of, 9–10, *71*; flow from interior to coast in francophone West Africa and Ghana, 10–17, *72–8*; dividing line between colonization of migration and, 54, *112–13*; distinction between psycho-social migration and, 344, 352; growth of West African cities and, 347–50, 353, 357
labour reserves (réserves de main-d'œuvre, régions réserves), 34, 35, 37, 62, *94, 95, 97, 120*, 385, 393–4
Lafia division (Nigeria), 298, 299
Lagos, 17, 19, 20, *78, 80, 81*, 128, 285, 286, 288, 290, 294, 297, 298, *302*, 346, 353–4; Metropolitan Lagos, 282, 287, 288–9, 291, 293–4, *303*
Lake Chad (Tchad), 27, *88*
Lake Debo, 226, *237*
land, conventional theorists' approach to, 24–5, *85–6*
land-holding, landownership (propriété foncière), 162, 196, 262, 270–2, 273, *278, 279*, 373–4
land shortages (pénurie de terre), 290, 294, *303*; in Sokoto close-settled zone, 258–76, *276–80*
language, linguistic groups, 57, 115; effect of migration on, 58–9, *116–17*; effect on Togo migrants, 368–9, *370*
Last, D. M., 266

law and order (l'ordre public), 258, *276*, 282
laws and regulations governing employment of non-nationals, 174-7, 185-6, *188-90*; *see also* bilateral conventions; International Labour Conventions
Laya, Dioulde, 36, 40-1, *95-6, 100*
League of Nations, 358, *369*
Lebanese, 170, 172, 179
Lewis, Prof. W. Arthur, 179
Liberia, 346, 355
lineage, Frafra, 323-4, 329-30, 332, 334, 335, *341*
Lipton, M., 264
Lissouba, Pascal, 59, *117*
Lobi, migratory colonization of, 10, 53, *71, 112*
'localization', 171 & n, 172, 175 & n, 176, 178, 179, *189*; *see also* Africanization
Lome, 346
long-distance commerce, 55, *113, 114*
Looky, Sylvere Issifou, 358-70
lorries, lorry parks, 324, 325, 329
Lowland division (Nigeria), 298
Lugard, Lord, 22, *83*

Mabogunje, Akin, 17, 19, 20, 21, 55, 56, 61, *78, 80, 81, 82, 114, 118*, 281, 282, 284, 285
Maiduguri, 282, 288
main d'œuvre *see* labour
main d'œuvre annuelle *see* annual labour
main d'œuvre hautement qualifiée *see* high-level manpower
main d'œuvre non-qualifiée/banale *see* unskilled labour
main d'œuvre qualifiée *see* skilled labour
main d'œuvre saisonnière *see* seasonal migration
main d'œuvre salariée *see* wage labour
maize (mais), 162, 165, 166, 325

male migrations of Zarma people, preponderance of, 229-30, *237*
Mali, Malians, 9, 12, 13, 15, 54, *71, 73-4, 76, 113*, 241; population, 18, *79*; migrant workers in Ghana from, 139; convention with France, 186; seasonal workers employed by Sarakolese, 249, 251, *256*; migration from Upper Volta to, 385, 387, 389, 394
Malinke-Bambara language, 58, *116*; *see also* Bambara
Man region (Ivory Coast), 192n
management, employment of non-nationals in, 171, 173, 176
Manantali barrage (Senegal), 26, *86, 87*
mandats *see* money orders
Mande, 13, *74*, 365
manioc, 162, 165, 194
manœuvres annuels *see* annual labourers
manœuvres occasionnels *see* casual labourers
manufactured products (produits fabriqués), 204, *214*, 325
manufacturing industry (industrie de transformation), 36, *95*, 307; factors of production in, 25-6, *85-6*; Nigerian, 292-3
marabouts, 372, 373, 374, 375, 377, 378, 380, *382, 383*
marchés *see* markets
marché travail *see* labour
market gardening, market produce (cultures maraîchères), 25, 26, *86*, 327
markets, marketings (marchés), Sokoto, 260, 261, 264-5, 266, 268-9, 272, 277, 279, *280*; Nigerian, 286, 292, 293; Frafra (Ghana), 322, 325, 327
marriage, 4, 5, 66, 280n; among Oshogbo migrants, 128, 130, 134, 135; Upper Volta, 392; Zarma, 234, 235; Sarakolese, 245, 251, 252; Frafra, 324; in Sapele, 348
Marseille, 244

Marty, P., 375, 377, 379
Masai, 30–1, 32, *91*, *92*
mass media (communications de masse), 332
Mauritania, population, 18, *79*; employment of non-nationals in, 172–3, 183n, 185, 186; Sarakolese migration to France from, 239–55, *255–7*
Mbaye Fall, 378
merchants (traders: commerçants), 7, 8, 10, 54–6, 60, *69*, *70*, *71*, *113– 14*, *118*, 164, 172, 173, 177, 179, 389
metallurgical industries, French, 243, 244
métayers *see* share-croppers
methodology (of migration), conventional theory questioned, 22– 33, *84–93*
Michelena, H. S., 37, *96*
middle-level workers (cadres moyens), 172, 173, 175, 181, *188*, *189*
middle management, 172
migration clandestine *see* clandestine migration
migration définitive *see* permanent migration
migration de main d'œuvre *see* labour migration
migration forcée *see* forced labour
migration of colonization, in Nigeria, 20–3, 52, 54, *81–4*, *111*, *113*, 281, 283–5, *301*; in francophone West Africa, 52–4, *111–13*; in Upper Volta, 223; Wolof Mouride pioneers to Senegalese new territories, 371–80, *381–3*
migration of urbanization, in Nigeria, 22, 23, 54, *83*, *84*, *113*, 281, 283, 286–92, *301*; in Upper Volta, 308–17, *319–20*; development and, 305, 307–8, *318*; *see also* urbanization
Miller Brothers, 347
millet (mil), 194; Senegal, 25, *86*; Ghana, 165; Zarma country, 229–30, 231; Sarakolle country, 241, 249, 250, 251, 255, *256*; Sokoto, 262, 264, 269, 270n, 273, *279*, *280*; Frafra, 325
Milone, V. M., 281, 289n, 294n, 297–8
Mission-Tove (Togo), 157
Mitchell, J. C., 258n, 259
modes of production, 29, 37, *89–90*
Mome (Togo), 156–7
monetarization, monetization, 45, *104*, 196, 197, *213*, 233; 248, 249, *256*
money orders, postal orders (mandats, mandats postaux), sent by Sarakolese migrants, 239, 240, 241–2, 243, 245–8
Monrovia, 346
Moog Naaba, Emperor of the Mossi, 216
Moors (Maures), 10, *71*, 240, 241, 243
Mopti, 54
More language, 58, *116*
Mortimore, M. J., 265
mosques, construction of, 242, 247n
Mossi, 37, *96*, 97, 141, 146, *153*, *154*, 216, 227, 259, 385, 387
motivations, functionalist approach to, 31–3, *91–3*
Mourides, Mouridism, Wolof migration to Senegalese new territories, 4, 53–4, *65*, *111–12*, 371–80, *381–3*
Moustapha, Sérigne Modou, 374
multi-ethnic society *see* inter-ethnic relations
multinational industries, 22, 49, *83*
Muri division (Nigeria), 298
mutual aid societies, Sarakolese (sociétés d'entr'aide), 242, 244

Nabdams, 322
Nairobi, 30, *90*; University College, 180
nationalism, 46, *105*
national problem, 57–61, *115–19*
nationals, nationality, 4, *66*; definition, 178–9, *189*

nation-state (état-nation), in multi-ethnic society, 59, *117*
natural resources, conventional theorists' approach to, 24–5, *85–6*
Navrongo (Ghana), 150
N'Doye, Elisabeth, 52–3, *111*, 371–83
new social classes, 50, *109*
new towns *see* urbanization
Niamey, 228, 229, 231, 235, 236, *238*
Niayes region (Senegal), 25, *86*
Niger, Republic of, 9, 13, 15, *71*, *74*, *76*, 177, 185, 215, 216; population, 18, *79*; migrant workers in Ghana from, 139; employment of non-nationals in, 177, 185, 187; Zarma people, 226–36, *237–8*; migration from Upper Volta to, 389, 394
Niger Decree, 177, 185
Niger Delta, 10, 17, 52, 54, 61, *71*, *78*, *111*, *118*, 227, *237*
Niger Province (Nigeria), 20, *81*, 284
Niger river, 27, 44, 54, *88*, *103*, *112*, 283; Zarma settlements along, 227, 228, *237*
Nigeria, 34, 94, 174n, 281–301, *301–4*; patterns of migration in, 9, 10, 17–23, 52, *69*, *70*, *71*, *78–84*, *111*; urbanization in, 10, 19, 22, 23, *71*, *80*, *83*, *84*, 260, 281–3, 284, 285, 286–91, 293, 294, 295, 296, *301*, *302–3*, *304*, 345, 346, 347–8, 353–4, 355; emigration of skilled labour, 10, 20–1, 22, 56, *71*, *81*, *83*, *114–15*; migrant workers in Ghana, and expulsion of, from, 14, 56, *76*, *114*, 143, 144, 146, 147, *154*, 168, 178, 228, *237*, 389; population, 17, 18, 19–20, *78*, *281–3*; agricultural migration, 54, *113*; and brain drain, 56, *114–15*; main languages in, 59, *117*; Ibo migrants' resistance to integration, 60, *118*; and political manipulation of Ibo, 61, *118–19*; rural-urban socio-economic links in south-west Nigeria, 127–36, *137*; expulsion of migrant workers from Cameroon, 138; employment of non-nationals in, 170, 172, 173, 174, 175, 185, 187, *189*; Zarma migrations to, 228, 230, 232, 234, *237*; population movements and land shortage in the Sokoto close-settled zone, 258–76, *276–80*; migration of colonization, 283–5; and migration of urbanization, 286–92; disparities in development: their planning implications, 292–9, *304*
Nigerian civil war (guerre civile), 19, 22, 23, 61, *80*, *82*, *83*, *119*
Nigerian Institute of Social and Economic Research, Planning Research Division, 281, 287
Nigerian Middle Belt, 4, 10, 17, 20, 21, 23, 52, *65*, *71*, *78*, *81*, *82*, *84*, *111*
Nigerian National Development Plans, 295
Nigerian Plateau, 20, 284
N'krumah, Kwame, 163, 166
nomadic pastoralism, 55, *113*
non-nationals, regulations governing employment in West Africa of, 170–87, *188–90*; *see also* expulsion of foreign migrants
Norman, D. W., 262
North America, 4, *66*; 19th-century migration from Europe to, 32–3, *92–3*
Nouadhibou, 244
Nouakchott, 244
Nuadza (Togo), 157
Nupe, 299
Nzimiro, I., 291–2

occupations of Sokoto migrants, 269–70, 271
off-farm employment, Sokoto, 264, 265, 266, 268, 269, 272
Office de la Main d'Oeuvre du Côte d'Ivoire, 218, 388

Office de la Main d'Oeuvre de la République de Haute Volta, 397
Office du Niger, 387
office workers (employés), 7, 8, 60, 69, 70, *118*
Ogbomosho, 56, *114*, 146, 282
Oil Palm Belt (Togo), 359
oil production, Nigerian, 292, 293
Okediji, Francis Olu, 56, *114–15*
Okonjo, C., 286
Ondo province (Nigeria), 284, 298
Onitsha, 282, 287, 288, 291, 293, *303*
l'ordre public *see* law and order
ORSTOM (Office de la Recherche Scientifique et Technique Outre-Mer), x, 365, 374, 376, *382*, *383*, 392
Oshogbo (Nigeria), 282; socio-economic links of migrants in, 128–36, *137*
Ouagadougou, 216, 222n, *224*, 308–10, 311, 312, 313, 314, 315, 316, *319*, 390
Oulof *see* Wolof
Owerri province (Nigeria), 284
Owo division (Nigeria), 298, 299
Oyo province (Nigeria), 284

paint factory (Upper Volta), 315
palmier à huile *see* palm oil
palm kernels, 286, 359, *370*
palm oil (l'huile de palme), 286, 343, 359, *370*
palm wine (vin de palme), 162–3, 166
Pan-Africanism, 58, 60, *117*
Panofsky, H. E., 273
Paris region, Sarakolese migration to, 244
Parti du Rassemblement Démocratique Africain (Upper Volta: RDA), 46, *105*, 216–17, 220
Patel *see* Ahooja Patel
Pauvert, J. C., 259
Pélissier, P. 52, *111*, 371
pensions and gratuities, 330
pénurie de terre *see* land shortages

permanent migration (migration définitive), 4, 6, 8, 40, *66*, *68*, *69*, *99–100*; in francophone Africa and Ghana, 11–14, *72–5*; cost-benefit analysis of, 42–3, *101–2*
permis de travail *see* work permit
personal and normative migration, distinction between psycho-social migration and, 252–3, *357*
Peul (Fulani), 22, 56, 58, *82*, *83*, *114*, *116*, 226, 227, *237*, 240, 243, 250, 251, 256, 266, *279*, 291
Piault, Dr. M., 58, 60, *116*, *118*
PIB see GNP
Plan Cadre (Upper Volta), 310–13, *319*
plantains, 145, 162
Pô (Upper Volta), 311
Pokuase (Ghana), 157
Polish, 33, *93*
politics, role of migrants in, 57, 60–1, *115*, *118–19*; manipulation of Ibo migrants, 61, *118–19*; migrants' awareness of exploitation, 200–1, 205, *213–14*
polygamy, 234, 235, 392
population, population growth, 5, 67; in francophone West Africa and Ghana, 10–11, 14–15, 18, 42, *72–3*, *76*, *79*, *101–2*; Nigeria, 17, 19–20, 23, *78*, 259–60, 261, 262, 265, *278*, 281–92, 296–7; Ivory Coast, 18, *79*, 393, *404*; Upper Volta, 18, *79*, 308–9, 390–2, *403–4*; Ghana, 139, 389; Zarma, 228–9, *237*; Selibaby (Mauritania), 240; Sokoto, 259–60, 261, 262, 263, 272, *277*, *278*, *280*; Frafra, 323, 332; Sapele, 347–8; of West African cities, 346; Togo, 359–69 *passim*
population movements in Sokoto close-settled zone, 258–76, *276–80*
port facilities, 293, 386
Port Harcourt, 282, 287, 288, 291, 293, *303*
Porto-Novo (Dahomey), 355

postal orders *see* money orders
post-office accounts (comptes chèques-postaux), 204
pressure group (formed by migrants) 199, *213*
price freeze (blocage des prix d'achat), 50, *109*
price inflation, 327
prices, cost-benefits theory, 42, *101*; effect of monetarization on, 196, *213*
productivity, urban-rural differences in, 50, 51
production, 24, 283, *301*
professional qualifications (of migrant), 45–6, *104–5*
professional workers (cadres), 7, 8, 69, *70*, 172
proletarization, 52, *110*; link between migration patterns and, 33–8, *93–8*
propriété foncière *see* land-holdings
prostitution, 231, 233, 328
Prothero, R. Mansell, 19, *80*, 258, 260, 263, *277*
psycho-social migration, 344, 350–6, *357*
public spending (dépenses publiques), 199 & n, *213*
public utilities, Nigerian, 282
public works (travaux publics), 227, *237*, 316, 322, 326, 330
pull-push effects, 30, 35–8, 41, *91*, 95–8, *101*
qualifications (of migrant labourer), 7, *69*

railways (chemins de fer), 216, *224*, 227, *237*, 266, 287, 296, 315, 386
R.C.A. *see* Central African Republic
R.D.A. see Parti du Rassemblement Démocratique Africain
R.D.C.I. (Rassemblement Démocratique de la Côte-d'Ivoire), 220, 222n
regional development planning, 168–9, 178n; of backward zones, 191–212, *212–14*; Nigerian, 295–7, *301*, *304*
régions-réserves *see* labour reserves
religion, 57, *115*, 324, 326, 350; Mouridism, 371–80, *381–3*
remittances of money (sent by migrants to family: envois d'argent), 5, 41, 44, 45, 46–7, *66*, *103*, *104*, *105–6*, *128*; Upper Volta, 397–8, *405*; Oshogbo migrants, 132–5; Togo migrants, 159; effect in backward zones of, 192, 193, 195–7, 205, 206, *213*; Sarakolese migrants in France, 239, 240; money orders, 241–2, 243, 245–8; Frafra, 329
Rémy, G., 392
Renault, 244
research (recherches), future plans, 63–4, *120–1*; Upper Volta investment in, 310, 311, 312, 313
repairs, 206, *214*, 250
réserves de main d'œuvre *see* labour reserves
residence of migrants on first arriving in Oshogbo, 128–30
residence permits, 174, 184, 185
retail trade (commerce de détail), 139, 140, 165–6, 172, 177, 325
return of migrants (retours d'émigrés), 192, 197–9, 205, *213*, 227, 233–4, 235, *238*, 252–4
Rhodesia (Rhodésie), 36, 51, *95*, *110*, 259
rice cultivation (riz), 25, 26, *86*, 162, 166, 194, 241, 261, 262
Rima river, 261, 274, 277
river valleys (vallées fluviales), agro-industrial development of, 27–8
Rivers province (Nigeria), 20, *81*
road (routes), 204, 287, 296, 310, 311, 312, 386
Roch, J., 377
Rocheteau, G., 374, 376, 377
Rowling, C. W., 265
rubber trade (caoutchouc), 347, 359, *370*

rural-based development strategy, urbanizing development v., 306–8, *318–19*; Upper Volta, 310–17, *319–20*

rural areas (campagnes), income disparities between urban centres and, 30–1, 49–50, 51, *90–1, 108–9, 110*; three types of, 33–4, *94*; effect of pull-push effects on, 35–8, *95–8*; unequal distribution of income in, 50, *109*; depopulation in Nigeria, 281, 282, 293, 295, 296, *301, 303*; Ghanaian opportunity structure, 321–37, *339–42*; *see also* agriculture

Rural Development Offices (ORD: Upper Volta), 311

Rural Economy Research Unit, Ahmadu Bello University, 260n

rural–rural migrations, 6, 8, *67, 69*, 285, 287, 291, *302*, 325

rural–urban migrations, 5, 6, 8, 29–32, 66, *67, 69, 89–92*; *see also* migration of urbanization

rural–urban socio-economic links, in south-west Nigeria, 127–36, *137*; Ghanaian, 328–30

Sabot, Dr. R. H., 30–1, *91*
Sahel, 226, 239
salaires *see* wages
salt, 227, *237*
Sanogoh, G. H., 12, 28, 40, *73, 89, 100*, 384–406
Sapele, urbanization in, 345, 347–8, 353–4
Sarakolese, Sarakolle country, 10, 41, 45, *71, 100, 104*; migrations to France, 239–55, *255–7*: history, composition and present volume of migration, 243–5; amount and use made of savings, 245–8; economic effects on region, 248–51; and social effects, 251–4
Savadogo, Jean-Marie, 28, 39, 40, 46, *89, 98, 100, 105*, 384–406
savings, savings banks (épargnes, caisses d'épargne), 204; Upper Volta, 218, 220, 397–8, *405*; Sarakolese migrants, 241–2, 245–8, 254–5, *256*–7; Sokoto, 270, 271, *279*

seasonal migrations, seasonal labour circulation (main d'œuvre saisonnière), in Nigeria, 10, 17, 19, *71, 78, 80, 301*; in francophone Africa and Ghana, 11–17, *72–8*; cost-benefits of, 39–42, 43–4, *98–101, 102–3*; national employment policy and, 181, 189–90; Mali workers employed by Sarakolese, 251, *256*; to Sapele, 348; *see also* cocoa farming, Ghana; Sokoto

Second World War (Deuxième Guerre Mondiale), economic impact in Nigeria, 286, 293, *302*, 347; French administration in Togoland during, 359–60, *370*; Voltaian emigration to Ivory Coast during, 387, *403*

self-employed personnel, 172, 180, 326, 327

Sélibaby département (Mauritania), Sarakolese emigration to France from, 240–55, *255*–7

Senegal, 16, 30, *71, 91*, 248; groundnuts cultivation, 4, 9, 12, 15, 25–6, 27, 34, 44, 52, 53, *64, 71, 74, 83, 86–7, 88, 94, 97, 103, 111*, 371, 376, 378–80, *381, 383*; Terres Neuves, colonization of, 4, 10, 14, 25, 27, 52–3, *65, 71, 75, 111–12*, 371–80, *381–3*; urbanization, 16, 77, 346, 355; population, 18, *79*; irrigated agriculture v. groundnuts cultivation, 25–8, 44, *85–6, 103*; migration of skilled labour, 56, *114*; inter-ethnic relations, 58, *116*; linguistic wolofization in, 59, *116*; expulsion of Guineans from, 138; migration convention signed between Gambia and, 174n; employment of non-nationals in, 174, 183n, 185, 186; women, 231; Wolof-Mouride migrations to New

Territories in, 371–80, *381–3*; migration from Upper Volta, 385

Senegal River, 25–7, 53, *86–7*, *88*, *100*, *111*, 239, *255*

Serere (Senegal), 30, 32, *91*, *92*

Service de la Main d'Oeuvre, Ivory Coast, 217, 218, *224*

Service de la Main d'Oeuvre, Upper Volta, 218, 219, 220, *224*

share-croppers (métayers), 4, 46–7, 66, *105*, 143, 161, 162, 325

shoe-assembly plant (Upper Volta), 315

SIAMO (Syndicat Interprofessionel pour l'Acheminement de la Main d'Oeuvre), 12, *73*, 217, 387–8, *403*

Sierra Leone, *71*; expulsion of Ghanaians from, 138, *178*; employment of non-nationals in, 177, 186; growth of cities in, 346, 355

Sine Saloum (Senegal), 373, *382*

Singer, Hans, 28, *88*

skilled labour (main d'œuvre qualifiée), 7, 8, 10, 56–7, *69*, *70*, *71*, *114–15*; in Nigeria, 10, 20–1, 22, 56, *71*, *81*, *114*, 294; national employment policy and, 171, 177

Skinner, Elliott P., 28, 37, 40, *89*, *96*, *100*, 259, *280*

slavery, slave trade (esclavage, traite des noirs), 36, 53, *95–6*, *111*, 227, *237*, 343, *357*

smuggling, 139

soap factory (Upper Volta), 315

social crisis, migration as indicator of, 167, *169*

social monopoly (in migrants' host society), 47, *106*

social organization, Sarakolese, 240–1, *251–4*, *255*, *256*; Frafra, 323–4, 334; of Yoruba towns, 344; of labour migrants in new towns, 348–50; influence of new urban centres on traditional system, 350–6, *357*

social security, 184, 241, 252, 397, 400

social services, Nigerian, 282, 294; Upper Volta, 310, 311, 312, 313

soft-drink bottling plant (Upper Volta), 315

Sokoto, 19, 28, *80*, *89*, 284, 288, 299; population movements and land shortages in, 258–76, *276–80*: population density, 259–60; selection of survey area, 260–1; agricultural system, 261–2; and shortages problem, 262–4; farmers' strategies and role of labour circulation, 264–5; rural economy of close-settled zone, 265–6; rate and duration of labour circulation, and their relation to farming, 267–9; migrants' occupations and savings, 269–70; land-holding characteristics, 270–2

Sokoto river, 261, 269, 274, *277*

Songhay empire, 226, 228, *237*

Songré, Ambroise, 28, 39, 40, 46, *89*, *98*, *100*, *105*, 384–406

songs, Zarma, 230

sorghum (sorgho), 241, 262, 264

Sorkawa fishermen, migratory colonization of, 54, *112*

South Africa (Afrique du Sud), 36, 51, *95*, *110*

Southall, A. W., 348–9

spending patterns, in Sokoto, 270, 271

status, of unskilled workers, 60, *118*; of *abawavi* (in Ghana), 164–5; low/high status employment, 173; of Zarma women, 232–3; Frafra, 324

sterilization, 251

structure des perspectives *see* employment, Ghanaian opportunity structure

subregional and regional agreements (on employment of non-nationals), 181, 184–5, *190*

subsistence agriculture (culture vivrière), 25, 35, *86*, *95*, 134, 249, 279, 282, *301*, 350, 394; Ghanaian, 10, 47, *71*, *105–6*, 145, 157, 158,

161–2, 164, 166; Sokoto, 261–2, 264–5, 269, 272, 273, *277*, *278*, *279*, *280*; Frafra, 324–5
substitute values (valeurs de substitution), 197–8, *213*
Sudan, 174n, 216, 226, 239, 387; *see also* Mali
sugar production, 163–4, 261, 315
Suhun (Ghana), 157
'suitability of qualifications' criteria (adéquation de qualifications), 175, *188*
'swollen shoot' (cocoa tree virus disease), 142
Syndicat des Planteurs Africains, 217
syndicats *see* trade unions
Syrians, 170, 172, 179

Tafo (Ghana), 157
Tagant, 241, 250; Emir of, 240
takders (Mouride adult bachelors), 374, 377, *382*
Takoradi, 323
talibés (Mouride followers), 373–4, 376, 377, 378, *382*, *383*
Tallensi, 322, 331, 332
Tanzania, 30, *91*, 259, 317, *319*
Tapa, 149
Tarikh el Fettach, 226
taxation (l'impôt), 35, 36, *95*, *96*, 159, 196, 229, 230, 235, *237*, 246, 255, *256*, 258, 270, 271, 294, 298, 316
Tchamba, 365
'technical assistance', role of, 56, *115*
technical personnel, national employment policy and, 171, 176, 186
Tema, 324
Terres Neuves (Senegalese new territories), 10, 14, 25, 27, *71*, *75*, *86*, *87*; Wolof-Mouride migration to, 4, 53–4, *65*, *111–12*, 371–80, *381–3*
textiles, 315
thésaurisation *see* hoarding

Tidjans, 373, *381*
timber industry (coupe du bois), 147, *154*, 162, 347
Tiv, 52, *111*, 298
tobacco and cigarettes, 227, *237*, 261, 315; 325
Todaro, Michael T., 21, 29–30, 31, *82*, *90*, *91*, 333, 337, 341
Togo, Togolese, 15, 17, 34, 54, 76, 78, *94*, *112*, 259; emigration to Ghana, 10, 12–13, 14, 46–7, *71*, *74*, *75*, 139, 143, 144, 145, 156–69, *169*, 359–69, *370*, 389; population, 18, *79*; brain drain to France from, 56, *115*; impact on village society of migration from, 156–69, *169*; Convention with France, 186; growth of new cities, 346, 355; external migration in, 358–69, *369–70*
Tongo, 322, 323, 333
Touba, Sérigne, 374
tourist souvenirs, Frafra, 325
trade licensing acts, 171
trade *see* commerce
tradesmen *see* artisans
trade unions (syndicats), 61, *118*, 205, 217, 223
trading posts (comptoirs commerciaux), 343–4, *357*
traditional structure of society, effect of emigration on, 44–6, *103–5*
traffic problems, Nigerian, 282, 293
traite des noirs *see* slave trade
transistors, 206, *214*
transport, 28, *86*; Upper Volta, 310, 311, 312, 313, 315, 316, 386, 394; Sokoto, 264, 266, 272, 276, *280*; Nigerian, 285, 286, 287, 292, 293, 295, 296, *301*, *303*; Frafra (Ghana), 322, 325–6, 327, 328, 332, *340*, *341*
travail forcé *see* forced labour
travaux publics *see* public works
tribe in multi-ethnic society, 57, 59, *115*, *117*

unemployment (chômage), 139, 166, 244, 282, 294, 326, 327, 328, *341*, 401; urban, 31, *91*, 333, 336; relationship between level of wages and, 48–9, 52, *107–8*, *110*; *see also* employment
United Africa Company, 347
United Nations, 274, 358, *369*; Economic Commission for Africa, 389
United States, brain drain from Nigeria to, 56, *115*; inter-ethnic, inter-racial relations in, 58, *116*
unskilled labour (main d'œuvre non-qualifiée), 7, 8, 9, 10, 21, 50, 54, 60, *69*, *70*, 71, *113*, *118*; national employment policy and, 171, 174, 176
uplands (Sokoto hautes terres), 261, 262, 263, 264, 269, 271, 272n, 273, *277*, *278*, *279*, *280*
Upper Volta (Haute Volta), Voltaians, 9, 13, 15, 20, 28, 40, *71*, *74*, *76*, *81*, *89*, *99*, 170, 259, *280*, 322, 384–402, *402–6*; migration to Ivory Coast from, 12, *73*, 215–23, *223–5*, 316, 359, 385, 386–90, 392–4, 395–6, 397–8, 399, 400 *402–5*; migration to Ghana from, 12, 14, *73*, *75*, 139, 141, 143, 144, 145, 146, *153*, *154*, 168, 178, 316, 385–6, 389, 394, 395–6, 397, *402*, *403*, *404*; population, 18, *79*, 308–9, 390–2, *403–4*; reserves of cheap labour in, 36–7, *96*; colonial rule in, 37, 215–17, 224, 385–8, 393–4, *402–3*; cost-benefits of migration to, 43, 46, *102–3*, *104*; migratory colonization from, 53–4, *112*, *113*; migration of merchants from, 55, *114*; Convention between Ivory Coast and, 60, *118*, 217–20, 223, *224*, 388, 390, 397, 400; development and in-migration, 308–17, *319–20*; historical development of emigration from, 384–93, *402–4*; and causes and effects, 393–9, *404–5*; migra-

tion as a factor for development in, 399–401, *405–6*; and employment policy, 401–2, *405–6*
urbanization, urban centres, 9, *71*; Nigerian, 10, 19, 22, 23, 71, 80, 83, 84, 260, 281–3, 284, 285, 286–91, 293, 294, 295, 296, *301*, *302–3*, *304*; in francophone countries and Ghana, 15–17, *76–8*; income-disparity between rural areas and, 30–1, 49–50, 51, *90–1*, *108–9*, *110*; unemployment and, 31, *91*; stages of, 37–8, *97*; unequal distribution of income, 50, *109*; inter-ethnic relations, 57, *115*; socio-economic links of Oshogbo migrants with home households, 127–36, *137*; development and, 305–8, *318–19*; Upper Volta, 308–10; Ghanaian opportunity structure, 321–37, *339–42*; labour v. psycho-social migrations to cities, 343–56, *357*
urban–rural migrations, 6, *67*; *see also* migration of colonization
urban–urban migrations *see* inter-urban migrations
Urhobo province (Nigeria), 289, 298

valeurs de substitution *see* substitute values
vallées fluviales *see* river valleys
Vanhaverbaeke, André, 12, 14, 52, *74*, *75*, *111*, 371
vegetables (légumes), 162, 261
villages, 348; effect of migrants' absence on, 39–40, *99*, 192–5, *212–13*; patriotism, 59, 135; impact of Togo-Ghana migration on, 156–69, *169*; and of return of migrants to, 197–9, *213*; indirect effect of emigration on, 199–201, *213–14*; Zarma, 228, 234, 235; Sarakolese, 240–1, 242, 244, 246–8, 249, 250, 252–4; Sokoto, 260–2, 263, 264, 265, 267–9, 270, *276–7*, *278*, *279*, *280*; Frafra, 325, 334, 335, *340*; influence of new urban

centres on, 348, 349, 350–6 *passim*, *357*; Wolof Mouride, 374–5, 376–8, *382*; *see also* remittances
vin de palme *see* palm wine
vocational training programmes, 171, 177, 184
Vogan (Togo), 157, 355
Volontariat system (Upper Volta), 385

wage freeze (blocage des salaires), 50, *109*
wage labour, wage-earners (main d'œuvre salariée), 333; rural areas, 34, *94*; Sarakolese, 249, 251, *256*; Upper Volta, 314, *319*, 396, 397; Frafra, 325, 326–7, 328, 331, 332
wages, level of (niveau des salaires), relationship between unemployment and, 48–9, 52, *107–8, 110*
Wallerstein, Immanuel, 59, *117*, 158
Walo region (Senegal), 27, *88*
Warri, 293, 298, 345
Wassaw region (Ghana), 150
water supplies, 292, 293, 295, 316, *319*
waterway (voies d'eau), 26, 27, *86, 88*
Western Cameroon (South-Western), 10, 61, 71, *119*
Wilson, J., 265
Wolof, language, 58–9, *116*; migrations to Senegalese new territories, 371–80, *381–3*
women (femmes), 8, *70*; role of migration in liberation of, 46; Togolese migrants in Ghana, 164–6, 364, 365; Zarma, 229–36, *237–8*; Sarakolese, 240, 241, 249–50, 252, *256*; Peulhs, 243n; Sokoto, 262, 273; Sapele township population, 347, 348
wood products *see* timber
work contract (contrat de travail), 243–4
work permit (permis/livret de travail), 174, 175, 176, 184, 185, *188*
world market system (système du marché mondial), economic rationality of, 26–7, *87*
Wukari division (Nigeria), 298

Yaounde, 355
Yesufu, T. M., 179–80
Yoruba, Yorubaland, 10, 19, 22, 52, 56, *71, 80, 82, 111, 114*, 285, 344, 365; language, 58–9, *116*
young girls (jeunes filles), *abawi* contract between employer and, 164–5
young men (jeunes), 8, *69*, 194; role of migration in liberation of, 46, *105*; Sarakolese, 240, 241, 243, 244–5, 246, 251, 252, 254, *256*; Frafra, 334–5, *341*

Zaire, 50, *109*, 176–7, 186
Zambia, 174
Zaria town/province, 20, *81*, 282, 284, 287, 288, 289, 290, 291, 293, 294, 295, *303*
Zarma (Nigeria), 13, 32, 56, *74, 92, 114*, 164, 226–36, *237–8*; language, 58, *116*; historical survey of migrations, 226–8; human environment, 228–9; characteristics of migrations, 229–32; relations between men and women, 232–6
Zarmaganda region, 227, 228, 234, *237*
Zelinsky, W., 258n
zones retardées *see* backward zones